"十三五"国家重点图书

海洋测绘丛书

# 海图制图原理与技术

张安民 张立华 郭博峰 等 编著

武汉大学出版社

图书在版编目(CIP)数据

海图制图原理与技术/张安民等编著.—武汉:武汉大学出版社,
2022.12
海洋测绘丛书
"十三五"国家重点图书　湖北省学术著作出版专项资金资助项目
ISBN 978-7-307-23181-8

Ⅰ.海…　Ⅱ.张…　Ⅲ.航海图—自动制图　Ⅳ.U675.81

中国版本图书馆 CIP 数据核字(2022)第 133095 号

责任编辑:谢文涛　　责任校对:李孟潇　　版式设计:马　佳

出版发行:武汉大学出版社　　(430072　武昌　珞珈山)
（电子邮箱:cbs22@whu.edu.cn 网址:www.wdp.com.cn）
印刷:湖北恒泰印务有限公司
开本:787×1092　1/16　印张:24.75　字数:584千字　插页:1
版次:2022年12月第1版　　2022年12月第1次印刷
ISBN 978-7-307-23181-8　　　　定价:89.00元

版权所有,不得翻印;凡购买我社的图书,如有质量问题,请与当地图书销售部门联系调换。

## 学术委员会

**主任委员** 宁津生

**委　　员**（以姓氏笔画为序）

　　　　宁津生　李建成　李朋德　杨元喜　杨宏山　陈永奇

　　　　陈俊勇　周成虎　欧吉坤　金翔龙　姚庆国　翟国君

## 编委会

**主　　任** 姚庆国

**副 主 任** 李建成　卢秀山　翟国君

**委　　员**（以姓氏笔画为序）

　　　　于胜文　王瑞富　冯建国　卢秀山　田　淳　石　波

　　　　艾　波　刘焱雄　孙　林　许　军　阳凡林　吴永亭

　　　　张汉德　张立华　张安民　张志华　张　杰　李建成

　　　　李英成　杨　鲲　陈永奇　周丰年　周兴华　欧阳永忠

　　　　罗孝文　姚庆国　胡兴树　赵建虎　党亚民　桑　金

　　　　高宗军　曹丛华　章传银　翟国君　暴景阳　薛树强

# 序

　　现代科技发展水平，已经具备了大规模开发利用海洋的基本条件；21世纪，是人类开发和利用海洋的世纪。在《全国海洋经济发展规划》中，全国海洋经济增长目标是：到2020年，海洋产业增加值占国内生产总值的20%以上，并逐步形成6~8个海洋主体功能区域板块；未来10年，我国将大力培育海洋新兴和高端产业。

　　我国实施海洋战略的进程持续深入。为进一步深化中国与东盟以及亚非各国的合作关系，优化外部环境，2013年10月，习近平总书记提出建设"21世纪海上丝绸之路"。李克强总理在2014年政府工作报告中指出，抓紧规划建设"丝绸之路经济带"和"21世纪海上丝绸之路"；在2015年3月国务院常务会议上强调，要顺应"互联网+"的发展趋势，促进新一代信息技术与现代制造业、生产性服务业等的融合创新。海洋测绘地理信息技术，将培育海洋地理信息产业新的增长点，作为"互联网+"体系的重要组成部分，正在加速对接"一带一路"，为"一带一路"工程助力。

　　海洋测绘是提供海岸带、海底地形、海底底质、海面地形、海洋导航、海底地壳等海洋地理环境动态数据的主要手段；是研究、开发和利用海洋的基础性、过程性和保障性工作；是国家海洋经济发展的需要、海洋权益维护的需要、海洋环境保护的需要、海洋防灾减灾的需要、海洋科学研究的需要。

　　我国是海洋大国，海洋国土面积约300万平方千米，大陆海岸线约1.8万千米，岛屿1万多个；海洋测绘历史"欠账"很多，未来海洋基础测绘工作任务繁重，对海洋测绘技术有巨大的需求。我国大陆水域辽阔，1平方千米以上的湖泊有2700多个，面积9万多平方千米；截至2008年年底，全国有8.6万个水库；流域面积大于100平方千米的河流有5万余条，内河航道通航里程达12万千米以上；随着我国地理国情监测工作的全面展开，对于海洋测绘科技的需求日趋显著。

　　与发达国家相比，我国海洋测绘技术存在一定的不足：（1）海洋测绘人才培养没有建制，科研机构稀少，各类研究人才匮乏；（2）海洋测绘基础设施比较薄弱，新型测绘技术广泛应用缓慢；（3）水下定位与导航精度不能满足深海资源开发的需要；（4）海洋专题制图技术落后；（5）海洋测绘软硬件装备依赖进口；（6）海洋测绘标准与检测体系不健全。

　　特别是海洋测绘科技著作严重缺乏，阻碍了我国海洋测绘科技水平的整体提升，增加了从事海洋测绘科技人员掌握专门系统知识的难度，从而延缓了海洋开发进程。海洋测绘科技著作的严重缺乏，对海洋测绘科技水平发展和高层次人才培养进程的影响已形成了恶性循环，改变这种不利现状已到了刻不容缓的地步。

　　与发达国家相比，我国海洋测绘方面的工作起步较晚；相对于陆地测绘来说，我国海洋测绘技术比较落后，缺少专业、系统的教育丛书，相关书籍要么缺乏，要么已出版20年以上，远不能满足海洋测绘专门技术发展的需要。海洋测绘技术综合性强，它与陆地测绘学密切相关，还与水声学、物理海洋学、导航学、海洋制图学、水文学、地质学、地球物理学、计算机技术、通信技术、电子科技等多学科交叉，学科内涵深厚、外延广阔，必须系统研究、阐述和总结，才能一窥全貌。

　　基于海洋测绘科技著作的现状和社会需求，山东科技大学联合从事海洋测绘教育、科研和工程技术领域的专家学者，共同编著这套《海洋测绘丛书》。丛书定位为海洋测绘基础性和技术性专业著作，以期作为工程技术参考书、本科生和研究生教学参考书。丛书既有海洋测量基础理论与基础技术，又有海洋工程测量专门技术与方法；从实用性角度出发，丛书还涉及了海岸带测量、海岛礁测量等综合性技术。丛书的研究、编纂和出版，是国内外海洋测绘学科首创，深具学术价值和实用价值。丛书的出版，将提升我国海洋测绘发展水平，提高海洋测绘人才培养能力；为海洋资源利用、规划和监测提供强有力的基础性支撑，将有力促进国家海权掌控技术的发展；具有重大的社会效益和经济效益。

《海洋测绘丛书》学术委员会

2016年10月1日

# 前　言

海洋在人类起源、发展、生息繁衍过程中发挥着重要的作用，是地球环境平衡的调节器。海图，作为地图的一个分支，并不是简单地把表达的对象由陆地转向海洋。海图对于航海的重要作用，远大于地图对于陆地上旅行者的作用。

海图起源于航海，服务于航海，航海者总是第一时间将关于海洋和"新大陆"的"新发现"补充到海图上，没有海图的航行可称之为"探险"，有了海图的保障，船舶才能安然航行。

航海图和航空图是两种最具国际化的地图，海图往往特指航海图。通过国际海事组织（IMO）和国际海道测量组织（IHO）及其成员国的共同努力，海图已成为一种国际通用语言。不同国家的航海者都能读懂其他国家出版的航海图，这是因为海图的符号、表达方式遵循国际标准。

除航海图以外，还有海底地形图、海洋地势图、海域利用图等专题海图，它们是海洋开发和海岸建设必不可少的基础和控制资料。

尽管海图有着巨大的用户群，一直以来，研究海图、制作海图、更新海图的从业者少之又少，海图专业的著作也极为稀少。本书以地图制图理论和方法为基础，重点阐述海图制图的理论和航海图编绘的流程、技术方法，力求建立一套完整的海图制图知识体系，为学习者打下基础，为从业者提供参考。

全书共分8章，第1章由张安民、张立华、贾帅东编写，第2章由郭博峰、贾帅东、张立华撰写，第3章由张立华、于彩霞、唐露露撰写，第4章由张立华、董箭、杨一曼撰写，第5章由张立华、李改肖、张安民撰写，第6章由张安民撰写，第7章由于臻撰写；全书由张安民统稿、高邈校对。

在本书编撰过程中，天津海事局刘振全、北海航海保障中心邰凌智、王昭、于臻等同志提供了大量的资料，并参加部分内容的编写。书中参考了直属海事系统业务培训系列教材等资料，以及大量公开发行的图书和论文，在此一并表示诚挚感谢。

由于编著者水平有限，书中难免有疏漏和不足之处，敬请专家和读者批评指正。

编　者

2021年11月

# 目 录

**第1章 绪论** ·················································································· 1
  1.1 海图的概念、特性及功能 ···················································· 1
  1.2 海图的分类 ········································································ 7
  1.3 海图发展简史 ··································································· 14

**第2章 海图的数学基础** ································································ 48
  2.1 地球概述 ··········································································· 48
  2.2 海图坐标系 ······································································· 53
  2.3 海图基准面 ······································································· 60
  2.4 海图投影及变换 ································································ 64
  2.5 海图比例尺 ······································································· 85

**第3章 海图要素与符号表达** ························································ 88
  3.1 视觉规律与变量 ································································ 88
  3.2 海图图式与符号 ································································ 94
  3.3 海图要素的表示 ································································ 98

**第4章 海图设计** ········································································ 116
  4.1 海图设计的概念 ······························································· 116
  4.2 海图总体设计 ·································································· 118
  4.3 制图资料的选择 ······························································· 162
  4.4 专题海图与图集编制 ························································ 167

**第5章 海图制图综合** ································································· 176
  5.1 海图制图综合的基本原理 ·················································· 176
  5.2 海岸地貌的制图综合 ························································ 189
  5.3 海底地貌的制图综合 ························································ 196
  5.4 海部其他要素的制图综合 ·················································· 210
  5.5 陆部要素的制图综合 ························································ 214
  5.6 海图自动综合 ·································································· 233

## 第 6 章 电子海图与数字海图制图系统 241
### 6.1 电子海图 241
### 6.2 电子海图国际标准 245
### 6.3 数字海图制图系统 266
### 6.4 CARIS GIS 海图制图方法 276
### 6.5 电子海图编辑制作 293

## 第 7 章 海图产品质量控制 331
### 7.1 海图质量检验的特点及要求 331
### 7.2 海图质量检验过程和方法 334

## 第 8 章 海洋空间信息的可视化 346
### 8.1 海洋空间信息可视化的概念 346
### 8.2 海洋空间信息可视化的基本方法 356
### 8.3 电子海图可视化平台 368
### 8.4 海洋空间数据可视化研究的挑战 380

## 参考文献 383

# 第1章 绪 论

地图是帮助人类在不同尺度上理解宇宙及地球地理空间世界的媒介，是人类认识、描绘、改造现实世界的基本工具；海图作为一种专题地图，在人类拓展生存空间、促进国际经济和文化交流的过程中发挥了重要作用。

## 1.1 海图的概念、特性及功能

### 1.1.1 海图的概念

**1. 地图**

地图（Map）是大家非常熟悉的一种工具，对"地图"这一概念的理解随着时代的发展而不断变化。开始人们简单地把地图定义为"地球表面在平面上的描写"。但它显得过于精简而不够确切全面。后来陆续有学者提出了"地图是周围环境的图形表达""地图是空间信息的图形表达""地图是反映自然和社会现象的形象符号模型"，以及"地图是传输信息的通道"等诸多定义。

国际地图制图学协会（International Cartographic Association，ICA）集中了各国专家的意见，把地图定义为："地图是一种描述地理实体的符号化的图像，是根据应用目的进行设计，恰当地描述空间关系，表现所选择的各种要素或特征，并经过地图制图工作者的取舍等富有创造性的处理而成"。地图作为一种传输地理信息的工具，是一种科学、技术产品。地图是依据一定的数学法则，使用专门的符号系统，经过取舍和概括，表现客观世界的图形产品。地图上表现着空间现象的诸多数量特征和质量特征及其联系以及随时间推移的变化，使用图者得到空间尺度（坐标、长度、面积、高度、体积等）及其相互关系的信息，同时地图还带有艺术性。

因此，综合上述各方面的观点，可以把地图定义为："按照一定的数学法则，将地球表面的空间信息，经过科学的制图综合后，以人类最终可以感知的方式缩小表示在一定的载体上的图形模型，用以满足人们对地理信息的应用需求。"

**2. 海图的定义**

海图（Chart）是一种专题地图，是地图的一个分支和组成部分。海图以海洋以及其毗邻的陆地为描绘对象，因此，可以沿用地图的定义把海图定义为："按照一定的数学法则，将地球表面的海洋及其毗邻的陆地部分的空间信息，经过科学的制图综合后，以人类最终可以感知的方式缩小表示在一定的载体上的图形模型,用以满足人们对海洋地理信息的需求"。由此可见,海图的外延比地图的要小,同时海图和海图以外的其他地图,既有着许多的共性,又存在不少差异,这些差异构成了海图独特的使用风格和价值。

航海图(Nautical Chart)是指供船舶定制航行计划、选取锚地、航行中定位并标绘航线,进行航海导航、保证航行安全的海图(图1.1)。海图最先是随着世界海洋探险、海上贸易和航海事业的兴起而发展起来的,随着海图应用需求的不断拓展和海底地形图、海洋温盐图等专题海图种类的不断增加,航海图作为一种专门服务于航海的图种而逐渐独立出来。时至今日,航海图仍是出版数量最多的一种海图,如果不是特别说明,航海图一般就是指海图。

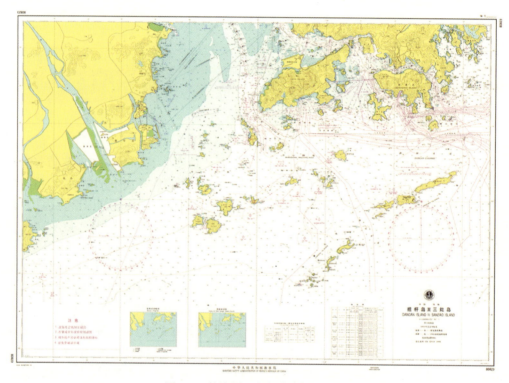

图1.1 航海图(担杆岛至三灶岛)

## 1.1.2 海图的基本特性

海图作为地图的一个分支,具备以下基本特征:

**1. 地图的基本特征**

(1)严密的数学法则。

地球椭球体表面是一个不可展平的曲面,而地图是一个平面,解决曲面和平面这一对矛盾的方法就是采用地图投影。首先将地球自然表面上的点沿铅垂线方向垂直投影到地球椭球体面上；然后将地球椭球体面上的点按地图投影的数学方法表示到平面上；最后按比例缩小到可见程度。地图投影方法、比例尺和控制定向构成了地图的数学法则，它是地图制图的基础。这一法则使地图具有足够的数学精度，具有可量测性和可比性。

地图投影的实质是建立了地球椭球体面上点的经纬度与其在平面上的直角坐标之间的对应数学关系。投影的结果使曲面上的点变成了平面上的点，虽不能做到制图区内的点无任何误差并且处处比例尺严格一致，但可精确计算并控制投影后的误差大小。和其他表现形式相比，大大提高了海图的科学性。海图作为一种具有数学基础的实体缩小模型，不仅具有几何概念，而且具有拓扑比例的性质。同时，既可用具体的图形形式表达，又可以数字形式显示。

描绘地表（地球表面）的素描画和写景图也是具有类似于透视投影的数学法则的，即随着观测者的位置不同，地物的形状和大小也不相同，近大远小。航空影像和卫星影像则是中心投影，物体的形状和大小随着在影像上位置的变化而变化。等大的同一物体在影像中心和边缘的形状、大小是不同的。但是，由于不具备下面（2）（3）两个属性而不能被称为地图。

（2）简洁的符号系统。

地表的事物现象复杂多样，如何在地图上再现客观世界？地图符号系统就是用于解决地表实际和表现形式这一对矛盾的，即采用线划符号、颜色注记等地图符号描绘地表。符号系统是地图的语言。运用符号系统表示地表内容，不仅可以表示地面上的可见事物，而且还可以表示没有固定形状的自然现象和人文现象；不仅能表示地理事物的外部轮廓，而且能表示事物的位置、范围、质量特征和数量差异；运用符号还能把地表的主要内容和次要内容区别开，达到主次分明的效果。

（3）科学的制图综合。

地表的事物和现象非常繁多，而地图的图面却极为有限，有限的地图表示空间与无限的地表要素之间构成了强烈的矛盾冲突。地图制图综合就是为解决这一对矛盾而采用的手段。通过科学的综合选取和舍弃、轮廓形状简化和内部结构整理概括，反映地表事物和现象及其特征中重要的、基本的、本质性的那一部分，舍去次要的、个别的、非本质性的那些，只表示制图区域的基本特征，所以地图是地表实际的缩小和概括。经过制图综合，使地图的内容和载负量达到统一，具有清晰性和易读性。

地图制图综合的过程，是制图者进行科学的图形思维、加工，抽象事物内在本质及其联系的过程。随着制图比例尺的缩小，图面面积随之缩小，有效表达在地图上的内容也要相应减少，故应突出主要、舍弃简化次要、减缩数量、删繁就简、概括内容。

**2. 地图的特点**

地图与文字等其他描述世界的表达方式比较，具有以下特点：

（1）形象直观。

地图上所表示的内容形象直观，一目了然。地图不仅可以直接获得制图对象的形象特征和分布规律，而且还能显示现象之间的相互联系，以及制图对象在空间与时间中的变化。这种直观感受效果是文字语言所达不到的。尤其地图能展示很大范围的空间，便于研究较大范围的规律。

（2）方位准确。

由于地图具有严格的地理坐标系统和测绘控制基础，它能正确反映制图对象的空间地理位置，地图图形与实地制图对象具有相对应的形状、相互位置和空间结构，因此可以根据地图确定任何地面对象的位置，判断方位。

（3）几何精确。

地图不仅建立在严格的数学基础上，而且在地图编绘与制印过程中采取一系列技术措施，保证其应有的精度。因此从地图上可以取得各种数量指标，如量算制图对象的地理坐标、长度、面积、方向、坡度、土方等，从而能够解决工程技术上的许多具体问题。

**3. 海图的特点**

虽然海图的基本特性与地图一致，但它仍然有自己鲜明的特点，主要体现在它的特殊用途和所表示的制图对象中。

海图的描绘对象是海洋及其毗邻的陆地。海洋与陆地最大的不同在于海底之上覆盖着一层海水。在海洋各处，海水有不同的深度、温度、盐度、密度和透明度。由于天文、气象、地壳运动等许多原因引起海水不停顿地运动，如垂直运动的潮汐现象，水平运动的潮流、海流以及海啸、波浪、漩涡等。又由于光在水中传播的性质，使光学仪器难以在海洋测量中应用。

获取海洋信息的手段和方式与陆地不同。陆地地形测量的常规方法是实地地形测量和航空摄影测量，海洋地形测量的常规方法则是利用船舶进行海洋水深测量；陆地测量定位精度高，海洋测量定位精度低，陆地地形测量主要用光学仪器，海洋地形测量主要用声学仪器。由于仪器、测量方法、精度的不同，使测量的外业成果的形式也不同。陆地测量的外业成果主要是地形图、土地利用图、地质图等，海洋测量的外业成果主要是水深图、声速剖面数据、底质数据等。海图的成图方式和过程与陆地地图相比也有差别。

海图的内容和表示方法与陆图的差别更大。由于海水的覆盖，人类对海洋的改造和利用大大区别于陆地，导致海洋信息与陆地信息有重大区别，造成了海图和陆图在表示内容、方法、侧重点上的许多显著不同。

相对于地图，航海图在下述方面有着明显的特点：

①航海图投影选用墨卡托投影（等角正轴圆柱投影）编制，以利于船舶等航行时进行海图作业；

②航海图比例尺没有固定的系列，只能根据港口各自的地理特征确定；

③深度起算面不是平均海面，而选用有利于航行的特定深度基准面；

④分幅主要沿岸线或航线划分，邻幅间有供航行换图时所必需的较大重叠部分（叠幅）；

⑤为适应分幅的特点，航海图有特有的编号系统；

⑥航海图与陆地地图制图综合的具体方法，因内容差异和用途不同而有所不同；

⑦航海图有特定的符号系统；

⑧采用独特的更新方式，能够更为及时、不间断地进行更新，保持其现势性，确保船

舶航行安全。

### 1.1.3 海图的功能和用途

**1. 海图的功能**

随着信息技术的发展，信息论、模式论的应用，以及各门学科的相互渗透，地图的功能也有了新的发展。海图作为地图的一个分支，可以概括为以下几种基本功能：信息传输功能，信息载负功能，模型功能，认知功能。

（1）信息传输功能。

信息论是现代通信技术和电子计算技术运用的概念和理论，将其引进地图学中，则形成地图信息论，就是研究由地图图形获得、传递、转换、贮存和分析利用空间信息的理论。地图就是空间信息的图形传递形式，是信息传输工具。

从信息的一般传输过程来看，信息发送者把信息经过编码，通过信道进行发送，接收者收到信号经过译码，把信息送到目的地。地图传输过程也大体是这样。就是编图者（信息发送者）把对客观世界（制图对象）的认识加以选择、分类、简化等信息加工并经过符号化（编码），通过地图（通道）传递给用图者（信息接收者），用图者经过符号识别（译码），同时通过对地图的分析和解译形成对客观世界（制图对象）的认识。

目前，地图传输理论已经形成共识。也就是说，地图的基本功能是传输空间信息的观点已原则上被大家所接受。实际上，海图作为海洋空间信息传输的工具是非常明显的。海洋空间的许多物体和现象都可以在海图上表达出来，人们可以通过海图得到信息。在这一点上，海图的表达能力强于语言文字。20世纪60年代以来，法、美、苏、德的一些学者用研究语言文字的方法（词法，语法）来研究符号和图形（如符号和图形的结构、含义、应用方法等），从而建立了"符号学"和"图形学"，目的是提高海图作为传输工具的功能。加拿大的克尔（A. J. KERR）和安德森（N. M. ANDERSON）在1982年第12届国际海道测量大会上发表的《论海图的传输》报告中提出："现在是时候了，该对海图如何向航海人员及其他用户传输信息这一基本理论进行审查了。"1985年，克尔还进一步提出要对现行航海图的设计进行改革，以提高海图作为海洋信息传输工具的功能。

关于海图作为信息传输工具的优越性，国际海道测量局的库珀（A. H. COOPER）做了精彩的描述："海图不仅是航海的重要工具，而且也是一位信息的传输者，一种潜在的特别有效的传输信息的工具。可以想象，如用语言来详细地叙述一幅海图的内容，将要花费多大的篇幅！"

（2）信息载负功能。

一幅地图上能容纳的信息量是很大的。据统计，一幅地形图能容纳1亿~2亿个信息单元（bit）。航海图上内容载负量比地形图要小一些。但是其图面面积大约是地形图的4倍，而且作为连续的空间模型，其信息容量应该说比地形图还要大。

海图作为信息的载体，以图形形式表达、储存和传输空间信息。它只能让人们直接感受读取信息，机器不能直接读取和利用，而必须经过数字和代码转换。但是随着海洋地理信息系统、海图数据库和数字海图的发展，弥补了这一不足。如果设计出一套人和机器都能直接阅读的符号和图形，海图作为海洋信息载体的功能将会得到更好的发挥。

(3) 模型功能。

由于海图具有严格的数学基础、利用了符号系统、采用制图综合的手段，其实质就是以公式化、符号化和抽象化的形式来反映客观世界，所以可以认为海图是经过简化和概括了的再现客观世界的空间模型，或者说海图反映的是自然和社会现象的空间分布、组合和联系及其在时间中的变化，是再现客观世界的形象-符号模型。

海图这种形象-符号模型，同数学模型一样，属于象征性类型的模型。控制论把数学模型当作表达信息流的数量和质量特征的图解，因而海图可以作为数学模型的一种。同时海图又具有形象图形特征，故海图可以称为"图形-数学模型"。图形-数学模型就是用数学方法（或数学公式）表达经过抽象概括了的制图对象的空间分布结构。如果把海图上或准备表示到海图上的所有要素转换成点的直角坐标 $x$、$y$ 和特征 $z$ 的数值，就可以把这种由数值组成的海图空间模型称为海图数字模型。海图数字模型可以通过形象-符号模型反映出来，或者经过计算机处理变为一种特殊的海图-数字海图。

海图作为图形-数学模型具有其他形式模型所不具备的优点。例如，同物理模型比较，它具有抽象（概括）性、合成性等优点，同一般数学模型比较它具有直观性、一览性、比例尺和可量性、几何相似性与地理对应性等优点。

(4) 认知功能。

海图具有认知功能是由海图的本质所决定的。海图用图形来表达信息，给人一种特别的感受效果。在很多方面它不同于自然语言的感受效果，因而一直被人们当作有效的信息传输工具来使用。今天，经过精确测绘而获得的海图，其信息传输方法仍是其他方式所不能替代的最有效的方法。

海图能够直观地表示海洋区域制图对象的质量特征、数量差异和动态变化，而且能反映各现象的分布规律和相互联系，所以海图不仅是区域性学科调查研究成果很好的表达形式，而且也是科学研究的重要手段。近年来运用海图所具有的认知功能，已越来越被人们所重视。发挥海图的认识功能，有助于人们认识规律，进行综合评价、预测预报和规划设计，为各种科学和研究活动提供有力帮助。

**2. 海图的用途**

从海洋对人类活动的影响和海洋事业的发展前景来看，海图的普及率将越来越高，海图的使用范围将越来越广。海图的用途主要有以下几个方面：

①航海用。海图是伴随着航海业的发展而发展起来的。使用海图航海，既是古今航海人员的共同要求，也是新老航海法规的共同准则。茫茫大海的海底部分布着礁石、浅滩、沉船等航行障碍物，要依靠海图有效躲避；远洋航行需要依靠海图制订航线，在航行过程中需要在海图上标识船舶位置进行导航。国际海事组织（IMO）制定的《国际海上人命安全公约》（SOLAS）要求各缔约国政府在各自责任区进行海道测量、提供保障船舶航行安全的海图服务；有关国际和国家标准也对船舶的海图配置与改正做出要求，以保证船舶能够配备保证航行安全的官方海图，并及时进行海图更新与改正。

②渔业用。渔船进行远洋捕捞除配备相关海域的航海图以外，还需要配备标明渔场分布、容易挂网的障碍物、不允许进行捕捞的禁渔区、禁止拖带区域等要素的专题海图。我国已出版了成套的渔业用图和渔业航行图集。

③海洋工程建设用。沿海港口航道建设、围海造田、海上石油开采、海洋牧场开发、海上风电、跨海隧道、桥梁、堤坝等建筑的设计、施工、安全监管等都需要以海图为基础的测绘资料，以确定工程的位置、方向、规模、施工计划等，施工中也需要利用海图进行定位，施工结束后还要对工程建筑进行测量，并将其展绘至海图上。

④政治文化活动中用。在国际交往中，各国执行海洋法、标定国界、领海界（领海基线和领海线）、大陆架和专属经济区界等，需要以相应比例尺海图为依据；在国际海洋协定制定中，常以海图做依据，并将其用作图解附件；在国际政治、文化、科技交流中，海图也能起媒介作用。

⑤国防事业用。海图被海军部队誉为"船舶的眼睛"。与商业航行一样，船舶部队在海上执行作战训练、护渔护航、军事运输等任务时离不开海图，而且，军事航行用海图比商业航行用海图有更高的要求：一是由于没有固定航线，海图必须覆盖全海域；二是由于船舶速度快、战斗行动不容迟缓，需要利用海图快速定位，对海图的精度要求更高；三是作战指挥需要考虑各种环境因素，要求海图上准确、完整标绘水文、气象、磁力、重力、底质等要素。

⑥科学研究用。海图在科学研究领域的应用主要体现在海洋学和地球科学上。在海洋科学研究过程中离不开海图的定位和空间分析；海洋学的研究成果已作为重要的资料充实于海图内容之中，如海流、潮汐等水文资料已成为航海图的主要要素之一。海洋水文、气象、环境、重力、磁力等调查和研究的成果已形成了多种专题海图。

## 1.2 海图的分类

### 1.2.1 海图的基本类型划分

在地图领域中，海图一直是按内容标志被划分为专题地图的一种或是专题地图中的工程技术图类。而海图最先是随着世界海洋探险、海上贸易和航海事业的兴起而发展起来的。在相当长的时间里，海图与航海图是同一概念。随着海洋科学研究与海洋经济的发展，以海洋相关要素为主要内容的其他专题海图种类不断产生，但由于用户和出版的数量较少，专题海图通常是按其内容标志划分到相应的专题地图类中，很少划归海图。

国际上，海图也没有统一的分类标准。各国都是根据本国海图出版情况自行分类的，因此造成了海图分类的混乱。近年来，由于海图制图领域的扩大，海图种类增多，海图的分类研究逐渐深入，使海图分类有了一个较为一致的划分方法并为海图制图工作者和用图人员所接受。目前，我国海图的基本类型是按内容和用途标志进行划分的，见表1.1。

表1.1　　　　　　　　　　　　　海图的基本类型

| 海图种类 | | | 比例尺区间（简要说明） |
|---|---|---|---|
| 航海图 | 总图 | 世界总图、大洋总图 | 小于1∶500万 |
| | | 海区总图 | 1∶300万~1∶500万 |
| | 航行图 | 远洋航行图 | 1∶100万~1∶300万（不含） |
| | | 近海航行图 | 1∶20万~1∶100万（不含） |
| | | 沿岸航行图 | 1∶10万~1∶20万 |
| | 港湾图 | 港口图 | 1∶20000~1∶10万 |
| | | 港区/航道图 | 1∶4000~1∶20000 |
| | | 港池/泊位图 | 大于1∶4000 |
| | | 狭窄水道航行图 | 一般大于1∶10万 |
| | 其他航海图 | 大圆航线图 | 小于1∶1000万 |
| | | 参考海图 | 多小于1∶20万 |
| | | 江河航行（参考）图 | 一般1∶5000~1∶40000 |
| 专题海图 | 自然现象海图 | 水文图 | 多为论文或报告插图 |
| | | 重力图 | 一般不公开 |
| | | 磁力图 | 多作为海图的一种要素 |
| | 社会经济现象海图 | 渔场分布图 | 一般为挂图或图集中的图 |
| | | 海上交通图 | 多为挂图 |
| | | 海域规划图 | 多为区域规划或审批文件附图 |
| 普通海图 | | 海底地形图 | 多为示意图，比例尺因范围和图积而定 |
| | | 海洋地势图 | 多为挂图，比例尺因范围和图积而定 |

## 1.2.2　航海图的主要分类及用途

**1. 海区总图**

海区总图是指主要表示相对完整海区的小比例尺海图。比例尺一般为1∶300万或更小，但必要时也可大于1∶300万。多用于航海人员研究海区一般情况，制定航行计划，拟定计划航线使用，有时也可作为远洋或远海航行使用。海区总图比较概括地表示广大海域的总貌，具有一览图的特点。突出表示海岸线、港口、海湾、岛屿和主要水道的分布，海底地貌主要特征，外海的主要助航标志和航行障碍物。

我国出版的海区总图主要有：

《中国海区及相邻海区》，比例尺为1∶700万；

《中国海区》，比例尺为 1:400 万；

《黄海、渤海及东海》，比例尺为 1:230 万；

《南海》，比例尺为 1:230 万；

《中国附近海区图》，比例尺为 1:600 万。

这些海图能够满足船舶在我国海域及周边海域海上活动的需要。另外，我国也出版了部分国外海域的海区总图，如：

《太平洋及印度洋》，比例尺为 1:330 万~1:650 万；

《太平洋西部》，比例尺为 1:155 万~1:200 万；

《太平洋诸群岛》，比例尺为 1:75 万~1:105 万。

**2. 航行图**

航行图是供船舶海上航行、定位使用的海图，是航海需求量最大、类型较多的一种海图。比例尺一般为 1:10 万~1:299 万。按航行海域的不同又可分为远洋航行图、近海航行图、沿岸航行图及狭水道航行图。

（1）远洋航行图。

此类图供船舶在远离大陆的大洋中航行使用。比例尺一般为 1:100 万~1:299 万，根据需要还可以小于 1:300 万。图上主要表示大洋水深、特殊水深、岛屿、海流，以及各种地理名称。

（2）近海航行图。

此类海图供船舶在大陆附近海域航行使用。比例尺一般为 1:30 万~1:99 万，也可把这一海域使用的海图更加详细地分为近海航行图（1:30 万~1:49 万）和中、远海航行图（1:50 万~1:99 万）。此类图充分表示了海区的航行水域和航道情况，比较详细地表示外海的助航设备和航行障碍物及与航海有关的各种海区界线。

（3）沿岸航行图。

此类图供船舶沿大陆或岛屿附近海域航行使用，比例尺一般为 1:10 万~1:29 万，详细表示了沿岸海域海底地形、地物，各种助航设备、障碍物及海区各种界线。同时较详细地表示了海岸、干出滩和毗邻陆地的地形、地物及陆地具有导航意义的各种航海目标。

**3. 港湾图**

此种图供船舶进出港口、海湾，选择驻泊锚地，研究港湾地形及实施港湾工程使用。比例尺一般大于 1:9 万。图上对海域、海岸及陆地部分内容表示得很详尽。除显示港湾、锚地及出入口航道的航行条件外，还详细表示了港湾的各种设施及人文条件。

港口航道图种类较多，如港口图、港区图、港池图、泊位图、锚地图及航道图等。图 1.2 是港口航道图（局部）示例。

**4. 狭水道航行图**

此种图供船舶穿越狭窄航门、水道使用。比例尺一般大于 1:10 万。图上详细表示水道的水深、各种障碍物、助航设备、陆地地形、地物及显著目标。

第1章 绪　　论

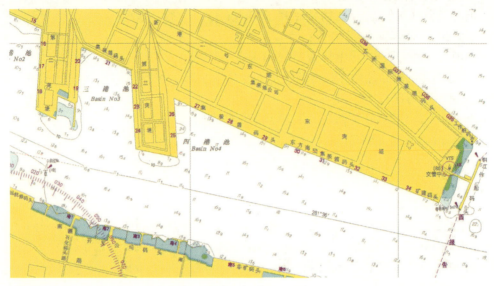

图 1.2　港口航道图（局部）

### 5. 大圆航线图

　　大圆航线图是用球心投影（日晷投影）绘制的小比例尺航海图，也称球心投影图、日晷投影图。其主要特点是大圆航线在图上描绘成直线，有利于船舶远洋航行时取最短航线。航海时与墨卡托投影的远洋航行图配合使用。具体作法是：在大圆航线图上连接起航点和到达点，这就是大圆航线；然后从图上量出各分段点的经纬度，将其转到远洋航行图上，并用直线连接各相邻的分段点，成为一条弧形折线。航行时，按后者逐段转换航行，实施最短航线航行。大圆航线图只表示球心投影的经纬网和海岸线及地名。又由于图上投影变形大且迅速，在图上量测方向和距离都比较困难，因此必须要绘制"量距曲线"和"大圆航向圈"，以便用图者量测。

　　英国和美国都出版了世界大洋范围的大圆航线图，主要有：大西洋北部大圆航线图，比例尺为1∶1300万；大西洋南部大圆航线图，比例尺为1∶3200万；太平洋北部大圆航线图，比例尺为1∶2000万；太平洋南部大圆航线图，比例尺为1∶2000万。

### 6. 参考海图

　　供航海人员制定远洋航行计划和海上航行参考使用。参考海图的类型较多，比较有代表性的是供航海使用的小比例尺"导航海图"（Pilot Charts）和"航路图"（Routing Charts）。图中主要显示有关大洋海域内的各种水文气象情况；往来某些主要港口的最佳航线，特别是随季节变化的推荐航法，包括航向、航程。英国的导航海图每月都要出版，图上包括一个月前搜集的对远洋航行有所裨益的资料。美国所出版的各大洋导航海图上表示了不同洋区风频率和风力资料，以及海流、海雾与冰情资料。在这些海图上还绘有等压线、等温线及等磁差线。除此之外，还表示了各地区的无线电导航台、助航标志位置、有关港口的航行规则和其他与航海有关的资料。

**7. 江河航行图**

此种图是供船舶在江河中航行使用的海图。比例尺一般大于 1∶5 万。图上详细表示了枯水期的岸线、水深、等深线、礁石、浅滩、主航道线和各种江河助航标志。通常还表示了洪水期的航线，附有历年水位的文字资料。我国出版的江河航行图大致可分为两种类型：一种是江河口附近的航行图，其形式与港湾图类同，如珠江口、崖门外口、汕头牛田洋附近及濠口、长江口至南江段的海图，这些图多用单幅图形式。另一种是以图集形式表示江河的整个可航部分，主要供航行参考，如《长江上游（宜昌至重庆）航行图集》《长江中游（武汉至宜昌）航行图集》《长江下游（上海至武汉）航行图集》以及《珠江三角洲航行图集》《西江航行图集》《浔江、郁江航行图集》等。图 1.3 为电子航道图（局部）示例。

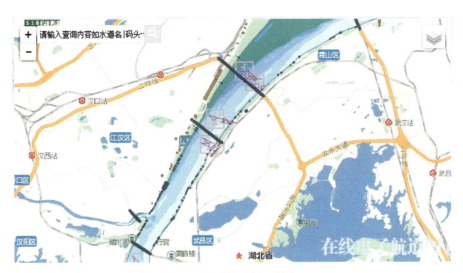

图 1.3　电子航道图（局部）

## 1.2.3　海图的其他分类

**1. 按制图介质分类**

随着信息技术的发展，海图的形式也不仅仅是过去的只以图形符号或影像表现在图纸上，增加了在其他介质上的表现，如以数字形式存储在磁盘或光盘等介质上，从而形成了现代海图的新类型。这样，海图按表现形式又可划分为纸质海图、数字海图和电子海图。

纸质海图：即传统的海图，主要以图纸为介质。

数字海图：计算机制图的产品，是以数字形式存储在某种介质上的海图。即在一定的坐标系统内，具有确定的坐标和属性标志，以描述海洋空间地理信息和航海信息为主的有序组织的数据。该数据经过符号化显示或打印输出而具备海图的基本属性，同时能够支持要素的属性查询等功能。

电子海图：电子海图是用数字表示的，以描述海洋空间地理信息和航海信息为主的海图，主要包括计算机软硬件系统和数字式海图。经过官方认证，符合电子海图国际标准的电子海图系统被称为电子航海图（Electronic Navigation Chart Display and Information System, ECDIS），可以与纸质海图等效。

**2. 按比例尺分类**

海图的比例尺对海图设计和海图使用都具有直接影响。因此，不同比例尺海图类型的概念对制图人员和用图者都有实际意义。

海图按比例尺大小可分为大比例尺海图、中比例尺海图和小比例尺海图三种类型。当然这里的大中小界线是模糊的，而且不同种类海图，如航海图或普通海图的大中小比例尺界线也不一致，是一种相对的概念。目前海图常用的或习惯用的比例尺类型有以下三类。

大比例尺海图：大于1:10万（或大于1:20万）的海图。
中比例尺海图：1:10万至1:100万（或1:20万至1:100万）的海图。
小比例尺海图：小于1:100万的海图。

这里，以1:10万为界线的大中比例尺海图是与大中比例尺普通地图的界线一致的。因此有利于海图设计时对普通地图的使用。

**3. 按其他标志分类**

海图按用途标志分为航海图、通用海图、专用海图。
海图按印色分为单色海图、彩色海图。
海图按使用方式分为桌面用图、挂图、屏幕图（电子海图）。
海图按幅面大小分为全张图、对开图、四开图、八开图等。
海图按图幅数量分为单幅图、图组、成套图、系列图和海图集。

### 1.2.4 海图的主要内容

海图的内容随着历史发展而越来越丰富。现代航海图上，一般将其内容划分成数学要素、地理要素和辅助要素三大类。

**1. 数学要素**

数学要素是建立海图空间模型的数学基础，因而是海图内容中非常重要的要素，包括海图的投影及与之有关的坐标网、基准面，比例尺及大地控制基础。

海图投影的实质是地球椭球面及其在平面上的图形各点坐标之间的解析关系式。制图工作者必须先按海图的用途选择投影，再用该投影的关系式计算坐标网（如经纬网）并展绘到平面上。

在海图上，基准面包括高程基准面和深度基准面。基准面是建立海图三维空间模型的重要数学基础之一。它和坐标网一起，使海图地理要素不仅能确定平面位置，而且还可确定立体位置。

比例尺通常定义为图上线段长度与实地相应线段长度之比。比例尺决定了实地到图上长度缩小的程度。

大地控制基础主要用于将地球自然表面上的地理要素转移到椭球面上，并能确定其在航海图上对于坐标网的正确位置。所以，大地控制基础是测图过程中所必需的，通常也表示在航海图上，但在较小比例尺航海图上不予表示。

与海图数学基础有关的其他内容，如图廓（内图廓线及坐标细分线划）、方位圈、图幅内的图形配置也属航海图的数学要素。

**2. 地理要素**

海图的数学要素为海图提供准确的空间定位框架，是海图使用者对图上所提供的信息进行认识和量测不可缺少的依据和手段。海图的地理要素则是读图者所要获取信息的主体，是航海图内容的主要组成部分。

海图地理要素是借助专门制定的海图符号系统和注记来表达的。习惯上将海图的地理要素分成海域要素和陆地要素两大类。

1）海域要素

海岸线：是海陆分界线。是所有航海图上的重要要素。在大比例尺航海图上，海岸分成岸线和海岸性质两部分。岸线是指多年大潮高潮面时的水陆分界线，海岸性质是指海岸阶坡的组成物质及其高度、坡度和宽度等。在大比例尺港口航道图等海图上也详细表示海岸性质，而在其他航海图上常常只表示岸线。

在航海上，海岸以下的要素主要有下列几种：

干出滩：海岸线与干出线（零米等深线）之间的海滩地段称干出滩，相当于地理学中的潮浸地带，高潮时淹没，低潮时露出。干出滩由岩石、泥、沙等不同的物质构成，有起伏的地貌形态，是人类活动比较频繁的海域之一。

海底地貌：即海底表面的起伏形态和组成物质。各种天然的航行障碍物（如礁石、浅滩、海底火山、岩峰等）也属海底地貌范畴。

航行障碍物：除天然的礁石、浅滩等以外，人工的主要包括沉船、水下桩柱、钢管（钻井遗物）、爆炸物、失锚等。

助航标志：分成航行目标和助航设备两类。航行目标是指从海上可望见的有明显可辨特征的、航行时能借助用于导航定位的各种地物，如突出的山头、著树、烟囱、无线电塔、海角、海中岩峰等。助航设备是专为航行定位设立的，如灯塔、灯桩、浮标、立标、信号台（杆）等。

水文要素：主要指潮流、海流、潮信、急流及漩涡等。

此外，还有航道、锚地、海底管线（油管、电缆等），水中界线（港界、锚地界，禁区及其他区界），境界线等。在航行图上突出表示与航行有关的要素，非航行要素则比较概略。

2）陆部要素

海图上陆地部分要素的种类与地形图基本一致，也有水系、居民地、道路网、地貌、境界线等。海图上除土壤植被一般不表示外，其他要素均表示，但载负量要小得多，而港口、航行目标等与航行有关的要素则比地形图更为突出详细。其他专题海图陆地要素表示得更为简略一些。

**3. 辅助要素**

辅助要素是帮助读者读图和用图的要素，虽只能起辅助和补充作用，但也是很必要的。航海图的辅助要素主要有：海图图名、海图图号、出版机关全称、出版机关徽志、出版时间及版次说明、小改正说明、图幅尺寸、等高距说明、图式采用说明、图幅索引图、资料采用略图、无线电指向标表、补充的图式符号、潮信表、潮流表、注意事项、对景图，等等。

## 1.3 海图发展简史

海图作为一种航海工具，与航海的发展是相互促进的。航海实践所发现的"新大陆"、航行见闻和航海路线、航行方法等不断丰富海图的内容，海图又为新航程提供保障。

### 1.3.1 世界海图的发展

**1. 古典文化时期的海图**

1）原始阶段的海图

从历史文字记载可见，人类在海上的活动由来已久。如公元前5000年时，古代文明发祥地之一的埃及的船队已通过曼德海峡到印度洋沿岸的非洲沿海进行通商贸易。他们对海陆分布的知识在增加，海图的制作由此兴起。但是由于古代生产、科学技术水平低下，表示于某种载体上的图形比较简单，载体本身也非常原始，以致没有完整的海图留存于世。

航海、贸易、殖民、战争丰富了希腊人的地理知识，引起了其研究兴趣，使希腊人对地球形状的一系列问题作出了推论。关于地球形状的初次概念，见于公元前9~前8世纪希腊诗人荷马时代的航海图（图1.4）和公元前6世纪安那克西曼得尔编制的地图上。该图和后来经赫卡杜斯（前550—前476）改良的图都已失传，但公元前5世纪经吉卡塔根据新资料改编，重新又绘了出来。该图表示的世界是一东西长、南北短的椭圆形（图1.5）。世界的周围环海、中间为地中海，希腊位于世界的中央。西部是直布罗陀，北部为欧洲，东部为黑海、里海、亚洲，南部为非洲。

随着希腊航海事业的发达，地理知识不断丰富，对地球形状产生了另一个概念。毕达哥拉斯（Pythagoras，前580至前570之间—约前500）认为地球是球体，到公元前4世纪，希腊学者亚里士多德（Aristotele，前384—前322）用科学方法作了论证。其根据是：不同地点观察恒星时，其高度是不同的；人们在海上航行时，海岸线和船只仿佛是从地平线下面"冒出来的"。地球只有是球形才会有此现象。在亚里士多德的著作中还第一次记

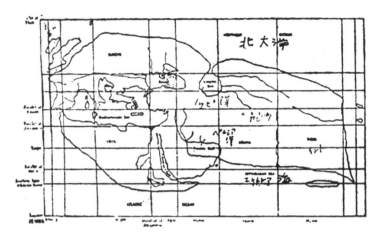

图 1.4　荷马时代的世界海图（示意图）

图 1.5　古希腊赫卡杜斯描绘的世界图（示意图）

述了海洋的深度，例如他指出：亚速海是很浅的，而爱琴海比黑海深。亚里士多德的学生迪凯阿尔克斯在公元前 300 年前后，在地图上首次绘出了经纬线。这表明了人们已从过去认识世界的狭小范围中走出来，把眼光投向全球。

2）托勒密的《世界地图》

从公元前 4 世纪起，希腊的自然科学得到全面迅速的发展。天文学家皮特阿斯（Pytheas，前 360—前 290）在东大西洋最早进行了古代科学的航海大探险。公元前 320 年 3 月他从当时希腊殖民地马西里亚（马赛）出航，经直布罗陀海峡入大西洋，再沿东岸北上到冰岛，10 月回到出发地。他将考察到的情况记载在公元前 300 年前后的海图上。

著名的数学家、天文学家、地理和地图学家托勒密（Claudius Ptolemaeus，约 90—168）对地图学的发展有着巨大的贡献。他所著的《地理学》（共 8 卷）论述了地球形状、大小、经纬度的测定及各种地图投影的方法，并选定经过大西洋中的费罗岛的子午线为本初子午线，它一直沿用到 1884 年。这部著作实际上是地图学理论、方法和资料的汇编。

书中附有世界地图和分区图。托勒密是首先使用简单圆锥投影绘制世界地图的人,虽然他错误地否认希腊人关于陆地是被海洋包围着的岛屿状的观点,认为陆地面积大于海洋,但他的地图作品仍然具有划时代的意义(图1.6)。

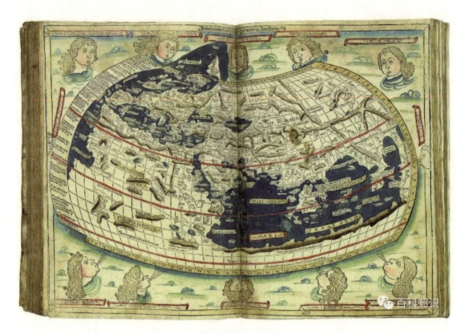

图1.6 托勒密的《世界地图》

3)裴秀《禹贡地域图》

《禹贡地域图》的作者是裴秀(224—271),字季彦,河东郡闻喜县(今山西省闻喜县)人,魏晋时期名臣、地图学家。这是一部以疆域政区为主的历史地图集,也是所知中国第一部历史地图集(图1.7)。

图集所覆盖的年代上起《禹贡》时代,下至西晋初年,内容则包括从古代的九州直到西晋的十六州,州以下的郡、国、县、邑及它们间的界线,古国及历史上重大政治活动的发生地,水陆交通路线等,还包括山脉、山岭、海洋、河流、平原、湖泊、沼泽等自然地理要素。从图集分为18篇以及之后的历史地图集的编排方式来推测,这部图集很可能是采取以时期分幅和以主题分幅两种方法,即以时间为序绘制不同时期的疆域政区沿革图,又按山、水或其他类型绘成不同的专题图。

《禹贡地域图》序中提出了著名的具有划时代意义的制图理论——"制图六体"。为纪念这位中国地图科学创始人而设立的"裴秀奖",每两年评选一次,是中国地图学界最高奖项。

所谓"制图六体"就是绘制地图时必须遵守的六项原则,即分率(比例尺)、准望(方位)、道里(距离)、高下(地势起伏)、方邪(倾斜角度)、迂直(河流、道路的曲直),前三条讲的是比例尺、方位和路程距离,是最主要的普遍的绘图原则;后三条是关于因地形起伏变化而须考虑的问题。这六项原则是互相联系,互相制约的,它把制图学中

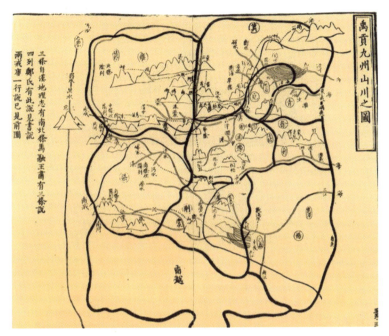

图 1.7 《禹贡地域图》之概述图（复制品）

的主要问题都接触到了。裴秀的制图六体对后世制图工作的影响是十分深远的，直到后来西方的地图投影方法在明末传入中国，中国的制图学才发生再一次革新。

**2. 中世纪的海图**

1）科学的黑暗时期

从 4 世纪到 13 世纪 1000 年左右的时间里，西方受宗教统治，神学代替了科学，处于历史上的黑暗时代。地图成果遭到摒弃，完全被宗教观所代替，地图蜕变为寰宇图，成为宗教的御用品，地球球形的概念代之以四边形或圆盘形。拜占庭人科斯马斯（Cosmas，公元 6 世纪）著的《基督教地形学》一书认为：世界是一个高平的矩形海岛，长为宽的 2 倍，并被矩形海洋包围；海洋深入陆地，形成罗马海、波斯湾、黑海和阿拉伯海；在海洋彼岸的东方有一个在洪水后面形成的极乐世界，从极乐世界流出 4 条神河——尼罗河、底格里斯河、幼发拉底河和恒河；在地球上衬有穹隆状透明的天空，可以看见下层天空、太阳、月亮和恒星等的运动；人们看到的天空星球的移动并非地球旋转，而是星球自身的运动而引起等。

另外流传很广的是"T-O"地图（图 1.8），该地图把耶路撒冷绘于中心，尼罗河、多瑙河、地中海和顿河绘成 T 字形，分割成欧、亚、非三洲。这时期具有代表性的地图还有图 1.9 和图 1.10。

2）波特兰海图

就在欧洲整个中世纪地图学停滞不前时，13 世纪"突然"出现相当精确的航海

图 1.8 《世界地图》(西班牙,7 世纪,1472 年的复制品,第一张被印刷出来的地图)

图 1.9 《诗篇集世界地图》(13 世纪,英国,圆圈上方是伊甸园,中央是耶路撒冷)

图——波特兰(Portolan)海图(图 1.11)。波特兰海图被认为是世界上真正从地图中分离出来并绘制在纸上的最早海图,是 13~15 世纪出自地中海沿岸的热那亚、威尼斯、马

图 1.10 《Hereford Mappa Mundi》（14 世纪，现存于英国，158cm× 133cm，是现存最大的中世纪世界地图）

霍卡地区的工匠们之手的作品。这是地中海及邻近海域大量航海经验、资料积累的结果，也是当时航海活动发展的需要。

公元 8 世纪以来，船舶航行能力显著增强。中国发明的指南针，在 13 世纪经阿拉伯传入欧洲，使远海航行成为可能。13 世纪出现装有索具的宽身帆船，逐步发展成为名副其实的远洋航船。马可·波罗在 1292 年就是乘帆船从中国泉州起航，经马六甲海峡、斯里兰卡到波斯湾，于 1295 年回到意大利的。

航海的大发展，必然推动航海图的发展。正如杰维斯（Jervis）在他的《地图世界》一书中宣称的，波特兰海图不能包括在普遍遭非议的中世纪地图之中，他指出，波特兰海图"表达了海员和商人的愿望"。波特兰海图的特点，正是反映了这种愿望。

早期的波特兰海图描绘在羊皮纸上。现存最古老的波特兰海图据说绘成于 1275 年，名叫"卡塔·比萨纳（Carte Pisane）"，收藏在巴黎国家图书馆中（图 1.12）。此图上最显眼的是两个圆，分置于地中海的东西部。每个圆内都有从圆心连接圆周上 16 个等距点

第 1 章 绪 论

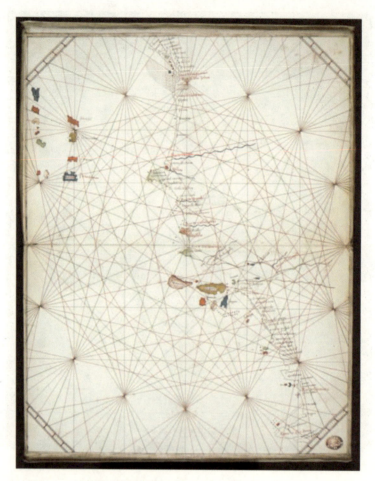

图 1.11 描绘佛得角周围海域的波特兰海图（大英博物馆馆藏）

图 1.12 比萨航海图

的方位线。在当时,航海者已使用指南针,能判断北极星,认识到其他天体围绕着它旋转。他们用 8 个方向(后来是 16 个方向)的方位线作参考指示标志,借助各种风向来航行,并且方位线延伸到圆外的整个制图区域。据说,这种相互交叉的格网,先用彩色铅笔编绘,然后用色彩描绘重要的助航物。

在波特兰海图上,主要表示海洋,陆地只表示沿海狭长地带。海岸表示得相当详细,岛屿、岬角、港湾、浅滩和其他海岸特征地形的相关位置相当准确,且有很多注记。所有对航海有作用的地物都用显著的图形表示,但大小对比不精确。港湾图上保持着目标间正确的相互位置和方位。当时,航海天文学还处在原始阶段,海岸和岛屿的轮廓就能类似于那些相应比例尺的现代海图,这确实是难能可贵的。波特兰海图在符号和色彩的设计和应用方面,具有开创性的意义,对以后几个世纪的海图产生了重大的影响。

波特兰海图年代之早,绘制之精确,有学者称赞道:"简直像从大海上吹来的地图。"直到今日没人知道是谁绘制了这些地图,他们是如何如此精确地计算出距离,甚至连他们如何将测绘的信息整合为一张图的制图法也无法确定。图中地中海及其附近的海岸线与实际吻合得非常好(图 1.13)。

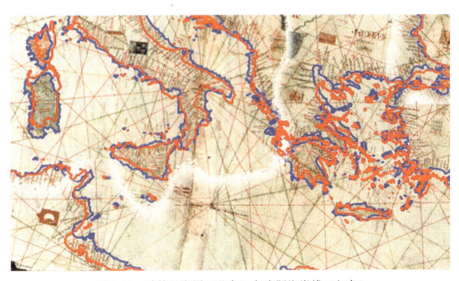

图 1.13 波特兰海图(蓝色)与实际海岸线(红色)

依靠船员实践经验绘成的波特兰海图在精确性上凌驾于同期的其他任何地图,可以认为是定量制图学的一大突破。波特兰海图虽然是从航海实践中发展而来,其用途却不仅仅是辅助航行,也有教学、认知、商贸、军事、观赏、档案等其他价值,尤其是一些绘制精美的地图集(altas)。多样化的用途也使得制图产业有利可图,反哺了航海业和制图业,出现了一大批制图名师,他们不仅是技艺高超的工匠或技师,同时也是有名望的学者,罗盘方位线所反映的欧几里得几何学知识与精确海岸线所反映的航海实践经验在他们手中融为一体。

1375 年,西班牙出版了加泰罗尼亚海图集(图 1.14 和图 1.15)。加泰罗尼亚海图集是地中海波特兰海图向世界范围发展的里程碑。该图集的地中海幅内,在远处的大西洋中的等角航线交点上表示了未经修饰的方位圈。用"+"符号表示沿岸危险的暗礁。从此,波特兰海图的历史被大航海时代的先驱葡萄牙人支配。

图1.14　修复重绘的加泰罗尼亚海图集

图1.15　1375年绘制的加泰罗尼亚海图集一页

李约瑟认为文艺复兴时期的专家兼顾理论和实践，是现代科学起源于欧洲的重要原因。至16世纪中叶，地中海地区的波特兰海图无论实用性还是观赏性都已登峰造极。随着大航海时代的到来，欧洲航海家将波特兰海图带到了全世界，在与当地的文化交流过程中，几乎带动了全球制图业的快速发展，但由于航位估算法在远洋航行中的局限性，到了18世纪，基于准确经纬度测量的经纬网格地图逐渐取代了波特兰海图在海图领域的霸主地位。

波特兰海图在海图发展史上具有特殊重要的意义：

①它产生在中世纪科学的黑暗时代，为航海大发展和地理大发现准备了条件，并因此对文艺的复兴、科学的进步和资本主义的大发展都起了促进作用；

②如同葡萄牙地图学家科蒂绍（Cortesao）在他的著作《葡萄牙地图学史》中指出的"地图学的复兴，是同13世纪为了满足航海者的需要而产生的波特兰海图一起开始的"，这就是说，波特兰海图的产生和发展，开创了中世纪后期整个地图学复兴的道路；

③它还以鲜明的特征，从地图中分离出来，形成了地图的一个重要而又独立的分支——海图。

**3. 地理大发现时期的海图**

1）皮里累斯海图

15世纪~16世纪的文艺复兴运动促进了资本主义经济的发展，迫切要求向海外寻找市场和原料产地，发展贸易。罗盘、测星盘的改进，从中国引进的刻板印刷术，使海图成批复制成为可能，而波特兰海图出版的范围也已从地中海、黑海沿岸扩展到大西洋沿岸或更远，海图制作的科学方法和精度又有了明显提高，这些都为大规模的航海探险奠定了基础。于是，西欧一些有远航条件的国家积极鼓励航海家去开辟新的航路，这就使航海探险事业在15、16世纪空前地发展了起来。航海探险的成就，激发了殖民主义者扩展世界的兴趣，海图制作也引起了人们的重视。此时在土耳其出现了著名的皮里累斯海图。皮里·累斯（Piri Reis）在15世纪的后25年是地中海舰队司令，1513年在盖列博卢（Gelibolu）市完成了他的海图（图1.16）。此图反映了前人的许多成果，街区用黑色晕线表示，崎岖地用黑色晕点，海滩浅地用红色晕点，水中礁石用+表示。还表示了16世纪初发现的全部已知航线和航法，绘有大西洋沿岸及安的列斯群岛。在哥伦布到达美洲后不久就画出的这幅海图，被认为是表示了所有大陆的最早海图之一。

为了进一步满足航海探险事业的需要，西班牙、葡萄牙等国在16世纪初成立了监督海图制作的官方机构。1504年葡萄牙开始在航海图上记载浅海区域的水深，这是现代航海图表示海底地貌基本方法的开始。

这个时期航海图的发展，有以下三个方面的特点：一是航海图内容增加；二是航海范围的不断扩大，要求海图能连续系统地表示出广阔的海域，于是出现了新的更加实用的海图集；三是频繁的航海活动要求航海图有更高的精度和更便于在航海中使用，催生了大批专门的制图机构和制图从业者，培养了大批优秀的制图师，制作了极精美的海图。

2）墨卡托海图

墨卡托（Gerardus Mercator，1512—1594）是16世纪最伟大的制图学家。他出生在刚

第 1 章 绪　论

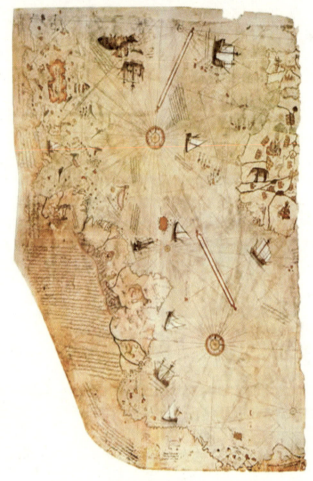

图 1.16　土耳其皮里累斯（Piri Reis）海图

从德国移居到佛兰德（Flanders，现比利时的东佛兰德州）的日耳曼家庭里。1554 年以后，他开始出版《欧洲国家地图集》的工作。1569 年出版第一部分，第二部分于 1585—1589 年出版，第三部分在他逝世后于 1595 年出版，全图集共 107 幅。在图集的封面上有古希腊半人半神阿特拉斯（Atlas）研究天地万物的标记，从此，"Atlas"一词成为地图集的专称，这是他的一大贡献。当然，他的更大贡献是在编制地图中使圆柱投影渐臻完美，并在 1569 年运用等角正圆柱投影编制了著名的航海图——墨卡托世界地图（图 1.17）。由于他是第一个把这种投影法用于航海图的编制的人，所以后人将其命名为墨卡托投影，并常常把墨卡托投影海图称为墨卡托海图。

墨卡托曾在他创作的第一个地球仪上刻了子午圈、平行圈和等角航线在海面上形成的螺旋曲线，这需要提供寻找某条等角航线与子午圈逐个交点的纬度。也许，正是这一点，让墨卡托解决了航海图中一个重要的问题。因为子午线的收敛，在地球仪上相邻两子午线间的等角航线线段随纬度增大而逐渐变短。作为一个补偿，当纬度增大时，距离的比例尺

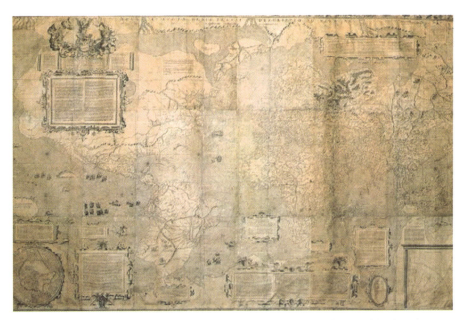

图 1.17　墨卡托世界地图（134cm×212cm，出版于 1569 年，墨卡托在图中首次展示了他的最新等角圆柱投影法）

必须扩大，即纬度的渐长。这就初步形成了墨卡托投影的原理。纬度渐长的程度，是以等角航线被投影成直线为条件的，这是海员们长期以来求之不得的对航海图的最基本的要求。见图 1.18 墨卡托的地球仪。

图 1.18　墨卡托的地球仪（绘制于 1541 年）

据此，墨卡托在1569年制作了世界地图。这标志着他制图生涯的顶峰，也是世界海图发展史上的一个伟大里程碑。

但是，在墨卡托海图上，纬线所投影的平行圈准确间隔的规律，是由英国学者爱德华·赖特（Edward Wright，1558—1615）发现的。他大约在1593年编制出墨卡托海图的简单矩形经纬网的"渐长纬度表"，并在他1599年所出版的《航海的某些错误》一书中首次用数学原理作了实质性的解释。至此，墨卡托投影海图在实践上和理论上的创立才最终完成。

3）郑和航海图

（1）郑和航海图的来历。

明代是我国航海业发展的鼎盛时期。明成祖为扩大明朝的政治影响，争取和平稳定的国际环境，他以明初强大的封建经济为后盾，以先进的造船工业和航海技术为基础，把中国与海外各国、各民族之间的友好往来推进到一个崭新的阶段。举世瞩目的郑和下西洋航海壮举就是在这样的历史背景下出现的。

郑和，回族，云南昆阳人，原姓马，因随朱棣（即后来的明成祖）起兵"靖难"有功，被擢任为内官监太监，赐姓郑。他在永乐三年（1405年）至宣德八年（1433年）的28年中，率领庞大船队，共七次远航"西洋"，访问了亚、非30多个国家和地区。郑和船队在实际航行中以罗盘指南针指向，并辅助用测深和牵星定位，提高了船舶定位精度，把航行技术提高到新的水平，并在远航实践的基础上，绘制了举世闻名的《郑和航海图》（图1.19）。

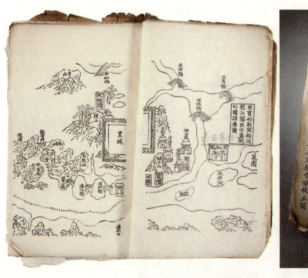

图1.19 《郑和航海图》（局部）

《郑和航海图》原载于明代茅元仪所辑《武备志》中。茅元仪字止生，号石民，浙江归安（今湖州市）人。其所辑《武备志》是一部兵书集，于天启元年（1621年）辑成。全书共240卷，《郑和航海图》在书的最后一卷。这一卷总名《航海》，有茅元仪所撰序文，计142字；后面就是图，原题名为《自宝船厂开船从龙江关出水直抵外国诸番图》，后人一般把它省称为《郑和航海图》。图幅共22个双页，计一般航海图20个双页（40幅），过洋牵星图2个双页（4幅）。这些图原是手卷式的，收入《武备志》时改成了书本式，如拼接起来总长约630cm。

（2）郑和航海图的基本特点。

从海图学的观点来分析，《郑和航海图》具有以下5个基本特点。

① 图幅表示的内容，突出与航海有关的要素。

《郑和航海图》40幅航海图表示的内容十分丰富，主要有大陆岸线、岛屿、浅滩、礁石、港口、江河口，沿海的城镇、山峰，陆地上可作航行目标的宝塔、寺庙、桥梁、旗杆等地物，还详细注记地名。

②不同图幅内容的差异，反映出不同区域的航行特点。

《郑和航海图》不同图幅表示的内容不是完全相同的，同样大小的图幅所包含的地理范围大小也不同。

至于不同区域的图幅所包括的地理范围大小不同，也就是图幅的比例尺不一致。这也与区域的航行特点有关。如长江航段由于航行比较复杂，表示的内容详细，因而同样大小的图幅所含地理范围就小（比例尺相对较大）；印度洋航行时定位次数较少，图幅内容表示得概略，同样大小图幅所含地理范围就大（比例尺相对较小）。

③ 图幅方位不统一，其排列配置以航线为中心。

《郑和航海图》各图幅的方位是不相同的，有的上方为南，有的上方为北，初看之下似乎相互矛盾，仔细分析一下就可发现所有图幅的排列配置有统一的规律，即以航线为中心。

④针路注记详细而相当准确。

我国古代海上航行一般用指南针制成的罗盘来测定航向、方位，所以把航路称为针路。古代用于航海的罗盘又称罗经，一般是水罗盘（也称水罗经），它依四维（乾、坤、艮、巽）、八干（甲、乙、丙、丁、庚、辛、壬、癸）和十二支（子、丑、寅、卯、辰、巳、午、未、申、酉、戌、亥）分为24个方位。与现代360°制的罗经相比较，每一个古代罗盘方位相当于15°，如丑为30°，艮为45°；这样以一个字表示方位的称为"单针"，也称"丹针"。而实际使用时还可以用两个相邻的字来表示，称为"缝针"，如"丑艮"为今37.5°。故这种罗盘实际上可作48向，每一向相当于今7.5°。古罗盘的向位与现代罗经方位的关系如图1.20所示。

⑤配置有天文导航专用的"过洋牵星图"。

《郑和航海图》除了部分的航行图上注有牵星数据外，还配置有4幅专门的"过洋牵星图"。这种牵星图方位为上北下南，图中央框内绘一艘航行的帆船，框的四周表示牵星所用的星座，并注明方位、星名及牵星高度（指），如图1.21所示。每幅牵星图前有图名及说明（第一幅牵星图前无图名，有缺文，据内容分析图名应为古里国往忽鲁谟斯过洋牵星图）。

古代的过洋牵星，是指船只航行途中用牵星板观测天体的高度来确定船只的位置和航向。拿现代的术语来说，就是天文导航。

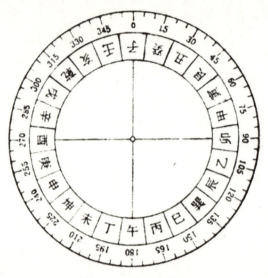

图 1.20　罗盘方位图

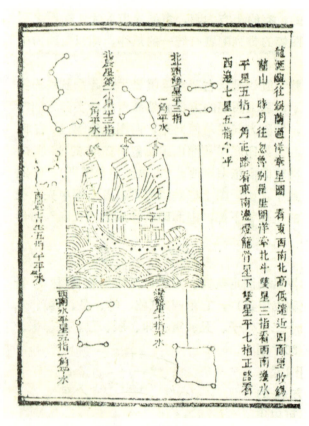

图 1.21　过洋牵星图

我国是世界上天文学发展最早的国家之一，并早在古代就已把天文知识用于航海了，公元 2 世纪时就已有关于天文航海的记载："夫乘舟而惑者，不知东西，见斗极则寤矣。"至唐代，已有观测北极星高度确定地理纬度的技术。我国古代星图的绘制也很早，现存的敦煌星图是公元 705—710 年的作品。但专门用于航海的牵星图，却仅见于《郑和航海图》。

牵星图上的牵星数据以"指""角"为单位，1 指为 4 角，合现今天体高度约 1.9°。牵星图上所注的古星名共 10 个。在当时没有专门的天文定位用表的情况下，过洋牵星图一定程度上起了现今天体高度表的作用，且有星座图形可供识别星体用。这充分显示了我国明代天文航海及海图的先进水平。

4）四海总图

从这幅 1500 年刊刻的《四海总图》（图 1.22）可以看出古代中国人的世界观和天下观，中国被描绘成一块巨大的中央大陆，外圈是内海，再外一圈是岛屿或环状大陆，再外一圈是外海，它差不多就是一幅世界地图。这其中既有现实存在的地方，又有想象中的地方，诸如大人国、小人国、长臂国等，岛国之外是无边的大洋。这是古代中国极少见的圆形地图。在图的布局和用色等表达方式上和同时期西方地图有异曲同工之妙。

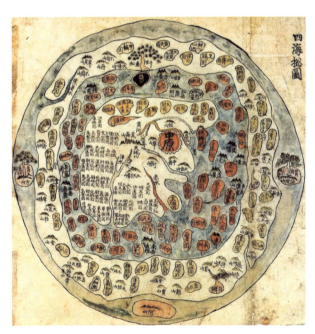

图 1.22　四海总图

5）明代东西洋航海图

该幅航海图在国外称为《雪尔登中国地图》，中国学者把它命名为《明代东西洋航海图》（简称"明图"），见图 1.23。据牛津大学博德立安图书馆中国文献馆的馆长大卫介绍，该图由牛津大学的东方学家约翰·雪尔登先生捐赠。作为当时著名的律师，雪尔登在英国议会中负责海外贸易事务，约在 1654 年，雪尔登从英国东印度公司收得此图，并在

1659年捐赠予牛津大学图书馆。然而,这幅航海图在尘封的档案馆里沉睡了几百年。直到2008年,博德立安图书馆整理藏品时,才被发现。

图1.23　《明代东西洋航海图》

《明代东西洋航海图》是中国历史上现存的第一幅手工绘制的彩色航海图,该图大约长1.5m,宽1m。绘制的地域北起西伯利亚,南至今印尼爪哇岛和马鲁古群岛(香料群岛),东达北部的日本列岛和南部的菲律宾群岛,西抵缅甸和南印度。经研究或出自明朝中叶福建海商手绘馆。

《明图》绘制的始航点在漳州月港,航线有6条东洋航路和12条西洋航路,其中东洋航路有漳州往琉球、漳州往长崎、漳州往吕宋3条。西洋航路有漳州经占城、柬埔寨往咬留吧,往满喇伽,往暹罗,往大泥和吉兰丹;往旧港及万丹5条。另有满剌加往池汶、往马神、往缅甸南部航路;咬留吧往亚齐、往万丹航路。明代张燮的《东西洋考》记载西洋航路由月港起航,厦门港放洋后,沿着中国东南海岸线一路向南,然后绕过海南岛附近海域,经七洲洋(西沙群岛)抵交趾、占城,从而进入印尼一带。而《明图》标绘的西洋航路与《东西洋考》所记载的西洋航路几乎一样。这幅图可以说是《东西洋考》《顺风相送》附属的一幅航海实用图。

不同于明《郑和航海图》，《明图》在绘制技法上用虚线绘制航线，并上下注以密集针位和更程里数，反映了该图绘制已受到西方航海图绘制技术的影响。同时，在图上方画上罗盘与比例尺，这在中国地图史上为首次。此外，它也是中国第一幅明确绘出澎台和南海四岛准确位置的海图，如在漳州东南部绘出澎湖列岛的图形，标注为"彭"；在澎湖之东又绘出台湾本岛，并以明初台湾古名"北港"和"加里林"标注出来。

《明图》绘制的地域北起西伯利亚，南至今印尼爪哇岛和马鲁古群岛（香料群岛），东达北部的日本列岛和南部的菲律宾群岛，西抵缅甸和印度南部，形成将中国与东亚融为一体的格局。《明图》一改在中国古代世界地图上，中国永远处于中央，外国如弹丸小圈，散落在周边的形式。可以说，这幅图打破皇家的"天下观"，表达了民间的"海洋观"，而这种"海洋观"，是漳州月港海商所特有的。

**4. 近代的海图**

16 世纪，世界贸易中心开始从地中海、波罗的海沿岸转移到大西洋沿岸，首先是荷兰到西欧，继而整个欧洲逐步走入商业繁荣、贸易发达、科学先进的时代，这个时期海图制图得到了迅速的发展。

1）官方海图的出现

17 世纪末，已准确地绘出了美洲及旧大陆各洲的轮廓图，而对太平洋的探险则一直延续到 18 世纪中期。这个时期进行了许多航海探险，世界海洋的轮廓图比较清晰地描绘了出来。

13 世纪出现的波特兰海图，只详细表示了海岸线和沿岸各种航行目标和方位线，16 世纪出现的墨卡托海图，只是以投影非常适合于航海的要求而在数学基础上向前迈进了一大步。但当时的海图上，在海域很少表示与航海关系密切的海底地形、航行障碍物、助航标志、水文要素等内容。在 16 世纪以前的海图上，这些内容只是零星的，极不完善的。而频繁的海上航行，没有详细表示海域地形的航海图，难免要出现海难事故。

16、17 世纪，地理学得到进一步发展。哥白尼（Nicolaus Copernicus，1473—1543）创立了日心说；伽利略（Galileo Galilei，1564—1642）利用望远镜观测天体取得大量的成果；开普勒（Johannes Kepler，1571—1630）提出了行星运动三定律，还编制了恒星星表；1675 年格林尼治天文台建立；经纬度观测的不断进步、三角测量方法的应用、地面高度测定和水深测量方法的改进等都为海图的科学发展创造了条件。同时，航海图的精度不断提高，图内海域内容逐渐增加。例如现存巴黎国家图书馆内的一幅港湾图内，不但表示了干出滩、沙滩、水深注记、航道、锚地，甚至还表示了人工建筑防波堤。但从海域的方位线等内容来看还没有完全脱离波特兰海图的影响（图 1.24）。

2）现代海图的萌芽和成熟

18 世纪开始，为了保证越来越发达的航海的安全，一些发达的资本主义国家相继成立了海道测量机构，开始进行系统的海道测量工作，并用系统的实测资料编制海图。

最早成立国家海道测量机构的国家是法国。图 1.25 为法国海道测量局 1872 年出版的港口和通道平面图。1661 年，法国国王路易十四所赏识的大臣柯尔比特（Jean-Baptists

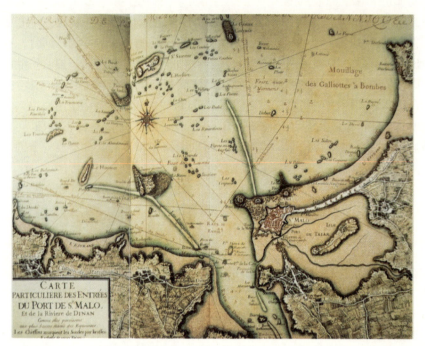

图 1.24　圣马洛（Saint-Malo），这幅地图由路易十四时期的政府机构完成，已非常接近现代海图

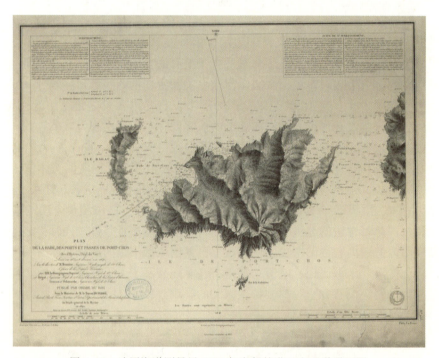

图 1.25　法国海道测量局 1872 年出版的港口和通道平面图

Colbert）在迪耶普（Dieppe）开办了海道测量学校。1720年11月19日，在巴黎成立了国家海道测量局的前身——海军档案部综合供应处（1886年正式定名为法国海道测量局）。法国海道测量机构对海图符号的演化和制图生产流程的规范化做出了突出的贡献。

1795年英国海道测量部成立，不仅测绘了本土近海海域，还对其殖民地海域进行了海图测绘工作。1807年，还到中国测量了海陵山港和南澳港等海域。鸦片战争后的20年间，几乎测遍了中国沿海海域。

19世纪初，蒸汽机开始用在船上，大大促进了航海事业的发展，与此同时对加速海图测绘提出了更高的要求，世界主要海洋国家相继成立了海道测量机构（表1.2）。

表1.2　　　　　　　　　　　部分国家成立海图测绘机构情况

| 国家 | 成立时间 | 现机构名称 | 说明 |
| --- | --- | --- | --- |
| 法国 | 1720年11月19日 | 海道测量局 | 成立时称海军档案部综合供应处，1886年改为现名 |
| 丹麦 | 1784年 | 海道测量局 | |
| 英国 | 1795年 | 海道测量部 | |
| 西班牙 | 1800年 | 海道测量局 | |
| 美国 | 1830年 | 海军海洋局 | 成立时称海图和仪器供应站，1866年升格为海道测量局，1962年改为现名 |
| | 1829年 | 海道测量部 | 成立时称制图测量局，1867年改为现名 |
| 俄国 | 1837年 | 海道测量局 | |
| 日本 | 1871年4月9日 | 水路部 | 成立时为水路司，1876年改为水路局，1886年改为现名 |
| 意大利 | 1872年 | 海军海道测量局 | 1865年海军创立了中央科学部，承担海道测量任务，1872年改名为中央海军海道测量部，1899年改为现名 |
| 荷兰 | 1874年 | 海道测量局 | 1821年在东印度群岛成立一个委员会，负责海洋测绘，1860年改为海道测量局，1874年改为海军部第5司 |
| 巴西 | 1874年2月2日 | 海道测量与导航管理局 | 成立时称海军部海道测量局 |
| 阿根廷 | 1879年6月6日 | 海军海道测量部 | |
| 土耳其 | 1909年 | 航海和海道测量部 | |

**5. 现代海图**

随着19世纪全世界国际海运贸易的发展，海图学家们对航海图的表示方法做了多方面的改进。费时间的染色法不再使用，在白色的海图上主要用黑色线条和符号进行三维显示。用不同的线条表示低潮线和等深线。发表在《海军科学研究手册》中的"海图清绘图解",从第一版到第五版,每一个版本都对插图进行更新。1851年出版的第二版中,出现了"潮流玫瑰图",它用带羽毛的和简单的箭头分别表示满月和新月时的高潮平潮时前后各小时涨潮流和落潮流的方向,箭头上的黑球表示小时数,而速度用"节"注记。1840年,法国的海图开始采用米制,此后,欧洲大陆各国陆续将单位由英寻改为米来表示海图上的高程和深度,这是海图制图史上的又一次重要变化。

在世界海图的系统生产中,美国首先制订了正规的海图图式。这大概是因为有两个海道测量机构之故。美国海岸测量局于1840年出版了一幅图式符号标准参考图。该局局长哈斯勒(Hassler)早在1811~1815年就已派人到欧洲考察,因而该图式中引用了许多欧洲海图上的符号。此图式中,出现了象形的沉船符号。

在回声测深方法出现以前,多用杆测、锤测等方法。它们速度慢、精度低。从1820年前后法国物理学家比龙·丹特在马赛附近测得海水平均声速为1500m/s开始,经过近百年间几代科学家的探索、实验,回声测深方法逐渐取得进展,并应用于海洋测深实际作业中。回声测深仪的出现和发展,对海洋测深资料的获取和积累、海图内容的增加产生了重大的影响。这是海道测量历史中的一次重大革命,也是海图发展史上的又一个里程碑。

1921年6月21日,国际海道测量局在英国伦敦正式成立,当时有19个成员国。国际海道测量局的总部地点选在摩纳哥。1967年,在第9届国际海道测量大会上,制订了一个政府间的《国际海道测量组织公约》,1970年9月22日经联合国注册正式生效。此后,国际海道测量局就成为国际海道测量组织的总部机构,负责日常工作,同时也是世界海洋测绘的资料中心。

1967年第9届国际海道测量大会上,法国和荷兰正式提出了编制国际通用航海图(即国际海图)的设想,使国际海道测量局的所有成员国能根据这套图复制出在全世界航行所需的全部航海图。1972年第10届国际海道测量大会成立了一个专门委员会,设计了比例尺为1:1000万的海洋总图和比例尺为1:350万的远洋航行图共计83幅,并由17个成员国任"编制国"进行编辑,20世纪80年代初即全部完成。大、中比例尺海图由世界海洋的1:25万~1:100万比例尺航海图和不同比例尺的港湾图组成,从1977年开始陆续出版。1977年第11届国际海道测量大会决定成立一个"海图规范委员会",将研究范围从北海扩大至全世界海域。新的国际海图规范已由1982年第12届大会批准。

大、中比例尺海图分区编制。世界海洋按照地理区域划分为13个制图区域,分别以A、B、C、D……代表。太平洋划分至A、K、L、C2四个区,中国分在K区,范围包括太平洋西北部海域,日本为协调国。一些测绘能力较强的成员国承担本国附近海域的海图出版,这些国家称为编制国;其他国家则可以根据编制国提供的资料进行复制出版,这些国家称为翻印国。编制国出版的国际海图上印有编制国和国际海道测量组织的图徽,翻印国出版的国际海图上印有编制国、翻印国和国际海道测量组织的图徽。图幅编号可纳入本国系列,但须在图号前缀以英文缩写Int。

国际海图大部分采用WGS84坐标系、墨卡托投影、依照地理特点自由分幅,遵循统一的制图规范和海图图式,使用米制单位和保持基本一致的表现风格。在内容载负量、表示方法等方面吸收各国的长处,内容上突出了航海使用的目的,非航海要素大量简化。色彩选择上，适应船上摇摆条件下使用。色数不多，陆（黄色）、海（浅域浅蓝色，深域白色）、干出滩（黄蓝相叠的绿色）分明，深受广大海员的欢迎。

随着计算机技术的发展，20世纪70年代开始探索电子海图技术。1985年5月，国际海事组织海上安全委员会第51次会议提出了对电子海图装置讨论的议案，电子海图显示与信息系统（ECDIS）的概念也就是自那个时候开始的。1986年7月，国际海道测量组织（IHO）和国际海事组织（IMO）开始合作，成立了ECDIS协调小组，共同研究ECDIS制定的ECDIS暂行性能标准（PPS），于1989年5月由IMO予以公布。

1986年10月IHO成立了电子海图显示与信息系统工作委员会（Committee on ECDIS，COE），代表IHO全权处理有关ECDIS和电子海图方面的标准事宜。1987年5月，在摩纳哥召开的第13届IHO大会上由IHO的COE正式提交了"ECDIS海图内容和显示规范"的草案，向与会的各成员国海道测量专家征求意见。该标准于1990年5月以IHO第52号特殊出版物的形式发布了第一版，简称S-52。1992年9月颁布了第二版，1993年10月颁布了该规范的第三版。1996年12月颁布了第四版。该标准目前已修改增补至2014年10月的6.1.0版。S-52侧重于海图的内容、显示的方法、改正的实施以及ECDIS的性能，不涉及关于电子海图具体的物标分类编码、数据交换格式等内容。IHO关于电子海图的另一标准是《数字化海道测量数据传输标准》。该标准源于IHO的数字数据交换委员会（Committee on Exchange of Digital Data，CEDD）1987年开发的"数字制图数据交换与供给格式"（DX-87），1991年正式形成第一版，以IHO第57号特殊出版物的形式发布，简称S-57。1992年4月15日在摩纳哥举行的第九届国际海道测量大会上该标准被通过为IHO的正式标准。1993年11月颁布了该标准的第二版，其数据交换格式称为DX-90。1996年11月颁布了该标准的第三版，定义的数据交换格式此时改称为S-57格式（标准）。从那以后，IHO也一直在陆续颁布和更新着其他有关ECDIS的标准。

**6. 中华人民共和国海图的发展**

经过70多年的发展，我国航海图逐渐走向标准化、国际化，大致分为以下几个阶段。

1949年5月下旬上海解放后，华东军区上海市海军接管部当即派员接管了残留上海的原民国海军部海道测量局，并于1949年6月成立华东军区海军海道测量局，1951年起改为隶属于中国人民解放军海军司令部，后改称海道测量部。1959年11月海军司令部海道测量部改名为海军司令部航海保证部（简称海司航保部）。这个机构的名称虽几经变革，但一直是新中国海洋测绘的组织者和领导者。中华人民共和国成立70多年来，航海图制图经历了4个阶段。

（1）1949年—1950年底。

为了适应当时军事及航运业的急需，海道测量局积极动员旧中国的海图制图人员归队，迅速恢复了海图生产。

当时主要是根据从原民国海军部海道测量局及海关海务科、招商局等单位收集到的我国海区的外版海图（主要是英版及日版海图）翻印出版。这些翻印的海图采用临时编号，由4位数字组成，长江口以南为20××，长江口以北为30××；图上注明所据外版图的图号；采用单色印刷，图幅内容不作改动，仅将外文注记的地名改译为中文。

这批翻印的航海图从1949年9月至1950年底共出版了130多幅。虽然精度较低，质量较差，表示方法也不够统一，但在当时历史条件下，为我军解放沿海岛屿、护渔、护航以及发展航运、水产事业等提供了必要的资料，发挥了一定的作用。

(2) 编制第一代航海图（20 世纪 50 年代）。

1950年在翻印出版航海图的同时，着手编制中华人民共和国成立后的第一代航海图。这套航海图用4位数字按比例尺及沿海省区编号。所用的编图资料除部分港湾图是新测资料和检测资料外，海域要素主要是根据外版海图编制的。这些图采用的坐标系统、高程系统不完全一致，深度基准大部分是略最低低潮面和平均大潮低潮面。港湾图采用中心投影或平面图法，我国沿海比例尺成套的航行图一般采用墨卡托投影。在比例尺成套的近海航行图中，先行编制出版的是1:50万图。当时为兼顾国民经济建设及军事等方面的需要，采用海陆要素并重的原则，陆部采用旧中国的地形图补充有关要素，相邻图幅也无重叠部分。由于资料来源不同，海部资料与陆部资料拼接起来往往矛盾很大。后来编制1:25万、1:10万航行图时，则改变了海陆要素并重的原则，着重表示海部要素，主要以外版航海图作基本资料，补充新测的水深资料，而不再用旧地形图补充陆部要素，同时相邻图幅也有必要的重叠，以便满足航海时换图。

第一代航海图为2色或3色印刷，总的说来绘制质量较好，具有航行目标清晰、山形易于辨认等优点。

(3) 编制第二代航海图（20 世纪 60、70 年代）。

20世纪50年代中期开始，我国比较系统地学习苏联海图制图经验，这在1960年开始编制的第二代航海图（前期）明显地反映出来。

新中国第二代航海图采用1958年起的海区系统测量成果。这些成果采用统一的"1954年北京坐标系"，以理论深度基准面（即理论最低潮面）为深度基准，大大提高了数学精度。港湾图采用高斯-克里格投影，其他航海图均采用墨卡托投影。为适应当时军事航海用图的需要，军用图与民用图分别编制。军用航海图比例尺系列为1:100万、1:50万、1:10万全国沿海成套，1:5万、1:2.5万的沿岸图和港湾图局部海区成套，并据实际需要编制更大比例尺港湾图。民用航海图比例尺系统为1:150万、1:75万、1:30万、1:15万4种，另有较大比例尺的港湾图。

1960年编制第二代航海图时，根据需要先编比例尺为1:20万图。但当时全国沿海仅测量了部分海区，故无新测成果的海域仍采用外版海图作为编图资料。1:20万航海图采用墨卡托投影，并加绘高斯坐标网；基本等深线为5m、10m、20m、30m、50m、100m及200m，深度20m以内海域水深注记图上间隔为0.5~0.8cm，陆地要素与同比例尺陆地地形图相同，当时因1:20万地形图为旧资料，而1:5万地形图为新测成果，故编1:20万航海图时以1:5万地形图作为基本资料来编绘，综合工作量很大。1:20万航海图印色定为8色，故制印也很复杂，这套图在1963年才出齐。与第一代航海图相比，这套图的内容丰富得多，精度、质量也大大提高；其缺点是内容过杂，印色太多，导航目标不显著等。

1965年9月，海军在天津召开了海图定型会议，总结经验教训，研究讨论航海图的内容和载负量等问题。并作出规定：大量减少航海图上与海上航行无关的内容，降低陆地要素的载负量，以突出航行目标；并将 8 色印刷改为 4 色印刷。这次会议为军用航海图编制开创了新的局面，1966 年据会议精神制定了《军用海图出版规则》，作为航海图作业的准则，促进了海图制图工作的发展。在此以后编制的航海图是第二代后期的航海图。

民用版航海图在 1964 年后陆续开始编制。1966 年制定了《国内航运、水产船只使用的海图出版规则》，推动了民用海图的发展。

后来，由于"文革"影响，规章制度受到破坏，海图生产数量减少，质量下降。至 1973 年才有所恢复。1975 年颁发了《军用海图编绘规范》，并恢复了各项作业制度，海图质量逐步提高。20 世纪 70 年代除编制中国沿海的航海图外，还编制出版了太平洋西岸的大、中比例尺航海图，太平洋、大西洋、印度洋沿岸 1∶100 万及世界海区 1∶500 万比例尺的航海图。

随着外贸工作的开展，到中国的外籍船舶不断增加。为保证其安全，我国专门编制了供外籍船舶使用的航海图，其中包括中国沿海较小比例尺总图，1∶75 万、1∶30 万、1∶15 万航行图及各开放港口大比例尺的港湾图。图上均加注必要的英文注记及汉语拼音地名。这批图于 1976 年起出版发行。

(4) 编制第三代航海图（20 世纪 80 年代）。

第二代航海图在制图精度及表示的内容等方面都有很大改善，特别是海图定型会议以后，质量更有提高。但这些海图名义上是航海图，实际上是一图多用。军用航海图除作航海图使用外，还作指挥、训练及工程施工等使用；民用航海图除作商船航行用外，又作捕捞、海洋调查等用，这样在某些方面不免发生矛盾。如军用航海图的分幅照顾了航线的完整，往往无法兼顾训练区的完整；而其表示的陆部要素以航海图的要求来衡量，仍是偏多；又如捕捞用的海图，除对一般航行要素有要求外，还有其他专门的要求；等等。

在 1978 年中国共产党十一届三中全会以后，我国经济建设迅速发展，海洋开发更加广泛，各有关部门对航海图提出更多、更高、更新的要求，都希望有适合本部门需要的海图。为适应这种形势，海司航保部在广泛深入调查研究的基础上，着手进行海图改革。改革的重点是突出航海图的专业性，将军用航海图、民用航海图并为一套统一的航海图，并妥善解决各种比例尺航海图与航海书表内容的统一问题；同时努力增加专用海图的品种，以满足各方面的需要。为此，航保部组织拟订了《中国海区航海图制图规范》《海图图式》《海图分幅方案》《海图编号规定》等技术文件。1981 年 6 月，海军司令部、交通部、水产总局联合召开了航海通告、航海图书资料改革工作会议，会议审议并通过了上述技术文件。1983 年起，按新的规范、图式编制的新中国第三代航海图陆续出版。

第三代航海图采用的新编号为 5 位数字，第一、二位数字分别为大区号、小区号，后三位数为顺序号，并通过编号中 "0" 的位置表示航海图的比例尺情况。图幅的划分既尽可能照顾系列比例尺的一致性，又考虑保持海区地理单元和航线的完整性，把同一系列航海图限制在一定比例尺范围内，从而提高了图幅使用的价值。图幅内容则更好地突出表示与航海有关的要素，成为名副其实的航海图。图式符号较多采用了国际上通用的符号和表示方法，如干出滩以陆地普染色叠加海域浅水层普染色表示等。

这次海图改革，使我国航海图向国际化逐渐靠拢，但制图规范是针对中国海区编写的，有一定的局限性；有的图式符号与国际上仍不统一。为此，航保部在 1986 年又组织制订国家标准《航海图编绘规范》及《海图图式》，这两项标准经国家技术监督局批准于1990年12月起实施，从而使我国航海图走向标准化、国际化，并具有了明确的法律地位。

(5) 编制第四代航海图（20世纪90年代）。

第四代航海图于20世纪90年代末开始编制，出图范围以我国海域为主。分军用、民用两个版本出版。20世纪末，随着我国经济的迅猛发展，海上交通运输和海洋活动日益频繁，沿海开放港口越来越多，港口建设日新月异，进出我国水域的外轮逐年增加，海洋测绘领域的国际合作也不断加强，我国航海图的出版面临着新的挑战。1995年，海军司令部航海保证部组织力量开展了对航海图的改革论证工作，确定将第三代民用航海图和外轮航海图合并为"中国航海图"出版，面向国内外民用船舶发行。第四代中国航海图以第三代民用航海图为基础，编号、分幅、比例尺不变，投影统一采用墨卡托投影，1999年正式出版发行。从2005年起，统一采用WGS-84坐标系，并将全部中国航海图的出版发行纳入新闻出版总署的出版发行体系中，为每幅航海图申请配置了中国标准书号和条形码，使我国的航海图出版步入了法制化轨道，并与国际接轨。

### 1.3.2 海图制图技术的发展

**1. 海图制图工艺的发展**

20世纪50年代海图编制采用连编带绘法成图，起初图纸都是被糊在绘图木板上，1950年时为2:1放大绘制，全张海图的图板长度约为2m，绘图十分困难；1951年绘图放大倍率改为3:2，后来又改为10:8，木板也逐渐改为锌合金版。当时制图资料的复制一般用照相法，要素简单的范围较小的资料用杠杆缩放仪。资料转绘主要是用透明纸复写法及面糊纸翻印法。

透明纸复写法是用透明纸资料图对准图版上相应的制图网或控制点，用镇纸压紧，在透明纸资料下放一张自制的复写纸（系用棉花蘸铅笔粉末涂擦于薄绵纸面上而成），用铁笔或硬铅笔描绘透明纸上的线划图形，即可把要素转绘到图版上。

面糊纸翻印法先要制作面糊纸。一般是用透明度较高而纸质优良的油粉薄纸，涂上配置的面糊（用面粉加适量甘油和冷水搅拌，再加沸水冲成糯糊状），晾干备用。资料复照后把要素用浅蓝色或浅紫色油墨印在面糊纸上，图形为反像；然后按资料变形情况，将面糊纸分割，反转图形覆在图版上，对准制图网后用刺针轻戳，使面糊纸与图版粘紧。待全部完成后，放在过版机下加压，使面糊纸上的图形翻印到图版上，是正像。

面糊纸翻印法转绘资料具有迅速、简便的特点，且面糊纸可在一定范围内拉伸，可以用于不同投影资料的转绘；缺点是精度不高。这种方法在海图制图中使用了较长时间，到20世纪70年代才停止使用。

20世纪60年代初开始用蓝图镶嵌法转绘资料，开始时是与面糊纸翻印法联合使用，即水域部分的资料用面糊纸翻印法，陆地部分补充的地形图资料用蓝图镶嵌法。

20世纪70年代开始海图刻图的试验，陆续解决了整幅刻图膜的涂布技术问题及刻图仪器配套等问题，海图刻图于80年代初得到全面推广，并逐步以聚酯薄膜编稿代替了锌合金图版编稿。

20世纪80年代我国开始进行海图制图自动化的研究。于1987年从Geo Vision公司引进了一套海图自动化制图系统（A/C-RAMS），包括HP1000-A900电子计算机系统、交互式编辑工作站、HP7585B滚筒式自动绘图机和GSI 3278型平台式大型精密自动绘图系统等设备，并于1989年用这套设备成功地编绘了第一幅除汉字注记以外的航海图。

交通运输部海事系统于1991年引进Universal System Ltd.公司的CARIS GIS软件进行计算机辅助海图制图。1992年7月实现了计算机控制平板绘图机进行印刷底图分版刻绘的工艺，1997年实现激光照排全要素海图印刷底板的输出，实现了海图制图从全手工到全数字式作业的飞跃。

中国人民解放军海军海洋测绘研究所还于80年代后期开始进行电子海图的研究，HDT-101型电子航海图系统于1988年通过鉴定，1990年安装在北海和南海3000吨级以上的辅助船上。1995年初，海军大连船舶学院自筹资金，开始了Windows平台下的电子海图应用系统开发工作。同时，交通运输部海事系统以及大连海运学院、上海海运学院和一些企业，开展了民用电子海图应用系统的研制工作，推出了各自的电子海图应用系统。自2000年开始，标准化认证的电子海图（ECDIS）和非认证电子海图（ECS）逐步在航运领域推广应用。

**2. 传统绘图工具**

1）写字仪

中华人民共和国成立初期制图技术十分落后，当时海图绘图工具主要是绘图笔尖、直线笔，后来增加了曲线笔；书写水深注记数字原来仅有旧中国留下来的一副K.E.数字字母写字仪及模板，1952年仿制成功，解决了水深注记书写工具缺乏的问题。

与陆地地形图相比，写字仪在海图编绘中是必备工具，是海图制图中的特殊工具。因海图重要功能是表示各点的水深深度，图面的深度由水深表示，故使用频率甚高。写字仪及模板包括：写字模板、写字仪、平行尺。其中写字模板是将所有大小的数字及英文字母刻于范本上形成的。写字仪通过该模板限定写字针头的运动轨迹，使得在图板上写出的字比较整齐和统一。写字模板将写水深的字体分为60号、80号及100号三种。但应用英文时，根据需要采用不同大小和字体的范本。各种大小范本，装于一盒（图1.26）。

写字仪是写字的工具，有三只脚，通过置于字模滑槽中的脚的辅助，利用置于写字板中的字模针（脚），规范写字针（脚）的运动轨迹，从而在图面上绘制出与字模字形相似的字。字模用于控制字的大小和字体，不同的字模可控制字的大小和字体的不同。在写字针与写字仪的连接处，有螺丝可调节写字针与字模针之间的角度，控制字体是正体字还是斜体字。写字针头有如注射用针头状，只是针尖短平些，它的粗细能控制写出的字体的粗细。图1.27所示为写字仪的使用方法。

2）曲线板

曲线板是由硬塑料制成的，有各种曲线的形状。当画曲线时，首先要定出曲线上足够数量的点，再用曲线板依次连接各点，圆滑地将曲线画出（图1.28）。

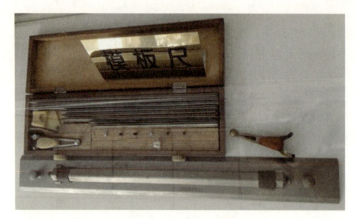

图 1.26　写字仪及模板

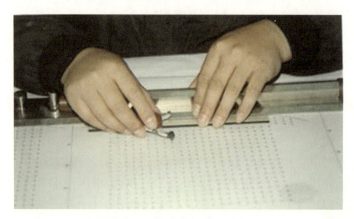

图 1.27　写字仪的使用方法

曲线板

用铅笔轻轻连接各点

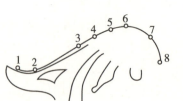

在曲线板上选择曲率合适的三个点加深

与上相同，直至加深完毕

图 1.28　用曲线板画曲线

3）铅笔（图1.29）

用以描绘各种要素的底稿。

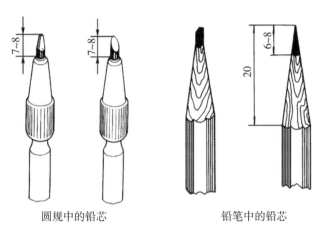

图1.29 绘图铅笔

4）钢笔尖（图1.30）

海道测量外业报告图板一般用绘图钢笔写字绘图，借用小钢笔尖装在小钢笔杆上来绘制小符号等要素。

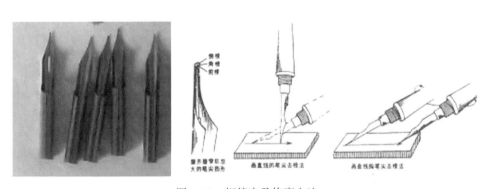

图1.30 钢笔尖及修磨方法

5）绘图仪

将普通常用绘图仪器拼成一盒，以便用于直线、曲线等要素的绘制。其中包含直线笔、曲线笔、分规、圆规等工具。

（1）直线笔（图1.31）：用以绘制各种粗细直线。

（2）曲线笔（图1.32）：用以绘制各种粗细曲线。

（3）分规（图1.33）：可分割两点间的直线距离。

（4）圆规（图1.34）：用以画圆，可装铅笔或墨水笔尖。

6）缩放仪（图1.35）

图 1.31 直线笔

图 1.32 曲线笔

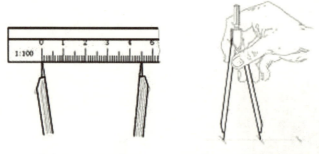

（a）在直尺上量取长度　（b）将量取长度转移到纸上

图 1.33 分规

图 1.34 圆规

在绘制海图时，常用各种不同比例的海图作为资料。这样就必须在绘图前将各图放大或缩小，使之成为所要的适合尺寸。尤其在制作包含广大区域的渐长图时，要采用各种不同比例尺的海图资料，所以在制图上采用放大及缩小的方法甚为重要。

将平面图放大或缩小，仍制成平面图时，比较简易。而将平面图缩小，改制渐长图

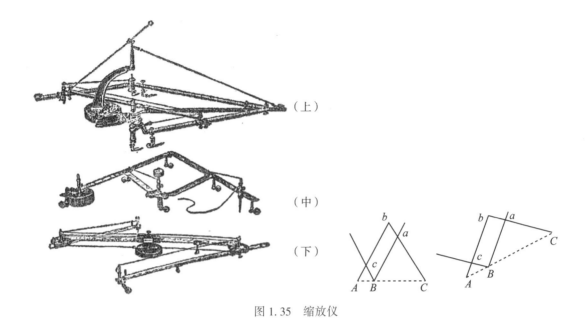

图 1.35 缩放仪

时，则手续较繁。此时，应依照渐长图的经纬度，计入所有原点，使之与平面图上的原点位置相适。

在高纬度的地方，大区域的海图的测量原图也有用多圆锥图法的。如在改制渐长图前，进行缩小时，应按照纬度高低的不同，划分为几种不同的尺度，进行缩图。即随着纬度的高低，较大的地形，应割为数段，分为数次，进行缩图。

海图放大及缩小的方法分为普通方格法、仪器法、照相法三种，缩放仪属于第二种。

如图 1.35 所示，缩放仪有"制托库拉夫（上）""班他库拉夫（中）"及"制陀库拉夫（下）"三种缩放形式。皆应用几何学的相似三角形原理，常置铅笔、针，及固定点（支点）于一直线上。不论何时，皆不使失去相似形的关系。可根据仪器横杆之长（常数），计算缩放比率。调节刻度尺上之值，施行海图的缩放工作。

缩放仪每边不足 1m 长。一般 1 人即可完成绘制。在制图生产中，每幅新图绘制、不同比例尺资料转绘时都要应用，因此缩放仪是制图常用、必备工具。在 20 世纪 80 年代中期，出现了静电复照仪，缩放仪不再应用。

7）手工刻绘用制图工具

用刻图工具在涂有刻图膜层的透明片基上刻透线划、符号要素处的膜层，以建立地图内容各要素的阴象或阳像图形。按刻出线划符号的方法分为机械刻图、化学刻图和物理刻图，分别采用刻针、刻刀等刻图工具及化学溶剂和电热法进行刻图作业，其中机械刻图最常见。机械刻图主要有以下工具：

（1）刻针（图 1.36）。

一般是采用唱针或钨钢针修磨而成。用以刻绘直线或曲线。

（2）刻刀（图 1.37）。

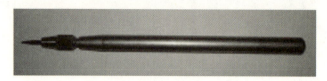

图 1.36 刻针

由工厂加工制作,用以刻绘单线与双线的地物。有些刻绘人员经过长期的摸索也会自制一些刻刀。

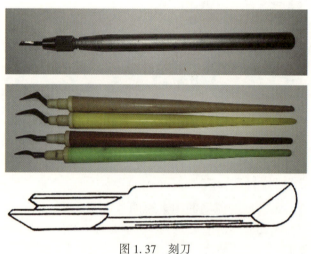

图 1.37 刻刀

(3) 刻线仪 (图 1.38)。

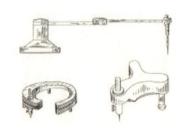

图 1.38 刻线仪

常用的有三种基本类型:摇臂式、刻环和人字形仪。这几种刻线仪可安装各种型号的刻针和刻刀,用以刻绘各种要素。与刻线仪配合使用的模片,见图 1.39,用于刻绘各种符号和数字。

8) 静电复照仪 (图 1.40)

静电复照仪就是把电摄影技术科学地引进到传统的制板照相机中的产物。因此它既具

1.3 海图发展简史

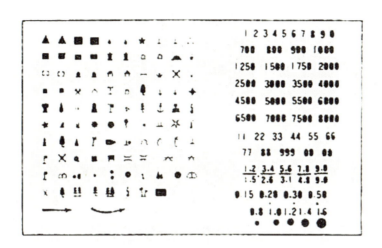

图 1.39　与刻线仪配合使用的模片

有静电复印速度快、成本低的优点,同时又保留了普通复照仪精度高、幅面大的长处。一台静电复照仪相当于普通平版印刷的复照仪与翻板、修板、磨板、晒板和打样机的协同工作。

图 1.40　静电复照仪

9)植字机(图 1.41)

手工制图时海图上的文字为手写完成,因需要作业人员有过硬的书写功底,往往大多数人无法完成正式出版海图文字的书写,且占用的工时较多。植字机出现后,上述问题便迎刃而解。

第 1 章 绪 论

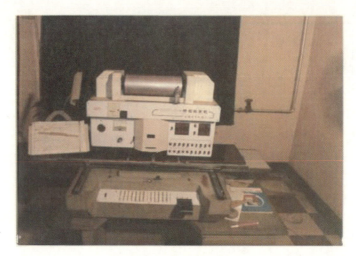

图 1.41　植字机

　　植字机即电脑控制照排机。电脑控制照排机是一种由光学技术、精密机械和现代化电子技术紧密结合的综合型排版机器。使用时，首先选定玻璃盘上的字模，将字模上的字按操作者所设定的比例缩放、倾斜变形后，曝光在胶片上，曝光后的胶片经冲洗、定影，获得在透明胶片上所需的字体、字大小、字形，将胶片背面刷胶后粘贴到底图、涤纶薄膜上，可替代手写字。

10）SHARP PC-1500 计算机

　　20 世纪 80 年代初，可编程计算器，或者说早期的计算机，SHARP PC-1500 计算机（图 1.42）开始用于聚酯薄膜绘图底版控制网格线的坐标计算、投影转换、坐标系变换等工作。

图 1.42　SHARP PC-1500 计算机

11）数字海图制图系统

随着 PC286、PC386 等型号的微机和图形工作站、服务器等逐步进入海图制图领域，计算机辅助制图得到广泛应用，实现了由全手工制图向全数字式制图的转变。

# 第 2 章　海图的数学基础

为了绘制已知比例尺的海图，关于地球大小和形状的知识是必不可少的。一切海图皆与客观世界的两个要素有关，即位置及其属性。二维海图平面上的位置，是由地球椭球面上的经纬度表示的球面坐标变换得来。而地理空间中的事物，先要在地球面上进行定位，才能进一步表示在二维海图上。这就涉及空间对象的坐标、位置定位和投影。

## 2.1　地球概述

### 2.1.1　地球形状概述

地球的面积约为 $5.1×10^8 km^2$，体积约为 $10832×10^8 km^3$，地球表面是不规则的，地形种类繁多，有平原、丘陵和盆地，有江河、湖泊和海洋，其中海洋占总面积的 70.8%，陆地占 29.2%。地球地貌的最大起伏为 19.88km，最高点是海拔 8848.86m 的珠穆朗玛峰，最低点是海拔 -11034m 的马里亚纳海沟，陆地平均高程 840m，其中多数（占总面积 75%）在 1000m 以下。地球在外形方面是不对称的，比如地球陆地 2/3 在北半球，只有 1/3 在南半球，大部分岛屿、洋脊和深海沟等都在北半球。地球的南极地区有最高的大陆——南极洲，而在地球的北极地区有北冰洋，并且南极洲的面积基本上等于北冰洋的面积。

地球的形状主要是指地球刚性外壳的自然形状——陆地及海洋（底）的表面形状。对于地球形状的认识过程，也是人类在自我发展与进化过程中，不断地提升对自身所处环境的认识过程。最早期，古人就提出"天圆如张盖、地方如棋局"的盖天说，现在看来，尽管"天圆地方"这种说法略显愚昧，但体现了古人对地球最朴素的认识；随着人类活动范围的扩大，以及人们观察和思考能力的提升，人们对地球的认识也不断深化。东汉天文学家张衡提出了浑天说："浑天如鸡子，天体圆如弹丸，地如鸡中黄，孤居于内，天大而地小。天表里有水，天之包地，犹壳之裹黄。天地各乘气而立，载水而浮。"这种地在天之中，天似蛋壳、地似蛋黄，日月星辰附着在天壳之上，随天周日旋转的认识，离现代认识又更进一步。随着人类文明的发展，麦哲伦环球航行证实了地球是一个球体。以人造卫星为代表的空间探测技术出现后，利用人造地球卫星轨道摄动的观测资料分析，反解出地球的形状，表明地球是一个两极稍扁、赤道略鼓的不规则球体。

### 2.1.2　地球椭球

根据大地测量学的研究成果，地球表面的几何模型可以分为自然表面、大地水准面和地球椭球面 3 种，见图 2.1 自然表面、大地水准面和地球椭球面示意图。

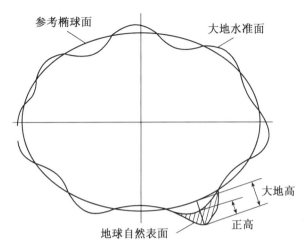

图 2.1 自然表面、大地水准面和地球椭球面示意图

**1. 自然表面**

地球的自然表面指包括海洋底部、高山、高原在内的固体地球表面。固体地球表面的形态，是多种成分的内外地应力在漫长的地质年代里综合作用的结果。在海洋的底部，地形高低起伏的复杂程度不亚于陆地，既有崇山峻岭、深沟峡谷，又有广大的平原、丘陵和盆地等。地球固体表面的复杂性，使其无法用数学表达式进行描述。

**2. 大地水准面**

地球上的任一点，都同时受到两个作用力，其一是地球自转产生的离心力；其二是地心引力，这两种力的合力称为重力。处于静止平衡状态的液体表面通常称为水准面。由物理学可知，这个面是一个重力等位面，水准面上各点处处与该点的重力方向（铅垂线方向）垂直。在地球表面上、下重力作用的范围内，通过任何高度的点都有一个水准面，因而水准面有无数个。通常把一个假想的、与静止的海水面重合并向陆地延伸且包围整个地球的特定重力等位面称为大地水准面。用平均海水面代替静止的海水面，大地水准面所包围的形体称为大地体。铅垂线方向取决于地球内部的引力，由于地球引力的大小与地球内部的质量有关，而地球内部的质量分布又不均匀，致使地面上各点的铅垂线方向产生不规则的变化，因而大地水准面实际上是一个略有起伏的不规则曲面，很难用数学公式精确表达。

**3. 地球椭球面**

为了解决大地水准面不能作为计算的基准面的矛盾，人们要选择既能用数学公式表示，又十分接近于大地水准面的规则曲面作为计算的基准面。

经过长期的实践，人们发现，虽然大地水准面是略有起伏的不规则曲面，但从整体上看，大地体十分接近于一个规则的旋转椭球体，即一个椭圆绕它的短轴旋转而成的旋转椭球体。人们把这个代表地球形状和大小的旋转椭球体称为地球椭球体，地球椭球体的表面称为地球椭球面。在理论上把这个椭球体规定为跟地球最为密合的椭球体，在实践上用重力技术先推算出大地水准面，然后用数学上的最佳拟合方法，求出跟大地水准面最密合的一个旋转椭球体，由此确定它的形状和大小，即椭球体的长半轴和扁率。拟合的原则是让大地水准面和椭球面相应点之间的差距（又称大地水准面差距）平方和最小。

地球椭球的大小和形状常用下列符号表示：长半轴 $a$，短半轴 $b$，扁率 $\alpha=(a-b)/a$，第一偏心率 $e^2=(a^2-b^2)/a^2$，第二偏心率 $e'^2=(a^2-b^2)/b^2$。这些数据又称为椭球元素或椭球参数，知道其中两个元素就可确定地球的大小和形状，但其中必须有一个是长度（$a$ 和 $b$）。表 2.1 摘录了世界各国常用的地球椭球参素数值。

表 2.1　　　　　　　　　　世界各国常用的地球椭球参素数值

| 参考椭球 | 年代 | 长半径 $a$/m | 扁率 $\alpha$ |
|---|---|---|---|
| 白塞尔 | 1841 | 6 377 397 | 1∶299.15 |
| 克拉克 | 1866 | 6 378 206 | 1∶295.0 |
| 克拉克 | 1880 | 6 378 249 | 1∶293.46 |
| 海福特 | 1910 | 6 378 388 | 1∶297.0 |
| 克拉索夫斯基 | 1940 | 6 378 245 | 1∶298.3 |
| 凡氏 | 1965 | 6 378 169 | 1∶298.25 |
| IUGG16 届大会推荐值（IUGG75） | 1975 | 6 378 140 | 1∶298.257 |
| IUGG17 届大会推荐值（GRS80） | 1979 | 6 378 137 | 1∶298.257* |
| WGS-84 系统 | 1984 | 6 378 137 | 1∶298.257 223 563 |
| 2000 国家大地坐标系 | 2000 | 6 378 137 | 1∶298.257 222 101 |

*注：该值为推导值，参考自程鹏飞等（2009）。

## 2.1.3　地球基本参数

地球形状的表达是极为复杂的，采用旋转椭球来研究和表达地球形状，通常除了需要考虑其几何性质外，还需要赋予其引力参数。

**1. 几何参数**

旋转椭球赤道长半径 $a=6378.169\text{km}$

旋转椭球短半径 $b=6356.779\text{km}$

旋转椭球平均半径 $\bar{R}=(a^2b)^{1/3}=6371.03\text{km}$

旋转椭球扁率 $\alpha = \dfrac{a-b}{a} = \dfrac{1}{298.25} = 0.0033529$

旋转椭球表面面积 $= 5.1007 \times 10^8 \text{ km}^2$

旋转椭球体积 $= 1.0832 \times 10^{21} \text{ m}^3$

地球质量 $M_e = 5.976 \times 10^{24} \text{kg}$

地心引力常数 $GM_e = 398603 \text{ km}^3/\text{s}^2$

地球平均密度 $\bar{\rho}_e = 5.518 \text{g/cm}^3$

陆地面积 $= 1.49 \times 10^8 \text{ km}^2$

海洋面积 $= 3.61 \times 10^8 \text{ km}^2$

陆地平均高度 $= 860\text{m}$

海洋平均深度 $= 3900\text{m}$

**2. 地球正常引力位常数**

$$U = \frac{GM_e}{a}\frac{a}{r}\left[1 - \sum_{n=2}^{\infty} J_n \left(\frac{a}{r}\right)^n P_n(\sin\varphi)\right] \tag{2-1}$$

式中：$r$ 为地球表面至地心的径向距离；$P_n$ 为 $n$ 次勒让德多项式，$\varphi$ 为纬度。

$J_2 = 1082.64 \times 10^{-6}$      $J_3 = -2.54 \times 10^{-6}$

$J_4 = -1.56 \times 10^{-6}$      $J_5 = -0.22 \times 10^{-6}$

$J_6 = 0.59 \times 10^{-6}$      $J_7 = -0.40 \times 10^{-6}$

$J_8 = -0.20 \times 10^{-6}$      $J_9 = 0.05 \times 10^{-6}$

$J_{10} = -0.40 \times 10^{-6}$      $J_{11} = 0$

$J_{12} = -0.20 \times 10^{-6}$      $J_{13} = 0$

$J_{14} = 0.10 \times 10^{-6}$      $J_{15} = -0.40 \times 10^{-6}$

$J_{16} = 0.20 \times 10^{-6}$      $J_{17} = 0$

$J_{18} = -0.20 \times 10^{-6}$      $J_{19} = 0$

$J_{20} = 0$      $J_{21} = 0.20 \times 10^{-6}$

地球自转角速度（1900）$= 729211515 \times 10^{-6} \text{rad/s}$

地球上的逃逸速度 $= 11.19 \text{km/s}$

地球公转平均速度 $= 29.97 \text{km/s}$

地面重力加速度

$g = 980.621 - 2.5865\cos2\phi + 0.0058\cos^2 2\phi - 0.000308h \text{ (cm/s}^2)$

标准值 $g_0 = 980.665 \text{ (cm/s}^2)$。

## 2.1.4 地球运动概述

地球坐标系统与地球的运转是紧密相连的，例如，地球坐标系的 $Z$ 轴和地球旋转轴密切相关。地球的运转可分为如下四类：

① 与银河系一起在宇宙中运动；

②在银河系内与太阳系一起旋转；
③与其他行星一起绕太阳旋转；
④绕其顺时旋转轴旋转。

在这四类运动中，前两类主要是与宇宙航行中的星系研究有关。对于海图制图学，研究的对象位于地球表面及其近地空间，主要是与后两类有关。

**1. 地球绕太阳公转**

在太阳系中，地球可以看作绕太阳旋转的质点，一年旋转一圈，这一运动可以用开普勒的三大行星运动定律来描述：

①行星轨道是一个椭圆，太阳位于椭圆的一个焦点上；
②行星的向径（即与太阳的连线）在单位时间内扫过的面积相等；
③行星绕太阳公转的恒星周期的平方与轨道长半径的立方之比为常数。

如图2.2所示，根据开普勒行星运动定律，地球公转的轨道是一个椭圆，称为黄道。地球的运动速度在轨道的不同位置是不同的，当靠近太阳时，运动速度变快，当远离太阳时，运动速度变慢。距离太阳最近的点称为近日点，距离太阳最远的点称为远日点，近日点和远日点的连线是椭圆的长轴，地球绕太阳旋转一圈的时间是由其轨道的长半轴的大小决定的，称为一恒星年。开普勒定律描述的是理想的二体运动定理，在现实世界中，其他行星和月球会对地球的运动产生影响，使其轨道产生摄动，所以说，地球公转轨道并不是一个严格的椭圆。

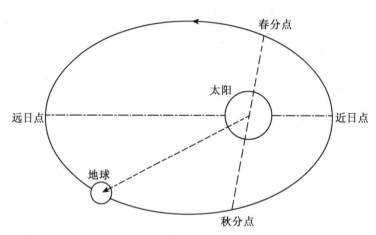

图 2.2　地球公转轨道示意图

**2. 地球的自转**

地球绕太阳公转的同时，其自身也会绕地球自转轴（即过地球中心和两极的轴线，简称地轴）自转，从而引起昼夜变化。地球绕地轴转动一周需要的时间称为一日，日有恒星日和太阳日之分。以太阳为参考点，太阳连续两次中天的时间间隔称为太阳日，把一个太阳日划分为 24 等份，每一等份为 1 小时，每小时再分成 60 等份，每一等份为 1 分钟，再把 1 分钟分为 60 等份，每一等份为 1 秒。恒星日是地球绕地轴旋转 360° 所需的时间，一个恒星日等于 23 小时 56 分 04 秒。

地球绕地轴自西向东的转动，从北极点上空看呈逆时针旋转，从南极点上空看呈顺时针旋转。由于地球是不规则的实体，在日、月引力和其他天体引力的作用下，地轴在空间的位置和指向、地轴与地球体的相对关系、地球绕地轴的旋转速度并不是固定不变的，而是不断变化的，其变化包括岁差、章动、极移等。

## 2.2 海图坐标系

### 2.2.1 坐标系

为了说明质点的位置、运动的快慢、方向等，必须选取其坐标系（Coordinate System）。在坐标系中，为确定空间一点的位置，按规定方法选取的有次序的一组数据，称为"坐标"。用经纬度来表示地球表面某一点位置及地理方位的坐标系，称为地理坐标系，用于确定地面上点的位置，它是以地球极点为极点、由两组互相垂直的曲线所构成的，纵向的一组称为经线，横向的一组称为纬线。由于在确定地理坐标时所依据的参考面、参考线以及测算方法的不同，地理坐标系分为天文坐标系和大地坐标系等。

由于地球表面的复杂性，为了更好地描述空间位置关系，科学家定义了旋转椭球，这样更容易使用数学公式表达位置关系。

旋转椭球体是椭圆绕其短轴旋转而成的球体，通过选择椭圆的长半轴和扁率，可以得到与地球非常接近的旋转椭球。旋转椭球面是一个形状规则的数学表面，在其上可以做严密的计算，而且所推算的参素（如长度和角度）同大地水准面上的相应参素非常接近。这种用来代表地球形状的椭球称为地球椭球，它是地球坐标系的参考基准。

椭球定位是指确定椭球中心的位置，可分为两类：局部定位和地心定位。局部定位要求在一定范围内椭球面与大地水准面有最佳的符合，而对椭球的中心位置无特殊要求；地心定位要求在全球范围内椭球面与大地水准面有最佳的符合，同时要求椭球中心与地球质心一致或最为接近。

椭球定向是指确定椭球旋转轴的方向，不论是局部定位还是地心定位，都应满足两个平行条件：

①椭球短轴平行于地球自转轴；
②大地起始子午面平行于天文起始子午面。

上述两个平行条件是人为规定的，其目的在于简化大地坐标、大地方位角同天文坐标、天文方位角之间的换算。

具有确定参数（长半轴 $a$ 和扁率 $\alpha$），经过局部定位和定向，同某一地区大地水准面最佳拟合的地球椭球，称为参考椭球。除了满足地心定位和双平行条件外，在确定椭球参数时能使它在全球范围内与大地体最密合的地球椭球，称为总地球椭球。

**1. 天文坐标系**

天文坐标系，亦称天文地理坐标系。以大地水准面、起始天文子午面（格林尼治天文台的天文子午面 $PGG'P'$）和协议平赤道面（$Q'G'Z'Q$，地轴指向国际习用原点 CIO）为坐标基准面的坐标（见图 2.3 所示）。地面点的水平位置由该点的天文经度 $\lambda$ 和天文纬度 $\varphi$ 确定，高程位置由该点的正高确定。天文坐标系是一种由地球重力场决定的自然坐标系。可利用对应点的垂线偏差和大地水准面差距实现它与大地坐标系的转换。

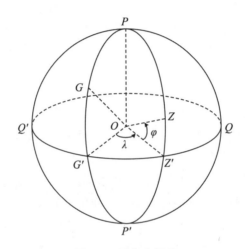

图 2.3　天文坐标系

**2. 大地坐标系**

大地坐标系如图 2.4 所示，$P$ 点的子午面 $NPS$ 与起始子午面 $NGS$ 所构成的二面角 $L$，称为 $P$ 点的大地经度，由起始子午面起算，向东为正，称东经（0°～180°）；向西为负，称西经（0°～180°）。$P$ 点的法线 $P_n$ 与赤道面的夹角 $B$，称为 $P$ 点的大地纬度，由赤道面起算，向北为正，称北纬（0°～90°）；向南为负，称南纬（0°～90°）。在该坐标系中，$P$ 点的位置用 $(L, B)$ 表示。如果点不在椭球面上，表示点的位置除 $(L, B)$ 外，还要附加另一参数——大地高 $H$，它是从观测点沿椭球的法线方向到椭球面的距离。

空间直角坐标系如图 2.5 所示，空间任意点的坐标用 $(X, Y, Z)$ 表示，坐标原点位于总地球质心或参考椭球中心，$Z$ 轴与地球平均自转轴重合，亦即指向某一时刻的平均北极点，$X$ 轴指向平均自转轴与平均格林尼治天文台所决定的子午面与赤道面的交点 $G_e$，而 $Y$ 轴与 $XOZ$ 平面垂直，且指向东为正。

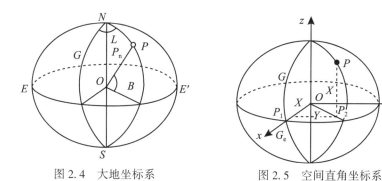

图 2.4　大地坐标系　　　　　图 2.5　空间直角坐标系

1）地心坐标系

地心坐标系（Geocentric Coordinate System）是以地球质心为原点建立的空间直角坐标系，或以球心与地球质心重合的地球椭球面为基准面所建立的大地坐标系。

2）参心坐标系

参心坐标系（Reference-ellipsoid-centric Coordinate System）是以参考椭球的几何中心为基准的大地坐标系。通常分为：参心空间直角坐标系和参心大地坐标系。

建立地球参心坐标系，需进行如下几个方面的工作：

①选择或求椭球的几何参数（长半径 $a$ 和扁率 $\alpha$）；

②确定椭球中心的位置（椭球定位）；

③确定椭球短轴的指向（椭球定向）；

④建立大地原点。

关于椭球参数，一般选择 IUGG 推荐的国际椭球参数，下面主要讨论椭球定位与定向，即建立大地原点。

对于地球和参考椭球可分别建立空间直角坐标系 $O_1 - X_1 Y_1 Z_1$ 和 $O - XYZ$，如图 2.6 椭球定位与定向示意图所示，两者间的相对关系可用三个平移参数 $X_0$，$Y_0$，$Z_0$（椭球中心 $O$ 相对于地心 $O_1$ 的平移参数）和三个旋转参数 $\varepsilon_X$，$\varepsilon_Y$，$\varepsilon_Z$ 来表示。

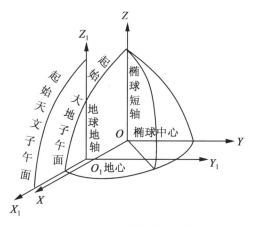

图 2.6　椭球定位与定向示意图

传统做法：首先选定某一适宜的点作为大地原点，在该点上实施精确的天文大地测量和高程测量，由此得到该点的天文经度 $\lambda_K$、天文纬度 $\varphi_K$、正高 $H_{正K}$、至某一相邻点的天文方位角 $\alpha_K$。以大地原点垂线偏差的子午圈分量 $\xi_K$、卯酉圈分量 $\eta_K$、大地水准面差 $N_K$ 和 $\varepsilon_X$，$\varepsilon_Y$，$\varepsilon_Z$ 为参数，根据广义的垂线偏差公式和广义的拉普拉斯方程式可得

$$\begin{cases} L_K = \lambda_K - \eta_K \sec\varphi_K - (\varepsilon_Y \sin\lambda_K + \varepsilon_K \cos\lambda_K) \tan\varphi_K + \varepsilon_Z \\ B_K = \varphi_K - \xi_K - (\varepsilon_Y \cos\lambda_K - \varepsilon_X \sin\lambda_K) \\ A_K = \alpha_K - \eta_K \tan\varphi_K - (\varepsilon_X \cos\lambda_K + \varepsilon_Y \sin\lambda_K) \sec\varphi_K \end{cases} \tag{2-2}$$

$$H_K = H_{正K} + N_K + (\varepsilon_Y \cos\lambda_K - \varepsilon_X \sin\lambda_K) N_K e^2 \sin\varphi_K \cos\varphi_K \tag{2-3}$$

式中：$L_K$，$B_K$，$A_K$，$H_K$ 分别为相应的大地经度、大地纬度、大地方位角、大地高。从上可见，用 $\xi_K$，$\eta_K$，$N_K$ 替代了原来的定位参数 $X_0$，$Y_0$，$Z_0$。

顾及椭球定向的两个平行条件，即

$$\varepsilon_X = 0, \quad \varepsilon_Y = 0, \quad \varepsilon_Z = 0 \tag{2-4}$$

代入式（2-2）和式（2-3），可得

$$\begin{cases} L_K = \lambda_K - \eta_K \sec\varphi_K \\ B_K = \varphi_K - \xi_K \\ A_K = \alpha_K - \eta_K \tan\varphi_K \end{cases} \tag{2-5}$$

$$H_K = H_{正K} + N_K \tag{2-6}$$

参考椭球定位与定向的方法可分为两种：一点定位和多点定位。

（1）一点定位。

一个国家或地区在天文大地测量工作的初期，由于缺乏必要资料来确定 $\xi_K$，$\eta_K$ 和 $N_K$ 值，通常只能简单取

$$\xi_K = 0, \quad \eta_K = 0, \quad N_K = 0 \tag{2-7}$$

上式表明，在大地原点 $K$ 处，椭球的法线方向和铅垂线方向重合，椭球面和大地水准面相切。这时由式（2-5）和式（2-6）得

$$\begin{cases} L_K = \lambda_K \\ B_K = \varphi_K \\ A_K = \alpha_K \end{cases} \tag{2-8}$$

$$H_K = H_{正K} \tag{2-9}$$

因此，仅仅根据大地原点上的天文观测和高程测量结果，顾及式（2-4）式（2-7），按式（2-8）和式（2-9）即可确定椭球定位和定向。

（2）多点定位。

一点定位的结果，在较大范围内往往难以使椭球面与大地水准面有较好的密合。所以，在国家或地区的天文大地测量工作进行到一定的时候或基本完成后，利用许多拉普拉斯点（即测定了天文经度、天文纬度和天文方位角的大地点）的测量成果和已有的椭球参数，按照广义弧度测量方程式，根据使椭球面与当地大地水准面最佳拟合条件 $\sum N_{新}^2 =$

min 或（$\sum \zeta_{新}^2 = \min$），采用最小二乘法可求得椭球定位参数 $\Delta X_0$，$\Delta Y_0$，$\Delta Z_0$，旋转参数 $\varepsilon_X$，$\varepsilon_Y$，$\varepsilon_Z$ 及新椭球几何参数，$a_{新} = a_{旧} + \Delta a$，$\alpha_{新} = \alpha_{旧} + \Delta \alpha$。再根据式（2-2）和式（2-3）可求得大地原点的垂线偏差分量 $\xi_K$，$\eta_K$ 和 $N_K$（或 $\zeta_K$）。这样利用新的大地原点数据和新的椭球参数进行新的定位和定向，从而可建立新的参心大地坐标系。

多点定位的结果使椭球面在大地原点不再同大地水准面相切，但在所使用的天文大地网资料的范围内，椭球面与大地水准面有最佳的密合。

（3）大地原点和起算数据。

如前所述，参考椭球的定位和定向，一般是依据大地原点的天文大地观测和高程测量结果，通过确定 $\varepsilon_X$，$\varepsilon_Y$，$\varepsilon_Z$，$\xi_K$，$\eta_K$ 和 $N_K$，计算出大地原点上的 $L_K$，$B_K$，$H_K$ 和至某一相邻点的 $A_K$ 来实现的。依据 $L_K$，$B_K$，$H_K$ 和归算到椭球面上的各种观测值，可以精确计算出天文大地网中各点的大地坐标。$L_K$，$B_K$，$H_K$ 称为大地测量的基准数据，也称为大地测量的起算数据，大地原点也称大地基准点或大地起算点。

椭球的形状和大小以及椭球的定位和定向同大地原点上的大地起算数据的确定是密切相关的，对于经典的参心大地坐标系的建立而言，参考椭球的定位和定向是通过确定大地原点的大地起算数据来实现的，而确定起算数据又是椭球定位定向的结果，不论采取何种定位和定向方法来建立国家大地坐标系，总得有一个而且只能有一个大地原点，否则定位和定向的结果就无法明确表现出来。

因此，一定的参考椭球和一定的大地原点上的大地起算数据，确定了一定的坐标系。通常就是将参考椭球参数和大地原点上的起算数据的确立作为一个参心大地坐标系建立的标志。

### 2.2.2 我国海图的坐标系

**1. 1954 年北京坐标系**

从 1954 年至 20 世纪末，我国测制的各种比例尺地形图一般是采用 1954 年北京坐标系。中华人民共和国刚成立时，大地测量成果少，不具备建立我国独立坐标系的条件。于是就与苏联 1942 年的普尔科沃大地坐标系联测，采用局部平差，于 1954 年在北京建立天文原点，作为全国大地控制网的起算点，称 1954 年北京坐标系，简称 54 坐标系。

由于我国采用的克拉索夫斯基椭球体与我国大地水准面吻合不理想，参考椭球面普遍低于大地水准面。大约平均低 30m。因此，用 1954 年北京坐标系作为我国海图的坐标系不是十分理想，该坐标系存在如下 4 个缺点。

①椭球参数有较大误差。克拉索夫斯基椭球参数与现代精确的椭球参数相比，长半轴约长 109m。

②参考椭球面与大地水准面存在着自西向东明显的系统性倾斜，在东部地区大地水准面差距最大达+68m。这使得大比例尺地图反映地面的精度受到影响。

③几何大地测量与物理大地测量应用的参考面不统一，给实际工作带来麻烦。

④定向不明确。椭球短轴指向既不是国际上较普遍采用的国际协议原点 CIO

(Conventional International Origin)，也不是我国地极原点 $JYD_{1968.0}$；起始大地子午面也不是国际时间局 BIH (Bureau International de l'Heure) 所定义的格林尼治平均天文台子午面，这会给坐标换算带来不便和误差。

**2. 1980 年国家大地坐标系**

20 世纪 70 年代我国开始建立新的大地坐标系，于 1980 年初完成，定名为"1980 年国家大地坐标系"。椭球参数采用国际大地测量与地球物理联合会 1975 年推荐的数值：长半径 6378140m，扁率 1∶298.257。大地坐标系原点位于陕西省泾阳县永乐镇。该镇位于中国中部地区，地质条件较好，且没有强烈地震或地壳运动。它设在一座塔形建筑物的地下室里（见图 2.7），在一颗圆形的红玛瑙测量标志上面刻有"中华人民共和国大地原点"的字样，这就是中国的大地测量基准标志——大地原点。

图 2.7 我国大地坐标原点

1980 年国家大地坐标系的特点：

①采用 1975 年国际大地测量与地球物理联合会（IUGG）第 16 届大会上推荐的 4 个椭球基本参数。

地球椭球长半径 $a = 6378140$m；

地心引力常数 $GM = 3.986005 \times 1014 \times 10^{14}$ m³/s²；

地球重力场二阶带球谐系数 $J_2 = 1.08263 \times 10^{-3}$；

地球自转角速度 $\omega = 7.292115 \times 10^{-5}$ rad/s；

根据物理大地测量学中的有关公式，可由上述 4 个参数算得：

地球椭球扁率 $\alpha = 1/298.257$；

赤道的正常重力值 $\gamma_0 = 9.78032$ m/s²。

②参心大地坐标系是在 1954 年北京坐标系基础上建立起来的；

③椭球面同似大地水准面在我国境内最为密合，是多点定位；

④定向明确。椭球短轴平行于地球质心指向地极原点 $JVD_{1968.0}$ 的方向，起始大地子午面平行于我国起始天文子午面 $\varepsilon_X = \varepsilon_Y = \varepsilon_Z = 0$；

⑤大地高程基准采用 1956 年黄海高程系。

### 3. 整体平差值的 1954 年北京坐标系

1954 年北京坐标系不太精确，为了避免"1980 年国家大地坐标系"给地图测制带来较大影响，考虑到我国测绘的现状及测绘实用性、可行性、经济效益和社会效益，我国在"1980 年国家大地坐标系"基础上，又建立了"整体平差值的 1954 年北京坐标系"。椭球参数仍然采用克拉索夫斯基椭球体。

这个坐标系是通过将"1980 年国家大地坐标系"中采用的 IUGG1975 年椭球参数变换至原来的克拉索夫斯基椭球参数后，在空间三个坐标轴上进行平移转换而得来的。因此，"整体平差值的 1954 年北京坐标系"不但体现了整体平差成果的优越性，而且其精度和"1980 年国家大地坐标系"精度一样，又克服了原 1954 年北京坐标系的局部平差成果的缺点。同时，由于椭球参数恢复至原 1954 年北京坐标系的椭球参数，从而使其坐标值和原 1954 年北京坐标系局部平差坐标值相差较小。反映在 1∶5 万地形图上的绝大部分坐标差不超过 0.1 mm，这样新旧图拼接将不会产生明显裂隙。因此，采用该坐标系对于地图更新、军用地图的测制都具有明显的优点。为了不引起广大使用人员混淆，仍沿用"1954 年北京坐标系"名。对某些部门必要时可加注"整体平差转换值"以示区别。

### 4. WGS-84 世界大地坐标系

美国国防部 1984 年世界大地坐标系 WGS-84 是一个协议地球参考系 CTS。该坐标系的原点是地球的质心，$Z$ 轴指向 $BIH_{1984.0}$ 定义的协议地球极 CTP 方向，$X$ 轴指向 $BIH_{1984.0}$ 零度子午面和 CTP 对应的赤道交点，$Y$ 轴和 $Z$ 轴、$X$ 轴构成右手坐标系。WGS-84 坐标系如图 2.8 所示。

WGS-84 坐标系统最初是由美国国防部（DOD）根据 TRANSIT 导航卫星系统的多普勒观测数据所建立的，从 1987 年 1 月开始作为 GPS 卫星所发布的广播星历的坐标参照基准，采用的 4 个基本参数是：

长半径 $a = 6378137$ m；

地心引力常数 $GM = 3986005 \times 10^8 \text{ m}^3/\text{s}^2$；

正常化二阶带球谐系数 $\overline{C}_{2,0} = -484.16685 \times 10^{-6}$；

地球自转角速度 $\omega = 7292115 \times 10^{-11}$ rad/s；

根据以上 4 个参数可以进一步求得：

地球扁率 $\alpha = 0.00335281066474$；

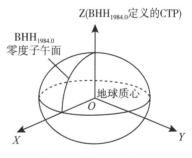

图 2.8 WGS-84 坐标系

第一偏心率平方 $e^2 = 0.0066943799013$；
第二偏心率平方 $e'^2 = 0.00673949674227$；
赤道的正常重力值 $\gamma_e = 9.7803267714 \text{m/s}^2$；
两极正常重力值 $\gamma_e = 9.8321863685 \text{m/s}^2$。

**5. 2000 国家大地坐标系**

2000 国家大地坐标系即国家大地坐标系统 2000 (China Geodetic Coordinate System 2000, CGCS 2000)，为地心三维坐标系统，坐标系的原点是地球的地心（也称质心），采用的地球椭球参数如下：

长半径 $a = 6378137\text{m}$；
扁率 $\alpha = 1/298.257222101$；
地心引力常数 $GM = 3.986004418 \times 10^{14} \text{ m}^3/\text{s}^2$；
自转角速度 $\omega = 7.292115 \times 10^{-5} \text{rad/s}$。

该参数值与 WGS-84 坐标系的参数值非常接近。2008 年 7 月 1 日正式启用，此后我国海图都采用该坐标系，凡海图资料采用其他坐标系的，一般将予以改算。

## 2.3 海图基准面

经纬度只能确定点的平面位置，点的高度和深度还要由高程系或深度系来确定。海图的高程基准面和深度基准面，总称为海图基准面。海图上各要素的高度一般从高程基准面向上起算，而深度则是从深度基准面向下起算。

高程参考系统：以大地水准面为参照面的高程系统称为正高，以似大地水准面为参照面的高程系统称为正常高，似大地水准面与参考椭球面之间的高差称为高程异常，从大地水准面沿法线到地球椭球体面的距离称为大地水准面差距，大地水准面相对于旋转椭球面的起伏见图 2.1，正常高 $H_{正常}$ 及正高 $H_{正}$ 与大地高有如下关系：

$$H = H_{正常} + \zeta \tag{2-10}$$
$$H = H_{正} + N \tag{2-11}$$

式中：$\zeta$ 为高程异常，$N$ 为大地水准面差距。

大地高以参考椭球面作为起算面。似大地水准面为从地面点沿正常重力线量取正常高所得端点构成的封闭曲面。似大地水准面严格说不是水准面，但接近于水准面，只是用于计算的辅助面。

### 2.3.1 高程基准面

海图上高程的起算面，称为海图的高程基准面。海图上的山峰、岛屿、明礁的高程都从高程基准面向上算起。高程基准面是根据验潮站所确定的多年平均海水面确定的。海图上的高程是地面点至平均海面的垂直高度。1956 年以前，我国没有统一的高程基准面，而是采用了当地的平均海面，如大连平均海面、大沽平均海面、黄河口零点（平均海面）、青岛平均海面、坎门平均海面、吴淞平均海面、珠江基面等。1957 年确定，根据青岛验潮站 1950~1956 年共 7 年间的验潮资料求得的平均海面作为国家统一的高程基准面，并定名为"1956 年黄海平均海面"，该平均海面在青岛观象山上的水准点下 72.289m。

由于 1956 年黄海平均海面是仅用 7 年的验潮资料计算得到的，并且最初两年的验潮资料还有错误，所以该平均海面不太精确。20 世纪 70 年代，我国提出了新的高程基准面方案，采用青岛验潮站 1952~1979 年 27 年中 19 年的潮汐观测资料重新计算确定，定名为"1985 国家高程基准"（见图 2.9）。1987 年报请国务院批准，1988 年 1 月 1 日正式启用。"1985 国家高程基准"在青岛观象山水准原点下 72.260m，与 1956 年黄海平均海面相差 0.029m。

图 2.9　1985 国家高程基准水准原点

世界各国海图所采用的高程基准面都不一致。英、美等国过去曾采用平均大潮高程面，而现在大多数国家都以平均海面作为高程基准面。其确立方法都是以某一地点验潮站多年观测资料计算的多年平均海面为基准设立统一的大地原点，以建立统一的高程系统。

我国确定高程基准面时，是以编绘规范为依据的，规定高程基准面采用"1985 国家高程基准"，或"当地平均海面"。国外地区采用原资料的高程基准，若需要改正，则用改正公式进行计算和改正。

长江的高程基准比较复杂，长江干线所使用的高程系统有：吴淞高程系，1956 年黄海高程系，1985 国家高程基准。其中吴淞高程系统分为冻结吴淞高程和资用吴淞高程。沿江布设的一系列各等级水准点具有不同高程系统的几个高程值，每一个水准点的系统差值各异（自 1956 年黄海高程系统启用以来，长江航道测量均使用该高程系统）。在确定和调整航行基准面时，均采用新近启用的高程系统，同时计算出各基准面相应的其他高程系统高程值。1985 国家高程基准系统启用后，考虑到长江航道测量资料的连续性、资料比较的便利性，仍沿用 1956 年黄海高程系统。但在正式出版的航行（道）图中，按国家的有关规定作了相应的技术处理。

在绘制航道图时，采用航行基准面作为绘图基面，图上地形测点高程为相对高程。某些航道整治工程测量、原型观测也有使用绝对高程绘图的。

## 2.3.2 深度基准面

**1. 深度基准面的概念**

深度基准面又叫海图基准面，是海图上水深的起算面。从深度基准面至水底之间的垂直距离称为"图载水深"。水深测量是在随时升降的水面（亦称瞬时水面或即时水面）上进行的，因此，在同一点上不同时刻测得的水深值不同。为此，必须确定一个起算面，把不同时刻测得的某点水深归算到这个面上，这个面就是深度基准面。海图深度基准面基本可描述为：定义在当地稳定平均海平面之下，使得瞬时海平面可以但很少低于该面。求算深度基础面的原则是既考虑到船舶航行的安全，又要考虑到航道的利用率。一般保证率在90%~95%之间。

**2. 世界各国采用深度基准面的情况**

世界各国所采用的深度基准面也不相同，一般采用理论最低潮面、平均低潮面、最低低潮面、平均大潮低低潮面、略最低潮面、平均海面、平均大潮低潮面、赤道大潮低潮面等，如表2.2所示。

表2.2　　　　　　　　　　　　　　各国深度基准面

| 深度基准面 | 使 用 国 家 |
| --- | --- |
| 理论最低潮面<br>（理论深度基准面） | 中国、苏联（太平洋、大西洋）、加拿大、印度尼西亚、澳大利亚、新西兰、阿根廷、智利等 |
| 平均低潮面 | 美国（太平洋）、墨西哥（太平洋）、菲律宾、洪都拉斯 |
| 最低低潮面 | 阿尔及利亚、法国、摩纳哥、突尼斯、几内亚、马达加斯加 |
| 平均大潮低低潮面 | 比利时、南斯拉夫、荷兰、百慕大群岛 |
| 略最低潮面（印度大潮低潮面） | 印度、日本、朝鲜、伊朗、巴西 |
| 平均低潮面 | 美国（大西洋）、墨西哥（大西洋）、古巴、巴拿马（大西洋） |
| 平均海面 | 俄罗斯、德国、罗马尼亚、波兰、瑞典、芬兰、土耳其等 |
| 平均大潮低潮面 | 英国、意大利、巴拿马（太平洋）、希腊、埃及、秘鲁等 |
| 赤道大潮低潮面 | 挪威 |

### 3. 我国深度基准面的采用情况

我国 1956 年以前的海图上一般采用略最低潮面（印度大潮低潮面），从 1956 年开始采用理论深度基准面，1990 年改称为理论最低潮面。理论最低潮面是理论上可能出现的最低潮面，由 8 个主要分潮的调和常数计算而得。位于平均海面以下高度为 $L$ 的平面处，随着海区潮差大小不同，$L$ 值也不同（平均海面和理论最低潮面的计算参见《海道测量规范》GB 12327—1998）。为什么要采用理论最低潮面来作为深度基准面？主要是根据确定深度基准面的原则，经过长期的实践证明，只有理论最低潮面才最符合我国海区的潮汐情况，才能提高航行保证率。

海图设计中，深度基准面的确定分以下几种情况：

第一，一般按海图编绘规范规定的深度基准面执行，特殊情况下，也可以根据测量资料情况采用其他深度基准面；

第二，当测量资料上的基准面与所采用的基准面相差较大时，应对该基准面加以改正；

第三，对没有测深原始资料（验潮、测深手簿、测深图板）情况下，无法改正时，则以测量资料上所用的深度基准面作为新编海图的深度基准面；

第四，采用国外资料进行编图时，要搞清楚其所采用的深度基准面，然后再视情况改正或应用原来的深度基准面。

我国采用的基准面、潮面和相关要素的标高见图 2.10 基准面及潮面、相关要素的标高关系示意图（《中国海图图式》GB 12319—2022）。

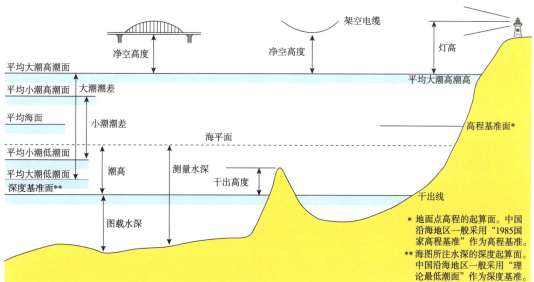

图 2.10　基准面及潮面、相关要素的标高关系示意图（《中国海图图式》GB 12319—2022）

## 2.4 海图投影及变换

### 2.4.1 地图投影

**1. 地图投影的定义**

地图投影（Map Projection）是指建立地球表面（或其他星球表面或天球面）上的点与投影平面（即地图平面）上点之间的一一对应关系的方法，即建立之间的数学转换公式。作为将一个不可展平的曲面及地球表面投影到一个平面的基本方法，它保证了空间信息在区域上的联系与完整。这个投影过程将产生投影变形，而且不同的投影方法具有不同性质和大小的投影变形。

由于地球表面上任何一点的位置一般是用大地坐标（$\lambda$，$\phi$）表示的，而平面上的点的位置是用直角坐标（$x$，$y$）或极坐标（$r$，$\theta$）表示的，所以要想将地球表面上的点转移到平面上，必须采用一定的方法来确定地理坐标与平面直角坐标或极坐标之间的关系。这种在球面和平面之间建立点与点之间函数关系的数学方法，就是地图投影方法。地图投影变形是球面转化成平面的必然结果，没有变形的投影是不存在的。对某一地图投影来讲，不存在这种变形，就必然存在另一种或两种变形。但制图时可做到：在有些投影图上没有角度或面积变形；在有些投影图上沿某一方向无长度变形。

地球椭球体表面是个曲面，而地图通常是二维平面，因此在地图制图时首先要考虑把曲面转化成平面。然而，从几何意义上来说，球面是不可展平的曲面。要把它展成平面，势必会产生破裂与褶皱。这种不连续的、破裂的平面是不适合制作地图的，所以必须采用特殊的方法来实现球面到平面的转化。

球面上任何一点的位置取决于它的经纬度，所以实际投影时首先将一些经纬线交点展绘在平面上，并把经度相同的点连接而成为经线，纬度相同的点连接而成为纬线，构成经纬网。然后将球面上的点按其经纬度转绘在平面上相应的位置。由此可见，地图投影就是研究将地球椭球体表面上的经纬线网按照一定的数学法则转移到平面上的方法及其变形问题。其数学公式表达为

$$x = f_1(\lambda, \varphi) \qquad y = f_2(\lambda, \varphi) \tag{2-12}$$

根据地图投影的一般公式，只要知道地面点的经纬度（$\lambda$，$\varphi$），便可以在投影平面上找到相对应的平面位置（$x$，$y$），这样就可按一定的制图需要将一定间隔的经纬网交点的平面直角坐标计算出来，并展绘成经纬网，构成地图的"骨架"。经纬网是制作地图的"基础"，是地图的主要数学要素。

**2. 地图投影变形**

由于地球椭球面是一个不可展的曲面，将它投影到平面上，必然会产生变形。这种变形表现在形状和大小两方面。从实质上讲，是由长度变形、方向（角度）变形引起的。

1）长度比

如图 2.11 所示，设椭球面上一微小线段为 $P_1P_2$，投影到平面上相应线段为 $P_1'P_2'$，当 $P_1P_2 \to 0$ 的极限时，我们把投影面上的线段 $P_1'P_2'$ 同原面上相应线段 $P_1P_2$ 之比称为投影长度比，简称长度比，用 $m$ 表示，即

$$m = \lim_{P_1P_2 \to 0} \frac{P_1'P_2'}{P_1P_2} \tag{2-13}$$

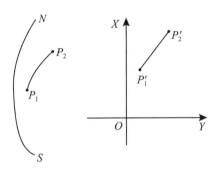

图 2.11　投影长度变形

或者说，长度比 $m$ 就是投影面上一段微小的微分线段 $\mathrm{d}s$，与椭球面上相应的微分线段 $\mathrm{d}S$ 二者之比，也就是

$$m = \frac{\mathrm{d}s}{\mathrm{d}S} \tag{2-14}$$

由此可见，一点上的长度比，不仅随点的位置，而且随线段的方向变化而变化。也就是说，不同点上的长度比都不相同，而且同一点上不同方向的长度比也不相同。

2）主方向和变形椭圆

投影后的一点的长度比依方向不同而变化。其中最大及最小长度比的方向，称为主方向。将用图 2.12 来说明极值长度比的主方向处在椭球面上两个互相垂直的方向上。

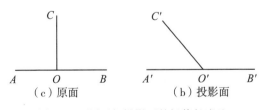

图 2.12　原面与投影面的极值长度比

设原面上有两条垂直线 $AB$ 和 $CO$，它们相交原面于 $O$ 点，组成两个直角 $\angle AOC$ 和 $\angle COB$。在投影面上，它们相交于 $O'$ 点，并组成锐角 $\angle A'O'C'$ 及钝角 $\angle C'O'B'$。设想在椭球面上，以 $O$ 为中心，将直角 $\angle AOC$ 逐渐向右旋转，达到 $\angle COB$ 的位置；则该直角的投影，将以 $O'$ 为中心，由锐角 $\angle A'O'C'$ 开始，逐渐增大，最后变成钝角 $\angle C'O'B'$。这样，在其旋转过程中，不仅它的投影位置在变化，而且角度也随之增大，即由一个锐角

逐渐变成一个钝角，其间必定在某个位置上为直角。这就告诉我们，在椭球面的任意点上，必定有一对相互垂直的方向，它在平面上的投影也必是相互垂直的。这两个方向就是长度比的极值方向，也就是主方向。

如果已知主方向上的长度比，就可计算任意其他方向上的长度比，从而以定点为中心，以长度比的数值为向径，构成以两个长度比极值为长、短半轴的椭圆。这个椭圆称为变形椭圆，下面为变形椭圆方程的推导过程。

如图 2.13 所示，设在椭球面上有以 $O$ 点为中心的单位微分圆。两个主方向分别为 $Z$ 轴和 $H$ 轴。

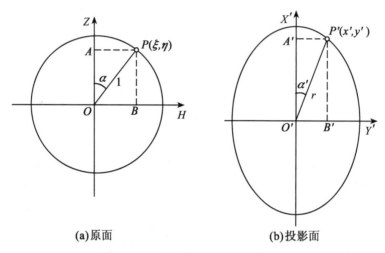

图 2.13 原面与投影面的微分圆比较

在微分圆上有一点 $P$，其坐标 $OA = \xi$，$OB = \eta$，则该单位微分圆的方程为

$$\xi^2 + \eta^2 = 1 \tag{2-15}$$

在投影面上，设 $O$ 点的投影点 $O'$ 为原点，主方向投影为 $X'$ 和 $Y'$，则 $P$ 点投影点 $P'$ 的坐标 $O'A' = x'$，$O'B' = y'$，于是根据长度比定义，知主方向上的长度比，分别为

$$\frac{O'A'}{OA} = a, \quad \frac{O'B'}{OB} = b \tag{2-16}$$

于是有

$$x' = a\xi, \quad y' = b\eta$$

$P'$ 点的运动轨迹就是上述圆的投影，且可写成：

$$\frac{x'^2}{a^2} + \frac{y'^2}{b^2} = 1 \tag{2-17}$$

这就是在投影面上，以某定点为圆心，以主方向上长度比 $a$、$b$ 分别为长、短半轴的椭圆方程。该椭圆称为变形椭圆。它说明，椭圆面上的微分圆投影后为微分椭圆，在原面上与主方向一致的一对直径，投影后成为椭圆的长轴和短轴。变形椭圆的形状、大小及方向，完全由投影条件确定、随投影条件不同而不同，同一投影中因点位不同也不同。

若设原面上单位为 1 的微分圆上一点 $P$ 投影到平面上变成微分椭圆上的一点 $P'$ 的向径为 $r$，则由长度比定义可知

$$m = \frac{r}{1} = r \tag{2-18}$$

从此式可更进一步认识到，$OP$ 方向上的长度比等于变形椭圆上 $P'$ 的向径，因此可以说，某定点 $O$ 处的变形椭圆是描述该点各方向上长度比的椭圆。

综上所述，变形椭圆可形象地表达点的投影变形情况。这对研究投影性质、投影变形等有着很重要的作用。

3) 投影变形

椭球面是一个凸起的不可展平的曲面，如果将这个曲面上的元素，比如一段距离、一个方向、一个角度及图形等投影到平面上，必然同原来的长度、方向、角度及图形面积产生差异，这一差异称为投影变形。

(1) 长度变形。

由图 2.13 可知

$$r = \sqrt{x'^2 + y'^2} \tag{2-19}$$

而 $\qquad x' = a\xi, \ y' = b\eta, \ \xi = \cos\alpha, \ \eta = \sin\alpha$

则得 $\qquad m = r = \sqrt{a^2 \cos^2\alpha + b^2 \sin^2\alpha} \tag{2-20}$

式中：$\alpha$ 为所研究线段的方位角。此式充分说明，利用主方向上的长度比 $a, b$ 即可计算任意方位角为 $\alpha$ 方向上的长度比。

我们称 $m$ 与 1 之差为相对长度变形，简称长度变形，用 $\nu$ 表示：

$$\nu = m - 1 \tag{2-21}$$

很显然，$m$ 值可大于、小于或等于 1，因此 $\nu$ 可能为正、负或 0。若在变形椭圆中心上作一单位圆，则各方向上椭圆向径 $m$ 与单位圆半径 1 之差，就是长度变形，如图 2.14 所示。

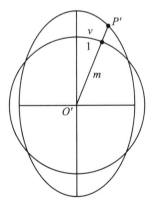

图 2.14 椭圆与圆之间的长度变形

(2) 方向变形。

如图 2.13 所示，设从主方向量起 $OP$ 的方向角为 $\alpha$，投影后 $O'P'$ 的方位角 $\alpha'$，则

($\alpha' - \alpha$) 称为方向变形。

由于
$$\tan\alpha' = \frac{y'}{x'} = \frac{b}{a}\frac{\eta}{\xi} = \frac{b}{a}\tan\alpha \tag{2-22}$$

由上式可得
$$\tan\alpha - \tan\alpha' = \frac{a-b}{a}\tan\alpha \tag{2-23}$$

$$\tan\alpha + \tan\alpha' = \frac{a+b}{a}\tan\alpha \tag{2-24}$$

由于
$$\tan\alpha - \tan\alpha' = \sin(\alpha - \alpha')/\cos\alpha\cos\alpha' \tag{2-25}$$
$$\tan\alpha + \tan\alpha' = \sin(\alpha + \alpha')/\cos\alpha\cos\alpha' \tag{2-26}$$

将（2-25）式代入（2-23）式，将（2-26）式代入（2-24）式，并相除，得

$$\sin(\alpha - \alpha') = \frac{a-b}{a+b}\sin(\alpha + \alpha') \tag{2-27}$$

上式即为计算方向变形公式。当 $\alpha = \alpha'$（等于 0° 或 90° 时），亦即在主方向上，没有方向变形；$\alpha + \alpha' = 90°$ 或 270° 时，方向变形很大，并设此时的方位角为 $\alpha_0$ 及 $\alpha_0'$，最大方向变形用 $\omega$ 表示，则

$$\sin\omega = \sin(\alpha_0 - \alpha_0') = \frac{a-b}{a+b} \tag{2-28}$$

此时，由于
$$\tan\alpha' = \tan(90° - \alpha) = \cot\alpha \tag{2-29}$$

顾及（2-22）式，易得

$$\tan\alpha_0 = \pm\sqrt{\frac{a}{b}}, \quad \tan\alpha_0' = \pm\sqrt{\frac{b}{a}} \tag{2-30}$$

这就是计算最大方向变形的方向公式。

（3）角度变形。

在大多数情况下，投影前后两个对应的角度并不都是方向角，亦即由于组成该角度的两条边都不在主方向上，这时应该研究角度变形及最大的角度变形。所谓角度变形就是投影前的角度 $u$ 与投影后对应角度 $u'$ 之差

$$\Delta u = u' - u \tag{2-31}$$

现在我们研究最大角度变形。

如图 2.15 所示，设 $OA$ 及 $OB$ 分别为最大的变形方向，它们与 $X$ 轴夹角分别为 $\alpha_1$ 和 $\alpha_2$，由于这两个方向与 $Y$ 轴对称，则 $\angle AOB$ 可表示为

$$u = \alpha_2 - \alpha_1 = 180° - \alpha_1 - \alpha_1 = 180° - 2\alpha_1 \tag{2-32}$$

同理，该角度投影后为

$$u' = \alpha_2' - \alpha_1' = 180° - \alpha_1' - \alpha_1' = 180° - 2\alpha_1' \tag{2-33}$$

以上两式相减，即得最大角度变形公式

$$\Delta u = u' - u = 2(\alpha_1 - \alpha_1') \tag{2-34}$$

顾及（2-28）式，显然

$$\sin\frac{\Delta u}{2} = \frac{a-b}{a+b} \tag{2-35}$$

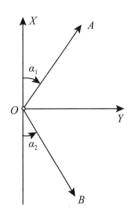

图 2.15 最大角度变形

故，最大角度变形
$$\Delta u = 2\omega = 2\arcsin\frac{a-b}{a+b} \tag{2-36}$$

这就是说，最大角度变形可用最大方向变形计算，且是最大方向变形的两倍。

（4）面积变形。

原面上单位圆的面积为 $\pi$，投影后变形椭圆的面积为 $\pi ab$，则投影的面积比

$$P = \frac{\pi ab}{\pi} = ab \tag{2-37}$$

从而有面积变形（$P-1$）。

地图投影必然产生变形，这是一个不以人们意志为转移的客观事实。投影变形一般有长度变形、方向变形、角度变形和面积变形。在地图投影中，尽管变形是不可避免的，但是人们可以根据需要来掌握和控制它，可使某种变形为零，而其他变形最小。因而在地图学中产生了许多种类的投影以供人们日常工作和生活之需。

**3. 地图投影的种类**

地图投影的种类繁多，通常是根据投影性质和构成方法分类。

1）按投影性质分类

①等角投影，又称正形投影，指投影面上任意两方向的夹角与地面上对应的角度相等。在微小的范围内，可以保持图上的图形与实地相似；不能保持其对应的面积成恒定的比例；图上任意点的各个方向上的局部比例尺都应该相等；不同地点的局部比例尺，是随着经、纬度的变动而改变的。

②等（面）积投影，是地图上任何图形面积经主比例尺放大以后与实地上相应图形面积保持大小不变的一种投影方法。与等角投影相反，保持等积就不能同时保持等角。

③任意投影。任意投影为既不等角也不等积的投影，其中还有一类"等距（离）投影"，在标准经纬线上无长度变形，多用于中小学教学地图。

2）根据正轴投影时经纬网的形状分类

几何投影有：

①平面投影（plane projection），又称方位投影，将地球表面上的经线、纬线投影到与球面相切或相割的平面上去的投影方法；平面投影大多是透视投影，即以某一点为视点，将球面上的图像直接投影到投影面上去。

②圆锥投影（conical projection），用一个圆锥面相切或相割于地面的纬度圈，圆锥轴与地轴重合，然后以球心为视点，将地面上的经线、纬线投影到圆锥面上，再沿圆锥母线切开展成平面，其性质为地图上纬线为同心圆弧，经线为相交于地极的直线。

③圆柱投影（cylindrical projection），用一圆柱筒套在地球上，圆柱轴通过球心，并与地球表面相切或相割，将地面上的经线、纬线均匀地投影到圆柱筒上，然后沿着圆柱母线切开展平，即成为圆柱投影图网。

④多圆锥投影，投影中纬线为同轴圆圆弧，而经线为对称中央直经线的曲线。

非几何投影有：

①伪方位投影，在正轴情况下，伪方位投影的纬线仍投影为同心圆，除中央经线投影成直线外，其余经线均投影成对称于中央经线的曲线，且交于纬线的共同圆心；

②伪圆柱投影，在圆柱投影基础上，规定纬线仍为同心圆弧，除中央经线仍为直线外，其余经线则投影成对称于中央经线的曲线；

③伪圆锥投影，投影中纬线为同心圆圆弧，经线为交于圆心的曲线。

3）根据投影面与地球表面的相关位置分类（投影轴与地轴的关系）

投影类型分类见图 2.16。

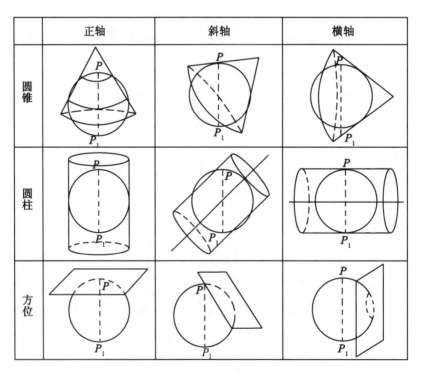

图 2.16　投影类型分类

①正轴投影（重合）：投影面的中心线与地轴一致；
②斜轴投影（斜交）：投影面的中心线与地轴斜交；
③横轴投影（垂直）：投影面的中心线与地轴垂直。

### 2.4.2 常用海图投影

常用的海图投影有：墨卡托投影、高斯-克吕格投影和通用横轴墨卡托投影（UTM 投影）。

**1. 墨卡托投影**

1）圆柱投影的概念及一般公式

将圆柱面作为投影面，按某种投影条件（如等角、等积、等距离），将地球表面上的经纬线投影到圆柱面上，并沿圆柱面的某条母线展开成平面，就是圆柱投影。具体来说，正轴圆柱投影的经纬线定义为：

纬线投影为一组平行直线；经线投影为一组与纬线正交的平行直线；经线间隔与经差成正比，参见图 2.17。

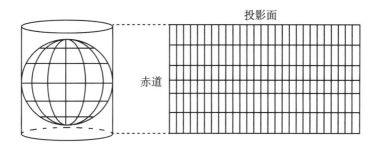

图 2.17 圆柱投影的经纬线形状

设正圆柱投影区域的中央经线（经度 $L_0$）投影为 $X$ 轴，赤道或投影区域最低纬线投影为 $Y$ 轴，则正轴圆柱投影的一般公式为

$$\begin{cases} x = f(B) \\ y = Cl \end{cases} \tag{2-38}$$

式中：$C$ 为常数，$l = L - L_0$ 为经度差。

经线长度比为

$$m = \frac{\sqrt{E}}{M} = \frac{\mathrm{d}x}{M\mathrm{d}B} \tag{2-39}$$

纬线长度比为

$$n = \frac{\sqrt{G}}{r} = \frac{C}{r} \tag{2-40}$$

由于经纬线正交，故极值长度比即为经纬线长度比，即 $m = a$，$n = b$，或 $m = b$，$n = a$，面积比为

$$p = ab = mn \tag{2-41}$$

角度最大变形为
$$\sin\frac{\omega}{2} = \frac{a-b}{a+b} = \left|\frac{m-n}{m+n}\right| \quad (2\text{-}42)$$

下面来确定常数 $C$，当为割圆柱投影时（割在 $\pm B_0$ 纬线上），标准纬线长度比 $n_0 = 1$

所以
$$C = r_0 = N_0 \cos B_0 \quad (2\text{-}43)$$

当为切圆柱投影时（切在赤道上），$C = a$。

故 $C$ 为基准纬线的半径，它仅与切或割的位置有关，而与投影性质无关。

圆柱与地球椭球体相切（或相割）处的纬度 $B_0$，称为基准纬度；$B_0$ 所对应的纬线称为基准纬线或标准纬线。

确定某一个具体的圆柱投影，就是确定的 $f(B)$ 的具体函数形式，$f(B)$ 仅与投影性质有关，与基准纬线无关。

正圆柱投影的所有变形都是纬度 $B$ 的函数，经差大小不影响变形。等变形线与纬线相符合，是平行于标准纬线的直线。故正圆柱投影适合于制作沿赤道延伸地区的地图。

纬线长度比 $n$ 只与基准纬线的位置有关，与投影性质无关。

圆柱投影按投影性质分为等角、等面积、任意圆柱投影；按圆柱面与地球的相对位置可分为正轴、横轴、斜轴圆柱投影，见图 2.18；按圆柱面与地球的接触情况可分为切圆柱投影、割圆柱投影。

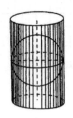
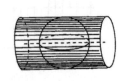

图 2.18　正轴、横轴、斜轴圆柱投影

2）墨卡托投影的概念与表达式

(1) 墨卡托投影的定义。

墨卡托投影又叫等角正圆柱投影。由著名制图学家墨卡托所创制，并于 1569 年首先用于编制海图，故称为墨卡托投影。

(2) 墨卡托投影的坐标表达式及变形公式。

前面已讲过圆柱投影坐标公式为 $\begin{cases} x = f(B) \\ y = Cl = r_0 l \end{cases}$

由于该投影经纬线正交，故其等角条件为 $m = n$，根据这一条件可确定出 $x = f(B)$ 的形式。

墨卡托投影坐标公式为

## 2.4 海图投影及变换

$$\begin{cases} x = r_0 q = r_0 \ln U \\ y = Cl = r_0 l \end{cases} \tag{2-44}$$

长度比公式为

$$u = m = n = \frac{C}{r} = \frac{r_0}{r} \tag{2-45}$$

面积比公式为

$$p = mn\sin\theta = m^2 = n^2 = \frac{r_0^2}{r^2} \tag{2-46}$$

最大角度变形为

$$\omega = 0 \tag{2-47}$$

上面为相割于 $\pm B_0$ 的两条基准纬线上的投影公式，当相切于赤道上时，公式中只要将 $r_0$ 换成地球椭球长半径 $a$ 即可。

切墨卡托投影的公式为

$$\begin{cases} x = a\ln U \\ y = al \end{cases} \tag{2-48}$$

**2. 高斯投影**

1）高斯-克吕格投影的概念

高斯-克吕格（Gauss-Krüger）投影，见图 2.19，也称为等角横切椭圆柱投影。设想一个椭圆柱横切于地球椭球某一经线（即中央经线），根据等角条件，用数学分析方法得到经纬线映像的一种等角投影。该投影最初由德国著名数学家高斯（Gauss）于 1822 年拟定，后经德国大地测量学家克吕格（Krüger）在 1912 年对其进行了补充、完善，从而使其具有很好的适用价值，故名高斯-克吕格投影。高斯-克吕格投影是我国编制基本比例尺地形图的投影和比例尺大于 1∶2 万的海图投影。

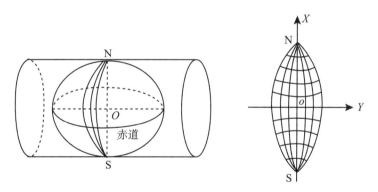

图 2.19 高斯-克吕格投影

其投影条件为：
①中央经线和赤道投影为平面直角坐标系的坐标轴，且投影经纬线以两轴为对称；
②投影后无角度变形；
③中央经线投影后保持长度不变。

2）高斯-克吕格投影坐标的正解、反解公式

根据投影条件，可推出高斯-克吕格投影的正解、反解公式。

(1) 高斯-克吕格投影坐标的正解公式。

$$\begin{cases} x = S + \dfrac{1}{2}Nt\cos^2 Bl^2 + \dfrac{1}{24}Nt(5 - t^2 + 9\eta^2 + 4\eta^4)\cos^4 Bl^4 \\ \quad + \dfrac{1}{720}Nt(61 - 58t^2 + t^4 + 270\eta^2 - 330t^2\eta^2)\cos^6 Bl^6 + \cdots \\ y = N\cos Bl + \dfrac{1}{6}N(1 - t^2 + \eta^2)\cos^3 Bl^3 \\ \quad + \dfrac{1}{120}N(5 - 18t^2 + t^4 + 14\eta^2 - 58t^2\eta^2)\cos^5 Bl^5 + \cdots \end{cases} \quad (2\text{-}49)$$

式中：$\eta = e'\cos B$，$t = \tan B$，$l$ 以弧度为单位。

如果以度为单位，则将 $l$ 替换成 $\dfrac{l}{\rho^\circ}$，即

$$\begin{cases} x = S + \dfrac{1}{2}Nt\cos^2 B\left(\dfrac{l}{\rho^\circ}\right)^2 + \dfrac{1}{24}Nt(5 - t^2 + 9\eta^2 + 4\eta^4)\cos^4 B\left(\dfrac{l}{\rho^\circ}\right)^4 \\ \quad + \dfrac{1}{720}Nt(61 - 58^2 t + t^4 + 270\eta^2 - 330t^2\eta^2)\cos^6 B\left(\dfrac{l}{\rho^\circ}\right)^6 + \cdots \\ y = N\cos B\left(\dfrac{l}{\rho^\circ}\right) + \dfrac{1}{6}N(1 - t^2 + \eta^2)\cos^3 B\left(\dfrac{l}{\rho^\circ}\right)^3 \\ \quad + \dfrac{1}{120}N(5 - 18t^2 + t^4 + 14\eta^2 - 58t^2\eta^2)\cos^5 B\left(\dfrac{l}{\rho^\circ}\right)^5 + \cdots \end{cases} \quad (2\text{-}50)$$

(2) 高斯-克吕格投影坐标的反解公式。

$$B = B_0 + \dfrac{1}{2N_0^2}t_0(-1 - \eta_0^2)y^2 + \dfrac{1}{24N_0^4}t_0(5 + 3t_0^2 + 6\eta_0^2 - 6t_0^2\eta_0^2 - 3\eta_0^4 - 9t_0^2\eta_0^4)y^4$$
$$+ \dfrac{1}{720N_0^6}t_0(-61 - 90t_0^2 - 45t_0^4 - 107\eta_0^2 + 162t_0^2\eta_0^2 + 45t_0^4\eta_0^2)y^6 + \cdots \quad (2\text{-}51)$$

$$l = \dfrac{1}{N_0\cos B_0}y + \dfrac{1}{6N_0^3\cos B_0}(-1 - 2t_0^2 - \eta_0^2)y^3$$
$$+ \dfrac{1}{120N_0^5\cos B_0}(5 + 28t_0^2 + 24t_0^4 + 6\eta_0^2 + 8t_0^2\eta_0^2)y^5 + \cdots \quad (2\text{-}52)$$

$B$，$L$ 以弧度为单位，若换为度，则乘 $\rho^\circ$，即

$$\begin{cases} B^\circ = B_0^0 - \dfrac{\rho^\circ t_0}{2N_0 M_0}y^2 + \dfrac{\rho^\circ t_0(5 + 3t_0^2 + \eta_0^2 - 9t_0^2\eta_0^4)}{24N_0^3 M_0}y^4 \\ \quad - \dfrac{\rho^\circ t_0(61 + 90t_0^2 + 45t_0^4)}{720N_0^5 M_0}y^6 \\ l^\circ = \dfrac{\rho^\circ}{N_0\cos B_0}y - \dfrac{\rho^\circ(1 + \eta_0^2 + 2t_0^2)}{6N_0^3\cos B_0}y^3 + \dfrac{\rho^\circ(5 + 28_0^2 t + 24t_0^4 + 6\eta_0^2 + 8\eta_0^2 t_0^2)}{120N_0^5\cos B_0}y^5 \end{cases} \quad (2\text{-}53)$$

式中：$t_0 = \tan B_0$，$\eta_0 = e'\cos B_0$，$B_0$ 为底点纬度，计算时将 $x$ 代替中央经线弧长 $X$，用迭代法求得对应的纬度 $B$ 值，即是底点纬度。

3) 高斯-克吕格投影的长度比和子午线收敛角

(1) 长度比公式。

等角投影中任意一点长度比与方向无关，即 $\mu = m = n$，根据这一条件，可以推出该投影的长度比公式：

$$\mu = 1 + \frac{l^2}{2}\cos^2 B(1 + \eta^2) + \frac{l^4}{24}\cos^4 B(5 - 4t^2) + \cdots \tag{2-54}$$

从变形公式可以分析出长度变形情况：

① $l = 0°$ 时，$\mu = 1$，中央经线投影后长度不变形；
② 同一纬线上，长度比随经差 $l$ 的增大而增大；
③ 同一经线上，长度比随纬度减小而增大，赤道处为最大；
④ 由于 $l$ 和 $\cos B$ 都是偶次方，且各项均为正号，故长度变形总为正，除中央经线外，其他线段均有所增长；
⑤ 由于 $\cos B$ 的值小于 1，其二次方、四次方更小，故长度变形主要随经线的增大而增大。

高斯-克吕格投影长度比的近似表达式为

$$\mu = 1 + \frac{y^2}{2R^2} + \cdots \tag{2-55}$$

由此可见，高斯-克吕格投影的等变形线是近似于平行中央经线的直线。

(2) 子午线收敛角公式。

高斯-克吕格投影面上，过某点的经线与过该点的纵坐标线之间的夹角，称为该点的平面子午线收敛角，用字母 $\gamma$ 表示，其计算公式为

$$\gamma = l\sin B + \frac{l^3}{3}\sin B \cos^2 B(1 + 3\eta^2 + 2\eta^4) + \cdots \tag{2-56}$$

由公式可看出子午线收敛角的变化规律：在中央经线上，$\gamma = 0$，即 $l = 0$，$\gamma = 0$；在赤道上，$\gamma = 0$，即 $B = 0$，$\gamma = 0$；在同一条纬线上，$\gamma$ 随经差增大而增大；在同一条经线上，$\gamma$ 随纬度增高而增大，在 $B = 90°$ 时，$\gamma = l$。

北半球上子午线收敛角的正负规定：在中央经线以西的点，子午线收敛角为负值；而在中央经线以东的点，子午线收敛角为正值。南半球上则正好相反。

4) 高斯-克吕格投影应用中的有关规定

(1) 分带规定。

由高斯-克吕格投影的变形规律知道，该投影存在着长度和面积变形，且长度变形随 $l^2$ 而增大。为了保证海图和地形图制图精度，必须将长度变形限制在一定范围内，即采用分带投影的方法，对投影区域东西加以限制，使其变形在制图的要求之内。带外部分，按同样的投影方法，分别投影，这样许多带结合起来，就完成了全球区域的投影。

每带有多宽才合适呢？分宽了，投影变形较大，难以符合制图要求；分窄了，分的带数多，增加了带与带之间接图困难。经过多次实验和工作实践，我国地形图分别采用 6°带和 3°带的分带方法。

我国地形图在比例尺 1∶2.5 万~1∶50 万之间时采用 6°的分带方法。自零度子午线

起，自西向东每隔经度差6°为一投影带，全球共分为60个投影带。每带的带号用自然数1，2，3，4，…，60编号，即自东经0°~6°为第一带，中央经度为3°；6°~12°为第二带，中央经度为9°，依次类推。6°投影带的带号 $n$ 与中央经度 $L_0$ 的关系式为

$$L_0 = 6n - 3$$

$$n = \frac{L_0 + 3}{6} \tag{2-57}$$

中央经度

$$n = \left[\frac{L}{6}\right] + 1$$

上式给出了任意经度与带号的关系。用任意经度 $L$ 除以6，取整，加1，即可求得6°带的带号。

比例尺大于或等于1:1万的地形图一般采用3°分带。并规定6°带的中央经线仍作为3°带的中央经线，因此，3°分带不是从零子午线开始，而是从1°30′的经线开始。东经1°30′~4°30′为第1带，中央经线为3°；东经4°30′~7°30′为第2带，中央经线为6°，依此类推，见图2.20。

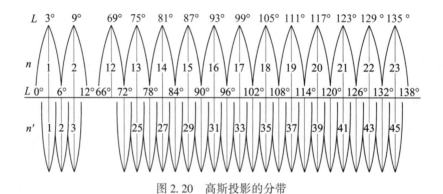

图2.20 高斯投影的分带

3°带的带号 $n'$ 与中央经度 $L_0$ 的关系式为

$$L_0 = 3n' \tag{2-58}$$

$$n' = \frac{L_0}{3} \tag{2-59}$$

上式给出了任意经度与3°带带号的关系。任意经度 $L$ 加1.5除以3，取整，即可求得3°带的带号。

$$n = \left[\frac{L + 1.5}{3}\right] \tag{2-60}$$

（2）坐标规定。

①坐标纵轴西移500km［计算值＋500km］。

高斯-克吕格投影是以中央经线投影为 $X$ 轴，赤道投影为 $Y$ 轴，其交点为坐标原点而建立起的平面直角坐标系。因此，$x$ 坐标在赤道以北为正，以南为负；$y$ 坐标在中央经线以东为正，以西为负。由于我国位于北半球，故 $x$ 恒为正值。但 $y$ 有正有负，为使用方便，

避免 y 值出现负号,规定将各带的坐标纵轴西移 500km,即假定原点坐标为(0,500000)。因此,移轴后的 Y 轴为 Y = y +500000m。

假如有 A,B 两点,原来横坐标分别为 $y_A$ = 245863.7m,$y_B$ = -295166.5m,坐标纵轴西移 500km 后,则横坐标分别为

$Y_A = y_A + 500000 = 745863.7(m)$,

$Y_B = y_B + 500000 = -295166.5 + 500000 = -245166.5(m)$

②Y 坐标前冠以带号。

由于沿经线分别投影,各带的投影完全相同。这样对于一组 (x,y) 值,能找到 60 个对应点(每带一个)。为了区别某点所属的投影带,规定在已加 500km 的 Y 值前再加上投影带号。即 $n \times 1000000 + Y$,这样所得的坐标叫通用坐标。

例如上例中 A,B 两点位于 20 带,则其通用坐标为

$Y_{A通}$ = 20745863.7,

$Y_{B通}$ = -20245166.5

(3)方里网的有关规定。

①方里网的定义。

大比例尺图上经常进行量测距离、方位等图上作业,为便利这种作业,规定在大比例尺图上按一定间隔加绘平面直角坐标线。由于是按照整公里间隔绘坐标线,故坐标线常称为公里线,所形成的网称为方里网,也叫公里网。不同比例尺上方里网间隔不同,具体规定参见表 2.3。

表 2.3　　　　　　　　　不同比例尺图上方里网的间隔规定

| 地图比例尺 | 方里网图上间隔 | 相应实地长 |
| --- | --- | --- |
| 1∶1 万 | 10cm | 1km |
| 1∶2.5 万 | 4cm | 1km |
| 1∶5 万 | 2cm | 1km |
| 1∶10 万 | 2cm | 2km |
| 1∶25 万 | 4cm | 10km |

②方里网重叠规定。

分带投影,相邻带都具有各自独立的坐标系,故相邻图幅方里网是互不联系的。如 16 带的甲图幅与 17 带的乙图幅是相邻带的邻图幅,各图幅内各点的坐标是以各带的原点起算,所以相邻图幅沿经线拼接起来之后,其平面坐标是不一致的。为便于使用相邻的图幅进行图上作业,要求在投影带边缘加绘邻带方里网,作业规范规定:

自投影带的西边缘经差 30′以内,及东边缘经差 7.5′(1∶2.5 万图)、15′(1∶5 万图)以内的各图幅,加绘邻带方里网。因此,相邻带的图幅不仅有本带的方里网,还有邻带延伸的方里网,这样就能使相邻图幅的坐标统一起来。

西带坐标网延伸至东带 30′ 内，其实质就是将西带东部的投影扩大 30′，也就是说，按 6° 分带投影，只需投影经差 3° 的范围就够了。但为了建立邻带间的联系，中央经线以东就应投影到经差 3°30′，因此，经差 3°~3°30′ 这半度内的图幅就具有双重方里网。

**3. 日晷投影**

日晷投影是视点在球心的透视立体投影，因为投影的方法和日晷的原理近似得名，又称为球心投影或中心投影、心射投影。

1）方位投影的概念与一般公式

假想用一个平面切（割）地球，然后按一定的数学方法将地球面投影到平面上，即得到方位投影。

方位投影通常将地球表面当作半径为 $R$ 的球体表面。平面与球面相切时，切点称为投影中心；相割时，平面与地球面相割为一小圆圈，该小圆的极点称为投影中心。该投影中心描写在平面上，一般把它当作平面坐标原点。

方位投影按照投影中心点的位置，可分为正轴方位投影、横轴方位投影和斜轴方位投影。见图 2.21。

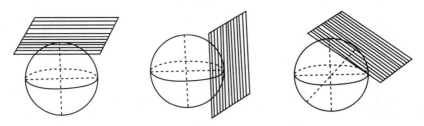

图 2.21　正轴方位投影、横轴方位投影和斜轴方位投影

正轴方位投影的中心与地球的地理坐标极重合，即投影中心点的纬度为 90°；横轴方位投影的投影中心点位于地球赤道上的任意一点，即投影中心点的纬度为 0°；斜轴方位投影的投影中心点位于地球面上的任意纬度处。正轴和横轴方位投影是斜轴方位投影的特例。在地图制图生产中斜轴方位投影用得最多。

根据投影性质，方位投影可分为等角方位投影、等面积方位投影和任意方位投影。

按投影平面与地球面的接触情况，方位投影可分为切方位投影和割方位投影。

方位投影的等高圈、垂直圈的投影形状（见图 2.22）为：

①所有等高圈都投影成同心圆，圆心位于投影中心点；

②垂直圈投影后为通过投影中心的直线；

③任意两条垂直圈的夹角投影后与实地相等。

2）方位投影的一般公式

方位投影坐标的一般公式为

$$\begin{cases} \rho = f(z) \\ \delta = \alpha \end{cases} \quad (2\text{-}61)$$

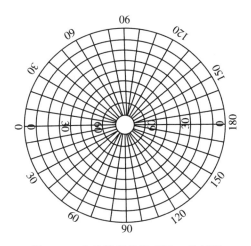

图2.22 方位投影的等高圈、垂直圈

方位投影直角坐标公式为

$$\begin{cases} x = \rho\cos\delta \\ y = \rho\sin\delta \end{cases} \quad (2\text{-}62)$$

垂直圈长度比（用$\mu_1$表示）为

$$\mu_1 = \frac{A'D'}{AD} = \frac{\mathrm{d}\rho}{R\mathrm{d}Z} \quad (2\text{-}63)$$

等高圈长度比（用$\mu_2$表示）为

$$\mu_2 = \frac{C'D'}{CD} = \frac{\rho\mathrm{d}\delta}{R\sin Z\mathrm{d}\alpha} = \frac{\rho}{R\sin Z} \quad (2\text{-}64)$$

面积比为

$$P = ab = \mu_1\mu_2 = \frac{\rho\mathrm{d}\rho}{R^2\sin Z\mathrm{d}Z} \quad (2\text{-}65)$$

角度最大变形为

$$\sin\frac{\omega}{2} = \frac{a-b}{a+b} = \left|\frac{\mu_2 - \mu_1}{\mu_2 + \mu_1}\right| \quad (2\text{-}66)$$

3）方位投影的变形规律及应用

由于方位投影的变形公式都是极距$Z$的函数，同一等高圈的各点其$Z$值相等，它们的变形值也相等，故方位投影的等边形线形状与等高圈是一致的。因为方位投影有圆形等变形线，故方位投影适合于制作制图区域为圆形区域的地图。正轴方位投影可用于制作两极地区地图，横轴方位投影可制作赤道附近圆形区域地图，斜轴方位投影可制作中纬度地区的圆形区域地图。应用方位投影所作的地图一般不超过半球图，如正轴方位投影可用作南北半球图，横轴方位投影可用作东西半球图，斜轴方位投影可用作水陆半球图等。

从以上公式中可以看出，方位投影取决于$\rho = f(Z)$的函数形式，函数形式一旦确定，则其投影也随之而定。$\rho = f(Z)$ 函数形式的确定，取决于不同的投影条件，由于确定 $\rho$ 的条件有多种，故方位投影也有许多种。

4）透视方位投影

设想有一平面切在球面上某一点或割于某一小圆圈位置上，过地球中心作一直线垂直于切平面或割平面，有一视点在此直线上，用直线透视的道理，将地球面上的垂直圈、等高圈投影到这个平面上即构成透视方位投影。

如图 2.23 所示，投影面割在 $z_0$ 的等高圈上，$Q$ 为球面坐标极；$QS$ 垂直于投影平面，称为透视轴；视点为 $S$。设有一点 $A$，其球面坐标为 $z$，$\alpha$；连接射线 SA 与投影面交于 $A'$ 点，根据相似三角形的边角关系可以推导出计算公式：

$$\rho = \frac{R\sin z(R\cos z_0 + D)}{R\cos z + D} \cdots \qquad (2\text{-}67)$$

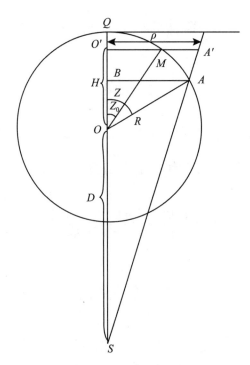

图 2.23 透视方位投影

这就是投影平面与地球相割在 $z_0$ 等高圈上，视点至球心距离为 $D$ 的透视方位投影。

若令 $K = \dfrac{D}{R}$，则 $D = RK$

故
$$\rho = \frac{R\sin z(R\cos z_0 + RK)}{R\cos z + RK} = \frac{R\sin z(\cos z_0 + K)}{K + \cos z} \qquad (2\text{-}68)$$

透视方位投影的一般公式为

$$\begin{cases} \rho = f(z) = \dfrac{R\sin z(R\cos z_0 + D)}{R\cos z + D} = \dfrac{R\sin z(\cos z_0 + K)}{K + \cos z} \\ \delta = \alpha \\ x = \rho\cos\delta = \rho\cos\alpha \\ y = \rho\sin\delta = \rho\sin\alpha \\ u_1 = \dfrac{\mathrm{d}\rho}{R\mathrm{d}z} = \dfrac{(\cos z_0 + K)(1 + K\cos z)}{(K + \cos z)^2} \\ u_2 = \dfrac{\rho}{R\sin z} = \dfrac{\cos z_0 + K}{K + \cos z} \\ P = \dfrac{\rho\mathrm{d}\rho}{\sin z\mathrm{d}z} = \dfrac{(\cos z_0 + K)^2(1 + K\cos z)}{(K + \cos z)^3} \\ \sin\dfrac{\omega}{2} = \left|\dfrac{u_2 - u_1}{u_2 + u_1}\right| \end{cases} \quad (2\text{-}69)$$

若 $z_0 = 0$ 时, 即 $P$ 与 $Q$ 重合, 则得到切方位投影公式:

$$\begin{cases} \rho = \dfrac{R(1 + K)\sin z}{K + \cos z} = \dfrac{R(R + D)\sin z}{D + R\cos z} \\ \delta = \alpha \end{cases} \quad (2\text{-}70)$$

$$\begin{cases} x = \rho\cos\alpha \\ y = \rho\sin\alpha \end{cases}$$

$$\begin{cases} u_1 = \dfrac{(1 + K)(1 + K\cos z)}{(K + \cos z)^2} \\ u_2 = \dfrac{1 + K}{K + \cos z} \\ P = u_1 u_2 = \dfrac{(1 + K)^2(1 + K\cos z)}{(K + \cos z)^3} \\ \sin\dfrac{\omega}{2} = \left|\dfrac{u_2 - u_1}{u_2 + u_1}\right| \end{cases} \quad (2\text{-}71)$$

下面是透视方位投影的几个特例: 当 $\begin{cases} D = 0 \text{ 时, 为球心投影} \\ D = R \text{ 时, 为球面投影} \\ R < D < \infty \text{ 时, 为外心投影} \\ D = \infty \text{ 时, 为正射投影} \end{cases}$

5) 日晷投影 (又称球心投影)

(1) 日晷投影的基本公式。

视点 $S$ 位于地球中心, 此时 $D = 0$, $K = 0$, 投影半径为 $\rho = R\cos z_0\tan z$, 由此得割球心投影公式为

$$\begin{cases} \rho = R\cos z_0\tan z \\ \delta = \alpha \end{cases} \quad (2\text{-}72)$$

$$\begin{cases} x = \rho\cos\alpha = R\cos z_0 \tan z\cos\alpha \\ y = \rho\sin\alpha = R\cos z_0 \tan z\sin\alpha \end{cases} \quad (2\text{-}73)$$

$$\begin{cases} u_1 = \cos z_0 \sec^2 z \\ u_2 = \cos z_0 \sec z \\ P = u_1 u_2 = \cos^2 z_0 \sec^3 z \\ \sin\dfrac{\omega}{2} = \tan^2\dfrac{z}{2} \end{cases} \quad (2\text{-}74)$$

特殊，当 $z_0 = 0$ 时，切球心投影公式为

$$\begin{cases} \rho = R\tan z \\ \delta = \alpha \end{cases} \quad (2\text{-}75)$$

$$\begin{cases} x = \rho\cos\alpha = R\tan z\cos\alpha \\ y = \rho\sin\alpha = R\tan z\sin\alpha \end{cases} \quad (2\text{-}76)$$

$$\begin{cases} u_1 = \sec^2 z \\ u_2 = \sec z \\ P = u_1 u_2 = \sec^3 z \\ \sin\dfrac{\omega}{2} = \tan^2\dfrac{z}{2} \end{cases} \quad (2\text{-}77)$$

（2）日晷投影变形规律。

根据日晷投影变形公式，计算结果见表 2.4。

表 2.4　　　　　　　　　　日晷投影的变形计算

| Z | $\mu_1$ | $\mu_2$ | P | $\omega$ |
| --- | --- | --- | --- | --- |
| 0° | 1.0000 | 1.0000 | 1.0000 | 0° 00′ |
| 15° | 1.0718 | 1.0353 | 1.1096 | 1° 59′ |
| 30° | 1.3333 | 1.1547 | 1.5396 | 8° 14′ |
| 45° | 2.0000 | 1.4142 | 2.8284 | 19° 45′ |
| 60° | 4.0000 | 2.0000 | 8.0000 | 38° 57′ |
| 75° | 14.9282 | 3.8637 | 57.6781 | 72° 09′ |
| 90° | ∞ | ∞ | ∞ | 180° 00′ |

从变形表来看，球心投影变形较大，只有在投影中心点变形较小，而在其他处变形则是很大的，尤其是其角度变形大。它属于任意投影的一种。

（3）日晷投影的重要特性。

球心投影具有大圆投影成直线的重要特性，即地球面上任何大圆弧经球心投影后，在平面上的表象均为直线。

故球心投影常用于制作远洋航行图,因为大圆线是球面上的最短距离。航海时若沿此方向航行则距离最短。但是由于日晷投影变形较大,因此,一般不直接用日晷投影海图来进行航行。然而,航海中用等角航线航行虽然简单,但航程远。如由非洲南端的好望角至澳洲南端的墨尔本,按大圆航线走,航程约为 5450 海里,而按等角航线走,则约为 6020 海里,后者比前者要多走 570 海里(约 1050 千米)。为兼顾到走捷径和便利航海作业,远洋航行时通常把日晷投影图上所确定的大圆航线的位置转绘到墨卡托投影海图上的相应位置上,按墨卡托投影海图上标绘的大圆航线再作等角航行。

(4)日晷投影经纬线形状。

以切投影为例,日晷投影的投影公式为

$$\begin{cases} x = R\tan z\cos\alpha = R\dfrac{\sin z\cos\alpha}{\cos z} \\ y = R\tan z\sin\alpha = R\dfrac{\sin z\sin\alpha}{\cos z} \end{cases} \quad (2\text{-}78)$$

代入以上球面极坐标公式,得到由地理坐标($\varphi$,$\lambda$)表示的日晷投影坐标公式:

$$\begin{cases} x = \dfrac{R[\sin\varphi\cos\varphi_0 - \cos\varphi\sin\varphi_0\cos(\lambda - \lambda_0)]}{\sin\varphi\sin\varphi_0 + \cos\varphi\cos\varphi_0\cos(\lambda - \lambda_0)} \\ y = \dfrac{R\cos\varphi\sin(\lambda - \lambda_0)}{\sin\varphi\sin\varphi_0 + \cos\varphi\cos\varphi_0\cos(\lambda - \lambda_0)} \end{cases} \quad (2\text{-}79)$$

· 当 $\varphi_0 = 90°$ 时,$Q$ 与 $P$ 重合,得到正轴日晷投影公式:

$$\begin{cases} x = R\cot\varphi\cos(\lambda - \lambda_0) \\ y = R\cot\varphi\sin(\lambda - \lambda_0) \end{cases} \quad (2\text{-}80)$$

· 当 $\varphi_0 = 0°$ 时,$Q$ 位于赤道上,得到横轴日晷投影公式:

$$\begin{cases} x = R\tan\varphi\sec(\lambda - \lambda_0) \\ y = R\tan\varphi\tan(\lambda - \lambda_0) \end{cases} \quad (2\text{-}81)$$

· 当 $Q$ 位于任意位置时,得到斜轴日晷投影公式:

式(2-79)中,分子分母同除以 $\cos\varphi\cos\varphi_0$,得

$$\begin{cases} x = \dfrac{R[\tan\varphi - \tan\varphi_0\cos(\lambda - \lambda_0)]}{\tan\varphi\tan\varphi_0 + \cos(\lambda - \lambda_0)} \\ y = \dfrac{R\sec\varphi_0\sin(\lambda - \lambda_0)}{\tan\varphi\tan\varphi_0 + \cos(\lambda - \lambda_0)} \end{cases} \quad (2\text{-}82)$$

根据上述投影方程,可推求出经纬线方程,并分析出经纬线形状,见图 2.24。

### 4. 平面图投影

1)平面图的概念

平面图就是把地球面上的小块面积看作平面,把经纬线看成平行且相互间隔相等的直线,经纬线互相垂直,它属于正圆柱投影。

平面图投影用于大比例尺海图的投影,我国大比例尺(大于 1∶2 万)海图一般采用

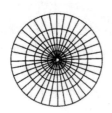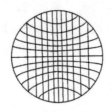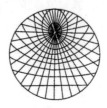

图 2.24 日晷投影经纬线形状

平面图投影或高斯投影。

2) 平面图投影条件

取本图幅中纬处经差 1 分的纬线的实地弧长 (纬线 1′ 长) 作为任一纬线的经差 1 分的投影长。

取本图中纬处纬差 1 分的经线弧的实地弧长 (经线 1′ 长) 作为任一经线的纬差 1 分的投影长。

经纬线投影为两组互相平行的直线。

3) 平面图的投影公式

设图幅中纬为 $B_m$,则

$$B_\mathrm{m} = \frac{B_\mathrm{N} + B_\mathrm{S}}{2} \tag{2-83}$$

式中:$M_\mathrm{m}$ 为 $B_\mathrm{m}$ 处的子午圈曲率半径;$N_\mathrm{m}$ 为 $B_\mathrm{m}$ 处的卯酉圈曲率半径;$r_\mathrm{m}$ 为 $B_\mathrm{m}$ 处的纬线圈半径,$r_\mathrm{m} = N_\mathrm{m}\cos B_\mathrm{m}$;$C_0$ 为比例尺分母。

则图上纬差 1′ 的经线长 (经线 1′ 长) 为

$$e_1 = \frac{M_\mathrm{m}1'}{C_0\rho'} = \frac{M_\mathrm{m}}{C_0\rho'} \tag{2-84}$$

图上经差 1′ 的纬线长 (纬线 1′ 长) 为

$$e_2 = \frac{r_\mathrm{m}1'}{C_0\rho'} = \frac{r_\mathrm{m}}{C_0\rho'} \tag{2-85}$$

以西南图廓 (左下图廓) 点作为坐标原点的投影坐标公式为

$$\begin{cases} x = \dfrac{M_\mathrm{m}}{C_0\rho'}\Delta B' = e_1\Delta B' \\ y = \dfrac{r_\mathrm{m}}{C_0\rho'}l' = e_2 l' \end{cases} \tag{2-86}$$

其变形公式为经线长度比为中纬 $B_\mathrm{m}$ 处经线的微分弧长与任一纬度处经线的微分弧长之比,即

$$m = \frac{M_\mathrm{m}\mathrm{d}B}{M\mathrm{d}B} = \frac{M_\mathrm{m}}{M} = \left(\frac{1 - e^2\sin^2 B}{1 - e^2\sin^2 B_\mathrm{m}}\right)^{3/2} \tag{2-87}$$

纬线长度比为中纬 $B_m$ 处纬线的微分弧长与任一纬度处纬线的微分弧长之比，即

$$n = \frac{r_m \mathrm{d}l}{r \mathrm{d}l} = \frac{N_m \cos B_m}{N \cos B} = \left(\frac{1 - e^2 \sin^2 B}{1 + e^2 \sin^2 B_m}\right)^{1/2} \frac{\cos B_m}{\cos B} \tag{2-88}$$

又因投影后经纬线正交，经纬线长度比即为主方向长度比，故面积比为

$$P = mn \tag{2-89}$$

$$\sin \frac{\omega}{2} = \left|\frac{m - n}{m + n}\right| \tag{2-90}$$

平面图有面积变形、角度变形，它是任意投影。在比例尺大于 1∶2 万的海图上，经线长度变形可以忽略（小于 $1.5 \times 10^{-5}$），即 $m \approx 1$，故平面图可视为等距离正圆柱投影。

等角航线不是直线，但在低纬度地区变形小，等角航线接近于直线。

在不同图幅上，各种变形随 $\varphi_m$ 增大而增大，在低纬地区各种变形都很小，一般在纬度低于 28° 地区制作比例尺大于 1∶2 万的海图，效果最佳。

## 2.5 海图比例尺

### 2.5.1 比例尺

**1. 比例尺的定义**

比例尺又称为"缩尺"，是指海图上某一线段的长度与地面上相应线段水平距离之比。它决定着由实地到图形的长度的缩小程度。

**2. 主比例尺与局部比例尺**

（1）主比例尺。

计算地图投影时，首先将地球椭球面按一定比率缩小，然后再将其画在平面上。这种小于 1 的常数比率称为地图主比例尺或普通比例尺，在地图或海图上一般都有标注，如 1∶50000。

（2）局部比例尺。

由于投影中存在着某些变形，投影面上各线段的长度比有等于 1、大于 1 或小于 1 的情况，因而地图上各个线段的实际缩小率并不等于主比例尺，也有大于或小于主比例尺的情况。实际上，地图上每一线段都经过了两次缩放过程，一个是主比例尺的缩小，二是投影时产生的变形。故地图上的每一线段的实际比例尺（也叫局部比例尺）应为两者的乘积。设投影长度比为 $\mu$，主比例尺为 $\mu_0 = \frac{1}{C_0}$，局部比例尺为 $\mu_1 = \frac{1}{C_1}$，则 $\mu_1 = \mu \cdot \mu_0$，

即

$$\frac{1}{C_1} = \mu \frac{1}{C_0}$$

整理，得

$$C_1 = \frac{C_0}{\mu} \tag{2-91}$$

## 2.5.2 比例尺的形式

海图上的比例尺主要有三种：数字比例尺、文字比例尺和图解比例尺。

**1. 数字比例尺**

用阿拉伯数字表示，有 $1:C$、$1/C$ 或 $\dfrac{1}{C}$ 等形式，$C$ 称为比例尺分母。一般在海图中标题下面或图廓外面加以标注，如 $1:5\,000$，$1/5\,000$。

**2. 文字比例尺**

用文字注解的方式表示，例如：图上 1cm 相当于实地 10 千米，百万分之一或百万分一等。目前，这种标注形式已很少出现。

**3. 图解比例尺**

用图形加注记的形式表示，分为以下三种。

（1）直线比例尺。

置于东西外图廓，长度基本与纵图廓线等长。比例尺 1∶80 000 及更大比例尺航海图、海图附图、诸分图等多用直线比例尺。由于是大比例尺海图，图幅覆盖的面积较小，长度变形很小，可以忽略不计，故直线比例尺内的分划值的图上长度都是等长的，见图 2.25。

图 2.25 直线比例尺

（2）公里尺。

以公里表示的直线比例尺叫公里尺。军用航海图及某些特殊用图的海图多在东、西图廓外放置公里尺，其长度与东、西图廓线相等，公里尺内按不同比例尺区间，进行不同的细分。由于墨卡托海图投影中纬线渐长的影响，一幅海图内同一条公里尺上其细分值自下向上随纬度的增高而渐长。所以，墨卡托投影航海图上的公里尺是一种特殊的直线比例尺，见图 2.26。

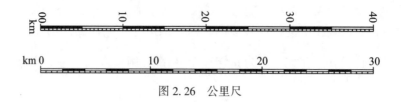

图 2.26 公里尺

（3）复式比例尺。

常出现在小比例尺海图上。在小比例尺海图上，由于变形复杂，往往在不同的经纬度有不同的变形,需要按照不同的经纬度绘制一种复式比例尺。它是不同纬度比例尺的集合,可放在海图上的任何位置,过去也称为梯形比例尺,见图2.27。

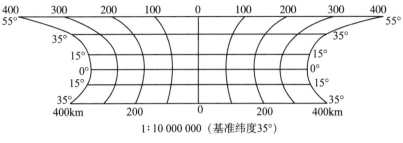

图 2.27　复式比例尺

# 第3章 海图要素与符号表达

不论是传统纸海图，还是计算机支持下的数字海图、电子海图等，海图要素及相关信息最终都要通过某种能够为人们所理解的方式显示出来，完成海图相关信息的传输。海图之所以能够在制图人员和使用人员之间进行信息传递，是由于海图是依据一定规则进行表达的，就像人们使用语言进行沟通一样。

## 3.1 视觉规律与变量

### 3.1.1 视觉规律

以符号和图形表示的地图通过视觉被读者感受。为了科学地设计各种符号，就需要研究地图阅读感受的过程，阅读的基本条件和视觉心理因素、视错觉等一系列理论问题。

**1. 地图阅读感受的视觉过程**

地图是通过阅读被感受的，其感受过程包括察觉、辨别、识别和解译这四个阶段。

1）察觉

读者用眼睛在地图上发现目标的存在。这个阶段是人眼通过光觉、色觉、视敏度来扫视目标，这时，物体对眼的刺激和眼的生理作用是察觉目标的基本因素。为此，在设计地图符号时要考虑适合人眼视觉过程的最佳参数。

2）辨别

在阅读地图时辨认出两个符号间的差别。辨别的意义比察觉大，其过程也更为复杂，它要受到心理、生理等因素的影响。目标对眼睛的物理刺激特性包括：广度、强度和持续时间。静态地图是一种持久的图像，刺激可以维持到读者能辨别差别为止，因此，持续时间对地图来说不是主要因素。广度可以理解为图像的形状和尺寸，这是区别任何符号的两个主要标志。强度可以理解为亮度和色相的变化。这些辨别因素构成研究符号差别的基础，通过对视觉变量的研究，人们建立了一整套新的理论。

3）识别

读图者在经过辨别之后，就要根据图例和自己头脑中储存的信息去领会符号的含义，这就是识别。辨别是识别的基础，辨别中的失误（例如忽视了细小的差别）会引起识别上的错误。同时，读者的识别能力同用图的实践有极大的关系。

4）解译

指对地图内容的理解。它和识别是交织在一起的，但二者又有明显的区别。解译是读者根据自己的知识、经验和思维，从识别了的图像中得出地理现象的结论。读者除了要认识符号之外，还要顾及地图比例尺、地图投影、地图定向及制图综合等多种因素可能引起的图形差别，准确地知道所表示现象的名称和地理特点。

从感受过程的四个阶段可以看出，设计地图符号时，要在使读者能够看清的前提下，做到不同符号之间有必要的差别，以达到使读者容易辨认和识别的目的。

**2. 阅读的基本条件**

读者在阅读地图时是利用视觉来接受地图上表示的符号的。因此我们在设计地图符号时，必须顾及人的眼睛观察事物时的三个基本条件。

1）视觉敏锐度

即辨别图形微小细部的能力。它由一个阈值来度量和定义，当低于这个值时，地图符号的细部便无法辨认，这个值称为分辨绝对阈值。为了使地图符号具有充分的易读性，设计符号时常常不是用绝对阈值，而是使用被提高了的分辨作业阈值。

2）反差感觉阈值

这是表征眼睛生理性能的第二个量，对于正常视力，它等于2%。

3）眼睛的运动反应

这是视觉生理的第三个特性。在阅读地图符号时，眼睛运动是由眼睛的相对静止时间（固定点）和视线由一点移动到另一点的时间（漂移、跳跃、震颤）所组成的。实验表明，固定点是符号灰度差异大的地方，如转角、结点、线的拐点和分叉点等。例如在观察三角形的符号时，视线停留在顶点上的时间为 0.1~0.2s，而停留在边上的时间仅为 0.03~0.055s。

从上面谈到的阅读地图的感受过程可知，地图符号不但要能被读者察觉，还要进一步能够被辨认和识别。

**3. 图形视觉的心理因素**

在阅读地图时，读者会受到一系列心理因素的影响。因此，在设计地图符号时，我们必须考虑这些心理因素，使符号达到最佳的视觉效果。

德国的实验心理学家们创立的图形心理学（格式塔），对于认识地图的阅读规律有一定的意义，从而成为设计地图符号时必须考虑的心理因素。格式塔心理学提出的"知觉场"亦称"现象场"（phenomenalfield）的术语，是指知觉所反映的世界。格式塔心理学家认为，世界是心理物理的。为了强调经验世界与物理世界的不同，他们提出了心理场（psychological field）与物理境（physicalsituation）两个概念。

格式塔可以理解为完美的形状。但是，它所说的形并不是客观实际的图形或排列关系，而是人脑中想象的图形，即任何图形都是由视知觉主动组织或构成的，而不是客体本身已存在的。

格式塔学者实验并确认了一些图形规律，可以作为我们设计地图符号的参考依据。

1）轮廓与主观轮廓的利用

地图上的轮廓是读者感受物体形状的基础。地图上靠以下几种手段来实现：①用线条勾绘出轮廓，以区别于其他区域；②不同底色（色相、亮度、饱和度）或不同图案结构的区域在交界处形成轮廓。大面积的单纯用线条构成的轮廓是不明显的，必须配以其他的显示手段。用底色或结构图案形成的轮廓，彼此之间差别不大时也会显得模糊。小面积的线条轮廓配以差异大的底色，在地图上特别能引起读者的注意。

读者的知觉场能够把地图上的不连续的符号组合形成主观轮廓，即有把不完整的图形完整化的倾向，这就是视觉心理因素的影响。

地图上除了这类客观上的完整轮廓之外，还有一种利用人的视觉心理因素，即知觉场，把不完整的图形组织成完整图形的倾向所产生的轮廓，称为主观轮廓。正是利用这一点，我们可以用不连续的街区组成街道；用点线组成地类界和各种境界线；用拉开间隔的注记来标注河流和山脉名称；通过在地图上追踪相同像素的分布来分析地理规律，例如某种土壤的分布规律等。

在利用这种心理因素时要注意，主观轮廓的形成要求间断像素之间的连接是光滑的，例如由短线组成的沼泽图案，线的长短变化应是渐变的，否则就不能形成轮廓，只能是混乱的图形；视觉总是要追踪最近的连接点以形成轮廓，这就要求我们在用点线表示界线时，其转折点不能遗漏，否则其主观轮廓就会被歪曲，而且当两条地类界的间距小于点距时，也不能形成正确的轮廓图形。

2）目标与背景关系的利用

由于地图使用者的读图目的是多样的，总是要从众多的要素中选出自己需要的内容，这就要把所需的目标从其他要素（背景）中区别出来。我们把要寻找的内容作为目标，由于视觉心理因素的影响，地图上的其他要素自然地成为背景。例如，我们在地图上寻找两个城市及其间的通道时，知觉场中只把它们作为目标，其他要素则成了背景，并没有觉得背景对目标图形产生很多干扰。

当然，在形成目标图形与背景的关系时，还受到其他因素的影响，例如目标图形本身的强固程度。一个强固的图形在与其他图形混杂时，它的形态仍能被清楚地观察到。图形的强固性由下面3种因素构成。

（1）接近。

构成图形的像素之间要有充分接近的距离。例如，线状物体的名称注记，在拉开字的间距时要保持在5倍字大的范围以内，否则就不易形成一个整体。这一原则在用整列符号表示面积（范围）时，在设计点线符号时都有重要意义。

（2）相似。

相似的图形容易被看成是一个目标或整体。例如，色彩、尺寸、亮度等相同或近似的符号被看成一组，这也是地图符号设计中广泛运用的原则之一。同类图案、相同的颜色、相同的字体等都能使目标成为整体，即使穿插在其他要素之中也不会影响阅读。

（3）完整。

在各种图形中，规则而完整的图形在格式塔理论中称为良好的图形，它们容易被观察并从背景中区分出来。在视觉场中下述图形被认为是完整的图形：①连续，具有连续不断的形状，或者虽然客观图形是间断的，但由于它的像素之间充分接近从而能形成连续的主观轮廓时，被认为是完整的图形；②对称，它有助于产生完整的形象，且容易引起读者的注意；③封闭，其图形是强固的，特别是小面积的封闭图形，在地图上容易识别；④简单且结构紧密，这种图形在读者的头脑中刺激较强、印象较深，会给读者造成再三重复的印象。格式塔学者认为最好的图形是圆，地图上用各种不同的圈形符号表示居民地几乎是世界各国的通例，这不但是因为它们易绘，还在于它符合视觉心理的要求。

3) 知觉恒常性原则的利用

根据知觉恒常性原则可知，人们在观察周围变化的环境时，视网膜上的成像在形状、尺寸、亮度、色彩上在不断变化，但对事物的感受并未因此而改变，这是生理机制上的保证，使人能生活在客观环境中不必随时去辨认稍一移动就变化了形状、大小、亮度和色彩的物体。

一张挂在墙上的地图，我们在室内不管如何走动，始终感受到是一张同样大小的地图，而实际上该图在视网膜上的成像则随距离的变化不断改变着。不同地图上的同一个居民点，不管它是用平面图形、粗大的圈形符号或简单的圈形符号表示的，在知觉场中感受到的是同样大小的物体，地图上的透视符号也是由于这一规律起作用，才得到好的视觉效果的。此外，还有色彩、亮度等的恒常性。

恒常性对于一般的读者来说，有加强读图能力的作用。但对于构图和色彩的设计者来说，往往因他们本身受恒常性的影响而忽视了色彩在不同照明或工艺条件下的变化，致使用色过于单调而缺少层次，或者因忽视透视原理而把椭圆形画成圆形、把远近物体画得同样大小。

**4. 视错觉对地图符号构图的影响**

人们在观察物体时，常常会把处于不同环境、位置、方向的相同的图形看成是有差别的图形，对此我们称之为视错觉。

视错觉受生理和心理上多种因素的影响，在符号构图和图形结构上都要考虑这种影响。这些视错觉（见图 3.1 常产生视错觉的图形举例，摘自祝国瑞等《地图设计与编绘》）主要表现在：

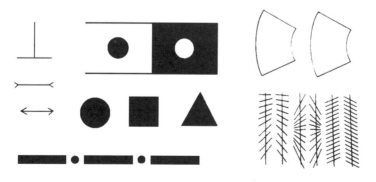

图 3.1 常产生视错觉的图形举例

①垂直线与水平线的长度相等时，对垂直线的估计偏长；②平行线在受到交叉线的干

扰时会被看成不平行；③两个大小、形状相同的图形（如圆），会由于背景的不同而显得大小不一；④两条等长线段，会由于某种附加修饰（如加箭头、短线等）产生不等长的感觉；⑤圆点的尺寸看起来比相同宽度的线划细小；⑥面积相等的图形，会由于其形状、方向、位置的不同产生大小不同的感觉，如面积相等的正方形的边长、三角形的边长和圆的直径，产生了长度不等的错觉等。此外，还有许多的视错觉出现，例如，等粗的横竖线划，显得横粗竖细（因此采用汉字竖划加粗予以调整）；直线被两条平行线斜切，看上去似乎成了两根错位的线段；封闭的图形比带缺口的相应图形显得小；等大的圆在较大的圆内显大，在较小圆之外，就显小；等大的圆在几个大圆包围下显小，在几个小圆包围中则显大等。

## 3.1.2 视觉的变量

为了适应不同用途的地图，需要以有效的方式传输不同形式的数据。制图中所使用的是改变地图符号的外观，可调节图形特征，使地图上的符号变得较有特色和突出。

为了使一个符号同另一个符号产生差别，就要改变符号的某个部分。由 J. 伯廷所领导的巴黎大学图形研究室经过二十多年的研究，总结出一套图形符号的规律——视觉变量，也称为基本图形变量，其中包括形状、尺寸、方向、色彩、亮度和密度，从中又可以区分出点、线、面的变化。

**1. 基本图形变量**

1) 形状

由有区别的外形所提供的图形特征。形状变量由不同的图形及结构组成，它们包括：有规律的图形（各种几何图形），无规律的范围轮廓线性要素（河流岸线、等值线等）。形状差别是符号在视觉上最重要的差别。

2) 尺寸

尺寸指符号大小——直径、宽度、高度、面积，甚至体积的变化。尺寸变化可以使符号间产生差别，提供了区分的可能性。这里的尺寸变化只涉及点状符号、各种非比例的几何图形和线状符号的宽度。依比例尺确定的轮廓图形的大小是位置的函数，不能理解为尺寸的变化。

3) 方向

方向指符号的方位变化。它是对地图上一定系统而言的，这种系统可能是地图上的地理坐标系统或平面直角坐标系统。但是，方向变量的运用要受到具体图形的限制，例如圆点，若不与其他变量相配合就不能区分出方向，正方形也不易区分方向。

4) 色彩

图形变量中色彩变量主要指的是色相变化。我们说符号具有不同的颜色，通常是指它所具有的色相，即红、蓝、黄等。

5) 亮度

亮度指图形色调的明暗程度，它也能形成视觉上的差别。这可以指图形的黑白度之比（由线划的粗细、疏密构成），或者指彩色图形相同色调基础上的明暗程度。

6）密度

密度是指单位面积内线条、符号的重复出现的数量。

美国地图学家罗宾逊在地图学原理中提出的六个图形变量中也有密度，他的密度概念和伯廷的有很大的差别，他把密度看成是合成标记的一系列点和线的间距，用每英寸或每厘米线数来描述，这事实上又和亮度变量混杂在一起。

图形变量理论的提出使人们对于地图符号设计有了更深的认识，因而得到各国制图学家的普遍重视，之后又提出了更多的图形变量。例如结构、图案纹理、图案排列，甚至有人把位置也列为基本图形变量。仔细推敲，我们认为还是伯廷提出的六个图形变量比较严谨。图形变量作为图形符号的基础，在提高符号的构图规律和加强地图表示效果上起了不可忽视的作用。但是，它们并不能解释全部符号化的现象和构图法则，因此还不能把它们作为设计符号的唯一理论基础。

**2. 基本图形变量的视觉效果**

各种图形变量的组合运用，能产生视觉感受上的多种效果。

1）整体感和差异感

整体感指的是当我们观察不同像素组成的图形时，它好像一个整体，没有哪一种显得特别突出。所形成的具有整体感的现象可以表示一种环境、一种现象、一个概念或一个物体。例如，森林类型图上首先应当有森林分布的整体概念，它的产生要靠由不同图形变量的组合产生的整体感。这种整体感靠起主导作用的图形变量之间存在不明显的差别来实现。设计地图符号时，掌握差异的程度，就可能在一定的条件下产生整体感。形状、方向、近似色、密度等都可以产生图形的整体感。图中运用方向、亮度、形状等因素不但表达了主区的区域整体，还可以把不同类型的森林、学校和不同等级的居民地表现为类型整体。

在形成整体感时，由表达形状的图形变量所形成的整体感较强，含有量的因素的图形变量，如亮度和尺寸，整体感就相对差一些。

和整体感相对的是差异感，整体感好的选择性就差。要想把某种要素的图形突出于图面之上，即明显地区别于周围的环境，就要利用差别大的图形变量，例如用强烈对比的色彩、亮度和尺寸差别，来加强图形的选择性感受效果。

2）等级感

等级感指的是制图对象能迅速而明显地区分出几个等级的效果。不论是普通地图还是专题地图，符号的等级感都十分重要。产生明显等级感的图形变量是尺寸和亮度。密度差别有时也可以产生弱的等级感效果，色彩、形状和方向变量一般不会产生等级感的印象。

3）数量感

数量感指的是读图时从图形中获得具体差值的感受效果。在地图上读出数量，受读者心理因素的影响很大，例如读者的教育水平、实践经验等，而且还有一个比较标准的问题。尺寸变量是产生数量感的最有效的变量，并受图形复杂程度的影响，因为图形复杂，判断其尺寸的准确性就会下降。圆形、方形、柱形和三角形等简单的几何图形，是设计带有数量意义的符号时经常使用的图形，它们的不同尺寸很容易形成数量感。

4）质量感

将观察对象分成几个类别，使读者产生不同质的感受效果称为质量感。地图上的不同地类等面状对象，主要由色彩变量形成质量差别，而表达物产分布的点状符号，则通常用形状并配合色彩来表达其质量差别。

5）动态感

读者从图形的构图上获得一种运动的视觉效果。单一的视觉变量一般并不能产生动态感，但有些视觉变量有规律的排列会产生动态感。作为视觉变量的一种特例，箭头符号是一种反映动态感的有效的特殊方法，同样形状的符号在尺寸上有规律的变化与排列、亮度的逐渐改变等都可以造成动态感效果。

6）立体感

立体感指的是通过变量组合，使读者能从二维平面上产生三维的立体视觉效果。地图上利用线性透视、空气透视、纹理梯度、色彩变化、亮度变化、光影变化等因素产生立体感。

## 3.2 海图图式与符号

### 3.2.1 海图图式

航海图是海图生产中数量最多、用户最多的海图，也是在全球范围内使用最广泛的海图。为了完整、准确地表示、传递海图相关信息，使各国用户都能够识别和使用海图，国际组织和各国政府对海图符号都有统一的规定，这就是《海图图式》，它同时也是绘制其他海图的基本符号。

**1. 国际《海图图式》**

《海图图式》中每一个符号和缩写都有一个编号。大多数国家的《海图图式》中，凡与国际规定一致的符号和缩写，一般以正体数字编号；凡与国际规定不一致的符号和缩写，均以斜体数字编号，本国补充的符号则以带括号的数字编号。经过几十年的发展，各国的《海图图式》虽多次改版，但使用的基本符号保持了相对稳定，这样便于各国的航海图对照使用。

由于航海图使用的广泛性与国际性，各国使用的海图符号大体上是相同或相似的。1952 年国际海道测量局第 6 届大会曾以"技术决议"的形式，规定了国际通用的海图符号和缩写。大多数成员国在制定本国的《海图图式》时，都参照这个"技术决议"式样。所以，几十年来，大部分海图生产国的《海图图式》在内容及编排上基本一致。

1982 年第 12 次国际海测大会通过《国际海图规范》（Regulations of the IHO for International (INT) Charts and Chart Specifications of the IHO），几经改版升级，形成了技术标准 IHO S-4，其中也包含了海图编绘规范和三个附录：海图符号与缩写（INT 1），海图图廓、经纬网、比例尺（INT 2）和海图符号与缩写的应用（INT 3）。三个附录相当于我国的《海图图式》。

**2. 我国《海图图式》的沿革**

我国于 1921 年成立海道测量局，开始编制出版系统的近代航海图。但在中华人民共和国成立以前，该局较长时间为英、日所操纵，使用的海图符号与英版、日版海图基本相同。上海解放后，华东军区上海市海军接管部接管了残留上海的国民党海军海道测量局，并于 1949 年下半年开始根据其旧版海图翻印单色航海图，或据英版、日版海图改制中文版海图。1950 年翻印出版了旧版《水道图图例》。

1954 年 1 月，中国人民解放军海军司令部海道测量部出版了《海军水道图图例》。这册图例内容分 18 类，共有 240 多个符号，单色印刷。制图符号大多因袭旧版航海图的符号，与当时国际上通用的式样大致相同。

1960 年海军司令部航海保证部对 1954 年版《海军水道图图例》进行修订，制订了《海图图式（草案）》，经海军司令部批准，于 1961 年 1 月 1 日起实施。该图式受苏联版《海图图式》的影响较大，陆部要素的表示与当时陆地地形图基本相同。图式符号分国内、国外两个系统，共计 669 项，加上注记（65 项）及标题、对景图式样等共 749 项，13 色印刷。

1960 年版《海图图式（草案）》使用后，因符号及印色过多，后来又进行了缩减。1972 年 9 月起海司航保部颁布执行新的《海图图式》，制图符号计 204 项，注记 41 项，实际使用时感到有些符号太少，还需参考 1960 年版《海图图式（草案）》来绘制某些要素，因而 1975 年 6 月，海军司令部又颁发了新的《海图图式》。

1975 年版《海图图式》制图符号计 191 项 371 种，注记 47 项，7 色印刷。这册图式在质量和式样上都有提高。与 1960 年版《海图图式（草案）》相比，注意了突出航海要素，去掉了与航海关系不大的要素符号，如荒草地、矮小灌木丛、龟裂地、果园等；对陆地符号适当缩减，如将原来 38 种道路符号概括为 15 种。但图式符号仍未考虑国际的统一性。

1980 年，我国进行航海图书改革，其中包括制订新的《海图图式》。这次制订的新图式于 1982 年出版，并由海军司令部批准实施。该册图式注意总结中华人民共和国成立 30 多年来海图制图的经验，并吸收国际上海图制图的优点，增加了一些新的符号，同时改进部分符号使之适用于刻图作业，还注意了向国际上有关规定靠拢。1982 年版《海图图式》改变了以往符号统一编号的做法，实行分类编号，共分 18 类。但各类的编排，基本上因袭我国几十年来的习惯，未采用国际上的规定，有的符号（如礁石）仍与国际上通用的符号不同。

为了使我国的海图符号进一步规范化、国际化，海司航保部在 20 世纪 80 年代末进一步修订《海图图式》，制订的新版《海图图式》经国家技术监督局批准于 1990 年 12 月起实施，并由中国标准出版社出版。《海图图式》（GB 12317—1990）是以 1987 年国际海道测量局公布的《国际海图图式》为基础制订的，其符号分类、编排次序及符号式样等均基本相同，仅根据我国的具体情况对其中某些符号作了少量增删，并增加了中文注记的字体、字级等。1998 版《中国海图图式》（GB 12319—1998）是在《海图图式》（GB 12317—1990）和《中国航海图图式》（GB 12319—1990）的基础上修订的，保留了上述国标的主体内容，根据海图生产实际需要对上述国标的个别符号进行了修改、增补、删减。标准的修订同时也参考了国际海道测量组织的《IHO 海图规范及 IHO 国际海图条例》（1992 年）和《国际 1 号海图图式》《国际 2 号海图图廓整饰样式》（1987 年）。2021 年 10 月，《中国航海图图式》和《中国航海图编绘规范》（GB 12320—1998）的修订版通过了评审。

### 3.2.2　海图符号

符号是用图形或近似图形的方式来表达意念、传输信息的工具。广义的符号可以包括语言、文字、数学符号、化学符号、乐谱和交通标志等。海图也是通过符号描述海图要素的空间和属性信息的，可以视作一种特殊的语言系统。

**1. 海图符号的功能**

海图符号是海图作为信息传递工具所不可缺少的媒介，其主要功能表现在三个方面。首先，对客观事物进行抽象、概括和简化。其次，提高海图的表现力，使海图既能表示具体的事物，也能表示抽象的事物；既能表示现实中存在的事物，又能表示历史上有过的事物及未来将出现的事物；既能表示事物的外形，又能表示事物的内部性质，如海水的盐度等。第三，提高海图的应用效果，使我们能在平面上建立或再现客观现象的空间模型，并为无法表示形状的现象设计想象的模型。

**2. 海图符号的类型**

依据不同的分类目的选用不同的分类标志，可以将海图符号分成不同的类型。

1）按海图符号所代表的要素及符号的延展性分

有点状符号、线状符号和面状符号。

①点状符号是单个符号，所表示的事物在图上所占面积很小，只能以"点"的形式表示（见图 3.2 点状符号）。

图 3.2　点状符号

②线状符号是用来表示各种事物的单个线性记号。一般线状符号是用来表示线状或带状延伸的事物，如河流；但有的线状符号则是用来表示某种要素的界线（或不同事物的分界线），如国界、港界等。线状符号可以是实线和虚线，单线和双线、点线等（见图 3.3 线状符号）。

③面状符号是用于在图面上表示延伸范围的符号，它指示具有某种共同特征的区域。

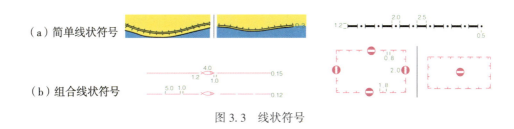

图 3.3 线状符号

如以符号表示的泥滩、沙滩、树木滩、丛草滩等（见图 3.4 面状符号）。

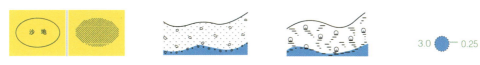

图 3.4 面状符号

2）按图形特点分

按图形特点可分为：几何图形符号、文字符号和象形符号。几何图形符号，如用圆圈表示的无线电导航站符号、用五角星形表示的灯桩符号等。文字符号包括文字和数字符号，如水深、底质等。象形符号，如灯船符号、锚地符号等（见图 3.5 象形符号）。

图 3.5 象形符号

3）按符号的尺寸与海图比例尺的关系分

可分为依比例尺符号、半依比例尺符号和不依比例尺符号。依比例尺符号的图上符号面积符合实地面积，面状符号一般是依比例尺符号。半依比例尺符号表示呈线状分布的事物，当比例尺缩小时，其长度能依比例表示，但宽度在图上无法依比例表示而必须夸大，如公路符号。不依比例尺符号也称超比例尺符号，用于表示有重要意义而图上面积小至无法依比例尺表示的事物，一般是点状符号，如灯桩、烟囱等符号。

4）按符号的形状与所表示对象的透视关系分

可分为正形符号和象征符号。正形符号是对象垂直投影的图形，其轮廓形状与实物垂直投影的形状一致或相似，如双线表示的河流。象征符号是将事物经抽象与形象化了的图形，如独立树的符号等。

**3. 符号的尺寸**

①在《中国海图图式》中，符号旁以数字标注的尺寸用于表示符号的大小，均以毫米（mm）为单位。

②符号旁只注一个尺寸的，表示圆或外接圆的直径、等边三角形或正方形的边长；并列注两个尺寸的，第一个表示主要部分的高度，第二个表示符号主要部分的宽度；线状符号一端的数字，单线是指其线宽，两平行线是指含线划的宽度（街道是指其空白部分的宽度）。符号上需要特别标注的尺寸，则用点线引示。

③符号线划的粗细、线段的长短和交叉线段的夹角等，一般在没有标明的情况下，线划粗为 0.12mm 或 0.1mm，点的直径为 0.2mm，非垂直交叉线段的夹角为 45°或 60°。

**4. 定位符号的定位点和定位线**

海图符号的定位，是指海图要素在海图上的坐标位置所对应的海图符号的位置。
①符号图形有一个点的，该点为地物的实地中心位置。
②三角形、正方形、五角星形等正几何图形符号，定位点在其几何中心。
③底部宽大符号（庙宇、碉堡），定位点在其图形底部中心。
④底部成直角的符号（气象站、风车），定位点在其直角的顶点。
⑤几种图形组合符号（塔形建筑物、清真寺），定位点在其下方图形的中心点或交叉点。
⑥下部无底线符号（钟楼、亭），定位点在其图形下部两端点连线中心。
⑦轴对称的线状符号（公路、堤坝），定位线在其符号的基线中心。
⑧非轴对称的线状符号（城墙、渔栅），定位线在其符号的基线中心。
⑨人工建成的加固岸符号，定位线在其符号粗线中心。

**5. 符号的方向和配置**

①符号除简要说明中规定按真方向表示外，均垂直于南图廓绘制。
②配置性符号的密度、形式，基本应按《中国海图图式》中实例表示。面积较大时间隔可略放大。

**6. 海图的颜色**

海图的颜色在显示器显示时用黑、黄、蓝、浅蓝、浅紫、紫、浅绿、绿 8 种颜色；在印刷时，使用黑、黄（棕）、品、青四色印刷出版。为使图面清晰，当图上界线较多时，扫海测量区界线可采用绿色印刷，并套印网点。

## 3.3 海图要素的表示

### 3.3.1 海图要素分类

海图要素除在海图上表示的空间信息及其说明性注记以外，还包括数学基础、图廓整饰、资料说明等。

按照海图要素的航海用途及制图表达可分为以下 16 大类。
①控制点、磁要素（Control Points，Magnetic Features）：三角点、水准点。

②自然地理要素（Natural Features）：包括海岸、地貌、水系等。

③人工地物（Cultural Features）：居民地、建筑、道路、桥梁、水闸、电力线、管道等。

④陆地方位物（Landmarks）：具有导航定位及定向作用的各种独立的高大建筑、烟囱、突出树木等。

⑤港口（Ports）：各种码头、堤坝、滑道、船坞、施工区、运输设施、堆场、系缆桩，以及海事局、邮局等管理和服务机构的位置等。

⑥潮汐和海流（Tides，Currents）：潮流表、潮信表、潮流图、潮流和海流符号。

⑦深度（Depths）：水深、航道疏浚深度、障碍物深度、扫测深度等水深值和等深线。

⑧底质（Nature of The Seabed）：海底或滩的性质或植被类型等，一般采用面状符号或注记表达。

⑨礁石、沉船、障碍物（Rocks，Wrecks，Obstructions）：沉船、礁石、渔网、渔堰等障碍物，碍锚地的位置/深度，及危险线标绘、注记说明等表示方法。

⑩近海设施（Offshore Installations）：海上油气作业平台、水下设施、渔业生产设施，及水下管线等。

⑪航道（Tracks，Routes）：船舶航行的通道及其边线、通航水深、航向、分道通航等标示航道属性的相关要素。

⑫区域界线（Areas，Limits）：锚地、限制区、军事禁区及国界、专属经济区等各种海上区域的界线。

⑬航标（Lights）：用于标示海上航行的方向、边线、引导线、障碍物等要素，立于岸边、海底或浮于水面的，具有导航或警示作用的各种灯塔、灯桩、立标、导标、各种形状的顶标，以及不同的灯光信号、无线电信号、雷达灯组成的导助航系统。

⑭服务设施（Services）：海事、引航、救助、交管（VTS）等管理与服务设施的位置。

⑮图廓整饰（Borders and others）：海图的内外图廓、各种细分线、出版机构等。

⑯注记（Texts and Notes）：各类要素的图上文字说明等。

### 3.3.2 海底地貌的表示

海底地貌是海图最重要的内容要素，主要是指海底表面起伏的变化情况和形态特征，它与研究海底形态发生规律的"海底地貌学"中的"海底地貌"既有联系又有区别。海图上表示的海底地貌，在有些文献中也称"海底地形"或"水下地形"。

由于航海图、海底地形图及各种海洋专题图的用途不同，对海底地貌的表示有不同的要求，常常采用不同的表示方法。

航海图上常用的海底地貌表示法有：数字注记法，等深线法，分层设色法等。

**1. 数字注记法**

数字注记法是用数字表示海图要素的方法之一，是航海图对海底地貌的最基本表示方法。每个数字代表该数字位置上的海底深度。表示海底深度的数字也称"水深注记"或"水深数字"，也简称为"水深"。水深数字及其位置都是海上实际测深和定位的成果。因此，数字的大小和主点位置反映了海底地形的起伏变化。

从航海图的用途来说，用水深数字注记显示海底地貌有其优越性：首先是水深注记正确反映了测点的深度，根据深度变化情况可以概略地判断海底起伏情况，航海人员根据海图上的水深可以选择航道、锚地等；其次是采用该法海图比较清晰，便于航海人员在图上作业；最后是该法绘制简便。

为合理、清晰地显示海底地貌，水深注记密度是数字注记法的一个重要因素。不同海域或不同深度带的海底地貌复杂程度不同，其水深注记的密度也不相同。海底地貌越复杂，水深注记密度应越大，反之亦然。我国现行《中国航海图编绘规范》对不同水深层的密度间隔规定如下：

①浅于 20m 的海区为 10~15mm；
②20~50m 的海区为 12~20mm；
③深于 50m 的海区为 18~30mm。

沿岸陡深处的水深注记可以适当加密，平坦海区可以适当减稀。对于水道、航门、复杂的岛礁区、习惯航道转折处、锚泊地、突出的岬角以及海底地形复杂的海区，水深注记的间距可缩小至 8~10mm。如图 3.6 所示是按海图编绘规范要求的水深数字注记。

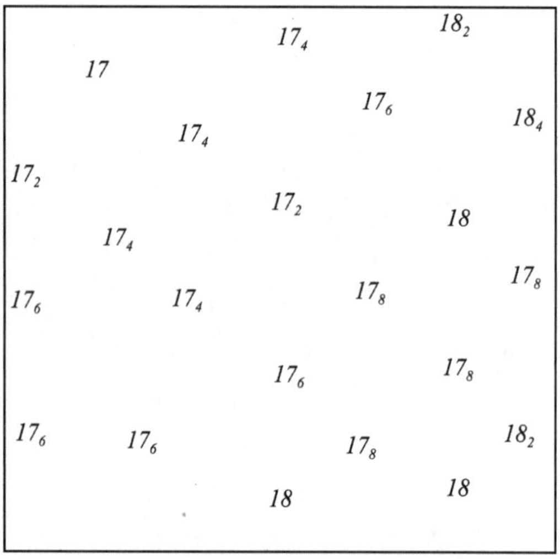

图 3.6 按海图编绘规范取舍后的水深数字注记

用水深表示海底地貌的缺点是缺乏直观性，不能完整、明显地表示出海底地貌形态，当水深密度较小时，表示的海底地貌更为概略。为了克服这些缺点，近几十年来航海图上用深度注记表示海底地貌的同时，还采用等深线作为辅助方法，同时还在浅水层设色。

根据国际海图图式，海图上水深注记又分为如下 4 类（见图 3.7 水深注记类型）。

①斜体水深：是实测精度较高的水深，这是海图上最普通的水深。
②直体水深：直体注记水深表示深度不准确、采自小比例尺图或旧版资料的水深，未精测水深亦用此符号表示。

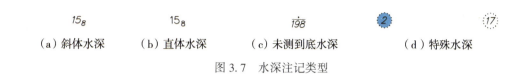

(a) 斜体水深　　(b) 直体水深　　(c) 未测到底水深　　(d) 特殊水深

图 3.7　水深注记类型

③未测到底水深：是测量时测至一定深度而尚未着底时的深度，这种水深在过去用铅锤手工测量时较常出现，在目前使用测深仪的情况下较少出现。

④特殊水深：特殊水深是指明显浅于周围深度的水深（一般浅 20%），此处可能存在浅滩，但又不宜改为暗礁符号的用此符号表示，危险线内按实际深度设色。

**2. 等深线法**

等深线是把深度相同的各点联接并进行平滑处理所生成的曲线（见图 3.8 航海图上的等深线表示）。等深线是以一定的深度数据为基础描绘的，而深度数据往往是有限的，并且由于水深测量不能像陆地地形测量那样可以根据需要测量特征地形点，故根据水深勾绘等深线带有较多的主观成分。近年来测深技术不断发展，测深的密度、精度不断提高，据此描绘的等深线所反映的海底形态特征逐渐趋于真实，但它们仍然不能代替航海图上的深度注记。在航海图上，等深线仍然是海底地貌的辅助表示方法，但它仅是划出与航行有关的一些深度带，并不能完整反映海底地貌。

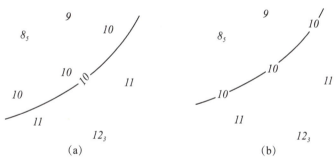

图 3.8　航海图上的等深线表示

在航海图上，等深线主要用来判断对航行有无危险，因而为安全起见，航海图上的等深线与水深注记等值时，一般是采取扩大等深线范围的方法，如图 3.8（a）所示。

**3. 分层设色法**

分层设色法亦称色层法，是在不同的地形层级（不同的高度层和深度层）用不同的颜色（或不同的色调）进行普染，以显示地表的起伏形态。航海图上海底地貌的分层设色属于局部套印色层的类型。

通常是在干出线（0m 等深线）以下的浅水海域进行分层设色。采用蓝色相两个色调分层。如果是从海岸线算起，则包括干出滩（海岸线至 0m 等深线）的分层，采用蓝色相和黄色相的叠加色调。

　　航海图采用局部分层设色的目的有两个：一是使浅海水域在图上醒目清晰，易于航海人员辨别，有利于保证航行安全；二是保持海图上的大部分海域面积不设色，有利于航海人员在海图上标绘航迹。为更好地达到这两个目的，色层深度要随海图比例尺的不同而变化。根据浅海水域海底地形特点，经过长期的海图制图经验的总结，不同比例尺航海图的色层深度已经基本固定，见表 3.1 航海图的分层设色规定。

表 3.1　　　　　　　　　　　　　航海图的分层设色规定

| 比例尺 | 深蓝 | 浅蓝 |
| --- | --- | --- |
| 大于 1∶10 万 | 0~2m 等深线 | 2~5m 等深线 |
| 1∶10 万~1∶49 万 | 0~5m 等深线 | 5~10m 等深线 |
| 1∶50 万~1∶99 万 | 0~10m 等深线 | 10~20m 等深线 |
| 1∶100 万及更小 | 0~10m 等深线 | 10~30m（或 50m）等深线 |

见图 3.9 水深区的分层设色法。

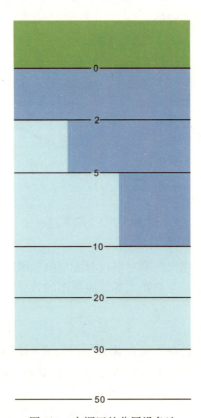

图 3.9　水深区的分层设色法

## 3.3 海图要素的表示

如果海部干出滩是采用颜色表示，则包括干出滩在内的海域局部分层设色范围又增加了海岸线至0m等深线的蓝黄叠加色层，这种海图通常是陆地普染黄色。因此，印色范围为：0m等深线以上套印黄色，海岸线以下套印蓝色，从而形成了干出滩的叠加色。如果干出滩以符号表示，则海图的层次与表3.1所示的色层相同。

### 3.3.3 陆地地貌的表示

海图上对陆地地貌的表示主要是沿用陆地地形图等测绘资料，以海图图式符号进行表达。这是因为海洋测量并不对陆地进行重新测量，只是对海岸地形（包括海岸线及干出滩）和一定的陆地纵深做必要的补测和修测，从而使海图上对陆地地貌的表示受陆地地形图的影响和制约。其中主要的表示方法在海图上早已被采用。除以等高线表示为主外，也辅以分层设色、晕渲和明暗等高线。而海图对陆地地貌表示的独到之处在于使用了一种被称为山形线的表示方法。另外，晕渲法在早期的海图上也应用得比较多。

**1. 等高线法**

等高线是海图上对陆地地貌的主要表示方法。基本原则是保持清晰易读，山头突出显著，以便于航海人员对陆地目标的选择和使用。然而，过于详细复杂或"照搬"陆地地形图的地貌等高线势必给航海人员导航定位时带来不便，特别是对海区不熟悉的航海人员会更加困难。图3.10（a）所示是我国20世纪60年代出版的某些航海图照搬陆地地形图地貌等高线的典型例图。

为使海图陆地地貌清晰易读，海图上的陆地等高线一般采用与陆地地形图不同的等高距（加大等高距），减少了图上等高线的间隔密度。如图3.10（b）所示是清晰易读的现行航海图上的等高线的表示。与图3.10（a）比较，具有很好的读图效果。

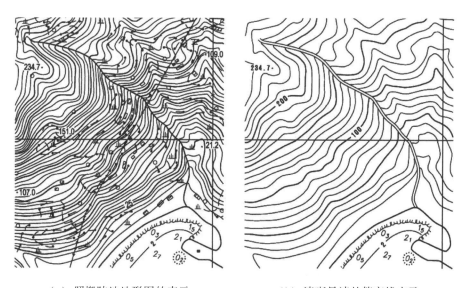

（a）照搬陆地地形图的表示　　　（b）清晰易读的等高线表示

图3.10　海图上陆地等高线的表示

我国国标《中国海图编绘规范》对各种比例尺航海图的基本等高距规定如表 3.2 所示。表中的特殊地区，一般指图上相邻等高线间距小于 1.0mm 的地区。航海图所规定的这一等高距比我国出版的陆地地形图的等高距大 1~2 倍。这是经过多年制图实践和航海人员用途需要总结的成果。当基本等高距不能完善显示沿岸具有航行方位意义的山头、高地时，则适当加绘半距等高线。对非航海图的陆地地貌的表示，则和陆地地形图或其他小比例尺地图的表示方法接近。

表 3.2　　　　　　　　　　我国航海图的基本等高距规定（单位：m）

| 比例尺 | 一般地区 | 特殊地区[a] |
|---|---|---|
| 大于 1：10 000（不含） | 5 | 10 |
| 1：10 000~1：25 000（不含） | 5 | 10、20 |
| 1：25 000~1：50 000（不含） | 10 | 20、40 |
| 1：50 000~1：100 000（不含） | 20 | 40、80 |
| 1：100 000~1：200 000（不含） | 40 | 80 |
| 1：200 000~1：500 000（不含） | 100 | —— |

[a] 一般指图上相邻等高线间距小于 1.0 mm 的地区。

**2. 山形线法**

山形线是航海图上用以表示陆地地貌的独特方法之一。通常是根据海图的特殊要求，降低对地貌表示的精度，或者等高线资料不全时而采取的一种表示方法。每条山形线不代表陆地的实际高度，因此它也没有等高距的概念。我国出版的外轮用航海图或国内民用航海图多采用此法表示。山形线绘制的形式、风格不同，对陆地地貌表示的完整程度也不同，但无论哪种形式均应保证山头位置的准确和主要山脊的正确，见图 3.11 海图上的山形线。

图 3.11　海图上的山形线

用山形线表示陆地地貌的最大优点是形式灵活，曲线可不封闭和连续，背海的山坡或谷地也可不表示。这就突出了山头和主要山脊的位置和形状，从而达到了清晰易读的目的。因此，利用山形线表示陆地地貌在航海图上有较好的效果。

**3. 晕滃和晕渲**

晕滃法（hachuring）由德国莱曼（J. Lehmann）于 1799 年创制，对于地形坡上的受光量，根据直照原则设定水平面上的单位受光量等于 1，则在倾斜面上的受光量表示为 $H = 1 \times \cos\alpha = \cos\alpha$（$\alpha$ 为倾斜角），以此算式为基础制定了晕滃尺，将晕滃线的宽度与晕滃线间空白的宽度之比与地形坡度建立对应关系。

晕渲法（hill shading）是应用阴影原理，以色调的阴暗、冷暖变化表现地形立体起伏的一种方法。最初使用直照光源，后改为斜照光源，设平行光线倾角为 45°，地形各部位的受光量 $H = 0.707(\cos\alpha + \sin\alpha \cdot \cos c)$。式中 $\alpha$ 为地面坡度角，$c$ 为相对于光源的方向角。晕渲法不严格按此数学法则进行，而是根据斜照光源下地形各部位受光量变化的基本规律，并引进空气透视等艺术法则，应用绘画技术进行地形立体造型。

用晕滃和晕渲表示海图上的陆地地貌在国外比较常用，而且使用历史也比较长。图 3.12 是英版海图上用晕滃法表示的陆地地貌。其鲜明的特点是突出了航海导航需要的山头和山脊走向的表示，直观性很强。尽管航海图的表示方法不断更新，但时至今天，英国出版的航海图仍保持着陆地以晕滃法表示地貌的版本。国外很多海图都在采用全部以晕渲表示陆地地貌。图 3.13 是新西兰版海图上用晕渲法对陆地地貌的表示。

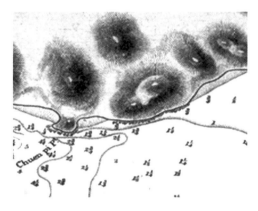

图 3.12　晕滃法表示陆地地貌

图 3.13　晕渲法表示陆地地貌

在我国，海图以晕渲表示陆地地貌还属于一种辅助性方法，主要用于海区形势图或其他小比例尺专题海图。

### 3.3.4　其他要素的表示

**1. 岸线的表示**

1）岸线的概念

海岸，广义上指海岸带，它位于大陆和海洋的交接地带，是海洋与陆地相互接触、相互作用的场所，呈宽窄不一的条带状延伸在海陆交界处。由于潮汐、波浪和河流等因素的影响，海岸处在不断变动的状态之中。

通常，将海岸带分为三部分，即海岸（狭义的海岸，海岸阶坡）、干出滩（潮间带、潮浸地带）和水下岸坡（见图 3.14）。

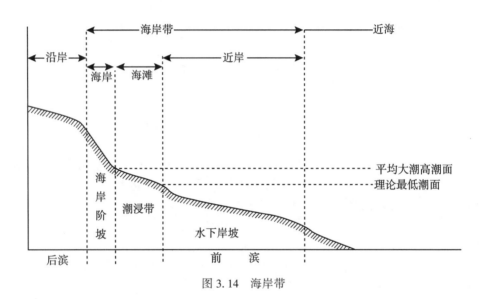

图 3.14 海岸带

海图上表示的海岸，即海岸阶坡，由海岸线和海岸性质两个要素构成。

海岸线即水涯线，系指海水面与陆地接触的分界线。无潮海是以平均海平面的水涯线作为岸线，有潮海是按多年的平均大潮高潮面所形成的实际痕迹线测绘的。

海岸性质，指海岸阶坡的组成物质（包括海滨生物）及其高度、坡度和宽度。

海岸线和海岸性质组成了一条完整的海岸。

2) 海岸的分类

海岸的形态随其形成条件不同而呈现出各种各样的类型。海岸性质则随着海岸阶坡的组成物质及其高度、坡度和宽度的不同而变化。因此，为了区别海岸的这种多样性，并确定相应的图上表示方法，就必须对海岸加以适当的分类。

海岸分类比较复杂，依据的原则也各不相同。根据岸线性质分类，如图 3.15 所示。

3) 海岸的表示

海图上，实测岸线用一条实线表示，草绘岸线用虚线表示，如图 3.16 所示。海岸性质用各种符号并配以文字注记表示，不同性质海岸的表示如图 3.17 所示。

有些地势非常低平的地区（如苏北沿海），虽然在最高潮时被淹没，但大部分时间都为陆地。为了表示这种海岸特征，在海图上要分别表示两条海岸线，即高岸线——大潮高潮所形成的海陆分界线；低岸线——小潮高潮时的海陆分界线。对于经过水深测量的江河和湖泊，其岸线通常是指平均高水位或高水期平均水位的水陆分界线，其表示与海岸线相同。

4) 海图上表示海岸的一般要求

在大比例尺海图上，要求能准确地表示出海岸线的位置，详细地描绘出海岸线的形态

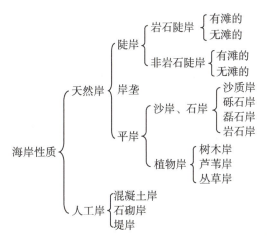

图 3.15 根据海岸性质分类

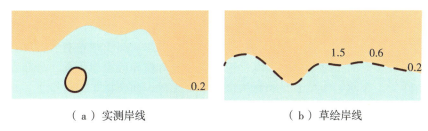

（a）实测岸线　　　　　　　　（b）草绘岸线

图 3.16 实测与草绘岸线的表示

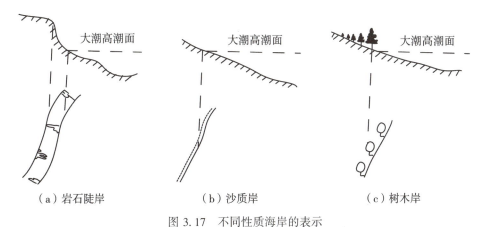

（a）岩石陡岸　　　（b）沙质岸　　　（c）树木岸

图 3.17 不同性质海岸的表示

特征、明确区分海岸的性质。在中小比例尺海图上，则要求能准确地表示出海岸线，充分显示其自然形态特征，蜿蜒曲折的程度和不同成因的类型特征。同时，由于海岸处于陆地与海洋的交接地带，其形态、发育和演变与二者有着密切的关系，因此其制图综合应与陆地地貌和海底地貌诸要素的综合相协调，使其起到承上启下的作用。

**2. 干出滩的表示**

1）干出滩的定义与分类

干出滩又称海滩，是指海岸线与干出线（0m 等深线）之间的潮浸带。它也是海岸带的一部分，高潮时淹没，低潮时露出。

海图上的干出滩种类有：岩石滩、珊瑚滩、磊石滩、砾滩、沙滩、泥滩、沙砾混合滩、沙泥混合滩、贝类养殖滩、芦苇滩、丛草滩、红树滩，还有些不明性质滩。习惯上，前两种滩称为硬性滩，末三种滩称为植物滩，中间的几种滩则称为软性滩，其中贝类养殖滩是由软性滩上的硬性物质构成的，磊石滩介于"软、硬"之间。岩石滩是陆地岩层在海中的延伸部分，多是由海水侵蚀而成的；珊瑚滩是由珊瑚虫遗体及其分泌出的石灰质堆积而成的，大多分布在热带、亚热带及一些受暖流影响的温带海区，其质地坚硬；泥滩由直径小于 0.01mm 的颗粒构成；沙滩是由直径 0.01~1.0mm 的沙粒构成的；砾滩的砾石直径为 1~10mm；磊石滩一般由直径大于 10mm 大小不等的石块或卵石所构成；各种植物滩则是在干出滩上生长着相应的植物。干出滩的组成物质有时并不是单一的，如沙泥混合物和沙砾混合物分别构成沙泥滩和沙砾滩。

根据所处的位置，又可将干出滩分为沿岸干出滩和孤立干出滩两种。

干出滩与海岸有着密切的关系。通常某种性质的海岸，岸下往往有着同一性质的干出滩。一般在岩石岸下面，分布着岩石滩；在沙质岸、砾质岸等海岸下面，分布着沙滩、砾石滩和磊石滩等。在断层海岸下，没有或很少有干出滩，而在低平的海岸下，则往往分布着大片的干出滩，如台湾岛东海岸和西海岸就分别属于这样两种情况。

2）海图上表示干出滩的方法

干出滩在海图上有两种表示方法，即符号法和文字注记法。岩石滩和珊瑚滩用符号表示，其他性质的干出滩则用范围线加相应注记的方法表示（也可以用符号法表示，但不如注记简便），如图 3.18 所示。

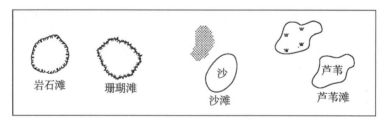

图 3.18 干出滩的表示

3）海图上表示干出滩的一般要求

干出滩在海图上是十分重要的，必须正确地表示出各种干出滩的性质，清晰地反映各种干出滩的分布特点、轮廓形状和范围，及其与海岸、海底地貌的密切关系。

**3. 航行障碍物的表示**

航行障碍物通常简称碍航物，又称航行危险物。主要有礁石、沉船、渔栅、变色海水、水下桩柱等。

海图上航行障碍物的表示方法多种多样，分别适用于不同的障碍物，并且各种方法也是相互联系、配合使用的。概括起来主要分为如下几种。

1) 符号法

用依比例图形和非比例符号表示，如明礁、沉船、浪花等，如图3.19（a）所示。

2) 区域法

对一些区域性分布的障碍物，如雷区、群礁区、渔网区等，用折实线或点虚线将其范围标出来，有时还可加注注记，以示醒目和明确范围界限，如图3.19（b）所示。

3) 文字注记法

用文字或数字注记的方法来说明航行障碍物的种类、性质、范围、深度等内容。它又包括以下三种。

（1）符号加注记，就是用符号配合文字或数字注记来表示其性质、高度或深度以及其他内容，如明礁加注高度，如图3.19（c）所示。

（2）深度加注记，某些暗礁、沉船以及水下柱桩等障碍物，已经测得深度，则用深度数字表示，数字外套危险线，再加文字说明，如图3.19（d）所示。

（3）只用文字说明法，如"此处多鱼栅"等。

4) 加绘危险线的方法

当障碍物孤立存在或深度较小而危险性较大时，为了明显起见，常在障碍物符号外加绘危险线。目前对已知深度的障碍物加绘危险线的深度界限是20m，如图3.19（e）所示。

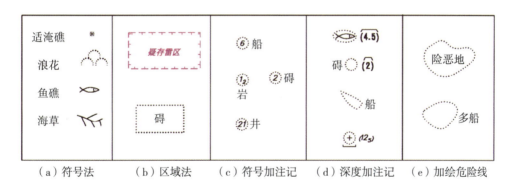

图 3.19 航行障碍物的表示

### 4. 助航标志的表示

助航设备也称助航标志，通常简称为航标。它是供船舶在海上航行时确定船位、识别航道、引导航向、避让航行障碍物或测定各种航行要素用的专门的人工助航设施。许多沿海的山头、独立石、树木、岛屿、明礁、角、头、嘴等是天然的助航标志，又称天然助航物。沿岸的一些高大的、突出的、显著的人工建筑物，如教堂、宝塔、烟囱、纪念碑等，也是船舶航行时的良好方位物，又称借用助航标志，也称人工方位物。

海图上，通常将航标分为普通航标、专用航标和无线电航标三类。

普通航标是指供船舶识别航道、引导航向、确定船位、避开航行障碍物等用途的助航标志（图3.20）。按其设置的方式又分为固定航标和浮动航标两种。

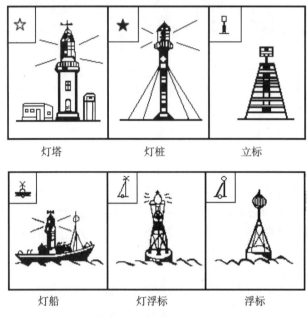

图3.20 普通航标的表示

专用航标是为了满足船舶的某种专门需要而设置的助航标志。根据其设置的用途不同，又可分为：测速标、罗经校正标、导标（导灯），以及并非专为助航目的而设立的各种专用标志等。无线电航标是指用无线电技术设置的各种标志和台站。专用航标和无线电航标的表示具体参见《中国海图图式》。

**5. 海图的辅助表示**

海图的辅助表示是指对潮汐、海流、陆地的航行目标等内容要素的辅助表示。主要有潮信表、海流表、对景图及方位引示线。

1）潮信表

潮信表主要是向航海人员提供图内各港湾潮汐变化的基本情况和基准面的高度。在中大比例尺海图上均配置潮信表。由于潮汐类型不同，潮信表的形式也不同。主要有以下几种：半日潮型、全日潮型、不正规半日潮型。表3.3、表3.4和表3.5是几种不同潮港型的潮信表的表示形式。在海图设计中，制图编辑应确定图上需要表示潮信的港口和海湾。

表3.3 全日潮型潮信表

| 地点 | 位置 | 平均高潮间隙 | 大潮升 | 小潮升 | 平均海面 |
| --- | --- | --- | --- | --- | --- |
| 大管岛 | 36°13′44″N<br>120°46′00″E | 04h 15min | 3.7m | 3.0m | 2.2m |

表 3.4　　　　　　　　　　　　　　半日潮型潮信表

| 地点 | 位置 | 平均高潮间隙 | 平均低潮间隙 | 大潮升 | 小潮升 | 平均海面 |
|---|---|---|---|---|---|---|
| 营城子湾 | 38°58′12″N<br>121°19′12″E | 00h 06min | 06h 19min | 1.9m | 1.6m | 1.2m |

表 3.5　　　　　　　　　　　　　不正规半日潮型潮信表

| 地点 | 位置 | 潮面 | 月赤纬0°时 | | 潮面 | 月赤纬最大时（月上中天） | | | 平均海面 |
|---|---|---|---|---|---|---|---|---|---|
| | | | 平均潮汐间隙 | 平均潮高 | | 平均潮汐间隙 | | 平均潮高 | |
| | | | | | | 北赤纬 | 南赤纬 | | |
| 雷州港 | 20°50′N<br>110°11′E | 高潮<br>低潮 | 11h 32min<br>05h 18min | 3.5m<br>1.2m | 高高潮<br>低高潮<br>低低潮<br>高低潮 | 23h 29min<br>12h 00min<br>05h 55min<br>16h 46min | 11h 04min<br>24h 25min<br>18h 20min<br>04h 21min | 4.1m<br>2.6m<br>0.9m<br>1.2m | 2.4m |

2）潮流表

潮流表是一种以图表表示海区回转潮流的形式。通常是当回转潮流位置处周围要素较多，且重要而不便遮盖时，所采取的一种方法。表 3.6 是我国航海图上的潮流表形式。其中 A，B 为回转潮流的位置代号，在图内相应的位置上注出。一般情况下，潮流表上的主港应选择有潮汐资料的且距离回转潮流最近的港口。当回转潮流的主港未列入潮信表时，应在潮流表中说明主港的高潮间隙。

表 3.6　　　　　　　　　　　　　　我国海图上的潮流表形式

| 主港 | 时间/H | | A 21°23′.0 N 108°56′.5 E | | | B 21°23′.5 N 108°45′.2 E | | |
|---|---|---|---|---|---|---|---|---|
| | | | 流向 | 流速/kn | | 流向 | 流速/kn | |
| | | | | 大潮 | 小潮 | | 大潮 | 小潮 |
| 北海港 | 高潮前 | 6 | 213° | 0.5 | 1.9 | 221° | 1.9 | 5.1 |
| | | 5 | 225° | 0.5 | 1.2 | 215° | 1.3 | 3.8 |
| | | 4 | 230° | 0.3 | 0.7 | 150° | 1.0 | 1.5 |
| | | 3 | 232° | 0.2 | 0.4 | 040° | 0.7 | 0.4 |
| | | 2 | 228° | 0.4 | 1.6 | 038° | 1.2 | 2.7 |
| | | 1 | 060° | 0.5 | 1.7 | 038° | 1.3 | 4.7 |
| | 高潮 | 0 | 050° | 0.5 | 1.9 | 040° | 1.4 | 5.3 |
| | 高潮后 | Ⅰ | 042° | 0.4 | 1.9 | 042° | 1.3 | 4.1 |
| | | Ⅱ | 044° | 0.3 | 1.8 | 130° | 1.0 | 1.9 |
| | | Ⅲ | 100° | 0.1 | 0.4 | 214° | 0.5 | 0.4 |
| | | Ⅳ | 222° | 0.3 | 0.5 | 220° | 0.1 | 1.9 |
| | | Ⅴ | 221° | 1.6 | 1.3 | 221° | 0.5 | 4.4 |
| | | Ⅵ | 218° | 1.9 | 1.6 | 224° | 0.1 | 5.1 |

### 3) 对景图及方位引示线

对景图是船舶在海上一定位置附近，所视海岸、岛屿、山头、港口和水道的入口的目标景观的素描图或照片。图 3.21 所示是我国航海图上的对景图形式。该对景图是自老铁山东南方海面所视老铁山的景观。通常在海图上还要表示出视点位置，也称为观景点。更详细地对景图还应注出观景点所视某目标的距离和方位。

图 3.21　我国海图上的对景图形式

除此之外，海图上的海洋水文要素、陆部其他要素等都有较为简单明了的表示方式，具体可参见《中国海图图式》。

### 3.3.5　海图注记

海图注记是海图的重要因素之一，地名和地理名称必须通过注记说明，其他要素，如灯质、航道走向、管理区域名称等都少不了注记。

**1. 海图注记的基本原则**

注记分为地名注记、专有名称注记、说明注记及整饰注记。
1）地名注记
（1）地名采用原则。
①中国地名采用顺序：
a. 国务院正式颁布的地名；
b. 各级政府命名的地名；
c. 中国地图出版社最新公开出版的地图和地图集上的地名；
d. 陆地地名参照最新出版的地形图上的地名；
e. 海域地名参照作为基本资料的测量成果及最新公开出版的海图上的地名。
②外国地名采用顺序：
a. 国家地名管理机构编译的地名；
b. 中国地图出版社最新出版的地图和地图集上的地名；
c. 最新公开出版的海图上的地名；
d. 根据制图资料按译音规则翻译的地名。
（2）地名的统一。
①海洋、港湾等水域名称注记。
根据比例尺情况注记洋、海、海峡、航门、水道、海湾、河口等名称注记。当湾名与

港名不能同时注出时，一般注湾名，但若港名著名时，应注港名舍湾名。如港和湾、河口和河口港为同一专名而不能同时注出时，一般注湾名、河口港名。如果港是湾的组成部分，则湾名不能注在港内；如果海峡是海的组成部分，则海名不能注在海峡内。

②岛屿、礁石等名称注记。

孤立的岛屿或礁石应详细注记其名称及高程。群岛名称注记字级应比该群岛中最大岛屿名称注记字级大1~3级。岛屿名称注记字级应比岛上居民地名称注记字级大1~2级。岛屿、礁石与港湾、水道等名称不能同时注记，一般不注岛屿、礁石的名称。

③岬角的名称注记。

岬角（包括嘴、头等）名称注记应小于其附近港湾、水道的名称注记。岬角名称与岛屿、港湾、水道等名称不能同时注记时，一般可舍去，但著名的岬角名称应注记。

2）专有名称注记

专有名称注记包括航标名称、码头名称、海流名称、铁路名称及其他各种独立地物的专门名称。其中铁路名称在1∶10万及更小比例尺图上注出，海流名称一般在比例尺小于1∶15万图上注出，其余各种独立地物的专门名称一般在比例尺大于1∶10万图上注出。

3）说明注记

符号的说明注记用于进一步说明符号的性质、数量及状况，包括航标灯光性质注记、要素的"概位""据报"等注记、各种区界线的注记、高程注记、流速注记、码头编号等。

4）整饰注记

整饰注记包括图廓整饰注记及图廓外的说明注记，按《中国海图图式》的有关规定注出。

**2. 海图注记的字体**

海图上常用的字体是宋体和等线体，有时还使用仿宋体和楷体。大幅挂图的标题，可用手写的美术体。

宋体字是一种历史较久的印刷字体。它现在的基本式样已不是宋版书的字样，而是在木刻印刷的条件下产生，并在后来活字印刷中逐渐规格化。宋体字横细、竖粗，有笔端装饰，具有字形端正、整体匀称的特点。

等线体是按宋体字的结构，笔画均用相同粗细写成的字体。这是在近代印刷工艺发展过程中出现的。等线体字具有笔画粗细统一，字形庄重端正，笔势深厚雄健，字体突出醒目等特点。

海图上选择注记的字体应注意易读、美观和便于区别。习惯上海洋、港口、江河等名称用斜体字，山脉的名称用耸肩字。

**3. 海图注记的排列**

海图上注记位置是否恰当，往往影响海图的使用及其外观，所以应该重视注记位置的选择，采用适当的排列方法。对注记的排列有以下几点要求：

①指示明确，不使读者产生疑问和误解；

②文字符合从左至右或从上而下的阅读习惯；
③不出现倒置（字头向下）的现象；
④间隔适中，同组注记字的间隔应相等。

海图注记的排法应考虑所注要素的定位特点。各种要素的注记排列方法如下。

1）点状要素注记的排列

海图上点状要素（包括小面积的地物如小岛等）的注记排列形式，如图 3.22 所示，一般采用水平排列，不采用垂直排列。海岸线上的点状要素（如灯标、小的岬角），其注记应配置在海域。配置在海域的陆上要素的注记有时可采用弧形排列，弧形排列有 4 种方位，它与水平排列组成"六方位注记法"。

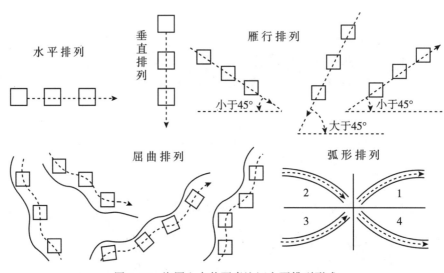

图 3.22 海图上点状要素注记主要排列形式

2）线状要素注记的排列

江河、航道、航线等线状要素，其注记应考虑要素线状延伸的方向。当延伸方向与水平方向交角小于 45°时，一般沿延伸方向从左向右排列；当延伸方向与水平方向交角大于 45°时，一般沿延伸方向从上向下排列。字头保持北向的成雁行排列，保持与地物轴线同向的称屈曲排列（也称弯曲排列）。线状要素的注记应配置在线状地物的主要部位，当线状符号延伸较长时，可分段重复注记。

3）面状要素注记的排列

海图上面积较大的要素，如港湾、大岛等，其注记一般采用水平排列，配置在面状要素范围内。当面积较小时，可配置在要素旁。

4）其他注记的排列与配置

航海图上的标题及其他说明注记等，其排列与配置方法有统一的规定；其他海图的标题、图例的注记等，其排列和配置应与海图总体设计相协调。

常用海图注记字体和字级如表 3.7 所示。

表 3.7　　　　　　　　　常用海图注记字体和字级

| 号 | P | K | 宋体 | 细宋体 | 右斜宋体 | 右斜细宋体 | 细等线体 | 中等线体 | 扁中等线体 | 右斜中等线体 |
|---|---|---|---|---|---|---|---|---|---|---|
| 7 | 5.5 | 8 | 岛礁 | 岛礁 | 港湾 | 港湾 | 码头 | 锚地 | 群岛 | 禁区 |
|   | 6 | 9 | 岛礁 | 岛礁 | 港湾 | 港湾 | 码头 | 锚地 | 群岛 | 禁区 |
|   | 7 | 10 | 岛礁 | 岛礁 | 港湾 | 港湾 | 码头 | 锚地 | 群岛 | 禁区 |
| 6 | 7.5 | 11 | 岛礁 | 岛礁 | 港湾 | 港湾 | 码头 | 锚地 | 群岛 | 禁区 |
|   | 8 | 12 | 岛礁 | 岛礁 | 港湾 | 港湾 | 码头 | 锚地 | 群岛 | 禁区 |
|   | 9 | 13 | 岛礁 | 岛礁 | 港湾 | 港湾 | 码头 | 锚地 | 群岛 | 禁区 |
|   | 10 | 14 | 岛礁 | 岛礁 | 港湾 | 港湾 | 码头 | 锚地 | 群岛 | 禁区 |
| 5 | 10.5 | 15 | 岛礁 | 岛礁 | 港湾 | 港湾 | 码头 | 锚地 | 群岛 | 禁区 |
|   | 11 | 16 | 岛礁 | 岛礁 | 港湾 | 港湾 | 码头 | 锚地 | 群岛 | 禁区 |
|   | 12 | 18 | 岛礁 | 岛礁 | 港湾 | 港湾 | 码头 | 锚地 | 群岛 | 禁区 |
| 4 | 14 | 20 | 岛礁 | 岛礁 | 港湾 | 港湾 | 码头 | 锚地 | 群岛 | 禁区 |
| 3 | 16 | 24 | 岛礁 | 岛礁 | 港湾 | 港湾 | 码头 | 锚地 | 群岛 | 禁区 |
|   | 20 | 28 | 岛礁 | 岛礁 | 港湾 | 港湾 | 码头 | 锚地 | 群岛 | 禁区 |
| 2 | 22 | 32 | 岛礁 | 岛礁 | 港湾 | 港湾 | 码头 | 锚地 | 群岛 | 禁区 |
| 1 | 26 | 38 | 岛礁 | 岛礁 | 港湾 | 港湾 | 码头 | 锚地 | 群岛 | 禁区 |

# 第4章 海图设计

海图设计是指海图编辑人员所进行编绘之前的准备工作。即根据海图用途要求，确定海图的规格与内容、达到的技术指标、所需的资料，以及为此进行的各种分析研究和技术准备工作。广义上讲，海图设计既包括对海图的创造性设计，又包括制图生产过程中的组织实施。后者也可泛指相关的业务部门和业务领导部门所从事的属于设计范畴的一些工作内容，如海洋测绘主管部门对海图制图任务的计划、检查和协调工作；制图资料管理部门对海图制图资料的搜集、保管和提供工作；印刷厂业务部门对海图制印的技术组织实施工作。从这个意义上说，海图设计又是由多方面专业技术人员按其岗位分工共同完成的。

## 4.1 海图设计的概念

制图任务性质的不同，海图设计的难易程度也不同。对于"定型"海图（如航海图）的设计，通常是具有标准的技术规范的。海图编辑可直接以技术规范为依据，结合制图区域特点和制图资料分析研究成果，遵循常规要求进行具体设计。而对于航海图以外的其他海图，因种类繁多，涉及的学科知识面较广，其设计就很少有或没有现成的模式可循。这样，海图编辑设计的创造性将起决定性作用。制图任务不同，编辑设计的组织分工也不同。单幅图或区域性成套图的设计可由海图编辑独自来完成。大型制图作品或大规模的制图设计任务，则要由多个编辑共同完成，必要时还需邀请有关学科领域的专家或技术人员参加。

### 4.1.1 海图设计的基本内容

海图编辑设计工作的内容，随制图任务性质、制图区域特点、制图资料及仪器设备的不同而有所差别，概括起来有以下几项。

**1. 明确制图任务，领会海图用途要求**

海图的用途要求不仅决定了海图内容的选题方向及内容表示的范围和程度，而且也是选择表示方法等一系列重要技术方案的依据。所以，编辑人员在设计海图之前必须明确制图任务，深入了解和认识海图的用途和使用者的要求，这是海图编辑设计的前提。

**2. 海图总体设计**

海图总体设计需要确定海图的基本规格、内容及表示方法，主要包括3点。
①海图图幅设计。根据制图区域范围，确定海图图幅规格、图幅数量和对海图进行分

幅。在此基础上，确定每一幅海图的标题、图号及图面配置。

②确定海图的数学基础。主要包括海图比例尺、投影、坐标系统及深度、高程基准面。

③构思海图内容及表示方法。包括海图内容的选择，确定制图要素的综合原则和指标，设计和选择要素表示方法以及确定地名的采用原则等。

**3. 制图资料**

制图资料准备工作包括对制图资料进行搜集、分析、选择。对于选定作为编图的资料还要进一步确定出基本资料、补充资料和参考资料。确定对各种资料的使用程度、使用范围及使用方式。在此基础上，根据编图需要和设备条件确定进行复制转绘及数字化的原则、方法及精度要求。制图资料准备工作是整个制图生产过程的主要环节。制图资料搜集得是否全面、分析选择得是否正确合理，是否保证使用最新资料，直接关系到海图的质量和使用价值。海图制图编辑要最大限度地采用最新资料。有时，即使海图编绘作业已经完成，但局部区域又有了新资料，制图编辑还应设法按最新资料内容进行修改，必要时重新编绘。

**4. 制图区域研究**

制图区域研究就是通过各种海图资料、文献资料、社会调查和实地勘查，对制图区域的海洋地理现象的空间分布、分类分级、一般和典型特征，从自然、人文、航海、军事等方面进行分析研究。根据制图任务需要和研究内容，可采用定性、定量或两者结合的方法进行。制图区域研究往往和制图资料的分析研究相结合。制图区域研究的结论要通过文字或图解的形式作为编辑设计文件的内容之一，以便于制图人员了解、熟悉制图区域地理特点和作为制图综合的客观依据。

**5. 拟定海图制图生产技术方案**

海图制图生产技术方案指编绘技术方案和出版方案。通常根据设备条件、技术人员的水平等实际情况来拟定。主要包括：选择海图编绘方法，确定对制图资料加工处理的原则和方法，拟定印刷工艺方案。

**6. 拟写编辑文件**

编辑文件是海图编辑设计的主要成果。它可以是对某一种类的海图或某一种比例尺海图的长期编辑设计和编绘任务的经验总结；也可以是某项具体制图任务或某一幅海图编辑设计的成果体现。编辑文件的内容一般包括对海图的性质、用途、规格、数学基础、内容及表示、精度标准、技术方法的基本规定。对适用于某一种类海图或某一比例尺海图的编辑文件，可形成国家标准或行业标准。它是由海洋测绘主管部门提出，由海图制图部门的编辑人员、相关专家共同编写的，作为海图制图的基本依据。对于某项制图任务或某一幅图的编辑文件，可在标准文件基础上加以补充或进一步具体化，作为海图编绘和复制的基本依据和指导，必要时要进行反复试验论证。

**7. 成品验收**

对成品（包括半成品的数字图和纸质图）进行校对、审查、验收，以及质量的控制、评估。在印刷出版阶段，检查分色样图和彩色试印样。

### 4.1.2 海图设计的过程

海图设计应按上述 7 项内容有序进行。通常情况下，制图编辑在接受制图任务后，首先要充分研究制图任务的性质和用途要求，包括新编海图的使用场合、使用方式及用图人员的知识水平。在此基础上，分析与制图任务接近或相同类型的已出版的海图，作为编辑设计时的参考。研究制图范围和所需要的制图资料，以确定制图资料搜集的方向。这些工作实质是进行海图设计的准备。

在做好海图设计的各项准备工作之后，即可进行上述设计的具体工作。海图设计各主要环节上的工作是相辅相成的。图 4.1 是海图设计主要环节，包括从接受任务开始到进入编绘阶段的几个主要环节。在这一阶段，制图编辑要和各相关业务部门联系，如印刷工厂、资料管理部门、作业部门、质检部门以及其他有关单位。因此，科学地统筹安排海图设计的各项工作内容，将会极大地提高海图设计的工作效率。

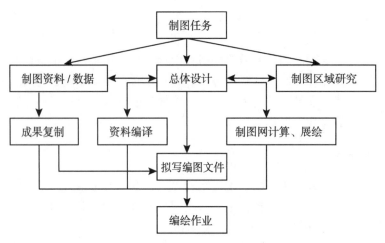

图 4.1　海图设计主要环节

在完成编辑文件的拟定后，制图编辑还要在海图编绘和复制阶段中继续海图编辑设计的其他工作，包括拟定编绘技术方案和海图复制工艺方案，进行设计实验工作和制作技术样图，编绘作业的技术组织和问题的处理及成品验收等。即使海图出版发行后，还需分析研究海图使用的效果并进行质量追踪，以便于海图的更新与改进。

## 4.2　海图总体设计

海图总体设计，是指接受海图设计任务后，确定海图的基本规格、主要内容及表示方法的工作。主要包括以下四方面的内容：一是海图数学基础的确定，即确定海图的比例尺、投影、坐标系及深度、高程基准面；二是海图图幅的设计，即根据制图区域范围，确定海图的图幅规格、图幅数量和对海图进行分幅，并确定每幅海图的图名、图号及图面配置；三是海图内容的构思及表示方法的设计和选择，即海图内容的选择、设计以及选择表示方法等；四是进行海图符号的设计。

## 4.2.1 海图数学基础的确定

**1. 海图比例尺的确定**

1) 比例尺对海图设计的制约关系

（1）比例尺对制图区域的制约关系。

在标准规格图幅下，海图比例尺决定了制图区域的大小。比例尺大，所表示的实地区域小，反之亦然。设 $C$ 为比例尺分母，$l$ 为图上长度，$L$ 为实地长度，则有

$$\frac{1}{C} = \frac{l}{L} \tag{4-1}$$

式（4-1）表明，图上长度一定时，实地长度随比例尺分母的增大而增大。对于相对完整的海域或海区地理单元的表示，必须依赖于海图比例尺的适宜选择。

式（4-1）是海图的长度比例尺。其面积比例尺可计算为

$$\frac{f}{F} = \frac{1}{C^2} \tag{4-2}$$

式中：$f$ 为制图区域的图上面积，$F$ 为制图区域的实地面积。

对于一定的制图区域，为满足某一用途对面积大小的需要，可利用式（4-2）确定海图的比例尺。

当由某一种比例尺图上长度或面积转换为另一种比例尺图上长度或面积时，可由式（4-1），式（4-2）分别推导出下式：

$$l_2 = l_1 \frac{C_1}{C_2} \tag{4-3}$$

$$f_2 = f_1 \left(\frac{C_1}{C_2}\right)^2 \tag{4-4}$$

公式（4-3），（4-4）可分别写成下式，即

$$C_2 = C_1 \frac{l_1}{l_2} \tag{4-5}$$

$$C_2 = C_1 \sqrt{\frac{f_1}{f_2}} \tag{4-6}$$

当我们直接用编图资料确定新编图比例尺，且满足用户对新编图上的长度或面积的特定要求时，则可利用公式（4-5）或公式（4-6），根据编图资料比例尺分母、资料图上的长度或面积，按特定要求确定新编图比例尺。

这里运用式（4-6）的条件最好是 $f$ 的不规则区域与矩形图幅规格对应或基本对应。

## 第4章 海图设计

涉及制图区域形状和图幅规格差异较大时，可在图幅设计中做进一步调整。式（4-6）在利用底图资料设计某些港湾、锚地、岛屿等图幅的比例尺时是很有用的。当然设计这类海图时，制图区域或幅面规格条件颇为重要。因此，选择比例尺应考虑到能否符合用途需要的相对完整的图形要求。

（2）比例尺对海图精度的影响。

比例尺直接影响海图的精度。海图种类不同，对制图精度的要求也不同。同一比例尺海图上，不同种类的要素，其精度要求也不一样。如航海图编绘规范对控制点误差规定不超过 ±0.1mm，点状要素误差规定不超过 ±0.2mm，水深注记误差不超过 ±0.3mm，等等。对不同比例尺航海图的这一限定误差相当于实地的长度见表4.1几种主要比例尺海图要素限定误差。显然，海图比例尺越大，所表示的点位精度会越高；反之，所表示的点位精度就越低。

表4.1　　　　　　　　　　几种主要比例尺海图要素限定误差

| 比例尺 | 海 图 要 素 | | |
|---|---|---|---|
| | 控制点<br>[-0.1, 0.1] | 点状地物<br>[-0.2, 0.2] | 水深注记<br>[-0.3, 0.3] |
| 1：5万 | 5m | 10m | 15m |
| 1：10万 | 10m | 20m | 30m |
| 1：20万 | 20m | 40m | 60m |
| 1：50万 | 50m | 100m | 150m |
| 1：100万 | 100m | 200m | 300m |

以相应比例尺测量原图作为资料进行编图，新编图精度与原图精度密切相关。而测图比例尺在很大程度上决定于测图所需的最低精度，即测量仪器的精度标准和手段制约着测图的比例尺。在水深测量中，主测线图上间隔规定为1cm，相应的实地测深线间隔随比例尺的缩小而增大。当以缩小制图资料进行编图时，如果编图资料中误差评估为 $m$，并定义资料比例尺缩小至编图比例尺的倍率为 $n$（如1：10万资料缩小到1：20万时，$n=2$），则资料缩小后的中误差应为 $m' = \dfrac{m}{n}$。显然，这里和比例尺有关。

航海人员在海上利用常规的三方位交会法测定船位时，由于各种误差的影响而产生误差三角形。一般说来，在1：10万航海图上误差三角形短边不超过5mm，相当于实地0.3n mile。而在1：20万航海图上，误差三角形短边不超过4mm，相当于实地0.5n mile。尽管其误差主要来自观测目标方位的随机误差，但在一定程度上，不同比例尺海图的目标点的制图误差也是产生误差三角形的原因之一，只是这个误差与观测的随机误差相比很小，在航海上一般是忽略不计的。但是，如果编制一幅要求量测精度较高的海图，则应根据海图制图的极限误差和用图所要求的量测最大限差来确定比例尺。目前，利用GPS定位时，实地定位精度为 10~15m，在 1∶10 万航海图上误差为 0.1~0.15mm，这与制图精度要求一致。

我国现行不同比例尺航海图的极限误差大致与航海定位精度相适应。一般情况下，不同比例尺海图的极限精度总是要比船舶海上定位精度高，在航海定位时可减小海图上交会的误差三角形。海图比例尺的极限精度与航海定位误差之间的关系表明：选用制图区域范围内的最大比例尺进行制图，可以提高海图的定位精度。

（3）比例尺对海图投影选择的制约。

墨卡托投影是航海图的最佳投影，也是其他种类海图采用最多的投影。墨卡托投影海图适用于海上船舶定位、导航和标绘航迹线，但墨卡托投影并不是航海图的唯一投影。这是由于小比例尺墨卡托投影航海图的等角航线与大圆航线相差太大。为满足远洋航海需要，缩短航程和节省航行时间，需要制作小比例尺日晷投影海图。在这种图上，大圆航线被绘成直线，利于航海人员计划远洋航线使用。

另外，根据大比例尺日晷投影海图具有自切点至任意点距离无长度变形的特点，设切点位于图廓近旁，图上最大量距 $S=100\text{cm}$，球半径 $R=6371000\text{m}$，若把自切点至任意点的图上距离视为按比例尺缩小的实地距离，其制图极限误差为 0.1mm，则比例尺可按式（4-7）求得

$$R \cdot \tan \frac{S}{R} - S \leqslant 0.0001C \tag{4-7}$$

解出

$$\frac{C_0}{R} \leqslant \left[\left(0.00075 + \frac{25}{16}\right)^{\frac{1}{2}} - \frac{5}{4}\right]^{\frac{1}{2}} = 0.017319468$$

以 $R = 6371 \times 10^3 \text{m}$ 代入，得

$$C_0 \leqslant 110342.3 \approx 110000$$

从而得出结论：在 1∶11 万及更大比例尺日晷投影海图上，自切点出发的直线可看作是实地距离，大比例尺日晷投影海图的这一特点对于制作海洋军事专题图很有用。

由于长度变形，使用墨卡托投影的海图的局部比例尺，随着距离基准纬线越远与主比例尺相差越大。我们知道，其纬度上的局部比例尺是指该纬线上的长度比与主比例尺的乘积。以公式表示则为

$$\frac{1}{C_1} = \frac{r_0}{r} \cdot \frac{1}{C_0} \tag{4-8}$$

式中：$C_1$ 为局部比例尺分母；

$C_0$ 为主比例尺分母；

$\frac{r_0}{r}$ 为投影长度比。

式（4-8）可写成下面形式：

$$\frac{C_0}{C_1} = \frac{r_0}{r} \tag{4-9}$$

分析式（4-9）不难看出，$\left|\dfrac{r_0}{r}-1\right|$ 越大，即 $r_0$ 与 $r$ 差值越大，则 $C_0$ 与 $C_1$ 差值也越大，从而说明局部比例尺与主比例尺相差较大。下面以 1：100 万墨卡托海图的比例尺变化情况为例加以说明（见表 4.2）。

表 4.2　　　　　　　1：100 万墨卡托投影海图比例尺随纬度的变化

| 纬度 | 比　例　尺 | | | | |
| --- | --- | --- | --- | --- | --- |
| 0° | **1：1000000** | 1：1035045 | 1：1153738 | 1：1411844 | 1：1994968 |
| 15° | 1：966144 | **1：1000000** | 1：1114674 | 1：1364040 | 1：1927421 |
| 30° | 1：866748 | 1：897124 | **1：1000000** | 1：1223713 | 1：1729135 |
| 45° | 1：708294 | 1：733116 | 1：817185 | **1：1000000** | 1：1413023 |
| 60° | 1：501261 | 1：518828 | 1：578324 | 1：707702 | **1：1000000** |

从表 4.2 可以明显看出，当采用不同的基准纬度时，其主比例尺与局部比例尺（每一列的比例尺）的差异还是很大的。

（4）比例尺对海图制图综合的影响。

海图制图综合决定着海图内容数量的多少。尽管现今还没有很好地解决海图内容与比例尺之间的定量关系，但地图制图开方根规律已为制图综合的定量分析提供了可行手段。研究表明，海图上部分要素，如助航设备、航行障碍物等物体的选取符合开方根规律。基本公式为

$$N = K\sqrt{C} \tag{4-10}$$

式中：$N$ 为制图的数量标准；

$C$ 为制图比例尺分母；

$K$ 为选取常数。

对不同比例尺图或同一比例尺不同的条件，其 $K$ 值可取不同。

由公式（4-10）可推出编绘相应比例尺图时的开方根规律公式，即

$$N_2 = N_1 \sqrt{\dfrac{C_1}{C_2}} \tag{4-11}$$

这里，$N_1$，$C_1$ 可作为编图资料上制图物体数量和比例尺分母；$N_2$，$C_2$ 可作为新编图上制图物体数量和比例尺分母。

式（4-10）、（4-11）规定了由直接开方根规律所给定的制图综合与比例尺的数量关系。这表明，制图综合指标除受图的用途和制图物体重要性制约外，它还取决于新编图和编图资料两种比例尺的比率。

海图所表示的内容多少和密度大小的标准也可用负载量来衡量。在海图负载量中，面积负载量（图解负载量）与比例尺有直接关系。其公式为：

$$P = C^2 \frac{\sum f}{F_G} \tag{4-12}$$

式中：$F_G$ 为制图区域总面积；

$\sum f$ 为图上符号面积总和；

$C$ 为制图比例尺分母；

$P$ 为海图面积负载量。

显然，比例尺已成为海图面积负载量的 4 个变量之一。如果海图要求其内容具有特定的数量标准，则可根据其面积负载量选择制图比例尺，即把公式（4-12）变为

$$C = \sqrt{\frac{P \times F_G}{\sum f}} \tag{4-13}$$

这样，当海图既要保持一定的负载量，又要满足其清晰易读性的要求时，即可根据图形符号总面积和制图区域面积确定海图比例尺。

2）海图比例尺确定的原则

（1）满足海图的基本用途要求。

海图的用途要求是多方面的，从比例尺的角度就是要满足其基本用途要求。它可能是制图区域范围上的要求，如保持某海洋区域、海湾、港口在规格的图幅面积内完整；也可能是选择某种海图比例尺，使其图的量测精度能保证在一定的精度范围之内；对于需要详细完备地表示自然要素和社会经济要素时，海图比例尺越大越好；对于需要从宏观上反映海洋概况或海底地势的海图，其比例尺就要小些。

航海图的基本用途是为了船舶定位和导航，而且根据多年的航海经验确立了不同类型航海图的比例尺区间，具体如表 4.3 所示。

表 4.3　　　　　　　　　　　　**不同类型航海图的比例尺区间**

| 航海活动区域 | 航海图种类 | 比例尺区间 |
| --- | --- | --- |
| 港湾、狭水道 | 港湾图 | 大于 1∶10 万 |
| 沿岸 | 航行图、部分海区总图 | 1∶10 万 ~ 1∶19 万 |
| 近岸 |  | 1∶20 万 ~ 1∶99 万 |
| 远洋 |  | 1∶100 万 ~ 1∶299 万 |

航海人员可根据不同航海活动区域，选择不同比例尺的航海图。对于港湾图，由于主要是供船舶进出港口、海湾和驻泊使用，港湾沿岸地形复杂、要素繁多，图上应尽量详细表示，因此海图比例尺越大越好。对于航行图，主要供船舶在不同的海域上（沿岸、近海及远洋）定位、导航和海图作业使用。因此，不同比例尺的海图要适应不同海域的定位手段的要求。所确定的比例尺要保证海图上的完整航线和一定宽度的航道。对于海区总图，主要是在图上制订航行计划、研究海区形势，所以海图比例尺要小，以便在一定的图

幅面积内覆盖某海区或洋区。

（2）全面考虑影响比例尺确定的各种因素。

如前所述，影响海图比例尺确定的因素很多。当我们从某一因素考虑时，势必要受到其他因素的制约，制约因素可能是一个、两个，甚至是多个。当涉及较多的重要因素时，就要分清主次、权衡利弊、综合考虑，而不能够顾此失彼。

例如，我们要确定一幅表示海区测站上的统计图形符号的专题海图的比例尺，根据该图的基本用途要求，首先考虑的是所确定的比例尺底图能够包括所有的测站点，至于其他精度因素、投影因素、制图综合因素都可以不从比例尺角度去考虑。这里唯一考虑的则是比例尺确定以后，测站点的密度对图形符号的大小的影响。又如，我们确定一幅海区形势图的比例尺，根据其用途要求，我们就要考虑制图区域、图幅面积、制图综合等诸因素。在这里，保持制图区域的完整性是首要考虑的因素，然后才考虑图幅面积的大小和制图综合的因素。制图区域和图幅面积确定后，比例尺越大，海图的内容要素就会越详细、清晰。

（3）不强求比例尺系列化。

比例尺系列化是指某种类型海图比例尺从大到小具有固定的系列。如大陆架海底地形图采用陆地地形图系列时，比例尺固定为：1∶1万、1∶2.5万、1∶5万、1∶10万、1∶25万、1∶50万和1∶100万7种。我国出版的航海图，根据不同的使用对象也出版过两种系列：一种是1∶10万、1∶20万、1∶50万、1∶100万系列；另一种是1∶15万、1∶30万、1∶75万系列。海图比例尺系列化有助于用户方便使用，但也有比例尺固定不变的缺点，在一定规格图幅面积内制图区域范围的调整就受到更多限制，进而使海图的实用性受到影响。20世纪80年代我国航海图改革，其中就包括不强求航海图比例尺的系列化。实践证明，不同比例尺海图的灵活确定增强了海图的实用性。表4.4和表4.5分别列出了天津新港和青岛港所覆盖的各种比例尺航海图。从这两套图可以看出，不论是港湾图还是航行图都没有固定的比例尺系列。但在统一规格图幅内，各图幅包括了相对完整的某一海域。

表4.4　　　　　　　　　　天津新港覆盖的各种比例尺航海图

| 图号 | 比例尺 | 图名 | 种类 |
|---|---|---|---|
| 11773 | 1∶0.8万 | 天津新港港池 | 港湾图 |
| 11772 | 1∶2.5万 | 天津新港航道 | |
| 11771 | 1∶5万 | 天津新港及附近 | |
| 11770 | 1∶15万 | 渤海湾 | 沿岸航行图 |
| 11700 | 1∶25万 | 秦皇岛至歧河口 | 近海航行图 |
| 11010 | 1∶50万 | 天津新港、大连港至成山角 | |
| 10011 | 1∶100万 | 黄海北部及渤海 | 远洋航行图 |
| 103 | 1∶230万 | 黄海、渤海及东海 | |

## 4.2 海图总体设计

表 4.5　　　　　　　　　　青岛港覆盖的各种比例尺航海图

| 图号 | 比例尺 | 图名 | 种类 |
|---|---|---|---|
| 12353 | 1∶0.6万 | 青岛内港 | 港湾图 |
| 12352 | 1∶2万 | 青岛港 | |
| 12351 | 1∶3.5万 | 胶州湾 | |
| 12339 | 1∶8万 | 青岛港及附近 | |
| 12300 | 1∶25万 | 石岛港至青岛港 | 近海航行图 |
| 12000 | 1∶75万 | 成山角至长江口 | |

事实上，世界各国的航海图都没有固定的比例尺系列，而且各国的航海图比例尺也都不统一。这是因为各港口海域大小差异很大，航海图的图幅设计主要从保证航海用途出发进行分幅，如保持航线完整、航道具有充分的水域等等。另外，比例尺不成系列并不影响航海人员在海图上的量算。

对专题海图来说，由于种类繁杂且不成套，所以形成比例尺系列就更困难。

（4）比例尺应相对取整。

比例尺取整可以方便用图人员在图上量测、计算，也利于同比例尺成套图制图，不同比例尺区间或大中小的 3 种比例尺其取整程度不同。例如千万分之一以下比例尺图可能取整至百万（1∶1200 万，1∶1500 万）；大比例尺图可能取整至百或千（1∶1500）。另外，数值取整也是相对某种进位制而言的。例如文字比例尺为"图上 1cm 相当于实地 30n mile"，其米制比例尺为 1∶2188800。这对于米制海图来说，比例尺就没有取整，类似这种比例尺在外版海图中也是比较常见的。

我国的国标航海图编绘规范，对比例尺的取整规定是按照不同比例尺区间的级差凑整，具体见表 4.6。

表 4.6　　　　　　　　　　不同比例尺区间的级差凑整

| 航海图 | 大于 1∶10 万<br>港湾图 | 特殊大于 1∶10 万<br>航行图 | 1∶10 万~1∶299 万<br>航行图 |
|---|---|---|---|
| 级差凑整 | 500 | 500 | 10000 |

例如，当设计的海图比例尺为 1∶12300，则可取整为 1∶12500；比例尺为 1∶225000，可取整为 1∶230000 或 1∶220000。

3）海图比例尺确定的方法

在海图设计中，对比例尺的确定通常有三种情况：一是根据用途要求直接给定海图比例尺，这种情况主要是用户的特定要求，如根据某种仪器的精度，限定在一定比例尺海图上使用，需制作特定比例尺海图，在这种情况下，对海图比例尺的确定，主要是调整图幅面积和制图区域范围；二是根据已有标准海图编绘规范所规定的比例尺区间来确定比例尺，多指航海图制图而言，如编制一套沿岸航行图，可根据航海图编绘规范规定的 1∶10

万~1∶20万比例尺区间进一步确定其具体的比例尺；三是在制图区域范围一定的情况下确定海图比例尺，多用于对挂图和图集图幅的编制。通常是在满足用途要求的前提下，首先考虑保持制图区域的完整性，然后根据选定的图幅面积或多幅图拼接后的总面积确定比例尺。也可以先确定好比例尺，再调整图幅面积。无论哪种情况，确定比例尺的基本方法主要有以下3种。

（1）利用制图区域范围的纵横长度估算海图比例尺。

这种方法适用于具有包含制图区域范围的小比例尺海图的情况。首先，选择能包含制图区域范围的小比例尺海图作底图，并在底图上量出制图区域范围的纵横长度。然后，根据公式（4-5）分别将纵横长度及底图的比例尺分母和规格图幅的纵横长度代入，则可求出纵横两个方向上的比例尺分母值。最后取分母值大的，进行取整后作为新编图的比例尺。

例如，确定大连新港新编海图比例尺。图幅面积采用全张规格尺寸98cm×68cm。

首先，选择能包含大连新港的较小比例尺海图作底图（本例选择1∶10万海图）。然后量取大连新港范围在底图上的纵向距离为10.8cm，横向距离为10.0cm。分别将纵、横向距离和规格图幅面积代入式（4-5），计算纵横向比例尺分母。这里，因纵向距离长，与相应的规格图幅面积长边值一起代入；横向距离短，与相应的规格图幅面积短边值一起代入，则

纵向： $C_2 = C_1 \dfrac{l_1}{l_2} = 100000 \times \dfrac{10.8}{98} = 1.102 \times 10^4$

横向： $C_2 = C_1 \dfrac{l_1}{l_2} = 100000 \times \dfrac{10}{68} = 1.47 \times 10^4$

根据计算的纵向、横向比例尺分母值，取比例尺分母较大的数值为14700，然后取整为15000。本例最后确定新编图比例尺为1∶15000。

（2）利用制图区域范围的经差和纬差估算比例尺。

这种方法适用于采用没有包含制图区域范围的小比例尺海图作底图，或根本不需要底图时，这时可直接按制图区域的经差和纬差，计算纵、横比例尺分母值，然后估算制图比例尺。其计算公式为

$$\begin{cases} C_{横} = \dfrac{\Delta\lambda \cdot e_2}{a} \\ C_{纵} = \dfrac{\Delta\varphi \cdot e_1}{b} \end{cases} \qquad (4\text{-}14)$$

式中：$C_{横}$，$C_{纵}$分别代表新编图横向和纵向比例尺分母；$a$，$b$分别代表图幅面积横向长和纵向长，以cm为单位；$e_1$，$e_2$分别代表制图区域中纬处纬差1′的经线长（简称纬度1′长或经线1′长）和经差1′的纬线长（简称经度1′长或纬线1′长）。此值可以中纬为引数，在《海图计算用表》中查取，单位为cm；$\Delta\lambda$，$\Delta\varphi$分别代表制图区域范围的经差和纬差值，以分为单位。

利用公式（4-14）分别计算出横向和纵向比例尺分母值后，选择较大值并取整，即可确定新编图的比例尺。

例如，制图区域范围为东经 100°~170°，北纬 0°~50°，试确定新编图比例尺（这里取图幅面积为 90cm×60cm）。

首先，根据制图区域范围大致确定其中纬为北纬 30°，在《海图计算用表》中查取北纬 30°处的经差和纬差 1′ 的长度值：

经线 1′ 分长：　　　　　$e_1 = 184\,757.3\,\text{cm}$

纬线 1′ 分长：　　　　　$e_2 = 160\,813.2\,\text{cm}$

然后按公式（4-14）计算比例尺分母。将上述值代入：

$$C_\text{横} = \frac{70 \times 60 \times 160813.2}{90} = 7504616$$

$$C_\text{纵} = \frac{50 \times 60 \times 184757.3}{60} = 9237865$$

取比例尺分母较大值且取整，则新编图比例尺可确定为 1∶1000 万。

（3）利用图框框套确定比例尺。

此法是预先在透明材料（透明膜片或透明纸）上绘出一系列相对于某种小比例尺底图比例的规格图幅面积的图框（见图 4.2），再用此系列图框，在小比例尺底图上去框套每个制图区域，以确定图幅比例尺。利用框套确定比例尺适于数量较多的新编图或图集中的图幅。

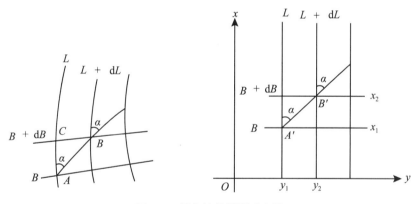

图 4.2　等角航线投影成直线

以上 3 种方法均是以经纬线作海图内图廓时所采用的方法，通常海图为墨卡托投影、高斯-克吕格投影、平面图投影。当确定日暑投影海图的比例尺时，因它不以经纬线作内图廓线，海图比例尺的确定是和海图的图幅设计同时进行的。目前这部分工作完全由相应的制图软件来计算确定。

**2. 海图的坐标系**

在确定地面点或空间目标位置所采用的各种坐标系中，海图与地形图一样，都采用地理坐标系和平面直角坐标系。

我国目前采用 2000 国家大地坐标系（CGCS 2000）。如资料采用的是其他坐标系，资料图比例尺大于 1∶1000000 图时，应进行坐标系改算。

**3. 海图基准面的确定**

1）高程基准面

我国海图设计中确定高程基准面时，是以编绘规范为依据的，规定高程基准面采用"1985 国家高程基准"。国外地区采用原资料的高程基准，若需要改正，则用改正公式进行计算和改正。

2）深度基准面

确定深度基准面的原则：

①中国内地沿海采用理论最低潮面；

②港澳台地区、远海及国外海区采用制图资料深度基准；

③不受潮汐影响的江河采用设计水位。

**4. 海图投影的选择**

1）影响海图投影选择的因素

海图投影的选择受多种因素的影响，这些因素互相制约。影响投影选择的主要因素包括以下几个方面：

①海图的性质和用途对投影选择的影响；

②制图区域的形状和地理位置对投影选择的影响；

③制图区域面积的大小及地图比例尺对投影选择的影响；

④使用对象和使用方式对投影选择的影响；

⑤特殊要求对投影选择的影响；

⑥资料转绘技术要求对投影选择的影响。

2）墨卡托投影的选择

（1）满足航海要求的基本投影条件。

为满足船舶海上航行需要，航海图投影必须具备两个基本条件：一是等角，即图上角度与实地角度相等；二是等角航线在海图上投影为直线。

墨卡托投影满足了航海图必须具备的基本条件一，保持了实地方位与图上方位的一致性，从而使图上作业十分方便，无须进行角度改正。

对于条件二，等角航线投影成直线，非常有利于海图作业。参见图 4.2。

（2）墨卡托投影基准纬线的选择。

根据墨卡托投影变形理论，其长度变形可表示为

$$v = \frac{r_0}{r} - 1 \tag{4-15}$$

式中：$r_0$ 为基准纬线半径。

如将地球视为球体，则长度变形可表示为

$$\nu = \frac{\cos\varphi_0}{\cos\varphi} - 1 \tag{4-16}$$

从式（4-16）可看出，若 $\varphi = \varphi_0$，则 $\nu = 0$，即基准纬线无长度变形。若 $\varphi \neq \varphi_0$，则 $\nu \neq 0$ 而且 $\varphi > \varphi_0$ 时，则 $\nu > 0$（即正向变形）；$\varphi < \varphi_0$ 时，则 $\nu < 0$（即负向变形）。为了最大限度地减小制图区域内投影变形，且使变形分布均匀，就需要合理地选择基准纬线。通常是按制图区域上最大正向变形和最大负向变形绝对值相等的条件来选择基准纬线。

设 $\varphi_1$ 处有最大正向变形，$\varphi_2$ 处有最大负向变形，根据基准纬线的选择原则，有下面条件式：

$$\frac{\cos\varphi_0}{\cos\varphi_1} - 1 = 1 - \frac{\cos\varphi_0}{\cos\varphi_2} \tag{4-17}$$

当视地球为球体时，解得

$$\sec\varphi_0 = \frac{1}{2}(\sec\varphi_1 + \sec\varphi_2) \tag{4-18}$$

式（4-18）即为选择基准纬线的实用公式。

常用 $\sec\varphi_0$ 的计算公式来求基准纬度，并按照比例尺的大小进行凑整。

当赤道位于制图区域内时，其最大负向变形纬线是赤道，最大正向变形纬线是区域范围的最高纬度 $|\varphi|_{\max}$。显然应令 $\varphi_1 = |\varphi|_{\max}$，$\varphi_2 = 0$，于是

$$\sec\varphi_0 = \frac{1}{2}(1 + \sec|\varphi|_{\max}) \tag{4-19}$$

当赤道不位于制图区域内时，图内最高纬度 $|\varphi|_{\max}$ 处有最大正向变形，最低纬度 $|\varphi|_{\min}$ 处具有最大负向变形。显然应令 $\varphi_1 = |\varphi|_{\max}$，$\varphi_2 = |\varphi|_{\min}$，于是

$$\sec\varphi_0 = \frac{1}{2}(\sec|\varphi|_{\max} + \sec|\varphi|_{\min}) \tag{4-20}$$

公式（4-19）、（4-20）是两种情况下的具体应用。

例如，制图区域范围为 $\varphi: 38°00'N \sim 41°00'N$，试对该区域基准纬线进行选择。

由于赤道不位于制图区域内，可利用式（4-20）求得。这里

$$|\varphi|_{\max} = 41°00'; \quad |\varphi|_{\min} = 38°00'$$

将其代入（4-20）式，即可算得

$$\sec\varphi_0 = \frac{1}{2}(\sec|\varphi|_{\max} + \sec|\varphi|_{\min}) = 1.2970$$

$$\varphi_0 = 39°33'37'' \approx 39°34'$$

按制图区域上最大正向变形和最大负向变形绝对值相等的条件选择基准纬线，对于单幅或同比例尺成套连续的航海图均适用。应指出的是，同比例尺成套航海图由于采用制图区域内统一基准纬线，虽然有利于各单幅图之间的拼接使用，但也有一定的缺点，这就是距离基准纬线较远的图幅，其局部比例尺与主比例尺相差较大，会造成比例尺失真现象。

我国现行航海图编绘规范规定：同比例尺成套航行图以制图区域中纬为基准纬线，其余图以本图中纬为基准纬线，基准纬线取至整分或整度。对 1∶5 万成套大比例尺海图的

基准纬线按表 4.7 规定的进行选择。国外地区沿岸和近海成套航行图的基准纬线按表 4.8、表 4.9 规定的进行选择。对 1：100 万，1：500 万远洋航行图基准纬线统一采用 30°纬线。

表 4.7　　　　　　　　　　　　基准纬线的规定

| 地　　区 | 纬度/N | 基准纬线/N | 备　　注 |
|---|---|---|---|
| 渤海及黄海北部 | 38°00′~41°00′ | 39°34′ | |
| 黄海中、南部 | 32°00′~41°00′ | 37° | |
| 东海 | 23°30′~32°00′ | 28° | 不含台湾 |
| 台湾、澎湖及附近 | 21°00′~26°00′ | 24° | |
| 南海 | 18°00′~24°00′ | 21° | 不含南海诸岛 |
| 南海诸岛 | | 以群岛为单元，用群岛的平均中纬作为基准纬线。 | |

表 4.8　　　　　　1：10 万，1：20 万成套沿岸航行图基准纬线的选择

| 地　　区 | 纬　　度 | 基准纬线 |
|---|---|---|
| 中国、朝鲜、日本、越南、柬埔寨、泰国沿岸 | 5°N~45°N | 30° |
| 东南亚海区 | 12°S~20°N | 5° |
| 澳大利亚 | 8°S~45°S | 30° |
| 新西兰 | 33°S~48°S | 42° |
| 印度洋及非洲沿岸（含红海） | 40°S~30°N | 20° |
| 地中海（包括葡萄牙、西班牙、摩洛哥沿岸及黑海） | 30°N~46°N | 38° |
| 北海（包括英、法沿岸） | 43°N~61°N | 55° |
| 波罗的海 | 53°N~66°N | 60° |
| 大西洋北部 | 43°N~68°N | 60° |
| 太平洋北部 | 48°N~68°N | 60° |
| 鄂霍次克海（包括鞑靼海峡） | 42°N~63°N | 55° |
| 太平洋美国沿岸 | 30°N~50°N | 40° |
| 大西洋美国沿岸 | 25°N~45°N | 35° |
| 加勒比海、北美洲南部及南美洲北部 | 36°S~33°N | 20° |
| 南美洲南部 | 18°S~57°N | 45° |
| 太平洋诸群岛 | 以群岛为单元，用群岛的平均中纬作为基准纬线 | |

表 4.9　　　　　　　　　　　1∶50 万近海成套航行图基准纬线选择

| 地　　区 | 纬　　度 | 基准纬线 |
|---|---|---|
| 太平洋亚洲沿岸，大洋洲（不含新西兰），印度洋沿岸，大西洋非洲沿岸 | 45°S～45°N | 30° |
| 大西洋北美洲及南美洲北部沿岸 | 36°S～45°N | 30° |
| 太平洋北美洲南部及南美洲北部沿岸 | 20°S～49°N | 30° |
| 新西兰 | 30°S～50°S | 42° |
| 太平洋及大西洋北部 | 43°N～68°N | 60° |
| 南美洲南部 | 18°S～57°S | 45° |

3）大比例尺航海图的投影选择

在大比例尺特定条件下，某些投影也可以满足航海上的等角和等角航线在一定范围内表现为直线的要求。《中国航海图编绘规范》规定 1∶2 万及更大比例尺航海图采用高斯-克吕格投影和平面图，而有些国家还采用了其他一些投影。下面通过几个主要投影的性质来研究大比例尺航海图投影选择的特点。

（1）高斯-克吕格投影、UTM 投影、TM 投影。

① 高斯-克吕格投影。

高斯-克吕格投影是等角横切椭圆柱投影。其投影性质主要有：中央经线和赤道被投影为互相垂直的直线，且为投影的对称轴；角度无变形；按一定经差分带投影，且中央经线投影后长度不变。由于高斯-克吕格投影的这些性质，使得当制图比例尺较大时，经纬线网和等角航线在有限的制图区域内接近于直线，对航海定位和标绘航线无影响。另外，采用高斯-克吕格投影和我国基本比例尺地形图、水深测量原图所采用的投影一致，方便了大比例尺海图制图。

② UTM 投影。

UTM 投影又称通用横墨卡托投影。国外某些国家为扩大高斯-克吕格投影的使用范围，而对它做了某些改良，变中央经线相切为中央经线相割。这样可在不增大图内最大投影变形的情况下，使投影带加宽，这种投影称为 UTM（Universal Transverse Mercator，UTM）投影，即通用横墨卡托投影。它适用于较高纬度区域的航海图（或其他海图）的制图。UTM 投影和高斯-克吕格投影一样，其投影面也是椭圆柱面，它与地球椭球面相割的椭圆比子午圈小。由地球椭球的对称性可知，所截割的椭圆必然平行中央子午面，且左右对称于中央子午线。这样，UTM 投影的表达式亦可由高斯-克吕格投影直接导出，其关系式为

$$\begin{cases} x' = mx \\ y' = my \end{cases} \tag{4-21}$$

这里，$m = \sqrt{1 - \dfrac{k^2}{a^2}}$ 是根据旋转椭球、割椭圆与中央子午面的距离 $k$ 的关系导出来的。若 $k = 180 \mathrm{km}$，$a = 6378.245 \mathrm{km}$（克拉索夫斯基椭球长半轴），则解得 $m = 0.99960171$。这

可以说明，应用高斯-克吕格坐标直接乘以比例常数 $m$，则可得 UTM 投影坐标。

③ TM 投影。

TM 投影即横墨卡托投影，是把地球作为球体的等角横切圆柱投影。其计算公式为

$$\begin{cases} x = R\arctan(\tan\mu\sec\omega) \\ y = R\arctan(\cos\mu\sin\omega) \end{cases} \quad (4-22)$$

式中：$R$ 为地球半径；$\mu$ 是球面纬度；$\omega$ 是球面经度。

国外有些国家的大比例尺或中比例尺海图也较多应用 TM 投影。高斯-克吕格投影、UTM 投影和 TM 投影的性质有共同之处，但它们建立的条件是很不相同的。通过下表对 3 种投影的比较就可以明显看出（见表 4.10）。

表 4.10　　　　　高斯-克吕格投影、UTM 投影、TM 投影比较

| 投　　影 | 采用的地球体 | 投　影　面 | 地球体与投影面位置关系 |
|---|---|---|---|
| 高斯-克吕格投影 | 椭球体 | 椭圆柱面 | 横切 |
| UTM 投影 | 椭球体 | 椭圆柱面 | 横割 |
| TM 投影 | 球体 | 圆柱面 | 横切 |

（2）平面图。

平面图是墨卡托投影在一定条件下的简化，也是正圆柱投影的一种。它不同于一般平面图——即把地球表面小块面积当作平面的正射投影图（其经纬线网呈梯形）。航海所用的平面图除不具备纬度渐长特点外，其他许多方面都与墨卡托投影有相似之处。在对大比例尺海图投影选择研究中已经证明，对于制图区域纬度不超过 45°，比例尺不小于 1∶1 万的横幅海图或比例尺不小于 1∶5000 的直幅海图，可以把平面图看作墨卡托投影图。如果按制图最大容许误差 0.2mm 考虑，则平面图比例尺还可放宽。因此，目前《中国航海图编绘规范》规定 1∶2 万或更大比例尺海图可制作平面图。这里应指出的是，对于直幅海图，纬度在 27°以上的海区不宜制作 1∶2 万及更小比例尺平面图。

大比例尺航海图采用平面图除具有方便航海使用的优点外，其优越性还在于公式简单，即可分别以图上平均纬度处纬差 1′ 的经线长度（简称经线 1 分长）$e_1$，经差 1′ 的纬线长度（简称纬线 1 分长）$e_2$ 与经差和纬差相乘即可进行计算，而且计算方便。具体计算公式为

$$\begin{cases} x = e_1 \cdot \Delta\varphi \\ y = e_2 \cdot \Delta\lambda \end{cases} \quad (4-23)$$

（3）大圆航线图的投影选择。

日晷投影，即视点在球心的透视方位投影，是大圆航线图投影的唯一选择。该种类海图上的大圆航线（即大圆弧）表现为直线，在前文中已详细证明。它是把日晷投影公式代入球面上的大圆方程式，求得大圆的直线方程式为

$$(\cot\alpha'_0\sin\alpha_1 + \cos z_1\cos\alpha_1)x + (\cos z_1\sin\alpha_1 - \cot\alpha'_0\cos\alpha_1)y = R\sin z_1 \quad (4-24)$$

从式中可以看出，它是一直线方程，其斜率是直线方程中 $x$，$y$ 系数相除所得的商。

## 4.2.2 海图图幅设计

海图图幅设计就是按标准的海图规格，根据比例尺、经纬线网和制图区域特点确定海图的范围。当以经纬线作内图廓线时，则求出图廓四角的经纬度值；当不以经纬线作为内图廓线时，则应大致确定其图幅范围。海图图幅设计主要有单幅海图的图幅设计、挂图及图集的图幅设计。

**1. 海图的规格及图框计算**

海图必须按标准的规格设计，这是由海图纸张尺寸、印刷机的规格决定的。因此海图设计人员要熟知海图的基本规格尺寸要求。要使设计的海图在规格的图幅面积之内，图幅位置和内容在印刷和纸张上得到合理的安排，并尽量节省人力和物力，降低成本，缩短成图周期，保证海图具有一定的精度，以及适应海图用途的内容和美学效果，设计人员就必须学会运用投影理论知识对图幅范围，即图框进行计算。这也是图幅设计的基本要求。

1) 海图的规格规定

海图必须按标准的规格设计，这是由海图纸张尺寸和印刷机的规格决定的。

海图纸是印制纸质海图的主要介质材料和信息载体，可按尺寸大小和重量进行分类。我国目前生产的平板纸按幅面大小分为大幅面和小幅面两种规格。其中，大幅面纸张尺寸有 850mm×1168mm 和 889mm×1194mm 两种，小幅面纸张尺寸有 787mm×1092mm 和 880mm×1230mm 两种。

海图的规格是根据海图统一开本规格制定的。开本也叫开数，是指海图幅面的尺寸。将一张幅面为全张的平板纸，开裁成多少张，就叫多少开，如图4.3所示。

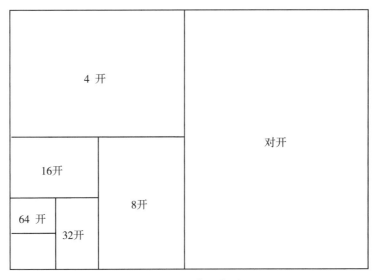

图 4.3 开本示意图

## 第4章 海图设计

海图具体规格尺寸如表4.11所示。

表4.11　　　　　　　海图图幅及海图纸规格尺寸（单位：mm）

| | | 全　张 | 对　开 | 4开 | 8开 | 16开 | 32开 |
|---|---|---|---|---|---|---|---|
| 海图纸 | 毛边 | 1092×787 | 787×546 | | | | |
| | 光边 | 1086×781 | 781×543 | | | | |
| 航海图图幅 | 成图 | 光边尺寸 | | | | | |
| | 图积（最大限度） | 980×680（1020×700） | 680×480 | | | | |
| 其他图图幅 | 成图 | 1068×770<br>1068×749 | 770×534<br>750×534 | | | | |
| 海图集图幅 | 开　本 | | | 522×376 | 373×261 | 258×186.5 | 183.5×129 |
| | 成　图（展开页） | | | 522×752 | 373×522 | 258×373 | 183.5×258 |

表中几个主要尺寸定义如下：

成图尺寸：是指图幅印刷完成后，进行第二次光边（裁去咬口、丁字线、切口尺寸）后的尺寸。而第一次光边是指印刷前的光边，纸张光边通常要裁去3mm～5mm。

开本尺寸：是指成图折叠装订后的尺寸。

图幅有效面积：指成图尺寸减去白边与订口尺寸的图上面积。

图积：是以内图廓线尺寸为准的图幅面积的简称，是海图制图特有的习惯术语。

编辑在设计图幅范围时主要是按表4.11的图积尺寸进行。特殊情况下，也可采用灵活的图积尺寸，如长对开、长4开等。航海图的图积尺寸已有明确规定。其他图幅、挂图和图集图幅则是根据成图尺寸和开本尺寸，充分考虑图廓整饰、白边等所占面积后，自行确定图积尺寸，然后利用该图积尺寸进行设计。编辑除了要掌握表4.11中各种规格尺寸外，还要清楚印刷机的规格，印刷厂对各种类型图幅的规矩线、咬口、丁字线，以及拼接线（双拼或多拼图）、拼版线（图集）等各种尺寸的具体规定。

咬口：一般横幅图在下边、直幅图在右边标有"咬口"子样，用于标示图幅方向。

套版线：一般在外图廓外约2.8cm处，绘有丁字线或十字线，用于检查各色版套合情况。

角线：在一张版上有多幅小图时，每幅图四周都绘有角线，以检查各版套合情况。

另外，图幅设计时经常涉及其他概念上的规格，主要有：横幅图、直幅图、单幅图及成套图。

横幅图：规格图积的图幅东西方向长，南北方向短。

直幅图：规格图积的图幅南北方向长，东西方向短。

单幅图：一般指全张或对开标准规格幅面，且具有完整的图廓整饰和标题的图幅。单幅图海图具有独立使用的价值。

成套图：针对某一区域，比例尺相同、互相重叠（或相接）、连续的单幅图的总称。

2）图框计算方法。

(1) 以经纬线作内图廓线的图框计算方法。

大多数海图是以经纬线作内图廓线的，图框计算是根据制图比例尺和规格图积计算图幅所包含的经差和纬差，以便用该经差和纬差在小比例尺底图上进行分幅设计。

① 不考虑投影变形的近似计算。

这是大比例尺单幅图图框计算的一种方法。因为比例尺较大，制图范围小，其投影变形对图框计算影响较小。所以可直接利用制图区域上的中间纬度处纬差 $1'$ 的经线长（简称经线 1 分长，用 $e_1$ 表示）和经差 $1'$ 的纬线长（简称纬线 1 分长，用 $e_2$ 表示），求出在规格图积内应包括的经差值 $\Delta\lambda$ 和纬差值 $\Delta\varphi$。计算公式如下：

$$\begin{cases} \Delta\lambda = \dfrac{a \cdot C_0}{e_2} \\ \Delta\varphi = \dfrac{b \cdot C_0}{e_1} \end{cases} \tag{4-25}$$

式中：$C_0$ 为已确定的比例尺分母；$a$ 为图幅横向长度；$b$ 为图幅纵向长度，单位为 cm。

② 墨卡托投影海图图框计算。

墨卡托投影海图图框计算，一般应考虑投影变形。其图框计算可用下式：

$$\begin{cases} a = e_0 \Delta\lambda \\ b = e_0 \Delta D \end{cases} \tag{4-26}$$

式中：$\Delta D$ 为渐长纬度差；$\Delta\lambda$ 为经差；$e_0$ 为制图单位，即基准纬线上经差 $1'$ 的弧段的图上长度，单位为 cm；$a$，$b$ 分别为规格图积横向长度、纵向长度，单位为 cm。

将式 (4-26) 移项得

$$\begin{cases} \Delta\lambda = \dfrac{a}{e_0} \\ \Delta D = \dfrac{b}{e_0} \end{cases} \tag{4-27}$$

式 (4-27) 是由图廓长度反求经差和渐长纬度差的计算公式。但是在编辑设计图廓时，利用渐长纬度差是很不方便的。因此，需要解决把渐长纬度差换算成纬度差的问题。

在地图投影中，由渐长纬度差反算纬度差的公式为

$$\Delta\varphi = V_m^2 \cos\varphi_m \left[ 1 - \frac{1}{24}(2 - \cos^2\varphi_m + 6\eta_m^2 - 2\eta_m^2 \cos^2\varphi_m) \Delta q^2 \right] \Delta q \tag{4-28}$$

式中：$\eta_m = e' \cos\varphi_m$，$V_m^2 = 1 + \eta_m^2$；$\varphi_m$ 为图的中间纬度；$e'$ 为椭球第二偏心率；$\Delta q$ 为等量纬度差；$\Delta\varphi$ 为以弧度表示的纬度差。

当 $\Delta\varphi$ 以度表示时，则有

$$\Delta\varphi° = \rho° V_m^2 \cos\varphi_m \left[ 1 - \frac{1}{24}(2 - \cos^2\varphi_m + 6\eta_m^2 - 2\eta_m^2 \cos^2\varphi_m) \Delta q^2 \right] \Delta q \tag{4-29}$$

式中：$\eta_m^4$ 项以下已省去。

式（4-29）对于设计图框来说还不够简单。在实际计算中，制图区域一般不会高于纬度 70°，在海图最大规格图积内，比例尺不小于 1∶270 万时，取式（4-29）的第一项就能满足对图幅设计的需要。即当 $\Delta\varphi$ 以度为单位时

$$\Delta\varphi° = \rho° V_m^2 \cos\varphi_m \Delta q \tag{4-30}$$

当 $\Delta\varphi$ 以分为单位时

$$\Delta\varphi' = V_m^2 \cos\varphi_m \Delta D \tag{4-31}$$

若视地球为球体时，因为 $e' = 0$，所以 $V_m^2 = 1$，则式（4-31）为

$$\Delta\varphi = \Delta D \cos\varphi_m \tag{4-32}$$

将式（4-27）中 $\Delta D$ 代入式（4-32），且 $\Delta\lambda$ 不变，则有

$$\begin{cases} \Delta\lambda = \dfrac{a}{e_0} \\ \Delta\varphi = \dfrac{b\cos\varphi_m}{e_0} \end{cases} \tag{4-33}$$

式中：$\Delta\lambda$ 和 $\Delta\varphi$ 均以分为单位；$e_0$ 为制图单位，指图上基准纬线处经差 1 分的纬线长度，可从《海图计算用表》中查取或直接按公式计算求得。

式（4-33）即可用来求取墨卡托投影海图的经差与纬差。

例如，计算 1∶100 万对开图幅墨卡托投影海图图框所含的经纬差，其中基准纬线为 30°，制图区域中纬 $\varphi_m$ 为 55°。

首先按《海图计算用表》查取基准纬线 30° 的制图单位 $e_0 = 0.16081317\text{cm}$。对开规格图积为 $a = 98\text{cm}$，$b = 68\text{cm}$。

然后利用式（4-33）计算，得

$$\Delta\lambda = \frac{98}{0.16081317} = 609.4' \approx 10°9'30''$$

$$\Delta\varphi = \frac{68 \times \cos 55°}{0.16081317} = 242.5' \approx 4°2'30''$$

（2）不以经纬线作内图廓线的图框计算方法。

主要指小比例尺日晷投影海图，其经纬线不能作为内图廓线时的图框计算，如图 4.4 日晷投影海图的内图廓线及经纬网所示。编辑设计的任务主要是根据规格图积，制图区域范围，通过试凑确定出比例尺及边缘经纬度值。

下面以设计北太平洋小比例尺日晷投影海图为例，借助图 4.4 日晷投影海图的内图廓线及经纬网来说明其计算方法和步骤。

① 确定边缘经纬度。

根据制图区域范围，初步划定边缘经纬度为：130°E~130°W，0°~65°N。切点选在经度 180° 和北纬 35°。

② 计算并确定比例尺。

根据日晷投影公式：

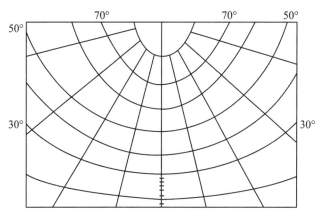

图 4.4 日晷投影海图的内图廓线及经纬网

$$\begin{cases} x = \dfrac{R(\tan\varphi - \tan\varphi_0\cos\Delta\lambda)}{\tan\varphi\tan\varphi_0 + \cos\Delta\lambda} \\ y = \dfrac{R\sec\varphi_0\sin\Delta\lambda}{\tan\varphi\tan\varphi_0 + \cos\Delta\lambda} \end{cases} \quad (4\text{-}34)$$

式中：$R = 6371116.08\text{m}$，$\varphi_0 = 35°$。其具体计算步骤如下：

第一，计算边缘经线与北界纬线交点纵坐标 $x_N$。

此时，将 $\Delta\lambda = 130° - 180° = -50°$，$\varphi = 65°$，代入式（4-34），解得
$$x_N = 5034239.55\text{m}$$

第二，计算边缘经线与南界纬线交点横坐标 $y_0$。

此时，将 $\Delta\lambda = -50°$，$\varphi = 0°$，代入式（4-34），解得
$$y_0 = -9269097.88\text{m}$$

第三，计算中央经线与南界纬线交点纵坐标 $x_0$。

此时，将 $\Delta\lambda = 0°$，$\varphi = 0°$，代入式（4-34），解得
$$x_0 = -4461103.51\text{m}$$

这里应指出的是，如果制图区域为南半球，则应把南界和北界对调计算。

根据计算的 $x_N$、$y_0$、$x_0$ 值，计算横图廓（$a'$）和纵图廓（$b'$）的实地长度。其公式为

$$\begin{cases} a' = |2y_0| \\ b' = x_N - x_0 \end{cases} \quad (4\text{-}35)$$

将 $x_N$、$y_0$ 和 $x_0$ 值分别代入式（4-35），得
$$a' = 18538195.76 \text{ m}$$
$$b' = 9495343.06 \text{ m}$$

取规格图积为 0.98m×0.68m，则横向和纵向比例尺为

$$\frac{1}{C_{横}} = \frac{0.98}{a'} = \frac{0.98}{18538195.76} \approx \frac{1}{18916526}$$

$$\frac{1}{C_纵} = \frac{0.68}{b'} = \frac{0.68}{9495343.06} \approx \frac{1}{13963739}$$

由于纵横比例尺相差较大,为保证包全制图区域,取比例尺较小的,凑整为 1∶1891 万为初步确定的海图比例尺,并以 $C_0$ 表示。

③ 按初步确定的比例尺重新计算图积的大小。

分别将 $a'$,$b'$ 值乘以所确定的比例尺,得

$$a = a'\frac{1}{C_0} = 18538195.76 \times \frac{1}{18910000} = 0.9803 \text{ m}$$

$$b = b'\frac{1}{C_0} = 9495343.06 \times \frac{1}{18910000} = 0.5201 \text{ m}$$

显然,图廓纵距与规格图积相差较大。为接近规格图积,需调整制图区域的边缘纬度。也可以改变比例尺后,调整制图区域的边缘经纬度。

3) 调整和试凑图幅范围

为使纵距达到规格图积,本例采用调整边缘纬度的方法,按切点不变,将北纬扩大到北纬 80°代入式(4-33)和式(4-35)得

$$x_N = 7209763.43 \text{ m}$$
$$b' = 11670866.94 \text{ m}$$
$$b = 0.6172 \text{ m}$$

则第一次试凑结果进一步接近规格图积。下面改变切点为 $\varphi_0 = 40°$,再计算其图积:

$$x_N = 6053077.82 \text{ m}$$
$$x_0 = -5346001.15 \text{ m}$$
$$y_0 = -9911697 \text{ m}$$

比例尺仍取 1∶1891 万,则

$$a = 1.0483 \text{ m}$$
$$b = 0.6028 \text{ m}$$

这样第二次试凑又接近规格图积。如果取北界纬度 85°,其他不变,则图积为

$$a = 1.0483 \text{ m}$$
$$b = 0.6413 \text{ m}$$

这样第三次试凑已满足规格图积要求。最后确定各项指标为

图幅范围:130°E~130°W,0°~85°N。

切点:经度 180°、北纬 40°处。

比例尺:1∶1891 万。

### 2. 海图图幅设计的方法

海图图幅设计主要受比例尺、制图区域地理特点和海图投影等因素的影响。通常海图图幅设计是在比例尺和投影确定以后进行的,但有时也和比例尺的确定同时进行。

1) 单幅图的设计

(1) 比例尺固定条件下的图幅设计。在海图比例尺已经固定的情况下,图幅设计主

要是从制图区域和图幅数量上加以考虑。对于连续成套的航海图的相邻图幅还要有重叠。由于比例尺一定,则可以选择小比例尺底图,在底图上根据所计算的经纬差进行单幅图框套或多幅图的连续框套。这种设计图幅的方法也称为海图的分幅设计。

(2) 制图区域固定条件下的图幅设计。这种情况下的图幅设计主要是满足海图用途对制图区域的完整性的要求。特别是对于区域界线较为明显的海域地理单元,更要突出其区域的完整性,包括大比例尺表示的港口、海湾、岛屿、海峡水道或小比例尺表示的大洋海域。制图区域一定,图幅设计主要是考虑海图的比例尺和一定图幅规格下的图幅数量。因此,这种情况下的图幅设计将和比例尺的确定同时进行。

(3) 比例尺和制图区域均不固定的条件下的图幅设计。对有某些特定用途要求的海图,有时比例尺不固定,制图区域可相对大些或小些,对这类海图图幅设计繁简程度不一。如果海图投影确定为墨卡托投影,则图幅设计相对简单些,即可直接根据计算的经纬差确定制图区域,或者调整比例尺计算新的经纬差再进一步确定制图区域。对日晷投影海图,图幅设计就复杂一些,它需要根据制图区域、比例尺两个因素采用试凑的方法进行。具体方法在前面图框计算中已讨论过。

以上 3 种方法实际是 3 种不同情况下的单幅图设计问题。对于单幅图设计,除确定海图经纬度范围外,同时还要确定图幅方向,即横幅或直幅。通常是以设计横幅海图为主。

2) 附图图幅的设计

对于小面积的,不宜单独作图的图幅可以用附图形式配置在主图的适当位置上,配置有附图的图幅通常又称其图为"主附图"。一般在以下几种情况下配置附图。

(1) 制图区域内某一地理单元需要放大表示。通常是航海图上的港湾、码头、泊地及岛屿等,见图 4.5 比例尺放大的附图。

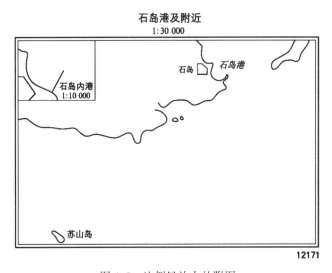

图 4.5　比例尺放大的附图

(2) 作为主图所表示的制图区域的扩大或补充。这种附图比例尺通常小于主图比例尺。如图4.6主图比例尺为1∶50000，"宝山锚地"附图比例尺设计成1∶90000，则是作为主图的补充。其目的是延伸宝山以北的锚地。

（3）某些地区（如南极、北极）需要采用与主图的投影明显不同的投影，则需要配置附图。当设计小比例尺形势图或世界洋全图时，这种情况较多。

（4）连续表示某一制图区域（如狭长的海峡、海湾）会造成海图的有效幅面浪费时，则把部分区域以附图形式配置，其附图比例尺也可与主图比例尺不同。一般是根据海峡、海湾和河道的宽窄而定。若比例尺相同，也可设计成"拼接图"。

3）移图

当狭长的水道、海峡、港湾或海岸线走向与图廓斜交使陆地面积过大时，为有效地利用图幅幅面，把制图区域截成两部分拼在一幅图内，两部分图幅之间有一定重叠，比例尺相同，并以甲、乙编号。经移图设计的图幅又称为"拼接图"。图4.7是一幅沿岸航行图按海岸线方向特点而进行的移图处理。

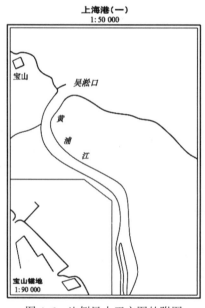

图4.6 比例尺小于主图的附图

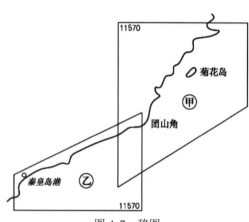

图4.7 移图

4）拼合

若海图图幅较小，可把两幅或更多图幅拼在一幅图上，通常是某一地理区域的几幅图，以节省图幅数量。各分图比例尺也可不一致，并具有各自的标题或图名，如图4.8两幅图的拼合所示。这种图幅又称为"拼合图"。拼合图一般是由两幅分图拼合而成。

将某一地理区域的多幅小图拼在一幅图上时，通常称为"诸分图"，如图4.9舟山群岛北部诸分图。

5）斜置

图 4.8 两幅图的拼合

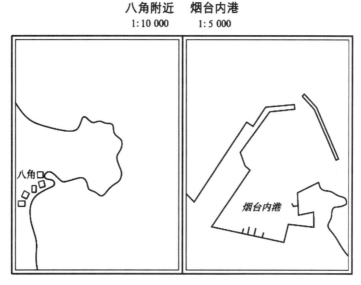

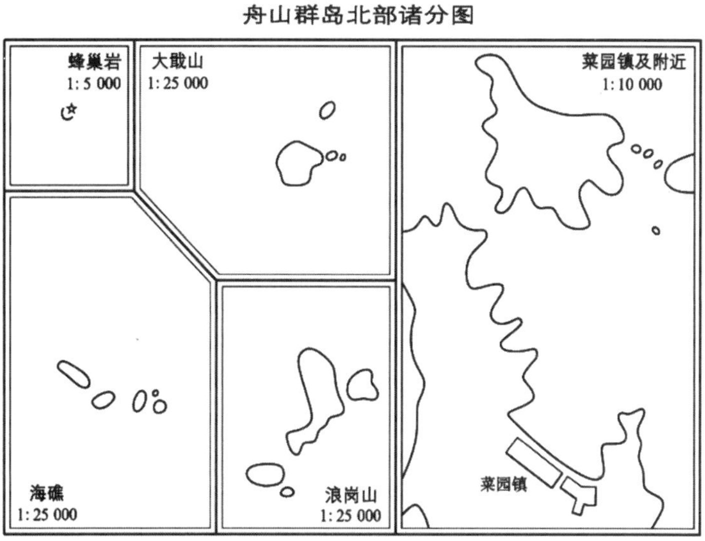

图 4.9 多幅小图的拼合（诸分图）

绝大多数的海图都是以北方定向的。但是，某些海域范围的地理走向若以北方定向时，则不利于海图图幅有效幅面的利用或海域范围的完整，因此需要将区域范围图形斜置于矩形的图廓内。对于墨卡托投影海图来说，其经线和纬线与内图廓线斜交，即称"斜置图幅"或"斜幅图"。例如，马六甲海峡的地理走向成西北—东南向，为保持海峡在一幅图内完整而将图幅斜置（见图 4.10）。

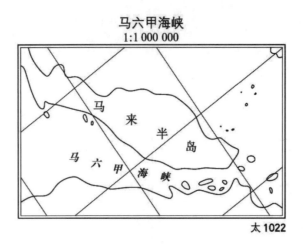

图 4.10 斜置的图幅

6）破图廓

制图区域内的重要地物、航海定位目标或重要地段分幅时不能包括在图幅的内图廓线里，且海图比例尺或图幅范围又没有可调整的余地，则可破图廓表示这些要素。通常是根据要素的大小或距离内图廓的远近来确定所破图廓的范围大小。图 4.11 是航海图上破图廓的 2 种形式。其中图 4.11（a）是破坏内、外图廓，将要素延伸至外图廓附近；图 4.11（b）是只破坏内图廓的形式。另外，只在外图廓外表示某一重要地物，不截断图廓也是一种特殊的"破图廓"形式，见图 4.12 胶州湾（1∶3.5 万）图幅。

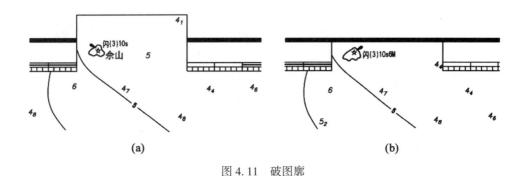

图 4.11 破图廓

**3. 航海图图幅设计**

1）基本原则与方法

（1）基本原则。航海图图幅设计的总原则是充分满足航海定位导航需要，保证航行安全和方便航海人员使用。

①保持地理单元的相对完整。所谓地理单元完整，是指制图区域内的港湾、锚地、岛

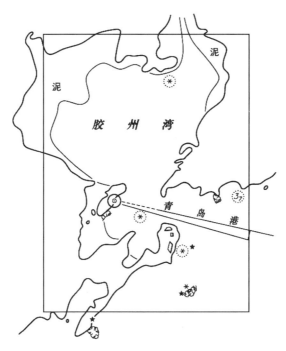

图 4.12 胶州湾（1:3.5 万）图幅

屿、水道、航线及其附近的障碍物、助航设备等尽量在相应的图幅内完整。

②海陆面积分布适当。在充分满足航海需要的基础上，尽量减小图上的陆地面积。一般情况下，陆地面积不宜大于图幅面积的三分之一。

③同比例尺成套航海图之间应有一定的重叠（亦称叠幅部分），范围一般不超过图幅面积的四分之一，宽度不窄于10cm。但在大洋区可窄于10cm，甚至边接边。

④尽量减少图幅的数量，采用多种图幅形式以充分利用有效幅面。为方便航海使用，少设计直幅图幅和对开图幅。

（2）基本方法。

①根据制图任务的要求，分析研究海图的用途和使用特点；研究以往同类航海图的基本情况和图幅优缺点。

②对制图区域的地理特点、航行特点和制图资料情况进行分析研究。

③选择小于图幅比例尺的底图，计算图框，对同比例尺成套图制作矩形透明纸图框。

④直接进行图幅设计或在底图上分幅设计，确定图廓的经纬度值，绘制出附图、诸分图等配置略图。

2）港湾图的设计

（1）对基本原则的掌握。

港湾图是指港口（港区、内港、港池）、海湾、锚（泊）地、水道、河口等地理单元的大比例尺海图。主要供船舶进出港口、海湾、锚地、离靠码头、驻泊和避风等航海活动航行定位时使用。

①对完整性的要求。

第一，要保持海岸线完整。海岸线是海陆基本分界线，是反映地理单元范围的主要标志。通常要保持在图上连续或至少在干出滩上连续。海岸线保持连续，可给人以制图区域完整的概念，当船舶沿岸活动，进出港湾其目标可视时，对航海具有一定的导航意义。同时，对于大比例尺海图，海岸带连续、详细的表示也可进一步提高航海图的使用价值。但是，由于港湾图受地区形状特点制约，特别是对河口和狭湾型海岸影响更大，设计图幅时注意不要强求连续。如果强调海岸线连续势必要过于缩小海图比例尺，以至影响海图的主要用途。

第二，对海域地理单元应尽量包全。有的地理单元范围是有明显界线的，如被海岸线包围的海湾、港口；有的地理单元是无明显界线的。对无明显界线的地理单元应注意从有关文字资料中查清大体范围，应将用于指示范围特征的地物特征点包在图内。

第三，进出港口、海湾、锚地等导航目标的通视距离和无线电指向标作用距离等要素应完整放置在图幅范围之内。

第四，各种区域界线、限制线，如港界、锚地界线、禁区界线等应保持完整。

第五，根据海图用途要求的陆地纵深范围的完整性也是应该考虑的因素之一。

②对连续性和系统性的要求。

设计时要顾及区域性同比例尺或接近比例尺的相邻图幅之间的连续和接续比例尺图幅的合理关系。特别是对于群岛海区，大的港口、河口等需要几幅海图覆盖时，应保持海图的重叠区域，以利于航海人员航行中连续换图时使用（见图4.13）。对于比例尺的选择和确定应顾及已有的接续比例尺海图或可能编制的接续比例尺海图的衔接，以便能使航海人员合理地和方便地使用海图的比例尺系列而不至于在船舶进出港口、海湾后，由于图幅设计得不合理而增加换图次数。

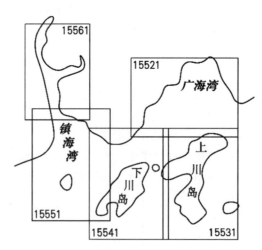

图 4.13 港湾图图幅的连续

③对图上航道实用宽度的要求。

要保证航道在图上具有一定的实用宽度,特别是对于狭窄的港湾出入口(如胶州湾口)、狭窄的水道,其宽度应至少保证航海人员方便标绘航线、定位点及修正航线时使用。在这种情况下,海图比例尺应尽量放大设计,以便提高航线精度。

④注意灵活运用各种图幅形式。

港湾图受区域形状特点制约,图幅内海陆面积比例通常不合适。这种情况对河口图和狭湾海域的海图影响更大,因此图幅设计时应充分运用多种图幅形式。如图 4.14 是普兰店港海图两种设计方案。

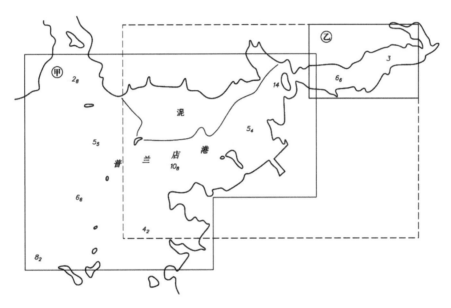

图 4.14　普兰店港海图两种设计方案
(实线图框为第一种方案,虚线图框为第二种方案)

第一种方案是采用拼接图,把乙图部分移至甲图陆地空位;第二种方案是把图框范围东移,包含乙图部分,这样势必造成陆地面积过大,河口处水域面积过小。若不取这两种设计方案,而采取进一步缩小制图比例尺,那么这个方案会使乙图范围的水道过窄。经分析最佳的分幅方案应是第一种设计方案。这个例子说明了港湾图图幅设计具有很大的灵活性。

(2)设计方法要点。

①大致确定图幅范围。

在熟悉和研究海图用途要求的基础上,分析制图区域的地理特点和制图资料,包括已出版的海图,大致定出应包括的制图区域及其图幅概略范围。

②初步确定海图比例尺和图幅经、纬差。

当图幅比例尺已给定或基本确定,则可直接根据公式(4-25)求出制图区域的经差和纬差，确定海图图廓四角的经纬度。如果图幅比例尺需根据制图区域面积、范围进行选择，则可利用确定海图比例尺相应公式计算出比例尺。

③框套制图区域。

按计算的经差和纬差框套制图区域，对于局部区域成套连续的图幅，可以在选择好的小比例尺底图上进行框套。

④确定海图数学基础。

根据选定比例尺，按编绘规范规定选择相应的海图投影，包括基准纬线或中央经线等。

⑤计算图积。

利用海图图框计算公式（见135页）计算海图范围是否在规格图积内。如果超出或面积过小则应调整制图比例尺（包括对比例尺进行凑整）或调整制图区域范围，直到合适。

⑥精确确定图廓范围。

在调整比例尺和制图区域范围（包括包进内图廓线附近的重要因素）基础上，精确确定图廓四角的经纬度值。图幅设计结束。

3）航行图的设计

航行图是航海图的核心图种，其比例尺跨度大，在航海上应用是最多的。航行图图幅设计原则主要应从系统性、连续性和完整性等几个方面加以掌握。

（1）对设计原则的掌握。

①航行图的系统性。

船舶在海上航行可概括为沿岸航行和离岸（或向岸）航行。所谓航行图的系统性是根据船舶海上活动的这个规律而确定的。当船舶顺岸航行时，主要考虑航行图具有相对统一比例尺的连续图幅，即航行图的横向连续成套。船舶顺岸航行多使用沿岸航行图，比例尺通常在1：10万~1：20万之间。根据海岸地形的复杂程度，不同的海区其比例尺也不同，但要保持某一海区比例尺的一致性。如我国舟山群岛海区，除设计一套1：15万比例尺沿岸航行图外，还特别设计一套1：8万比例尺狭水道航行图，以供船舶在舟山群岛海域水道、航门中航行使用。苏北沿岸海区，由于岸线平直，沿岸为浅海沉积泥沙，船舶不在这一海域航行，因此不设计沿岸航行图。我国浙江、福建沿岸海区，由于港湾较多，海岸曲折多变又多岛屿和礁石，所以设计了一套1：10万比例尺连续的沿岸航行图等。

当船舶离岸（或向岸）航行时，随着船舶远离（或接近）陆地，海底地形也明显发生变化，因此使用的航行图应具有不同的比例尺系列，即由沿岸航行图到近海航行图及远洋航行图，这一系统性也称为航行图的纵向连续性。在设计航行图系统时，设计人员必须全面考虑海区航线的特点、海区航行条件及航海人员的航海习惯等因素，以使系统的航行图能充分满足各种船舶的需求。如船舶从某港出发远航，首先使用港湾图出港，出港后对接续海图的选用可以是从沿岸航行图到近海航行图，直到远洋航行图，但航海人员也可能根据需要或条件由港湾图直接改换远洋航行图。这就要求航行图的系统性要强，以便于航海人员在选图时得心应手。

②航行图的完整性。

对各种类航行图图幅设计最重要的是保持航线的完整。航线不连续,势必增加航海人员换图的次数。如图4.15所示,由山东省烟台市烟台港北航时,其外航线就没有连续。

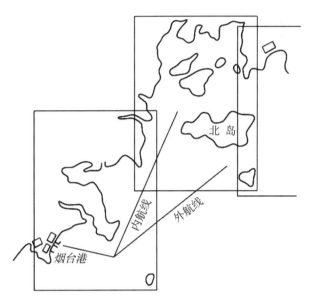

图 4.15 成套图中外航线间断

又如,上海至成山角航线是我国海域的重要航线,多年航海经验证明1∶75万的12000号海图的设计非常实用,就是因为该图保持了航线的完整性。

③航行图的叠幅。

同比例尺(或接近比例尺)成套航行图一般应有重叠。其重叠的面积在图幅设计的基本原则中已具体规定。但在设计中,还应掌握以下几点。

a. 一般情况下,在叠幅部分应尽量包含航行目标,如灯塔、定位用的山头、海角及其他航海目标,以便于航海人员换图前测定船位使用。

b. 在条件允许的情况下,尽量不要在岛礁区、狭窄水道、航门、转向点处设计重叠,以避免给航海人员换图带来不便。

c. 叠幅处的岛屿、港湾、河口等地理单元,应保持在某一图幅上相对完整。图4.16中所示的实线图幅设计比虚线图幅设计要好,其优点是保持了台湾岛南端海岸线在其中一幅图上的完整性。

d. 合理掌握叠幅面积。叠幅面积应尽量接近基本原则所要求的大小。叠幅面积过大会增大整个制图区域的图幅数量,也增加航行时换图的次数。叠幅面积过小会给航海人员换图时测定船位与转绘航迹线带来不便。

图4.17是海图叠幅面积过大的典型实例。图中的5012号海图四分之三的面积与相邻幅图重叠。尽管该幅图是为保持海南岛的完整,但是只要调整成横幅图就可能减少1幅图。

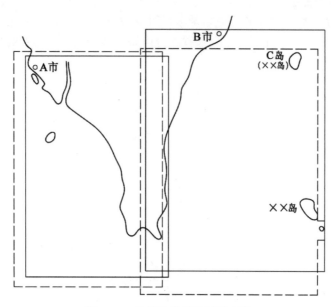

图 4.16 叠幅处地理单元的完整

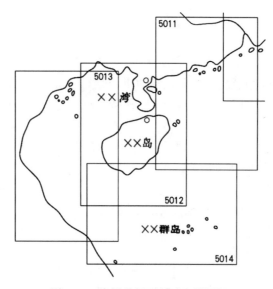

图 4.17 海图叠幅面积过大的图幅

④ 减少图幅数量。

为满足航海对成套图叠幅的基本要求，尽量减少制图区域内图幅设计的数量，以避免造成不必要的浪费，海图分幅设计应注意以下几点。

a. 海陆面积比例适当。应注意在满足沿岸航海目标包全的前提下，尽量增大海域面积和可航行区域面积。

b. 叠幅面积适当。叠幅面积过大，制图区域总范围内的图幅数量就要增多。

c. 充分利用海图的有效幅面和采用灵活的图幅形式，如根据制图区域或航线特点采用移图方法设计拼接图。

d. 充分利用附图。对于图内重要港湾、锚地、水道等小幅图，当不宜单独设计独立图幅时，可多配置附图。

（2）航行图图幅设计方法要点。

①大致确定图幅范围。在熟悉和研究海图用途要求的基础上，分析制图区域的地理特点和制图资料，包括已出版的海图特点，大致定出应包括的制图区域及其图幅概略范围。

②初步确定海图比例尺和图幅经、纬差。当图幅比例尺已给定或基本确定，则可直接根据式（4-25）求出制图区域的经差和纬差，确定海图图廓四角的经纬度。如果图幅比例尺需根据制图区域面积、范围进行选择，则可利用确定海图比例尺相应公式计算出比例尺。

③框套制图区域。按计算的经差和纬差框套制图区域，对于局部区域成套连续的图幅，可以在选择好的小比例尺底图上进行框套。

④确定海图数学基础。根据选定比例尺，按编绘规范规定选择相应的海图投影，包括基准纬线或中央经线等。

⑤计算图积。利用海图图框计算公式（见135页）计算海图范围是否在规格图积内。如果超出或面积过小则应调整制图比例尺（包括对比例尺进行凑整）或调整制图区域范围，直到合适。

⑥精确确定图廓范围。在调整比例尺和制图区域范围（包括包进内图廓线附近的重要因素）基础上，精确确定图廓四角的经纬度值。图幅设计结束。

4）总图的图幅设计

在总图图幅设计中，一方面应优先考虑的是制图区域的完整，包括海岸线的完整，大洋区、海区及其部分区域的完整；另一方面要考虑航线的完整。一般情况下，比例尺的确定和制图区域的划定往往是同时进行、互相试凑，即可在大致确定的比例尺基础上，根据标准图幅面积计算出图幅的经差和纬差，进而确定图幅的范围；也可以首先大致确定制图区域范围，然后确定制图比例尺，经比例尺凑整后，再精确计算出图廓的经纬度值。由于总图比例尺都很小，必要时也可以通过改变海图投影的基准纬线、标准线或切点的位置来调整制图区域范围。

另外，总图一般跨越的地理范围都比较大，在保持制图区域相对完整的情况下，要想使海陆面积比例适当是很难做到的。例如中国海区全图的设计，主要是考虑海区的完整，而海陆面积比例和陆地纵深的大小就是次要问题了。

## 4.2.3 海图编号及图名设计

**1. 海图编号**

1）海图编号方法

为便于查询和保管，在每幅海图的图廓外角处都有一个编号，用1~5位阿拉伯数字表示。

(1) 分区编号法。

将海域分区，区域范围大时，还可分二级区。以某一位或某两位数字代表不同的海区，其他数字代表海图序号。

(2) 分区、分比例尺编号。

除以一位或两位数字代表不同海区外，还可以以某位上的不同数字或不同位上的某数字表示海图的不同比例尺，其余为海图的序号。

(3) 任意编号法。

既不分区，也不按比例尺编号。这种编号无明显的规律性。只是某一海区海图或某一种比例尺海图具有一定的连续的序号。因此，编号中的每位数字不代表任何意义。

2) 我国航海图的编号

(1) 对世界海洋的分区编号。

我国将世界海洋分为 9 个大区，用阿拉伯数字 1~9 表示；每个大区又进一步分为 5 至 9 个二级区（亚区），围绕大陆顺时针方向编号。

(2) 普通航海图的编号方案。

① 世界总图、大洋总图。

采用两位数字编号，××，比例尺小于 1:1000 万，第一位为大区号，第二位为亚区号。参见表 4.12 我国现行航海图编号方案表。

表 4.12 我国现行航海图编号方案表

| 海图种类 | 图号 | 比例尺区间 | 后三位号码 |
| --- | --- | --- | --- |
| 世界总图、大洋总图 | ×× | 小于 1:1000 万 | |
| 海区总图 | ××× | 1:300 万~1:1000 万 | |
| 远洋航行图 | ×0000~×0××× | 1:100 万~1:299 万 | 000, 001, 002, …, 998, 999 |
| 近海航行图 | ××000~××0×× | 1:50 万~1:99 万 | 000, 001, 002, …, 098, 099 |
| | ×××00~×××0× | 1:20 万~1:49 万 | 100, 101, 102, …, 908, 909 |
| 沿岸航行图 | ××××0 | 1:10 万~1:19 万 | 110, 120, 130, …, 980, 990 |
| 港湾图 | ××××× | 大于 1:10 万 | 111, 112, 113, …, 998, 999 |

② 海区总图。

采用 3 位数字编号，×××，比例尺为 1:300 万~1:1000 万，第一位为大区号，第二位为亚区号，第三位为数字 0~9。

③ 航行图。

航行图包括远洋航行图、近海航行图、沿岸航行图三种，采用 5 位数字进行编号，×××××。

a. 远洋航行图：×0000~×0×××，比例尺 1:100 万~1:299 万。第二位数为 0。

b. 近海航行图：当比例尺为1：50万～1：99万时，编号为：××000～××0××，第三位为0；当比例尺为1：20～1：49万时，编号为：×××00～×××0×，第四位为0，如：12200。

c. 沿岸航行图：当比例尺为1：10万～1：19万时，编号为：××××0，第五位数是0。

④ 港湾图。

采用5位数字编码，×××××，比例尺大于1：10万，五位数字都不为0，后三位数字为111～999。

具体掌握时，每种比例尺区内的图幅序号不一定要从最低序号编起。例如，我国海区1：100万～1：299万远洋航行图的编号是从10011开始的，第2幅为10012，……这是因为我国沿海在这个比例尺区间的图幅也只有20几幅。但若按可编图幅数达1000幅（见表4.12后三位号码栏），与实有图幅相差太大，所以可留有充分空号备用。

关于序号，除地理序号外（即围绕大陆或岛屿顺时针方向编排），还可以按比例尺编排序号，即比例尺大于1：100万的航海图实行比例尺序号。如1：75万航行图第1幅编号为11000，在该图内的第1幅1：30万航行图编号为11100，11100内的第1幅1：15万航行图为11110，11110内第1幅港湾图编为11111，11111内更大比例尺港湾图编为11112。这样进港航行换图次序为11000，11100，11110，11111，11112。对11000幅内的第2幅航行图（与11100相连），并不是接11100编为11101，而是编为11200。同样，11200幅内的图幅，即与11150相连的图幅也不编为11160，而是编为11210。这样，就使不同比例尺海图图号具有一定次序，即11000，11200，11210……（见图4.18）

当图幅已把号码全部用完，新编图已无空号时，可用相邻的一幅图图号加后缀a，b，c，如××110与××120之间又增加新图，则为××110a。

对于跨我国和邻近海区的图幅，若包含有我国某一较完整的海域时，不论其所占面积比例如何，均按我国海区编号。跨其他两个大区或二级区的图幅，按图幅所在的大区或主要航行区编号。成套相同或相近比例尺图幅中个别超出比例尺规定区间范围的，仍纳入该成套图系列中进行编号。

**2. 海图图名设计**

海图图名即海图的名称。不同种类的海图图名包含的内容也不同。通常用图者要通过海图图名大致了解海图的地理范围或海图的类型。因此，海图图名的设计应明确、直观。

1）航海图图名设计

航海图是根据图幅表示的主要地理区域或航线起讫点定名的。一般以港口、港区、港池、码头、海湾、锚（泊）地、角（头、咀、鼻、岬）、岛屿、礁石、浅滩、海峡、水道、海、洋等地理通名来定名。除特殊情况外，不以居民地名称定名。

（1）以地理单元范围名称定名。

图幅范围内包括一个完整的地理单元，则以地名或专有名称加地理通名，如"大港

第4章 海图设计

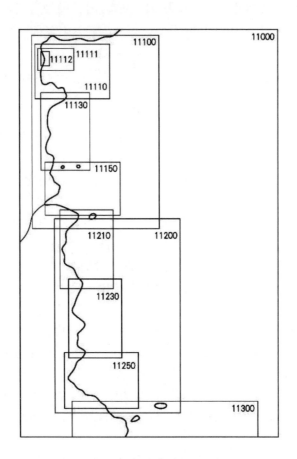

图 4.18　航海图编号方法示意

区"、"天津新港"等。

图幅范围内包括两个完整的地理单元，以副词"及"连接，如"渤海及黄海"。

图幅范围包括部分地理单元或延伸的地理单元，定名为"×××及附近"或"×××部"，如"青岛港及附近""太平洋北西部"等。

图幅范围以地理单元附近为主的，定为×××附近，如"台湾海峡附近"。

(2) 以航线起讫点名称定名。

同比例尺（或相近比例尺）成套连续的航海图较多采用以航线起讫点名定名。一般按大陆顺时针方向以"×××至×××"定名，各图幅之间图名有一定连续，如"鸭绿江口至海洋岛"幅，其邻幅为"海洋岛至白翎岛"。

(3) 同一图名加序号。

对同比例尺连续成套图而言，其图名可取某一地理名称加序号区别，如"南三河（二）"。一般在对江河图定名时较多采用。

(4) 诸分图、拼接图和主附图定名。

诸分图图名包括总图名和各分图名。总图名以各分图幅的地理区域定名并加"诸分图"三字,如"舟山群岛北部诸分图"。每幅分图则根据地理单元或区域范围定名。

拼接图图名根据甲、乙图覆盖区域确定一个图名。甲、乙图不单独定名。

主附图中的附图图名根据其区域范围或地理单元定名。

2) 地理位置说明

航海图图名都加注地理位置说明。主要目的在于进一步指明图名范围或地理单元所在的海区、国家或地区。通常是根据图名范围,选择该范围所在的国家、海洋、群岛、半岛、岛屿、江河等地名作为地理位置的说明。由一个地名或一组顺序从大范围到小范围的地名组成,如"舟山群岛北部诸分图"的地理位置说明可由"中国 东海"一组 2 个地名组成,"大连港及附近"由"中国 黄海 辽东半岛"一组 3 个地名组成。

### 4.2.4 海图的图面配置及整饰设计

**1. 海图标题设计**

不同种类的海图或同一种类海图图面配置的位置不同,其标题所包含的内容也不相同。简单的海图标题设计,只表示海图的图名或图名加海图比例尺。最简单的只表示一个图名的海图标题。普通海图或专题海图一般是使用这种标题。标题如配置在图廓外,则横排在北图廓外左右居中;若配置在图廓内,则大多配置在左上角;而排在图幅下半部的情况极少。排在图廓内的标题又可分为有装饰框的和"悬浮式"的(无装饰框)两种。有装饰框的是把图名框在一个装饰边范围内,通常框线与字间要保留半个字高度。悬浮式是指把图名嵌入海图内容的背景中,不再加绘框线。

较复杂的标题不仅包括图名,还包括海图的数学基础、资料情况等说明。航海图的标题均按这种形式设计。配置在图廓内的海图标题式样如图 4.19 所示;配置在图廓外的海图标题式样如图 4.20 所示。

标题配置在图廓外时,出版单位徽志放在图廓外左上角。基本资料测量时间和图式版本等内容放在图廓外下方。另外,航海图中的拼合图、诸分图及附图都有各自的小标题,均配置在分图或附图内。拼接图的标题一般配置在甲幅图内。

**2. 海图图廓设计**

海图图廓由内图廓和外图廓两部分组成(见图 4.21)。

1) 内图廓

内图廓包括内图廓线、经纬度细分线及黑白线段。内图廓线是限定海图图幅范围的界限。经纬度细分线用于海图经纬度坐标量算,分为最大分划、次分划、细分划、最小分划。各分划的间距随比例尺的不同而变化。标准《中国海图图式》对不同比例尺海图的各种分划和黑白线长作了具体规定(见表 4.13)。

中国 东海 宁波港

# 宁 波 至 镇 海
## NINGBO TO ZHENHAI

1:10 000(29°55′)

墨卡托投影

2000国家大地坐标系

深度……米……理论最低潮面

高程……米……1985国家高程基准

本图水域系2006年测量；陆地采用1997年版地形图

基本等高距 10m

图式采用 GB 12319-1998

① 出版机关徽志；　⑤ 投影名称；　　　　　　⑨ 基本等高距；
② 地理位置说明；　⑥ 坐标系说明；　　　　　⑩ 图式说明；
③ 图名；　　　　　⑦ 深度、高程单位及基准面；
④ 比例尺及基准纬线；⑧ 基本资料的测量时间；

图 4.19　配置在图廓内的标题式样

图 4.20　配置在图廓外上方中央的标题式样

表 4.13　　　　　　　海图图廓细分线间距，黑白长规定

| 比例尺 | | 最大分划 | 次分划 | 细分划 | 最小分划 | 黑白线长 |
| --- | --- | --- | --- | --- | --- | --- |
| 最大 | 最小 | | | | | |
| — | 大于 1:30000 | 1′ | 0.5′ | 0.1′ | 0.01′ 或 1″ | |
| 1:30000 | 大于 1:100000 | 1° | 5′ | 0.5′ | 0.1′ | 1′ |
| 1:100000 | 大于 1:200000 | 1° | 5′ | 1′ | 0.2′ | 1′ |
| 1:200000 | 大于 1:500000 | 1° | 5′ | 1′ | 0.5′ | 1′ |
| 1:500000 | | | | | | |

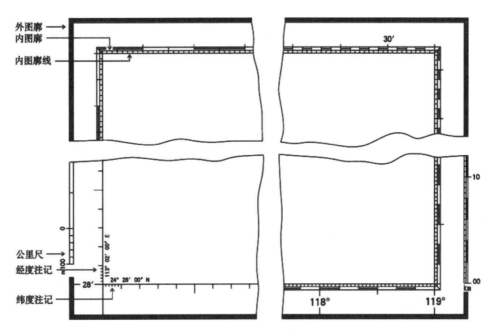

图 4.21 海图图廓

海图范围内每隔一定的经差和纬差给出经纬线网,并在内外图廓之间注记经纬度值。间距一般控制在 10cm~20cm,并根据比例尺大小选择 0.5′,1′,2′,5′,10′,30′,1°,5°及这些值的偶数倍数。在小比例尺的高纬度地区图上,为了保持经纬网格近似方形,经差应大于纬差。同比例尺成套图的相邻图幅经纬线间距应相同。

2) 外图廓

外图廓是由加粗的外图廓线和东西两侧的直线比例尺或公里尺组成,如图 4.21 所示。某些航海图根据需要还在图廓线上设计有对数尺,供航海人员在海图作业时换算航速、航程辅助使用。

### 3. 海图图廓外的配置

海图图廓外的配置内容及位置在海图图式中均有明确规定。配置的原则既要方便用图者对海图的一般阅读和了解,又要便于其对海图的查取。图 4.22 所示是标题配置在图廓内时的图廓外的配置形式。

①图号和小图名。航海图图号分别注在图廓外四角,字头朝内。在图廓长方向图号处以小字体注出海图图名(亦称"小图名"),字头与图号注记方向一致。图号和小图名的配置目的是为方便用图人员在海图柜中查取海图。

②图式符号。补充增加的《中国海图图式》上没有的符号及其他说明。

③出版机关或单位。

④海图版次及出版时间。

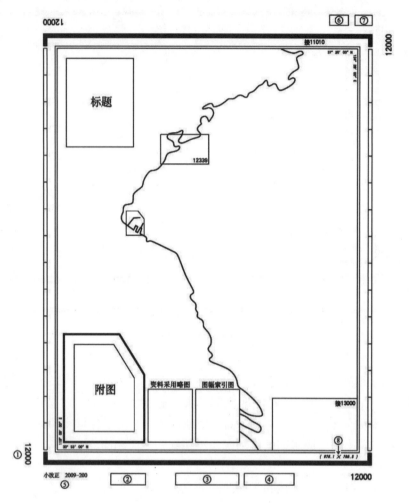

图 4.22 海图图廓外的配置

⑤小改正。用图人员在"小改正"后累记航海通告改正的年份、期数。

⑥印刷色标，也称色标圈。标示海图的印色及色数，印刷人员用以检查海图是否按规定的颜色数量印刷，以防止某颜色漏印。

⑦密级。标示海图的保密等级。

⑧编号。供用图人员保管、使用时自行编号。

⑨海图图积。指示海图内图廓的面积。一般注在南图、外图廓之间。也曾注在南图廓下方的海图图号附近。

**4. 海图辅助要素的设计与配置**

海图图面上配置的辅助要素主要有方位圈、图幅索引图及资料采用略图。

1) 方位圈

海图上配置的方位圈也称罗经圈。主要供用图人员在图上量测方位使用。配置总原则是方便用图人员使用。全开航海图上配置2~3个，对开航海图上配置1个；其他较小的分图或附图可适当配置或不配置；海区形势图方位圈的配置要从总体幅面上考虑。方位圈主要以圆周角法（0°~360°）表示方位，某些海图除用圆周角法表示方位外，还用罗经点法（32方位）表示。图4.23（a）所示是我国早期海图上的方位圈示样；图4.23（b）所示是我国现行海图上所配置的方位圈示样。

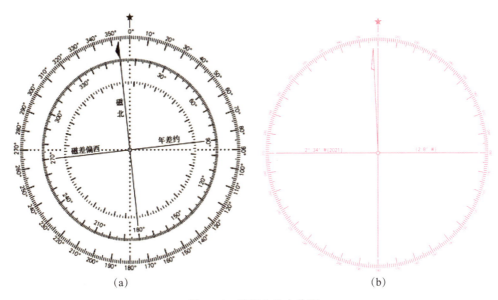

图4.23 海图上的方位圈

方位圈一般都标示海区的地磁偏差值（磁差值）及年变率，以供用图人员计算当年的地磁偏差值。地磁偏差是指磁子午线与真子午线的角差。磁子午线北端在真子午线以东为偏东（E），差值为正；以西为偏西（W），差值为负。地球磁场是一个复杂的地球物理现象，其变化规律是靠多年地磁观测和长期资料积累取得的，而地磁偏差的大小因地而异。同一地点的地磁偏差也随时间变化而有微小变动，有周年变化和周日变化，周年变化称为"年变值"或"年变率"。目前由于资料不充分，只能按一定的数学模式预报未来3~5年的地磁变化趋势，并绘制地磁偏差等值线图。美国、俄罗斯及英国都定期（每5年）出版"世界地磁偏差图"。

2）图幅索引图

海图上配置"图幅索引图"主要是显示图幅范围内比本图比例尺大1~2级的海图的图号、范围和相邻图幅的图号及与本图的重叠范围。图幅索引图的大小一般应控制在10cm×7cm左右（见图4.24）。我国20世纪80年代以前出版的海图配置"接图表"（见图4.25），用于显示相邻同比例尺或相近比例尺海图的图名和图号。

以图名表示的接图表（见图4.25（a））配置在北图廓上方，以图号表示的接图表（见图4.25（b））配置在南图廓下方。

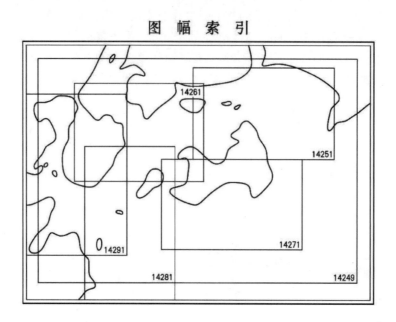

图 4.24 图幅索引图

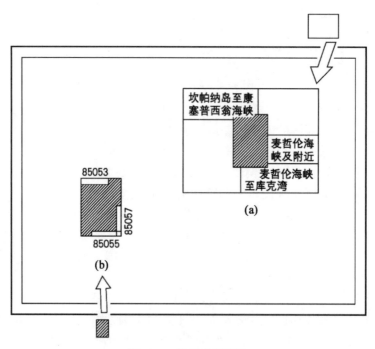

图 4.25 接图表及配置

此种形式的索引图配置后不占海图有效图面,但它只适于显示相邻海图图幅,不宜显示图内所包含的大 1~2 级的比例尺海图。因此,当采用此种形式表示时,其大 1~2 级比例尺海图的索引是在图内相应位置上加注"阅×××××号图",亦称"阅图号"。

3) 资料采用略图

"资料采用略图"主要用于显示海部水深测量资料的新旧程度。用图者通过该图了解海图的现势性。该图上应表示出海岸线和水深测量资料范围线,注出每幅测量资料的测量年份,如图 4.26 所示。

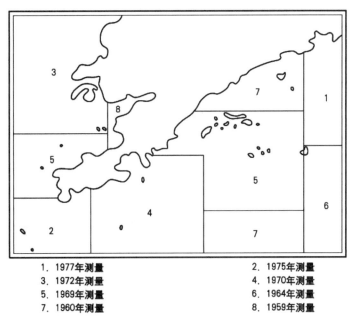

图 4.26 制图资料采用略图

资料采用略图及上述的图幅索引图均配置在图廓内的陆地部分空白处或不压盖海图重要内容要素的位置上,通常是靠近海图标题附近或附图附近。

### 4.2.5 海图内容选题设计

海图内容选题设计是指根据海图用途要求,对海图表示的地理要素和空间实体所进行的选择设计。内容选题主要是解决海图需要表示什么要素,而表示的程度、数量的多少则是制图综合讨论的问题。下面主要介绍航海图的内容选题设计。

**1. 航海图的一般性选题**

海洋空间的各种自然现象和经济现象都是航海图内容选择设计的对象。航海图内容选题设计受海图用途、比例尺、资料的可取性与可靠性,以及制图部门的经济条件的影响。有时海图设计人员的主观因素,即对主题内容的理解和对获取资料的可能条件的了解也是很重要的。一般来说,航海图通常选择下列诸要素:

①海岸(包括海岸线、海岸性质和干出滩);
②海底地貌;

③天然的和人为的各种障碍物；
④助航设备；
⑤供航海参考用的海洋水文、气象资料；
⑥陆地地貌；
⑦各种人工地物和天然地物；
⑧水系及附属物；
⑨居民地；
⑩交通网及附属设施；
⑪各种区域界线、境界线等。

**2. 航海图上航海要素的选题**

从航海用途出发，航海图应突出对航海要素的选择。所谓航海要素是指那些直接用于航海导航定位、选择航线和保证航行安全的要素。船舶海上活动大致可分为远洋航行、近海航行、沿岸航行和狭水道航行及港湾区活动。不同的航海用途和不同的航海活动区域需要各种不同比例尺的相应海图，因此对航海要素的最低限度的选择也不同。下面从船舶海上活动区域来分别进行研究。

1）导航定位对航海要素的选择

目前，船舶在海上航行所应用的导航手段包括地文、天文、无线电导航及卫星导航等。无论采用哪种手段进行导航，航海人员都离不开海图。

从海图用于导航定位的角度出发，海图要重点选择各种定位用的方位物、各种显著目标、无线电导航使用的双曲线格网等。为便于磁方位和真方位的换算，要详细表示地磁要素。为更好显示船舶定位后的位置关系，海图需要详细表示水深注记、底质及海岸线，参见表4.14。

表4.14　　　　　　　　　　　　导航定位对航海要素的选择

| | 远洋航行 | 近海航行 | 沿岸航行 | 港湾区活动 |
| --- | --- | --- | --- | --- |
| 磁偏差 | √ | √ | √ | |
| 海岸线 | | | √ | √ |
| 陆地地貌 | | | √ | |
| 陆地方位物 | | | √ | √ |
| 显著方位物 | | √ | √ | |
| 叠标线、雷达显著目标 | | | √ | √ |
| 水深 | √ | √ | √ | √ |
| 底质 | | | √ | √ |
| 助航标志 | | √ | √ | √ |

4.2 海图总体设计

续表

|  | 远洋航行 | 近海航行 | 沿岸航行 | 港湾区活动 |
|---|---|---|---|---|
| 无线电助航标志 |  | √ | √ |  |
| 双曲线导航格网 | √ | √ | √ |  |

2) 制订航行计划对航海要素的选择

为航海人员制订航行计划，海图需要选择的内容要素主要是水深、等深线、航行危险物、航道及导航线，其次是海岸线、港湾的分布和水文条件及地名等，参见表4.15。

表 4.15　　　　　　　　　制订航海计划对航海要素的选择

|  | 远洋航行 | 近海航行 | 沿岸航行 | 港湾区活动 |
|---|---|---|---|---|
| 海岸线 | √ | √ | √ | √ |
| 航道 |  |  | √ | √ |
| 导航线 |  | √ | √ | √ |
| 水深、等深线 | √ | √ | √ | √ |
| 航行危险物 | √ | √ | √ | √ |
| 潮信 | √ | √ | √ | √ |
| 海流 |  |  | √ | √ |
| 航行限制区 | √ | √ | √ | √ |
| 重要港湾 | √ | √ |  |  |
| 港湾锚地 |  |  | √ | √ |
| 地名 | √ | √ | √ | √ |

3) 海上航行安全对航海要素的选择

为了保证船舶海上航行安全，航海人员需要了解和掌握那些直接威胁航行安全的各种人为因素和有助于安全航行的服务机构及设施。包括各种海底管线、架空电线或索道，各种军事训练区，以及各种航行注意、航行警告的说明。表4.16表示了从保证航行安全角度出发，不同海域的航海活动对航海要素的选择。

表 4.16　　　　　　　　　海上航行安全对航海要素的选择

|  | 远洋航行 | 近海航行 | 沿岸航行 | 港湾区活动 |
|---|---|---|---|---|
| 军事训练区 | √ | √ | √ |  |
| 区域界线 | √ | √ | √ | √ |

续表

| | 远洋航行 | 近海航行 | 沿岸航行 | 港湾区活动 |
|---|---|---|---|---|
| 海底管线 | | √ | √ | √ |
| 注意、警告 | √ | √ | √ | √ |
| 底质 | | | √ | √ |
| 海图基准面 | | | √ | √ |
| 架空线高度 | | | √ | √ |
| 港口设施 | | | | √ |
| 海关、港务 | | | √ | |
| 海岸无线电台 | | √ | √ | |
| 信号台站 | | | √ | √ |

如果我们把表 4.14、表 4.15、表 4.16 综合考虑，可以发现，海图内容选题和航海活动区域关系极大。从纵向上分析，沿岸航行活动对海图航海要素内容的选择要求较高，需要的要素类型较多。其次是港湾活动和近海航行活动。对航海要素要求较少的是远洋航行活动。从横向上分析，海图上的水深注记、等深线、航行危险物、航行限制区、地理名称、区域界线及航行警告的说明要素是各种航海活动均需要的要素，这些要素对航海人员来讲是最为重要的。

## 4.3 制图资料的选择

制图资料的选择，通常是在资料部门提供的制图区域范围内各种资料的基础上进行的。根据新编海图的用途要求，在制图资料分析评价的同时，应对制图资料作出最佳的选择，主要是确定新编海图的基本资料、补充资料和参考资料。

### 4.3.1 基本资料的选择

**1. 可作为基本资料的条件**

1）基本资料应是构成新编海图基本内容的图形资料

一般情况下，编制海图很少用几幅同一比例尺海图直接编绘另一种接续比例尺海图。这是因为海图图幅和比例尺不是按一定的规则系列组成的。例如编制中大比例尺海图，海域采用相应或相近比例尺海道测量原图资料，陆地部分则采用陆地地形图资料。而对于小比例尺海图的编制，即使不使用原始测量资料，也还要使用地形图资料，所以很少有全部采用海图资料编图的。这一例子说明编制海图的资料的复杂性。

通常能作为编图基础的和用以构成基本内容的图形资料主要有：水深测量原图、岸线地形测量原图、海图、地形图等。

2) 比例尺要适当

通常要求采用大于或略等于新编图比例尺的制图资料作为基本资料。制图资料比例尺大于新编图比例尺，可满足编绘时对地理内容的详细性要求。在一定程度上，对提高海图编绘精度有一定意义。

3) 应顾及制图综合的条件

基本资料的内容要素或某一要素应比新编海图详细些。缩小为新编图比例尺后，其要素密度应大些，以便为新编海图的制图综合留有充分的余地。诸如海图或水深测量资料上的水深注记的间隔密度应适于对其进行取舍。图 4.27 所示是两种不同密度的水深注记（已统一为编图比例尺）。其中（a）图适于按规定的间隔和形状进行取舍，而在（b）图上按规定的间隔和理想的形状进行取舍难度就大得多。

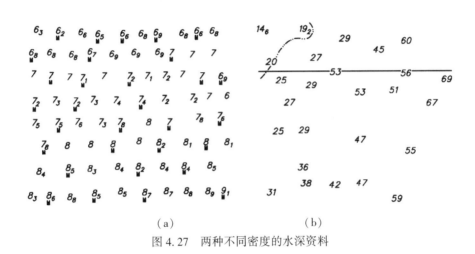

图 4.27 两种不同密度的水深资料

同样，对于陆地地形图等高线间距，应选择与新编海图所要求的间距相适应的资料，以避免等高线的内插。例如，现行航海图编绘规范对 1∶10 万~1∶19 万比例尺海图的等高距规定一般地区为 40m，特殊地区为 80m，则应选择等高距为 40m 和 80m 的地图资料，而不应选择等高距为 50m 和 100m 的地图资料。

4) 应便于对资料的处理

采用不同的编图方法，对资料处理的要求也不同。当采用蓝图编绘时，要考虑对资料复照的条件，作为基本资料应尽量选择不带底色和避免有大面积多颜色印制的资料，否则要进行加工处理。当采用薄膜编稿时，需对制图资料进行复印，则应选择不影响复印效果的资料。当采用计算机制图时，要考虑对资料数字化处理的条件，则应选择便于作扫描数字化或进行数据格式转换的制图资料。但是不管哪种制图资料的选择都应考虑资料进行坐标系统统一和投影变换处理的可能性。

**2. 基本资料的最佳选择**

海图制图资料种类较多，且情况各不相同。在编图时，仅需要的图形资料就有几种类型可供选择。但是每一种资料并不一定能完全满足新编海图的要求。某一资料可能是内容很完备，但精度较差。另一资料比例尺很适宜，但现势性较差，等等。因此，在确定对基本资料的采用上有一个最佳选择的问题。

所谓基本资料的最佳选择，就是根据新编海图的用途要求，结合各种资料的具体情况，权衡利弊，取长补短，把最优先采用的资料确定下来。在此基础上，确定对其补充的可能性和补充的效果。

通常编制大比例尺海图，资料的现势性和地理适应性较为重要，而对于小比例尺海图的编制，资料的完备性和投影变换的方便性显得更重要些。所以，前者应优先选择现势性强、地理适应性好的资料，后者应优先选择内容完备性好和使用方便的资料。又由于海图的海域部分和陆地部分及海岸地带往往是分别采用不同的资料进行编图，因此，会有多种采用情况，如表 4.17 所示。

表 4.17　　　　　　　　不同部分采用不同的资料进行编图

| | 一 | 二 | 三 | 四 | 五 |
|---|---|---|---|---|---|
| 海部 | 水深测量原图 | 水深测量原图 | 海图 | 海图 | 水深测量原图 |
| 陆部 | 地形图 | 地形图 | 地形图 | 海图 | 海图 |
| 海岸 | 海岸地形测量原图 | 地形图 | 地形图 | 海图 | 海图 |

从表 4.17 中可以看出，海部资料采用较多的是水深测量原图；陆部资料采用较多的是地形图；海岸地带多采用陆地地形图和海图。由于多数海岸地形测量原图资料是在地形图基础上进行补测的，所以资料本身的完备性较差，很少用作基本资料，多数是用以补充海岸线和海岸性质。

另外，编制国外地区海图，所使用的通常是不同国家版的海图和地形图资料。一般情况下，应优先采用海区所属国出版的海图和地形图，只有当所属国的海图或地形图在现势性方面太差时，才选用其他国家的海图作基本资料。

按一般规律，编制国内地区海图，较多的要使用原始测量资料，所以资料要复杂些，但这些资料的完备性、精度及现势性，分析起来都比较明显，因此对基本资料的选择比较容易，也不易出现采用资料的错误。编制国外地区海图，尽管不会涉及原始资料，但是有时不同国家版本的海图较多，又因出版时间不同，内容现势性程度不同，所以分析这些资料就显得困难些，有时还要去伪存真方能选择出可靠的基本资料来。

### 4.3.2　补充资料和参考资料的选择

**1. 补充资料**

补充资料在制图资料的选择中占有较重要的位置。这是由海图制图资料种类较多，且内容质量参差不齐所决定的。事实上，在表 4.17 中，除制图区域所采用的基本资料外，经常需要用某些资料补充其范围的不足。因此，从一定意义上讲，补充资料并不意味着资料不重要或资料的精度较差。有时，用补充资料所补充的内容还相当重要。例如，当采用"海岸地形测量原图"作为海岸线和海岸性质的编绘依据时，多数是把该资料作为补充资料来实施的。因为该资料只是在海岸狭窄范围内进行修测的，并且很难构成编绘底图，只能作为补充资料加以使用。又如，在"水深测量原图"上，对助航标志一般不进行重新测量，在原图上即使表示了助航标志，其精度和现势性也不一定可靠。因此，编绘中应搜集和采用具有较高精度和较新的助航标志资料加以补充。

另外，在编绘中也经常利用一些现势性较强的资料对部分要素加以补充。利用航海通告提供的改正信息，实质上就是一种补充资料的运用。诸如海区范围少量浅水深的增加，发现航行障碍物，新增加助航标志以及海区界线的变化等。

一般情况下，对补充资料的确定主要有以下几种情况。

①在基本资料上对某一要素进行修正和补充。诸如，已采用了"水深测量原图"后，在该原图上补充助航标志、障碍物、海区界线等。也可能利用现势资料对基本资料上的某要素进行修改。

②补充基本资料范围以外的空白区域，通常是图廓附近的空白区域，利用小比例尺资料或其他精度较差的资料，甚至是现势性不强的资料进行补充。但这时补充的内容要与采用基本资料的内容用不同的符号加以区别，或者在图中加以说明。如编制 1∶10 万比例尺航行图，在基本资料以外，利用 1∶20 万海图资料补充了部分水深注记。由于比例尺放大，水深注记密度较稀，其精度也差，通常以直体水深注记表示，以区别精度较高、符合编绘规范规定的斜体水深注记。

③以文字资料加以补充。通常是指海洋工程方面的原始资料，如废油井、海底输油输气管道，及海底电缆、海洋渔业及养殖方面的资料，如海带养殖场的范围界线、禁止捕鱼和抛锚界线等。

从上述三种情况可看出，补充资料的类型比较广泛，除图形资料外，还有文字资料，并且这些资料还不受制图比例尺的限制。

**2. 设计参考资料**

参考资料的类型范围更广泛，一般不直接使用，只作为编绘时参考。参考资料的选择往往针对某个具体问题进行。如在制图综合中，选择某种制图资料作为编绘时对要素分类、分级的参考，供研究海区地理特点参考使用等。参考资料更不受其内容、形式的限制。

## 4.3.3 制图资料分析结论及资料采用示意图

**1. 制图资料分析结论**

制图资料分析结论是编辑文件中的重要内容。它不但是制图编辑对制图资料分析评价的成果，也是编绘人员使用制图资料的重要依据。结论的一般内容包括以下几个方面。

①制图资料的一般情况：比例尺、投影、坐标系统、高程以及深度基准面、单位、测量和出版时间及小改正期数等。

②制图资料的测量内容：大地测量方法、地形测量方法、水深测量方法及其精度，各

要素（特别是航行障碍物、航道水深、助航标志）测量精度及详细程度的评价结论。

③制图资料的编制内容：控制点及制图网的精度和变形情况，各主要要素的编绘精度及相互关系的合理性，资料转绘的控制基础、方法、精度，各要素综合取舍的质量。

④各内容要素的完整性、地理适应性。

⑤整饰质量、依据的"图式"及表示形式等对编图的适应程度。

⑥其他有关方面的介绍和评价。

最后应对整个制图资料是否能保证编图的质量得出总的结论，包括大地控制基础和制图资料经转绘平差后的精度保证情况，各主要要素的正确性、真实性、完整性方面是否能保证新编海图的各种用途要求。在结论中也应注意指出制图资料的缺欠和不足之处，以供编绘人员在使用资料时借鉴。

资料结论说明应简单、明确、肯定，要避免含糊不清和似是而非，应使编绘人员对制图资料有一个明确的认识。为了能清晰、直观地表达制图资料分析情况，某些内容也可采用表格方式表述。把各种制图资料按其图名、图号、类型、比例尺、投影、单位、测量或出版时间、基准面、坐标系统等一一列出。

**2. 制图资料采用示意图**

制图资料采用示意图是附在《图历表》中用于指示基本资料采用情况的一个略图，配合"编辑计划"供制图人员参考使用（见图 4.28）。

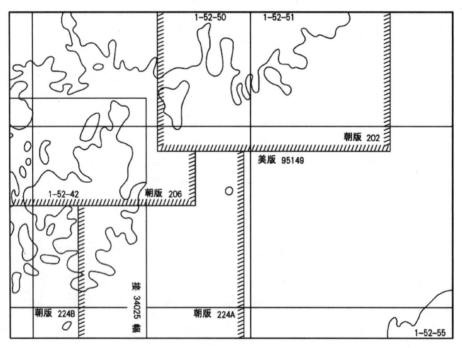

图 4.28　制图资料采用示意图

制图资料采用示意图上包括海岸线、各种基本资料或补充资料的分布范围,各资料之间的关系、资料的版别及图号等。绘制制图资料采用示意图的基本要求如下。

①示意图面积控制在不大于 16 开版面,以便于附在《图历表》中。底图选择小于新编图比例尺 5~10 倍即可。

②资料范围线的绘制,除与实际图幅面积相应按比例缩小外,还应反映出采用的顺序。如图 4.28 中,朝版 202 是第一采用的,其次是朝版 206,再次是朝版 224B 及朝版 224A 等。

③一般绘制成彩色示意图,其用色应能明显区别出海陆部和不同版别的制图资料或海陆部不同资料等。诸如,海岸线用蓝色描绘,不同版别的制图资料以不同的颜色区别表示,新编图图幅范围和接幅范围以黑色表示。

**3. 制图资料索引图**

制图资料索引图是供编辑人员使用的工作略图。一般是在制图区域范围内新编图的图幅设计完成和基本上搜集了各种主要制图资料以后绘制。底图一般选择小于新编图比例尺 5~10 倍,以透明纸绘制。内容包括:海岸线,新编图的图幅范围,所搜集到的各种图形资料范围、版别和图号,必要时可标出资料比例尺。为清晰易读方便使用,通常也以彩色绘制,其用色与制图资料采用略图用色相同。

## 4.4 专题海图与图集编制

### 4.4.1 专题海图

专题海图是仅表示海洋区域空间的某种、某几种,甚至多种(但不是全面,更不是所有)内容要素的海图。只有一种专题要素的如海区磁差图,只表示其磁偏差及其年变率一种内容;有几种要素的专题海图如障碍物分布图,表示各种礁、滩等海底地貌要素,也表示沉船、渔具等危及航海安全的人为要素;有多种要素的专题海图以航海图最为典型。

专题海图所表示的专题要素,可能是普通海图中某种要素,如大洋水深图只表示大洋中的测深资料,即水深注记;或普通海图中的某几种要素,如海底地貌图以等深线和水深注记,以及底质和其他地貌符号,如岩峰、礁石等为其内容;也可能是普通海图基本内容之外的要素,如海底地质构造图、海洋重力异常图等等。还可能是两种情况兼备,既有普通海图中的要素,又有普通海图以外的要素,如航海图。

**1. 专题海图的类别与形式**

专题海图按内容性质的区别,还可分成若干种,一般与地图分类相适应,也分成自然现象海图和社会经济现象海图两种。

1)自然现象海图
通常还可按自然要素的学科体系进行再分类,如海洋水文图(包括海水温度、盐度、密度、透明度、潮汐、海流、波浪等)，海洋气象图（包括风、气温、降水、雾等)，海洋生物图（包括各种鱼类、贝类、微生物、植物等)，海洋地质图（包括地层、构造、岩相、沉积、矿藏等)，海洋地球物理图（包括重力、地磁等)，等等。

2) 社会经济现象海图

可按社会学科或经济产业部门进行再分类。如历史图（包括航海史、海战史等)，交通图（包括航线、通信联络等)，水产图（包括渔区、水产类型等)，等等。

在专题海图上，除了表示专题要素以外，还有一些起底图作用的基础要素，如海岸线、岛屿、港口城市等，这也如陆地专题地图上通常都表示海岸线和河流等基础要素一样，但它们不是主题要素。所以，自然现象图和社会现象图是以其专题要素而论的，连同基础底图内容在内，则两种专题图中都可能同时存在自然现象要素和社会经济现象要素。

还有一种专题海图，主题内容中既有自然要素又有社会经济要素，如航海图，划入哪一类？对此，在以往的许多地图学著作中，往往另外加入一类工程技术图，以解决归类中的上述困难。但是顾名思义，工程技术图的分类标志已趋向于用途这一点，从它划入的地图种类（航海图、航空图、宇航图、规划设计图等）中也可得到证实。这样就转移了分类标志，使分类标志不统一，破坏了分类的严密性，因而是不可取的。由于人类开发利用海洋活动日趋频繁，人们用于海洋空间环境所需、综合反映海区自然现象和社会经济现象的海图数量也急剧增加。因而有人主张再专门分出一类"自然与社会经济图"。地图学家萨里谢夫指出："这种使分类方案复杂化的做法，为分类法的实际应用带来了困难，因此其应用应受到严格限制。许多学科间的地图完全可以同义地属于一定门类。例如，地质图是自然地图的基本属之一，但是矿产图有时具有工业资源的特征，显然应属于经济地图。同理，表示自然现象和社会经济现象的其他地图，可以划归到社会经济地图的相应种（或亚种）。这种处理方法的依据是，几乎所有的社会经济地图都包括这种或那种自然要素，特别是水文要素。"根据这一观点，航海图中的自然要素具有"航行条件"的特征，航海图及其他兼有自然和社会经济要素的海图，都可划入社会经济图之中。

据此，从理论上来说，将航海图归入社会经济海图类中是合乎道理的。但是，作为航海图本身的归类，还是应该从实际出发，在以主题内容为标志的海图分类法中，仍应将航海图划分为一大类，理由与在以用途为标志的海图基本分类法中将航海图单独划分为一大类是相同的。

**2. 专题海图的编绘方法**

专题海图的内容涉及自然界和人类社会的多方面，其时空分布特征也多种多样。专题海图上既要反映其时空分布，也要表示其数量和质量特征以及现象之间的联系。

表示专题现象的基本方法有 10 种。

1) 定点符号法

定点符号法表示点状分布的物体，如学校、气象站、工业企业、文化设施等。它是采用不同形状、大小和颜色的不依比例尺的符号表示物体的位置、质量和数量特征。由于符号定位于物体的实地位置上，故称为定点符号法。

定点符号按图形可分为几何符号、文字符号和艺术符号。几何符号多为简单的几何图形，如圆形、方形、三角形……这些图形结构简单、区别明显、便于定位。文字符号用物体名称的缩写或汉语拼音的第一个字母表示，能顾名思义，便于识别和阅读。艺术符号又可分为象形符号和透视符号。象形符号是用简单而形象化的图形表示物体或现象的，符号的形象生动直观，易于辨认和记忆。透视符号是按物体的透视关系绘成的，它更能反映物体的外形特征，形象生动，有吸引力。在大众传播地图上常可看见此类符号。

通常用符号的形状和颜色表示物体的质量特征（类别）。若用形状表示类别，颜色就表示其亚类。例如用星表示电站，红色星表示火电站，蓝色星表示水电站，绿色星表示核电站。也可以用颜色表示类别，用形状表示亚类。例如用绿色表示农业企业，再分别用不同形状的绿色符号分别表示种植业企业、养殖业企业等。

符号的大小表示物体的数量差别。若符号的尺度同它所代表的数量有一定的比率关系，称为比率符号，否则是非比率符号。

2）线状符号法

线状符号用于表示呈线状分布的现象，如河流、海岸线、交通线、地质构造线、山脊线等。

线状符号用颜色或不同的结构表示线状要素的质量（类别）特征，其粗细也只用来表示其质量差别，如主要、次要等，并不含有明确的数量概念。

3）范围法

范围法表示呈间断分布的面状现象，如森林分布、某种农作物的分布、动物分布区等。范围法是用真实的或隐含的轮廓线（例如由颜色或网纹、符号排布构成的边线）表示现象的分布范围，在范围的内部再用颜色、网纹、符号、注记等手段区分其质量特征。

4）质底法

质底法表示连续分布、布满整个区域的面状现象，其表示手段同范围法几乎没有区别，也是在轮廓线内用颜色、网纹、符号、注记等表示现象的质和类的差别。采用此法时，首先按现象的不同性质将整个制图区域进行分类或分区，制成图例；再在图上绘出各类现象的分布界线，然后把同类现象或属于同一区域的现象按图例绘成同一颜色或同一花纹。图上每一界限范围内所表示的专题现象只能属于某一类型或某一区划，而不能同时属于两个类型或区划。

质底法和范围法的区别在于：首先，前者由于表示的是布满整个制图区域的现象，全区域内没有"空白"的位置，如土壤图、行政区划图；后者则没有布满整个区域，如仅表示土壤中的某个土类。其次，质底法表示的制图现象只可能属于图面上的某个图斑，不可能有交叉和重叠，范围法表示的制图现象则可能相互交叉或重叠，例如民族分布区就显示范围法的重叠表示。

质底法着重显示现象质的差别，一般不表示数量的特征。质底法中各种底色的用色也不像范围法那样自由，它必须要反映多级制的分类系统。因此，采用质底法时，最重要的是底色设计。

5）等值线法

等值线法是一种很特殊的表示方法，它本身是线状符号，表达的却是布满整个区域的面状分布的现象。最适合用等值线表达的是地形、降水、气温、地表径流等布满整个制图区域的渐变的现象。

等值线是表达专题要素数值的等值点的连线，如等高线、等深线、等降水线、等温线、等磁差线等。

6) 定位图表法

用图表的形式反映定位于制图区域某点上表征周期性现象的数量特征和变化的方法，叫定位图表法。常见的定位图表有风向频率图表、风向和风速图表、温度与降水量的年变化图表等。

7) 点数法

在制图区域中呈分散的、复杂分布的现象，像人口、动物分布，某种作物、植物分布，在无法勾绘其分布范围线时，可以用一定大小和形状的点群来反映。这时，点的分布范围代表现象的大致分布范围，点的多少反映其数量指标，点的集中程度反映其密度，这种方法称为点数法，又称点值法、点描法或点法。

8) 运动线法

运动线法又称动线法，它是用箭头和不同宽度、颜色的条带表示现象移动的方向、路线、数量及质量特征。自然现象如洋流、飓风，社会现象如移民、货物运输、科考路线等都适于用动线法。

以运动线顶端的矢部表示运动方向是非常直观的，其后端的线的位置表示现象移动所经过的路线，线的宽度表示其数量特征，线的形状（结构）和颜色表示其质量（类别）特征。

运动线的路线有精确和概略之分。精确路线表示的是现象运动的轨迹，即实际的运动途径；概略路线仅表示起讫点的位置和方向，只是在起讫点之间用平滑的曲线或直线连接，但无法表示其实际途径。

9) 分级统计图法

在制图区域内按行政区划或自然区划区分出若干制图单元。研究由各制图单元的统计数据所组成的数列并进行分级，用不同的颜色（色相、亮度和饱和度）或晕线、网纹代表不同的级别，填充在相应的单元内，就构成了分级统计地图。

10) 分区统计图表法

将制图区域划分为若干区划单元（通常是按行政区划），以其统计数据制成不同形式的统计图表，置于相应的区划单元内，以反映现象的总量和构成，这种方法称为分区统计图表法。

分区统计图表只表示区划单元的总值，并没有分布的概念，所以图表只要求配置在区域范围内的适中位置，没有定位的概念。

除了说明现象本质和分布特征的上述10种基本的表示方法之外，在图面上还常常配置代表整个制图区域总体特征的图表，其中主要的是金字塔图表和三角形图表。

(1) 金字塔图表。

由不同现象或同一现象的不同级别的水平柱叠加组成的图表，最常用于不同年龄段的人口统计，其形状下大上小，形似金字塔，故称为金字塔图表。

(2) 三角形图表。

适用于表示由三个亚类构成的现象分地域统计数列，因为它的外形为等边三角形，故称为三角形图表。

### 4.4.2 海图集的设计

海图集是按统一大纲编制、具有共同的思想结构和表现方法的一组海图的系统汇编。

海图集有明确的用途和利用特点，有完整合理的结构，有严谨的排列顺序，有统一的海图比例尺层次，有全集一致的内容协调，有适合的海图投影系统，有统一的图例和各具特色的表示方法，有统一分级编绘取舍指标和资料的时限，有统一编排的地名检索等等。

海图集中除各类海图的有机组合之外，还应包括与海图互为协调互为补充的文字图表信息。这些信息包括目录、图例，海图投影的若干数据、文字说明、参考性统计资料、各种统计图及剖面图，各种景观图片、不同语言的术语对照、地名索引等等。特别是地名索引尤为重要。

**1. 海图集的种类**

海图集一般按下列指标分类。

1）按制图区域分类

海图集可分为世界海图集、分洋海图集、海洋/国家海图集、海区/省区海图集、省以下行政区海图集等等。

2）按内容和用途分类

按内容和用途海图集可分为：航海图集、专题海图集、综合性海图集。

我国目前已出版的航海图集主要有：港湾锚地图集、沿海航路图集、江河引航图集、世界海峡图集、太平洋海图集等。除太平洋海图集是大型海图集外，其余均为中小型海图集。有的图集还可直接供航行使用。

专题海图集是由多幅专题海图汇集的图集。通常是以海洋调查或各种考察成果资料编制成的，供某些部门专门使用。主要有：海洋水文调查图集、海洋气象参考图集、海岸带和滩涂资源综合调查图集、军事专题图集等。

综合性海图集是由各种海图汇集的图集。涉及海洋学、地球物理学、地理学、航海学、军事学和历史学等广泛的领域。世界上已出版的综合性海图集的典型作品有：苏联20 世纪50 年代出版的《海图集》和 70 年代出版的《世界洋海图集》，英国 80 年代出版的《泰晤士海洋图集》。我国也出版了诸如《渤海、黄海、东海海洋图集》《世界航海地图集》等较为大型的综合性海图集。

**2. 海图集设计书的编写**

编写海图集设计书，是为编制海图集而设计的文件，主要内容有以下 10 点。

①说明图集的性质和任务。

②写明制图区域和海图集的基本规格。必要时可附设计略图。

③写清楚海图集数学基础。包括选用投影和建立数学基础的规定和方法。还要写明选用投影的特点、变形分析、经纬网和其他坐标网的构成方法，以及展点、着墨或刻绘的精

度要求。并附上计算展点成果。

④写出制图区域地理概况。根据海图的用途，重点写出与地理特点相适应的表示内容。使作业人员认识制图区域的基本面貌，更生动、更准确地表示地理特点，更好地进行制图综合。

⑤写出编图资料采用情况，并指出使用的重点和方法。

⑥写出各要素的编绘要求。这是设计书重点内容，与作业的关系最直接。内容包括：写出选取各要素数量的百分比。尽量以数字标准写明制图综合的方法和技术要求，以便控制作图时形态特征的表达，必要时可附上综合样图作为示例。

⑦制订图例。

⑧说明地名采用原则。

⑨说明制图生产工艺。包括各环节的技术措施和要求，必要时附上工艺方框图。

⑩附件和附图。包括数学基础计算成果、图例、图外装饰规定、各种略图、色层表、彩色样图、工艺方框图等。

**3. 海图集的编制**

海图集是一部完整的制图作品，其主要特点在于它的内容完整性、内容一致性、要素现势性和整饰设色与制印工艺的艺术性。

海图集内容的完整性，就是图集内的海图必须阐明海图集的用途和任务等全部问题。而保证海图集内容完整的方法是增多图幅数量，或在海图集一定容量的条件下，缩小海图的比例尺。在海图集一定容量条件下，为了解决既不增海图数量又要保持一定比例尺的矛盾，一般采用下列措施：

①删除意义不大的海图；

②把若干有关的内容适当地拼合在一幅图上表示；

③选择最小而足够的比例尺；

④避免各图之间不必要的重叠。

海图集内部的一致性，是指海图集内各海图间互相补充、彼此协调和它们之间具有可比性。要保证这些条件，编制海图集要做到：

①选择适当的制图投影，最好不要过多；

②采用有限的几种比例尺，尽可能使各比例尺之间的比例关系简单，最好成倍数关系；

③有共同的表示方法和统一的指标；

④制图综合的方法要一致；

⑤图例符号、色彩和字体要统一、成系统；

⑥各海图的内容统一于一个确定时期或几个时期。

海图集内表示的内容要素尽可能采用最新资料，使海图集有良好的现势性。

海图集要整饰设色优美，表现手法生动，各色层协调一致，层次清晰，制印工艺先进，方法科学。

1）海图集的编排方案设计

海图集的编排方案设计是制图工作首先遇到的问题，也是头等重要的问题。因为编排方案设计决定着海图集的选题和内容，是图集设计的核心问题。历来图集费时最多的工作就是编排方案设计。海图集编排方案设计工作的主要内容有两方面。

(1) 确定比例尺和开本。

决定海图集比例尺和开本尺寸的主要因素是海图集的性质和用途、制图区域的形状及国家纸张标准。根据这些因素选择适宜的开本和尽量统一的比例尺。选择开本问题的重点是衡量主海区在图幅内的有效面积，主海区外形状轮廓与图廓形状越接近，其在图幅内的有效面积越大。比例尺的运用不用繁杂，尽量使比例尺统一。

(2) 海图集的选题与目录编排。

海图集选题的依据是海图的性质和用途。因此，在编制海图集时，选题一定要正确合理，各类专题图选题比例要求平衡，同时注意突出重点。

海图集的目录编排，就是制定出海图图幅的编排序列。目录编排要讲科学性和实用性，突出图集内容要素的内在联系，便于读者阅读。图幅的排序要紧凑，不混乱。为了图集协调和统一工作，必要时应专门制定目录编排的技术要求。

2) 海图集内容与图式设计

海图集的内容与符号设计是编辑设计工作的核心。海图集的内容通过符号的选择与设计来体现。普通海图集的图式设计应本着下列原则进行。

①在吸收国内外海图集图式符号设计经验的基础上，正确处理新编海图集图式的继承和创新的关系。新设计的符号要保持约定俗成的通用性，要体现新编海图集的海区地理环境和社会经济的特点。

②正确把握图集中统一性与差异性的关系。既要保证整个图集中普通海图图式符号的一致性，又要体现区域的特色。

③正确处理与我国已出版海图图式的关系。所设计的符号既要与我国出版的海图图式一致，又要符合小比例尺海图内容概括性强的特点。

④新设计的图式符号要体现地图学的新成果，丰富与完善海图的内容。

⑤注意图集内容的保密性，不宜公开表示的要素不设符号。

3) 指标图的分析与拟定

大型海图集内容复杂，各方面的关系交叉现象繁多，必须有一个统一的标准来衡量各要素的表示程度；大型海图集参加工作人员多，又多为手工劳动，必须有一个统一的标准来约束大家的行动。制作指标图就是确保海图集各图幅统一协调的重要举措。指标图是一种显示海图内容各要素数量、质量指标的略图，主要供海图集制图时参考。它是对制图区域的地理研究和资料分析的成果，根据在较大比例尺的图上量测诸要素的数量，分析其形态特征，表示在图上。主要依据海图的用途和比例尺，确定各要素指标。

4) 制图投影的设计与选择

海图集制图投影设计与选择是很重要的，它直接影响到海图的精度和使用价值。对大型海图集中的小比例尺海图来说，选择投影主要考虑经纬网的形状，对精度的要求不那么严格。而对海图集中大比例尺海图来说，选择投影主要考虑的是海图的精度。在一本海图集中，由于各专题图用途不同，因而所选择的投影往往也不一样，例如集中反映主区面积的专题图，一般选择等积投影，而有些可用于航行的图幅，最好选择等角投影。

5）制定作业方案

海图集作业方案内容包括海图集整个作业程序和方法，指明各种方法及环节的前后关系，安排整个图集作业的衔接和进度。

6）制图资料分析与研究

制图资料分析与研究是图集编辑设计必须抓住的中心环节，它影响着其他各工序的进行，关系到图集质量的好坏。图集中普通海图的编绘资料分为基本资料、补充资料和参考资料三种。基本资料指作为地理底图的资料；补充资料是对基本资料的补充和修改资料；参考资料一般为间接参考用的数字、文字和地图资料。分析与研究资料的方法有：

①概览——从一般地图学理论出发评述资料的内容，表示质量和整饰水平；

②核查——根据大比例尺图和其他的文献、数据资料核对或抽查一部分内容要素正误、现势程度、表达水平；

③量测——选定几个典型区域，对资料上反映的面积、长度进行量算，确定其平面精度，考虑投影转换的方法，并在此基础上进行区域地理特征定性定量分析，以求深入了解区域情况。

7）图集的分幅设计

在明确图集的用途与要求，初步划定图集总图、各专题图基本轮廓、初步选定地图投影之后，就要详细进行图集的分幅设计。海图集习惯以经纬线分幅，这样分幅一要考虑图集幅面大小，二要注意图组中各专题图间关系。总的原则是分幅要满足海图集的用途，符合图集的开本要求。在此基础上最好采用图解和表格形式详细确定图集中各幅海图的范围。

8）图集的整饰

海图集的整饰是指每幅海图海、陆各部要素以外的其他要素的描绘。整饰不仅是为了海图的美观，更主要的是为了海图使用的方便，海图的整饰风格对海图集的风格有直接的影响。因此要求编辑人员要有创新的意识，在页码设计、图廓外的说明等方面要有一些新的尝试。

目前我国已出版的地图集和海图集无固定整饰式样。如图集的图框装饰有三种式样，一是多层框线的整饰规格；二是单线图框，彩色图边的整饰式样；三是无图框采用出血版。但对海图集来说，尤其是航行用海图集，由于它多用于量算的特点，图框多采用多层框线的整饰规格。

图集中的文字说明不宜过多，特别是与图集无关的内容。文字要简练，语言要严谨。文字宜安排在图上空白处。页码的设计要科学，版式要协调，图集的装帧要美观实用。

**4. 海图集的制印**

图集进厂印装，印刷厂进行照相、制版、印刷和装订，其工作依据就是图集的制印方案。海图集制印方案的有关内容和习惯规定如下。

1）装帧

开本：八开本（38cm×26.5cm），展开页为四开；十六开本（26cm×19cm），展开页为八开；三十二开本（18.5cm×13cm），展开页为十六开。

装订：无线装订。

纸张：专用地图纸或105克铜版纸。

封面：一般封面为漆布或漆纸烫金，草版纸壳或胶合版纸壳，外加压膜护封。

印刷及色数：双面胶印。图集中的普通海图一般为6色，总图为12色，水文气象图及其他特种图根据资料情况而定。

2）海图集中普通海图的习惯印色

蓝色：陆部水系及注记，水井、泉、贮水池符号及注记，沼泽地、海岸线、混凝土岸、石砌岸、各种码头、防波堤、船坞、滑船台等，等深线、洋、海、湾、港口、锚地、泊地、浅滩等海域名称注记，潮流、海流符号及注记，急流、漩涡等。

棕色：陡岸、磊石岸、火山口、岩峰、陡石山、雨裂冲沟、沙地、沙漠、沙丘、比高注记。

红色（品红）：礁石、沉船、危险物线、危险区界、海中管道、海底电缆、禁止抛锚及捕捞的界线和注记、海底火山符号、训练区、射击区、堆积区、禁区的界线及注记、浪花符号、塘堰和其他渔具符号，异常磁区符号、范围线及磁偏差注记，导航线及注记、测速线及注记，各种导航、碍航说明文，国界线晕线带。

浅绿色：扫海、扫雷区界线及注记、区界内网点，结冰区界及冰山符号。

浅蓝1号：各种水部普染实地。

黑色：上述要素以外的其他要素和注记。

3）海图集中总图的习惯印色

黑色：图名、图号、图例说明，岛、角、山名注记，图廓整饰、经纬线及注记，比例尺注记，公里尺及注记，居民地符号，各种干出滩、水深、底质、礁石、沉船、海里程线及注记。高程注记，灯质与居民地注记。

浅绿色、浅棕色、中棕色用于陆地分层设色。

棕色：等高线、岩峰符号。

浅蓝1号、浅蓝2号、浅蓝3号，用于海部分层设色。

天蓝色：海岸线，洋、海、湾、港、浅滩、暗沙等海部注记，海洋水文要素、等深线、陆部水系及注记。

# 第5章 海图制图综合

任何一幅地图或海图都不可能将一个区域所有的空间信息完整地表达出来,图上表达的信息都是经过取舍保留下来的最主要的因素,并且是最恰当的详略程度。制图综合是在一定规则指导下由制图人员完成的具有科学性和艺术性的工作。一个区域制图综合的结果会因人而异,但基本特征和关键要素的表达应保持一致。

## 5.1 海图制图综合的基本原理

### 5.1.1 海图制图综合的基本概念

"综合"一词起源于法文 generalisation,表示概括的意思。它又是拉丁文 generalis(共同的,主要的)一词的派生词。这是从语言来源上考究的,它表达了"综合"一词的基本含义。

综合,作为一种方法,在自然科学和社会科学研究中都有着广泛的应用。它是指研究任何事物都要抓住主要的、本质的东西。综合方法在海图制图中的应用,即海图制图综合(cartographic generalization)。

**1. 从不同侧面认识制图综合的实质**

1)从海图比例尺来认识制图综合

众所周知,地面现象和物体繁杂纷纭、数不胜数,可以说是无限的。为了制作海图,首先必须对实地多种多样、互有差异的物体和现象加以分析,找到它们的共性,抽象成概念,进行分类分级并符号化表示。即使进行了符号化,任何一幅海图要想包罗万象地把地面上的一切现象都如实地"复现"出来是不可能的,除非制作与地球等大的海图。

而事实上,海图的大小是很有限的,我们只能采用一定的比例尺,将地面的物体和现象表示在缩小的海图上,而且必须对地面的物体和现象进行有目的的选择,并对被选取的物体的形状予以化简、概括。所以说,将地面物体转换为海图符号是制图综合的基础,将较大比例尺海图转换为较小比例尺海图则是制图综合的重点。很明显,欲将1:5万或1:10万比例尺海图上的全部内容,不加任何化简和概括地表示到1:25万或1:50万、1:100万比例尺海图上,那是不可能的。这就说明,利用较大比例尺海图编绘较小比例尺海图时,也必须对海图内容进行制图综合,即从资料海图上选取一部分与海图用途有关的内容,以概括的分类分级代替资料海图上详细的分类分级,并化简被选取的物体的图形。

图 5.1 形象地表现了比例尺所限定的海图要素的容量以及由此而产生的对制图要素进行简化处理的必要性。实地面积为 10km×10km 的区域表示在比例尺分别为 1∶20 万、1∶50 万和 1∶100 万的海图上，分别只有 5cm×5cm、2cm×2cm 和 1cm×1cm 大小的面积。很显然，要在这三种比例尺大小不等的海图上以相同的详细程度表示出实地 10km×10km 面积内的制图要素是绝不可能的。即使是在很大比例尺（1∶1000 或更大）的海图上，也不可能将实地所有要素和现象毫无遗漏地表示出来。

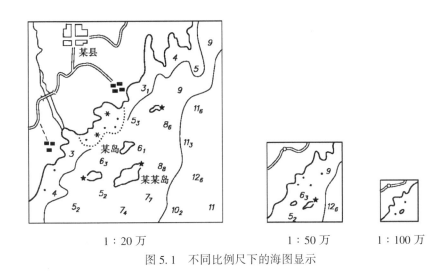

图 5.1　不同比例尺下的海图显示

由此可见，海图比例尺的存在势必引起对制图要素的取舍（选取）、概括和化简。因此，选取、化简和概括是海图比例尺对海图内容的必然要求，是制图综合的手段和方法。然而，在海图比例尺制约下对海图内容的选取、化简和概括，只是体现了制图综合的表现形式，并没有完全揭示出制图综合的实质。实际上，对海图内容的选取、概括和化简，绝不是随意地或机械地，而是具有强烈的目的性，就是说，海图内容的制图综合是以海图的用途、主题为出发点和归宿的。

2) 从海图主题与用途来认识制图综合

每一幅海图都有其特定的制图区域并满足一定的用途要求。如果一幅海图能够包罗万象，将整个区域内的所有种类的物体和现象都表示出来，以满足社会各方面的要求，这自然是非常理想的，但是事实上这种海图是不存在的，任何一幅海图都只能满足一个或几个方面的要求，服务于一定的使用对象。因此，不同主题、用途的海图，对海图内容要素的选取、内容表示的详细程度、表示方法等都有不同要求。也就是说，制图要素的选取、化简和概括，都必须与海图主题相适应，并满足海图用途的目的要求。因此，海图制图综合必然受到海图主题与用途的制约。例如，普通航海图与海底地形图二者之间在制图综合的诸方面有着显著的不同。前者以水深注记为主、等深线为辅（即水深注记密度大而等深线稀少）的方法表示海底地貌，图面清晰易读；后者则以等深线为主、水深注记为辅（等深线较密且以粗细和明暗变化来增强立体效果，水深点稀少）的方法表示海底地貌，且蓝色普染使图面不清；前者表示了航行障碍物（沉船等）和助航标志（灯桩等），以满足船舶航行的要求，而后者对此却不加表示；前者以简单的等高线图形表示陆地地貌，而后者则以晕渲表示陆地地貌，以与海底地貌的表示相适应，等等。

在比例尺和主题与用途的要求下，每一幅海图都有一定的制图区域，表示特定的制图要素。制图综合的任务，就是要表现制图区域内制图要素的空间分布、典型特点及相互联系。

综上所述，我们不难得出这样一个结论：所谓制图综合，就是在海图主题和用途的要求下，在海图比例尺的限制条件下，通过选取、概括和化简等手段，将制图要素表示在海图上，以反映客观实际的某一局部（或某一方面）的基本规律和典型特征，这便是制图综合的实质。

**2. 制图综合的分类**

制图综合的产生主要受海图比例尺和海图主题与用途要求的制约。因此，制图综合主要表现为比例综合（按海图比例尺要求实施的制图综合）、目的综合（按海图主题与用途要求实施的制图综合）和感受综合（从对海图内容的视觉感受出发实施的制图综合）。

1）比例综合

由于海图比例尺的缩小，使得图上物体过分密集、符号相互拥挤、图形缩小不能清晰可见或清楚描绘，从而有必要通过选取、化简和概括等方法，来保持海图的清晰易读，这就是比例综合。

2）目的综合

制图要素表示与否及表示的详细程度取决于要素本身的重要程度，而其重要程度不仅取决于要素平面图形的大小，更受到海图主题和用途的制约（这是主要的）。尺寸过小的重要物体可以采用不依比例尺的符号表示或夸大表示，而不能仅仅由于其小而舍去。因此，制图综合不仅仅是比例综合，更应该强调从海图主题和用途的要求出发，选取重要的和实质性的物体（不唯其大、不嫌其小），并有目的地加以化简（或夸大）和概括，这便是目的综合。

比例综合和目的综合两者之间既有区别又有联系。比例综合主要表现为舍去图形的细小碎部和部分次要物体，保持图形的主要特征和重要物体，其注意力常在局部内容，容易忽略整个区域内要素之间的相互联系和内在规律。目的综合则以满足海图主题和用途要求为核心，突出典型的、主要的和本质的东西，揭示最一般的客观规律，这才是制图综合的真正意义。同时，由于海图用途与比例尺有直接关系，因此目的综合和比例综合又是可以转化的。

3）感受综合

除了比例综合和目的综合外，用图者在读图的过程中也存在着由于感受过程所应有的自然取舍而产生的无意识的综合。人眼感觉（察觉）大的物体和色调清晰的符号要比小的轮廓和色调不清楚的符号要快，而且容易记忆。这种因视觉和记忆等因素而产生的无意识的综合，称之为感受综合。感受综合由记忆综合和消除综合两部分组成。读图时人们的注意力会自然集中在那些图斑大的、色彩鲜明和形状结构特殊的符号和区域上，并把它保留在记忆中；而对一些细小的内容则逐渐模糊和遗忘。这种由记忆而自然形成的结果，称之为记忆综合。从高空观察地面时,一部分小的轮廓会逐渐模糊起来,在一定距离内观察地图时也会产生类似的情况,这时看到的都是比较大的、色彩鲜明的目标;而小的、颜色淡的符号则视而不见了。这种视觉上对部分图形的自然消除称为消除综合。这种感受综合对研究地图的感受效果以及编图人员编制地图都是很有意义的。

### 5.1.2 海图制图综合的基本方法

制图综合作为一种编制海图的理论和技术方法,其表现形式是多种多样的。为达到不同的制图目的和要求,所采用的综合手段也各不相同。归纳起来,普通海图制图(专题海图制图有其特殊的综合方法),制图综合的基本方法有四种:选取、化简、概括和移位。

**1. 选取**

选取是制图综合的最基本、最重要的方法。选取(又称取舍),就是从编图资料中选取那些从海图用途上讲是需要的、从比例尺上讲是能够容纳的、从地理分布上来看又是相互联系和制约的制图要素。

选取有两层含义。第一层含义是"内容要素选取",即按照海图主题和用途的要求,选取某种或某几种对海图主题和用途是必要的且有意义的内容,而舍去次要的或无用的内容。因此,这种选取的结果是减少或改变了海图内容要素的种类及结构。

在海图编辑设计阶段,很重要的一项工作就是确定海图内容要素的种类和数量。但对航海图而言,这一工作是很简单的,因为经过数百年的使用,航海图已日趋完善,图上表示的内容要素已经确定,编图时不再需进行内容要素的选取,普通地形图亦是如此(图上表示水系、地貌、居民地、交通线、植被和境界六大要素)。然而对专题海图而言,这项工作却具有相当重要的意义。在专题海图上,除了一般都要表示的作为地理基础的地理要素(如水系、居民地和交通线等)以外,还必须选择表示与海图主题相适应的某一种或某几种专题要素,如海底地势图要选择表示水深、等深线和等高线等表示地貌的专题要素;海底底质图则以少量水深和等深线等作为地理基础要素,以底质作为专题要素等。

选取的第二层含义是"制图物体选取",即在每一种内容要素中确定具体的选取对象。如在大量的水深注记中选取有意义的水深,在众多的居民地中选取重要的部分等。我们通常所称的选取主要是指通过这种选取,减少某类内容要素中的物体数量。

总之,选取的实质是通过解决海图内容的构成以及制图物体的数量问题,达到简化区域整体的图形特征,满足海图主题与用途要求的目的。换言之,选取的目的就是在海图编绘过程中,解决海图的内容详细性与清晰易读性之间的矛盾。选取不是简单的"取"或"舍",而必须以制图资料为基础、以海图用途为依据,以海图的清晰易读性为条件,经过全面、系统和科学的分析研究,选择那些重要的、有用的、相互联系紧密的制图物体,舍去那些相对来说次要的、无用的制图物体,从而构成科学的、完整的、清晰的海图内容。

**2. 概括**

概括，就是减少制图要素的分类分级或进行质量转换与图形转换，从而减少制图要素在质量和数量上的差异。

概括主要表现为对制图物体的分类和分级表示。制图物体在图上是用图形符号表示的，而物体的种类又是千变万化的，因而图上不可能对实地具有某种差别（数量的或质量的）的物体都用不同的符号表示出来。实际上，地图（海图）是用一种符号来表示实地上质量或数量特征比较接近的众多物体的。也就是说，制图物体在图上是分类或分级表示的，每一类或每一级都表示了对实地制图物体的一种概括。包括地图学的所有学科，都试图对研究对象进行分类分级，以便对错综复杂的世界加以解释。尽管分类分级会损失细节，但却是必要的，它能够增强对物体信息的解译能力。实施分类分级必须明确两点：第一，分类分级有着特定的目的，即为了显示出那些不经分类分级就无法表示的内容，其本身并不是目的，而只是揭示制图物体空间关系的一种方法；第二，没有任何一种一成不变的分类分级原则，必须根据海图的主题和用途来确定相应的原则。

在制图物体的各种特征中，质量特征是决定物体性质的本质特征，是区分制图物体并对其进行分类的基础和依据。物体分类的目的在于以概括的分类代替详细的分类，以综合的质量概念代替个别的具体的质量概念，分类的结果是减少了制图物体的类别。

制图物体的数量特征是对物体分级表示的基础和依据。物体分级是以扩大级差或重新划定分级界限的方法来减少分级的数量，其结果是以概略的分级代替详细的分级，减少制图物体在数量特征上的差异。除了分类和分级方法外，常用的概括方法还有质量（概念）转换方法和图形转换方法等。例如，将一小片泥滩进行质量转换合并到邻近的大片沙滩中，如图 5.2 所示。

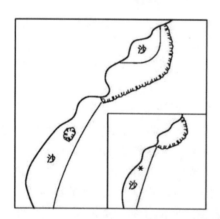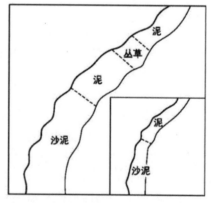

图 5.2　按质量概念转换法实施干出滩制图综合

制图物体的质量特征和数量特征是相互联系的，因此概括的诸种方法也是可以相互转化的。例如，分级方法在大多数情况下是对数量特征的概括，但有时也表现为对质量特征的概括，如对居民地人口数的分级合并是对数量特征的概括，但人口数量的不同等级又在一定程度上反映着居民地的质量概念（如大、中、小城市），因此分级合并又可看做对质量特征的概括。

**3. 化简**

化简，就是简化制图要素的平面图形（线状图形和面状图形），其结果是以简单图形代替复杂图形。在编制海图时，由于比例尺的缩小，其图形越来越小，弯曲越来越多，妨碍了其主要特征的显示。或者由于海图主题和用途的不同而不必表示过于详细的图形等，因此有必要对制图物体的平面图形加以化简。化简的目的就是保留物体图形所特有的轮廓特征，并显示出从海图用途来看是实质性的或必须表示的特征，保持图面的清晰易读性。"化简"就是简化物体平面图形的碎部，以简单的平面图形代替复杂的平面图形，甚至以不依比例的符号图形代替平面图形。对于道路、等深线等线状物体，图形化简就是减少曲线弯曲，使之逐渐平滑，最终以直代曲；对于居民地等面状物体，则既要化简其外部轮廓形状，又要简化其内部结构，最终是以"点"代面（见图5.3）。

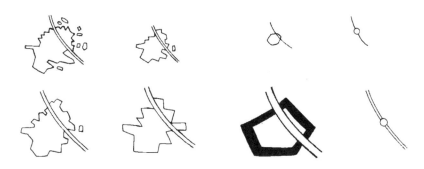

图 5.3 制图要素的形状化简

形状化简的方法包括删除、夸大、合并和分割四种（见图5.4）。删除，是舍去无法清晰表示的细小弯曲和碎部；夸大，是将按其大小本应删除的但却具有典型特征的细小弯曲和碎部夸大表示出来；合并，是将相互间距离很小的同类物体的各个部分合并在一起；分割，是有限度地将平面图形拆拼组合以保持其图形特征的相似性。

为了达到图形简化的目的和要求，化简还必须遵循以上原则要求和严格的方法步骤进行。并且为了控制物体平面图形简化的程度，化简也具有一定的数量指标，通常是根据海图用途要求以及制图物体本身的图形特点，规定删除或合并细小碎部的最小尺度标准或者化简前后碎部数量的比例。

**4. 移位**

制图物体的图形移位也是制图综合中的常用方法。"移位"不仅利于反映制图物体的主要特征，更重要的是能更好地处理物体之间的相互关系，解决由于海图比例尺缩小而产生的几何精确性与地理适应性之间的矛盾。

在海图编绘时，将资料图按新编图比例尺缩小后，图上以符号表示的各个物体之间的

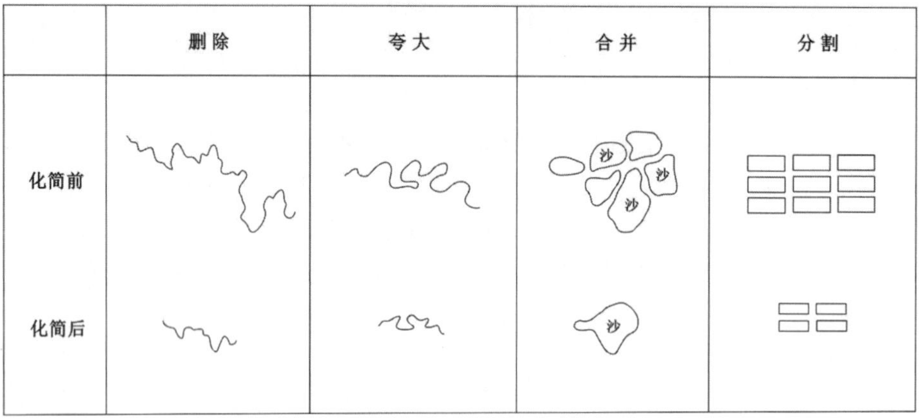

图 5.4　化简的方法

距离亦相应缩小。若不能将其舍去，且仍然要按图式标准规格描绘出来，则必然产生符号之间相互拥挤甚至压盖的现象，这样就使要素之间的关系变得模糊不清，令读者难以判读。为此，除缩小符号尺寸外，最常用的方法便是移位：移动次要物体的位置，使符号之间保持最基本的间隔（如0.2mm）。

"选取""概括""化简"和"移位"是制图综合的四种基本方法，同时它们构成了制图综合的完整而有序的过程。一般地说，"选取"是制图综合过程的第一步，它总是要在"概括"或"化简"等之前实施。制图综合的四种方法是相互区别和相互联系的，在一定情况下又是可以相互转化的。例如，线状要素的图形化简，实际上是通过取舍弯曲实现的，化简的程度取决于弯曲选取的数量；选取水深注记和概括等深线的分级，则必然从总体上化简了海底地形等。

此外，从广义上讲，除了上述四种方法外，符号化方法也是制图综合的重要措施，甚至是根本性的措施。这是因为，一切制图要素在图上都是以符号表示的，符号化是制图的基础。我们在编绘普通海图和航海图时，是按照标准《中国海图图式》来编绘的，因而不需或很少运用符号化方法。然而，在专题海图制图中，由于海图类型及其所表示要素种类的多样化和特殊化，没有也难以采用类似于《中国海图图式》那样统一的图式符号。因此，符号化方法便显得相当重要。

## 5.1.3　海图制图综合的制约因素

制图综合是一个科学的复杂的过程。在制作各种不同类型、不同比例尺和不同用途的海图时，制图综合本身将表现为不同的程度、方向和特点等。就是说，制图综合各种方法的实施，是受到一些客观因素制约的，而不是随意的和无限制的。制图综合的制约因素主要有：海图的主题和用途、海图的比例尺、海图内容的图解限制、制图区域地理特点和制图资料等。

**1. 海图的主题与用途**

海图的主题与用途决定了制图综合的目的性。它是编制海图时制图综合的出发点和归宿，是制图综合时所要考虑的首要因素，它对制图综合的影响是多方面的。

1）海图的主题和用途确定了制图综合的方向

海图的用途不同，它所表现的主题方向显然就不同。例如：普通航海图是为航海提供服务的。因此，它应该着重表示海底地貌要素和助航标志等要素。海底底质图的主题是海底底质，它主要表示的内容应该是底质的种类及其分布范围，而对海底地貌要素的表示就很概略，对助航标志甚至不予表示。

2）海图的主题和用途决定着制图综合的程度

在不同类型的海图上，即使都表示了同一类要素，但其表示的详细程度也可能是相差很大的。例如，同为航海图，军用航海图和外轮用图的要素表示程度就有很大的差异：军用航海图考虑到军舰活动无固定航线、航向和范围等特点，以及军事活动的要求，如登陆、抗登陆作战等，因此图上详细而准确地表示了海部各要素，同时对陆部要素也尽量与地形图取得一致；而在外轮用航海图上，由于外轮被限定在特定的航线上航行，并且出于保密的要求，通常只表示航线上及其附近的海部要素，其他区域则大量简化，对陆部要素的要求更低，例如地貌可以用山形线取代等高线来表示。再如，在海区形势图上，为了综合地反映海区及与其毗邻陆地的地理要素的分布，相对于航海图来说，海部要素的表示就概略得多，而陆部要素则相对表示的详细一些。

3）海图主题和用途还决定着海图要素的表示方法

形势图上一般以立体方法表示地貌形态，地形图上则以等高线表示地貌，等等。这种表示方法的变化也影响着制图综合的各个方面。

总之，海图的主题与用途是编制海图时所有制图综合工作的出发点。海图的内容、种类和所要表示的具体对象都由海图的主题和用途决定。海图的内容完备性和清晰易读性的要求也受到海图主题和用途的制约。因此，制图人员在开始编图作业之前首先应明确海图的主题和用途，以及海图的使用方式和使用对象。否则，制图综合过程中的许多决策都将毫无根据而失去其科学意义和实用价值。

**2. 海图比例尺**

海图比例尺是影响制图综合的又一重要因素。它对制图综合的制约作用主要体现在两个方面。首先，海图比例尺标志着实地面积转换到图上面积的缩小程度，因此直接决定着海图内容表示的详细程度。其次，海图比例尺在一定程度上体现着海图的用途，从而影响着对制图要素重要性的评价。

显然，海图比例尺的存在要求对制图要素实施比例综合。为了解决由于比例尺缩小而产生的图面物体密集、图形复杂混乱等问题，必须对制图要素实施符合比例尺和有效传输要求的选取、化简和概括，以减少物体数量、概括要素种类、简化物体符号图形，保持图面清晰易读，增强制图信息传输的有效性。

海图比例尺一定程度上影响着海图用途，从而左右着对制图要素重要程度的评价，制约着制图综合的方向。大比例尺海图表示了较小的制图区域，并且一般要作为系列比例尺海图的基本编图资料，各类要素一般均可依比例表示出来。因此各类制图要素在大比例尺海图上具有基本相当的重要程度，不需要或很少需要实施制图综合。然而在中小比例尺海图上，情况却不尽然。小比例尺海图的用途已发生了明显的变化，并且制图区域相对很大，因而原来在小范围内重要的要素，在大范围内就可能是次要的。例如，在大比例尺港湾图上，各类立标、浮标和测速标等都是很重要的，应该详细而准确地表示；而在中小比例尺海图上，港湾内的立标、浮标等则完全是次要或无用的而应舍去。

此外，随着海图比例尺的缩小，海图内容的几何精确性与地理适应性之间的矛盾逐渐明显，更需要正确处理制图物体的相互关系。

**3. 制图区域的地理特点**

制图综合的基本目的是在海图上尽可能真实地表示制图区域的一般现象和典型特征。制图区域的地理特点是客观存在的，它对制图综合的影响不仅表现在制图要素重要程度的评价上，而且也表现在对制图综合的原则和方法的影响上。

同一种要素往往在某一区域内是典型的、重要的，而在另一区域内便成为一般的、次要的了，这样制图区域特点便影响到制图要素本身的选取。例如，一条小河或一口水井在水系发达的长江流域是非常一般的物体，图上可以不予表示。而在山区或小岛上，这样的小河或水井就成为重要的地理要素，图上必须选取。再如，在同一幅海图上，海底地貌复杂的地区，为了能反映出海底的起伏特征，水深点就必须选得密些；而在海底平坦的地区，较为稀少的水深点就可以反映出海底地形，保证船舶的航行安全。

制图区域的地理特点还影响着制图综合的原则和方法。例如综合岛屿时，一般只能选取或舍去小岛，而不允许将其合并；但在三角洲海岸处，由于岛屿是冲积而成的，并呈扩大趋势，因而规定冲积三角洲海岸的岛屿一般是可以合并的。

海图的用途、比例尺和制图区域的地理特点是海图最主要的标志，它们是影响制图综合的最重要的因素。在编制海图过程中，它们是同时存在、互相制约、互为条件的。例如，海图用途随比例尺的不同而变化；反过来，不同用途的海图也应该选择不同的比例尺；对制图要素重要程度的评价，除了与制图区域地理特点有关外，还要考虑到比例尺和用途。这三个因素对制图综合的影响可以归纳为：海图用途——规定了表示制图要素的必要性，即"有用"或"无用"，"重要"或"次要"；海图比例尺——限制了表示制图要素的可能性，即表示要素的数量多少和概括与化简的程度；制图区域地理特点——要求海图表示出制图要素的客观真实性和典型性，即反映出各类制图要素的分布规律和景观特点。可见，上述三者对制图综合的影响各有侧重，但又是相互联系的。因此，在实施制图综合时，不能孤立地、片面地只注意到某一因素，而应该全面地、综合地考虑三个方面的影响。

**4. 海图内容的图解限制**

除上述三种因素之外，海图内容的图解限制也是一种影响制图综合的制约因素。它主要包括两个方面：海图符号的最小尺寸限制和海图极限负载量的限制。

1) 海图符号的最小尺寸限制

一切海图要素都是由符号（图形和文字）构成的。在一定条件下，符号线划越精细，尺寸越小，海图内容就可表示得越详细和越精确。然而，符号的尺寸是有图解限制的，这种限制主要是物理限制和用图者生理与心理限制。

物理限制是指海图制图中使用的设备、材料和制图人员本身的技艺。例如，用绘图法得到的线划最细可达 0.06~0.08mm，用刻图法可得到 0.03~0.04mm 的线划，通常的复制技术可印出 0.08mm 的线条。这只是指单一的线条，若是复杂图形，则符号的精细程度还受到制图人员技术水平的限制。用计算机辅助制图时，符号的精确性和一致性可达千分之几毫米，远远超过手工绘图所能达到的精度。

用图者生理和心理限制，则是指用图者对于图形要素感受的反应以及对符号感受的调节能力，它是随用图者感受的不同而改变的，例如，在白纸上人的正常视力能分辨的最小符号有：0.02~0.03mm 的孤立黑色线划，间隔 0.15~0.18mm 的平行线划，直径为 0.3~0.4mm 的圆，面积为 0.5~0.8mm$^2$ 的实线轮廓等。视觉感受还受符号的形状、色相、亮度、密度、方向、位置、底色等因素的影响。例如，矩形符号的长度增大会增加可见性，而使其视觉宽度显著缩小；两个面积相差 1 倍的圆，看上去其差异却明显不足 1 倍等。

海图的使用方式对符号的最小尺寸也有明显的限制。例如，航海图是供船舶航行使用的，由于船舶摇摆不定，增大了读图的困难，因而图上符号要相应地比陆地用图符号大些；对于挂图，由于读者相距较远，也要求符号更为粗大明显。目前海图制图生产中，通常规定单线划粗为 0.1mm，两条实线之间的距离为 0.2mm，实线轮廓的直径为 0.5mm，点大为 0.15mm 等。

2) 海图极限负载量的限制

海图负载量亦称海图容量，它是衡量海图内容多少的数量标准，通常用单位面积内物体图形和注记的数值（面积或个数）来计量。显然，在图式符号和注记大小一定的情况下，负载量越大，海图上所能表示的物体就越多，海图内容就越丰富和详细。然而，海图清晰易读性的要求，一方面限制了海图符号的最小尺寸，另一方面又限制了海图负载量的无限增大。每一种海图，都存在着一个极限负载量，它控制着海图内容要素的多少，保证了海图应有的清晰易读性。

所谓极限负载量，指的是在制图物体分布最密集的区域海图上所能表示的制图物体的最大负载量。超过这个限度，海图的清晰易读性就会受到破坏，使得读图困难。显然，极限负载量与符号的精细程度、色彩的搭配及地图复制水平有很大关系，并随着海图主题与用图方式的不同而变化。根据统计量测的结果，地形图的极限负载量（按居民地、道路和水系三要素统计）约为 40mm$^2$/cm$^2$，航海图海部的极限负载量（按水深注记、等深线、障碍物、航标和文字注记统计）约为 20mm$^2$/cm$^2$。

**5. 制图资料**

在编制海图时，所采用的编图资料的质量将对制图综合有直接的影响。由于编制海图所采用的资料不像编制地形图那样简单而有规律，通常资料比例尺不统一，新旧程度不一致，版别不一样等，这就在一定程度上影响到制图综合的方法和程度。例如，编制航海图时，陆部一般以地形图作基本资料，海部则以海图或海测图板作基本资料，这样就产生了海陆资料的拼接问题，需要确定何处采用地形图资料，何处采用海图资料。再如，编制1：20万海图时，通常以1：10万的海图作资料，但也可能使用1：5万新测资料或1：50万的海图资料。对于1：5万资料，就需要进行很大程度的取舍和概括；而对于1：50万的资料，由于是放大编绘，将资料上的全部要素都转绘到新编图上亦不能达到密度指标，就根本谈不上取舍和概括了。此外，以人口数表示居民地时，缺少人口资料就将影响到人口数分级。采用英制单位的外版资料时，需将其转换为国际单位制单位表示等。

通过上面的分析，我们认识到，制图综合是受到多种客观因素制约的。但是还必须指出，人（制图者）的认识对制图综合有决定性的影响。每个制图者对客观环境的认识，都会受到他已经形成的思维模式和思维能力的影响，这种影响又必然会渗透到制图综合的各个方面（包括所建立的数学模型），从而导致制图综合因人而异。只有提高制图者的认识水平和思维能力，才会缩小这种差异，但是即使采用人工智能的方法，这种差异仍然是会存在的。

总之，制图综合的制约因素是客观存在的，而这些因素又必须由制图者统一协调。制图综合是一个由主观思维和客观的科学抽象相互转化和统一的过程，在这一过程中，制图者处于主导地位，制图者对客观世界的认识角度和程度是影响制图综合的根本因素。

### 5.1.4 海图制图综合的原则

制图综合是将制图区域缩小并简化地表示在图上的过程。但是，这种简化并不是简单的、随意的或机械的，而是科学的和富于创造性的，因此是要遵循一定的原则和要求的。这些原则体现在海图编辑设计和编绘的每个环节之中，有着重要而具体的意义。制图综合总的原则是：制图综合的一切方法、规则和指标等，都应以满足海图主题和用途要求为出发点和归宿。

**1. 海图内容详细性与清晰易读性相统一**

海图内容详细性是相对于海图主题和用途而言的，它有两方面的含义：其一是要素种类完备，即保证对海图主题和用途而言是必要的要素种类都表示在图上；其二是指在海图要素一定的前提下，保证各类要素在分类分级上是详细的，物体选取的数量是足够的，图形符号的形状和位置是真实的。

海图清晰易读性是相对于海图使用者而言的，即保证海图具有良好的视觉感受效果，如图形和注记清晰，物体之间主次分明、关系清楚等。影响海图清晰易读的因素主要是海图负载量，图形符号的形状、大小和复杂程度、色彩等。海图以"模型"的方式再现客观世界的地表（海底）形态、地理要素的空间分布和相互联系。从这个角度讲，海图上表示的内容越多越详细，"模型"与客观实际越相似。因此，海图内容的详细性是衡量海图质量优劣的重要标志。然而，海图清晰易读性的要求，又使得海图内容详细只是相对的、有限的，并且随着海图比例尺的缩小，详细性与清晰性的矛盾将越加尖锐。这样，制图综合的原则（任务）之一，就是将这一矛盾的双方统一起来，使之和谐、均衡。

为达此目的，可以通过确定适宜的负载量，缩小简化海图符号，采用适宜的表示方法来实现。其中"确定适宜的负载量"更具有实质意义。实际上，处理海图内容详细性与清晰易读性之间的矛盾，主要就是通过确定适宜的负载量来实现的。海图符号的大小、表示方法的选择，最终都表现在海图负载量的大小上。

**2. 几何精确性与地理适应性相统一**

几何精确性，就是要求海图上所表示的制图物体必须达到海图比例尺所允许的几何精度，也就是保持制图物体的地理位置的准确。几何精度主要受制图综合过程中产生的各种误差的影响，这些误差主要包括化简误差（位置偏移、形状变化、长度或面积减小等）、移位误差和描绘误差。地理适应性，即海图上制图物体的地理分布特点及相互间相对位置关系的正确性。

几何精确性与地理适应性是一对尖锐的矛盾，这个矛盾随海图比例尺的缩小而产生并加深。在大比例尺海图上，要素相对稀疏，一般都具有很高的几何精度。同时，制图物体的相对位置关系也是很真实准确的。这时海图的几何精确性与地理适应性同时得到满足，彼此之间矛盾很小。在这种海图上，只要保证制图物体的几何精确性也就基本保证了地理适应性。

随着海图比例尺的缩小，图上各种非比例符号越来越多，物体之间相互拥挤，争位矛盾突出，物体图形渐趋复杂，读图困难，几何精确性与地理适应性的矛盾就变得尖锐起来。此时，为了保持图上物体的相互关系（距离远近、左右位置、相交情况等），就必须将一部分物体移位或用组合符号表示（产生移位误差），将一部分图形加以化简（产生化简误差），即以有限度地牺牲物体的几何精度来换取（保持）地理适应性。如当水深注记和礁石符号争位时移动水深注记；当道路符号按图式扩大描绘时，路旁毗邻的建筑物必须随之移位等。

在小比例尺海图上，几何精确性要求相对降低，地理适应性则具有更高的要求。例如：在小比例尺海图上，等高线的大量小弯曲失去了同实地的一一对应关系，因而也失去了其位置和形状的精确意义。这时在综合地貌时不应过分强调精确性，而应通过对地貌形态和类型的正确分析和认识，对等高线进行整理，包括化简、移位和夸张使等高线之间协调一致，使所表现的地貌形态生动、典型。例如，在小比例尺图上化简等高线时，应使谷底线（图上并未绘出）与河流重合；描绘居民地符号时应保持其与经纬线的相对关系，等等。

一般地，解决几何精确性与地理适应性的矛盾时应注意：
①简化图形时力求保持主要特征点位置准确；
②移位时应采用最小的移位量；
③分清物体之间的主次地位和相互关系；
④化简和移位等都应有目的、有限度。

**3. 保持景观特征的真实性**

制图区域的景观特征是客观存在的。保持制图区域景观特征的真实性是制图综合的必然要求。景观特征主要分为两类：分布密度特征，如按稠密、中等和稀疏来划分密度等级；形态特征，如海岸是侵蚀型或是冲积型，河系是树状或是平行状，等等。

在对制图要素实施各种制图综合时，都必须考虑到保持景观特征的问题。在选取方法时，最重要的是要保持分布密度特征，即真实地反映要素分布特征及不同地区的分布密度对比。如果把制图区域内某要素的分布划分为密集、中等和稀疏三个密度区，那么经制图综合之后，还应保持三个密度区的密度对比。随着比例尺的缩小，这种密度差别对比越来越小，要素的分布密度趋于一致。但无论这种密度差别怎样减小，图上都不允许出现密度对比倒置现象。

形状化简主要体现在保持物体平面图形的形态特征即相似性上，进而揭示要素的内在规律。例如，河系图形的化简是通过取舍河流实现的，而河流的选取通常是以河流的最小尺度（长度）为标准的。在化简羽毛状河系时，由于此种河系支流短小且近于平行，两侧支流大致对称，形如羽毛，因而在选取河流时，除了选取那些满足尺度标准的河流外，还应选取一些长度不足尺度标准的短小支流，以保持这种羽毛状的特殊景观。再如，综合达尔马提亚海岸（纵向海岸）时，应着重显示海岸的纵向分布特点，即海湾、海峡、半岛及大小岛屿是沿着海岸线的总方向延伸的，如果是稍微具有延伸方向特征的小岛，即应显示出其方向性，而不应将其绘成圆形的岛屿。海岸线的形状化简也是如此，对切割强烈的侵蚀海岸，应采用尖锐的弯曲来表现其形态特征，而不能绘成圆滑的弯曲形态。

**4. 协调一致**

制图综合的协调一致，是指制图综合方法、制图综合指标和制图要素关系处理等方面的协调一致，其目的是使所表示的制图要素达到统一、客观、可检验、易阅读。这种协调一致要体现在同一图幅的不同地区和不同要素之间、同一比例尺的不同图幅之间以及系列比例尺海图之间。

同一幅图的不同区域之间，制图物体的形态和分布密度可能是不同的，因而其综合指标在这些不同地区应相互协调（所谓协调，既可以指各个指标是相等的，也可以指各个指标是不等的但却是适宜的）。例如，一幅图上有两个不同类型、不同河网密度等级的河系，在选取河流时，对两个河系应分别采用不等的（但却是协调的）尺度标准，以反映两种河系的类型特征和河网密度差别。

在小比例尺海图特别是大型挂图上，不同纬度地区的综合指标应保持协调。海图一般采用墨卡托投影，这种投影随纬度产生的变形很大。如设基准纬度为0°（赤道），则在纬度60°地区的图上面积要比赤道上大4倍（相应于同一实地面积），长度则增大1倍，这样就产生了两个需要协调的问题：为了充分利用图纸面积，高纬度地区制图综合的程度较小，而赤道地区则需要较大程度的综合；然而综合程度的差别又不能太大，否则将会造成虚假的地理现象。例如河流的选取，在赤道地区长为1cm的河流，在高纬地区将达2cm，如果按变形纠正后的尺度标准选取河流（如赤道地区1.5cm，高纬地区3 cm），虽然可能适宜于赤道地区，但高纬地区将显得空白，图面利用率低。但若在不同纬度地区均采用同一尺度标准（如均为1.5cm），则高纬地区的河流有可能全部选取，这样势必造成高纬地区河流密度很大的虚假现象。因此，不同纬度地区的制图综合方法和指标必须协调。

同一比例尺（或相近比例尺）的不同图幅之间应协调一致。例如，航海图一般是按比例尺成套编绘的，在成套海图叠幅部分各要素的表示应基本一致。同一比例尺图的叠幅部分，应采用"抄接边"的方法编绘，相近比例尺图的叠幅部分应先编绘比例尺较大的图，然后将其作为比例尺较小的邻幅图的编图资料，使二者叠幅部分基本一致。同时，叠幅部分应与整幅图的其他部分相协调，要素密度、形状化简程度等都应基本一致。

在系列比例尺图（如1∶10万、1∶20万、1∶50万和1∶100万）之间或海图集中诸图幅之间，制图综合的协调一致也是很重要的。

如果海图上同时包含了海洋和陆地两个毗邻的区域，海陆协调还表现在海底地貌和陆地地貌的协调方面。海底地貌是陆地地貌在海水下的延伸，二者在形态结构上有着密切的联系，因而综合时应照顾到二者的关系，使之协调一致。例如，在陆地河流的入海口都分布有水下河谷，通过等深线可以很好地反映出河流与水下河谷的联系；等深线的走向与形态应与海岸的方向相一致；等等。

为了正确表示制图要素的空间分布及其相互联系，不同要素的制图综合应该协调一致，例如，化简等高线图形时必须兼顾已经表示在图上的河流图形的化简，以保持河曲与等高线弯曲之间的协调关系。

## 5.2 海岸地貌的制图综合

### 5.2.1 海岸的制图综合

海岸的制图综合表现为岸线的形状化简和海岸性质的质量概括两个方面。

**1. 海岸线的形状化简**

海岸线的形状与海岸的性质、类型有很大的关系。不同类型、不同性质的海岸，其形态差异可能是相当大的。从海岸线的弯曲特点来分析，一般可将其分为平直的、圆滑的、带有棱角的和锯齿形的几种。一般沙质岸、磊石岸、植物岸等平岸都呈现出平直圆滑的特点。陡崖、岩石岸等则比较曲折，但曲折程度又各有不同。人工岸往往比较挺直并以折角转弯（如从宏观上分析，海岸线的形态特点和弯曲程度是与海岸类型以及沿岸陆地地貌有着密切关系的）。河流入海处、平原外缘或与山脉走向一致的海岸，其形状往往平直或圆滑，如我国的渤海湾沿岸、苏北海岸和台湾岛东部断层海岸等。而与山地或丘陵等陆地形态垂直或斜交的海岸岸线则比较曲折，弯曲程度变化也比较大，如辽东半岛、山东半岛及福建省等地区的海岸。另外，从局部范围分析，在平直的海岸中总还是有部分地段是比较弯曲的，而在弯曲的海岸中也往往有一部分是比较平直圆滑的。

作为一种线状要素，海岸线的形状化简不外乎删除细小弯曲而代之以平滑曲线。在遵循线状要素一般原则的和方法的基础上，还应突出海岸自身的特点及海图的特殊要求。

①在一般情况下，海岸线的形状化简应遵循"扩大陆地、缩小海域"的原则，即只能舍去小海湾而不能舍去岬角。但有时为了突出显示某一深入陆地的小海湾，也可以将海湾适当夸大表示。这种"扩陆缩水"的化简原则，在大中比例尺海图特别是航海图上应严格执行，如图5.5所示。

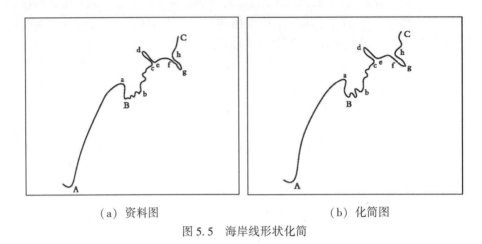

(a) 资料图　　　　　　　　　　　(b) 化简图

图 5.5　海岸线形状化简

②在小比例尺海图上，海岸线的形状化简应以反映海岸的类型特点为主，即要保持海岸线平面图形的类型特征。

③用不同的"笔调"反映不同类型海岸的弯曲特点。不同类型的海岸，其曲折程度和弯曲形状往往有很大的不同。在删除弯曲时常以"软笔调"来表现圆滑海岸的弯曲特点。采用"硬笔调"来表现尖锐海岸弯曲的特征。除了采用上述两种不同的"笔调"外，还要保持各段岸线间的曲折对比。见图 5.6 "笔调"对比。

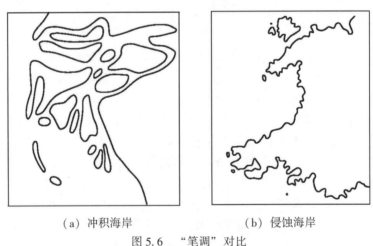

(a) 冲积海岸　　　　　　　　　　(b) 侵蚀海岸

图 5.6　"笔调"对比

随着海图比例尺的缩小，岸线上的细小弯曲逐步被舍去，各段岸线之间曲折程度的差异逐渐缩小，但仍要强调其间的差异，尤其不能出现曲折程度对比关系倒置的错误结果。

**2. 海岸性质的概括**

随着海图比例尺的缩小，各种性质海岸的图上长度也随之缩短，达不到最小尺度的要求，因而有必要加以概括。海岸性质概括的方法主要有三种，即删除、夸大和转换。

1) 删除

"删除"即不表示短小海岸的海岸性质。当某种性质的海岸地段在图上比较短小，其长度小于规定的最小尺度时，可舍去表示该段海岸性质的符号或注记，代以普通岸线表示。性质取舍的尺度标准，对不同种类的海岸是不同的，并且也随海图用途和比例尺而变化，如图 5.7 所示。例如，比例尺大于 1∶10 万的海图上，树木岸、芦苇岸和丛草岸的取舍尺度是 10mm，其他各类海岸性质的取舍尺度为 5mm。

2) 夸大

"夸大"用于表示短小海岸的海岸性质，即按尺度标准进行海岸性质的"有条件"表示。有些性质的海岸虽然短小，但由于此种类型海岸所特有的典型性，或者由于该段海岸所处位置的重要性，使得该段（种）海岸性质具有重要意义，应在图上夸大至最小尺度表示出来。

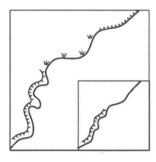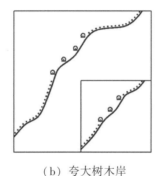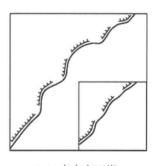

（a）舍去沙岸和芦苇岸　　　（b）夸大树木岸　　　（c）夸大人工岸

图 5.7　海岸性质的删除和夸大

3) 转换

"转换"即性质转换，是以主要性质的海岸来代替次要性质的短小海岸。当两种性质比较接近的海岸毗邻时，可以将其中较短的不足尺度标准的一种性质的海岸，合并（转换）到另一种性质的海岸中，如图 5.8 所示。

**3. 海岸数量特征的概括**

海岸的数量特征，主要指海岸的高度和宽度。海岸数量特征的概括，主要表现为海岸高度和宽度的取舍以及海岸符号的转换。

海岸的高度，主要是陡岸和堤岸的比高，在海图上是用数字注记表示的（有时一些树木岸，也往往加数字注记表示树木的高度，但树木的高度不能理解为海岸的高度）。海岸的高度和宽度一般只在大比例尺海图上表示，取舍时应本着"取高舍低"的原则。海岸的宽度，也是对陡岸和人工岸而言的，其他平岸没有明显的海岸阶坡，因而不必表示海岸宽度。海岸的宽度，在海图上是通过按比例和不按比例两种符号来表示的，实际上是指海岸阶坡的上、下边缘之间的水平距离。当图上距离大于图式规定的符号宽度时，海岸按

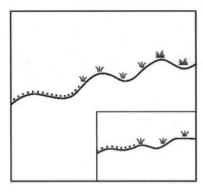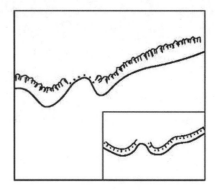

图 5.8　海岸性质的转换

比例表示，海岸阶坡的上缘应绘在实测位置上，海岸宽度可从图上量出。比例尺缩小后，海岸阶坡的图上宽度小于图式尺寸，海岸便不用依比例的符号表示，海岸宽度这一数量特征便被舍去了。如图 5.9 海岸数量特征的概括所示。

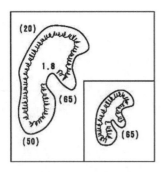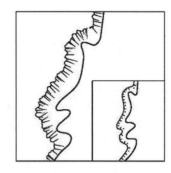

(a) 舍去次要岸高注记　　　　　　(b) 变依比例绘为不依比例绘

图 5.9　海岸数量特征的概括

## 5.2.2　干出滩的制图综合

干出滩的制图综合包括干出滩的取舍、干出滩轮廓形状的化简、干出滩质量特征的概括以及干出高度的表示四个内容。

**1. 干出滩的取舍**

干出滩的取舍要分两种情况：沿岸干出滩按分界尺度"有条件"选取，孤立干出滩则均应选取而不得舍去。

取舍沿岸干出滩时采用面积分界尺度，通常为长 5mm、宽 2mm。在长、宽均大于分界尺度时，干出滩毫无疑问应该选取；当其延伸很长，但宽度不足 2mm 时，为了反映沿岸干出滩的分布特征，可将其夸大到 2mm 宽表示出来；位于突出的岬角、航门和水道口等处的岩石滩、珊瑚滩，由于其位置重要，危险程度大，即使小于分界尺度亦应酌情夸大表示，但要注意不能因夸大表示干出滩而堵塞航门水道。在各种比例尺海图上，孤立干出滩均应选取而不能舍去，当其成群分布时亦不能舍去，但可以相互合并化简，见图5.10。

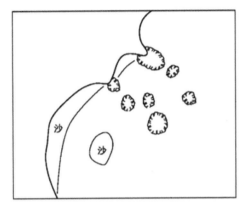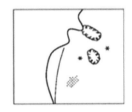

图 5.10　干出滩的取舍与化简

**2. 干出滩轮廓形状的化简**

与线状要素的形状化简一样，干出滩轮廓形状的化简也是通过取舍弯曲来实现的，但是在删除弯曲时，必须遵循扩大干出滩的原则。在各种比例尺海图上，干出滩的形状以表示其轮廓范围为主，对无意义的次要弯曲可以作较大程度的删除。弯曲取舍的分界尺度也比较灵活，主要视海岸及海底地貌的特点而定。

对于孤立的岩石滩或珊瑚滩，以及在图上面积很小而不易用实际形状按比例表示的两片同类性质的干出滩（同为软性滩或硬性滩），当在图上距离小于某一分界尺度（如1mm）时，可以合并表示。若相邻干出滩之间系重要的狭窄水道或航门（尤其是在河口地区），则不能合并，有时为了突出显示航门水道，甚至有必要缩小两边的干出滩，将间隔扩大。

**3. 干出滩质量特征的概括**

干出滩的质量特征概括，包括干出滩的类型合并和质量转换。

在大中比例尺海图上，干出滩按其性质分类详细表示，其类别可多达十余种。在小比例尺图上，干出滩的面积比较小，也没有必要如此详细地表示出干出滩的性质差别，因而图上就用较少的分类表示干出滩。

干出滩的质量转换，是通过干出滩的合并来完成的。这种不同性质的干出滩的合并，不仅依干出滩在图上的面积大小而定，还取决于干出滩的性质差别。基于干出滩对船舶航行的危险程度，软性滩可以合并到硬性滩中而实现质量转换，而硬性滩却绝不可以合并到软性滩中。在小面积的孤立干出滩群集时，沙滩、砾滩、磊石滩等软性滩常可合并为泥滩。倘若小面积的树木滩等植物滩有着明显的方位作用，则在大比例尺图上常常夸大表示，而不能轻易将其合并到周围的干出滩中去。当各种类型的软性滩相互交替分布时，为了图上清晰易读，可以将其适当合并，但合并后仍应反映出交替分布的特点。图 5.2 表示了干出滩的质量概括。

**4. 干出高度的表示**

干出高度又称干出水深，是指大潮高潮面下深度基准面上的一点到深度基准面的距离，用干出水深数字表示。

在选取干出水深时应优先选取最高的和能反映坡度变化的干出水深，并且注意均匀分布。涨潮时干出滩上能航行的地段应详细表示干出高度，以显示出干出航道。孤立干出滩上的干出高度，只要不影响海图的清晰性，就应尽量表示，但其密度应比周围水深密度要稀。当硬性的干出滩改为干出礁符号时，如不影响其他要素，通常仍注记其干出高度。

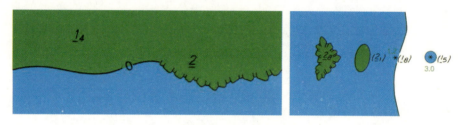

图 5.11　干出高度的表示

## 5.2.3 岛屿的制图综合

岛屿的制图综合可以分为：岛屿的选取、岛屿海岸的制图综合、群岛的制图综合和岛屿的合并。

**1. 岛屿的选取**

一般情况下，凡能在图上表示的岛屿都应尽量表示出来，但在距岸很近、岛屿很少或密集地区可以舍去。岛屿选取的一般原则如下。

1）按照分界尺度进行选取

通常规定，岛屿半径小于 0.4mm 或面积小于 0.5mm$^2$ 时可以舍去。但重要岛屿不得舍去，可放大绘出或改为点状符号表示。

2）按照重要性进行选取

岛屿的重要性除了一定程度地取决于岛屿的面积大小外，更主要的是由岛屿的地理位置及其他特征所决定的。有些岛屿虽然很小，但其地理位置重要，必须夸大表示出来。例如，我国的钓鱼岛、南沙群岛和曾母暗沙等岛屿，标志着我国的领土主权范围，在任何比例尺的图上都必须表示出来。一般的岛屿，近岸时其位置重要性较小，可以适当舍去；外海的孤立小岛位置重要性大，即使较小亦应夸大（至最小尺寸）表示。

3）按照岛屿的分布特征选取

在岛屿群集地区，应按照岛屿的分布特征选取，反映出岛屿的分布范围和分布密度。

**2. 岛屿海岸的制图综合**

岛屿海岸的制图综合也包括海岸性质的质量概括和海岸线形状的化简两项内容。对于较大的岛屿，其海岸的制图综合原则和方法同大陆海岸是一样的，但应特别注意各类岛屿所特有的形态特征和海岸特点。当岛屿在图上直径小于 2mm 时，已经不能表示其海岸性质，只能用一条闭合的岸线表示岛屿海岸。这时，岸线形状化简仍应显示出主要弯曲、轮廓特点、延伸方向。

当岛屿在图上直径小于 0.4mm 或面积小于 0.5mm$^2$ 时，便不能再用闭合曲线描绘岛屿，此时就要运用图形转换方法，改用直径 0.4mm 的小实点表示，但这个小实点仍然应该反映原来岛屿的基本轮廓特点和延伸方向。

**3. 群岛的制图综合**

群岛的制图综合，主要是指群岛中岛屿的选取，需要强调的是应当把群岛当成一个整体来看待。综合群岛时应注意以下几点。

1) 反映群岛的分布方向

群岛往往具有一定的延伸方向（称为列岛），特别是大洋中的群岛，通常是由构造原因形成的，常常分布在一条如同抛物线型的构造线上，成为岛弧。

综合这种群岛时，应注意选取位于群岛分布方向线上的岛屿。

2) 反映群岛的分布范围

优先选取最外围标志群岛范围的岛屿，即使岛屿很小也不应舍去而应夸大或用小实点表示。

3) 反映群岛内部岛屿分布密度对比

可以把群岛分成不同的密度区，在各区中分别按不同的数量指标进行选取。

4) 注意保留群岛中重要海上通道

群岛内部的诸岛之间，往往有连通海洋利于船舶航行的重要海峡、水道。在综合群岛时，必须注意反映这些重要通道，不能因为夸大表示岛屿图形而影响这些通道的明显性。对于珊瑚群岛，不仅要注意显示各岛间的通道，还需注意表示各潟湖的出口。

在具体实施群岛的制图综合时，通常采用这样的步骤：①按分界尺度选取，即选取面积在 0.5mm$^2$ 以上或半径在 0.6mm 以上的较大岛屿，如下图共选取了 24 个大岛屿；②在其他不足分界尺度的 78 个小岛中，按次要地物（二级）的开方根规律公式计算出图上应选取的小岛数量为 39 个；③选取群岛外围能反映群岛分布范围和延伸方向的小岛；④最后选取群岛内部有助于反映各区域密度对比及排列结构的小岛，直至达到规定的数量指标（本例中为 39 个）为止。见图 5.12 群岛的综合过程。

**4. 岛屿的合并**

岛屿的合并是岛屿制图综合的一个特殊方面。一般的岛屿只能取舍不能合并，但是在河口三角洲地区，岛屿主要是由于河流的堆积和海水的冲积而形成的，一般都有逐渐扩大

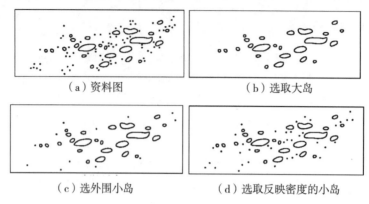

图 5.12 群岛的综合过程

以及相邻岛屿合并在一起的趋势,因而在这种地区,群集的岛屿只能合并表示,却不能舍去。岛屿合并时应注意分析河道的情况,不能因合并岛屿而舍掉重要水道。合并后的岛屿应保持原来的形状特点(见图 5.13)。

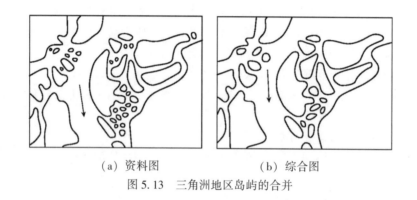

图 5.13 三角洲地区岛屿的合并

## 5.3 海底地貌的制图综合

根据航海图的特点和习惯,通常将干出滩以下的区域作为海底地貌的范围。在保证航行安全、正确显示航道、充分反映海底地貌、保持不同海图图幅之间海底地貌特点的一致性和图面清晰美观的条件下,主要以水深注记、等深线和底质注记表示海底地貌。

### 5.3.1 水深注记的制图综合

水深注记又称为深度注记,通常简称为水深,是指由深度基准面到海底的距离。它是表示海底地貌的基本方法。

**1. 水深注记的密度指标**

在以水深图板或上一级比例尺海图作资料时，都必须对资料上大量的水深（注记）加以取舍。水深的选取指标又称密度指标。通常将水深的间隔作为密度指标。确定水深密度，必须考虑海图用途、制图区域特点和海图比例尺这几个因素。海图用途对水深密度的影响是根本性的。一旦海图的主题和用途确定下来，制图区域的海底地形特点便成为决定图上水深密度的首要因素，主要考虑离岸距离、深度和坡度这三个因素。海图比例尺也影响着水深注记的密度。海水深度是确定海图水深注记密度的决定性因素。目前世界各国出版的航海图，一般均是以海水深度为尺度来确定水深注记的密度，即浅水区水深注记密，深水区水深注记稀。

水深注记的密度直接影响到显示海底地貌的详细性和海图的清晰易读性，水深注记越密，越能详细显示海底地貌。但水深注记过密，不但毫无必要地增加了编图工作量，还必定影响海图的清晰易读性，降低海图的使用价值。因此，必须在能显示海底地貌，保证航行安全的前提下，力求少选取水深注记，以保证图面的清晰易读。根据多年的海图生产经验和航海人员的反映，我国普通航海图的水深注记依据航海图编绘规范规定的密度指标进行选取。

**2. 水深注记的选取**

水深注记的制图综合，主要是水深注记的选取，有时也存在水深注记的移位、危险水深及说明注记的取舍。

1）水深注记选取的原则与方法

（1）必须按"取浅舍深"的原则选取最浅水深。

各类暗礁、浅滩等是船舶航行的重要障碍。一方面，船舶航行时一般都要远离这些碍航物，因此航海图上应完整而准确地显示出它们的分布位置和深度等特征，使航海者对其有充分地了解和准备。另一方面，在很多情况下，船舶必须在复杂的岛礁区航行或锚泊，这时礁区内的水深注记尤其是各种浅水深便成为船舶选择航道的重要依据。因此，必须把海底凸地貌的顶部等有碍航行的浅水深表示出来，尤其是孤立的浅水深不得遗漏，否则极有可能造成船舶触礁或搁浅事故。见图 5.14 按照"取浅舍深"的原则选取水深。

除了各种暗礁和浅滩的顶部水深应该选取外，各种深度的航道、航道纵剖面上的最浅水深（门槛水深）也必须选取，并使航道纵剖面上选取后的两水深注记之间，不能有更浅的水深存在。

（2）"深浅兼顾"地选取水深注记，正确地反映海底地貌形态。

为了保证船舶航行的安全，按照"取浅舍深"的原则选取各种浅水深是十分必要的。但是，如果机械地"取浅舍深"，一味地选取浅水深而舍去较深水深，将会严重歪曲海底地貌的形态，影响船舶的顺利航行。我们应该辩证地处理深水深和浅水深之间的矛盾。做到"深浅兼顾"，既主要选取浅水深，又适当选取深水深，这样才能使经过综合后的海底地形既符合客观实际，又满足航海要求。见图 5.15 按照"深浅兼顾"的原则选取水深。

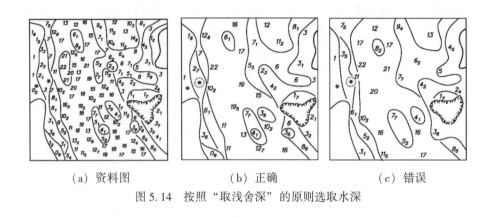

(a) 资料图　　　　　　　(b) 正确　　　　　　　(c) 错误

图 5.14　按照"取浅舍深"的原则选取水深

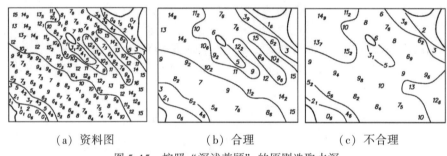

(a) 资料图　　　　　　　(b) 合理　　　　　　　(c) 不合理

图 5.15　按照"深浅兼顾"的原则选取水深

　　海底地貌起伏不平，除了各种正向地貌外，还分布有大量的负向地貌。因此，必须选取各种特征性的深水深，以表示出水下河谷、凹地和海底峡谷等负向地貌形态。一般来说，一幅海图上所显示的主要海区、海峡与水道、港湾和锚地等区域单元内的最深水深应予保留，更不能遗漏那些著名的深度注记。如世界大洋的最深处位于马里亚纳海沟，我国采用的深度是 11034m，如果这个水深位于制图区域内，则必须予以选取。在小比例尺海图上，为了充分显示海底形态，选取各种负向地貌的最深水深是非常重要的。

　　(3) 选取能表示航道宽度与深度的水深充分反映航道通航能力。

　　任何航道，包括海峡、水道和河道等，除了其纵剖面上的水深变化外，在横剖面上都有坡度的变化，这些坡度的变化可以说明航道的宽度情况。见图 5.16 选取反映航道宽度和深度的水深。

　　一些较狭窄的航门水道（主要是在小比例尺图上），已不能满足船舶航行的需要，此时对航道的表示应以反映航道的通航能力为主，即应主要选取航道纵剖线（深水线）上的水深，对深水线两侧较浅的有碍航行的水深可以不予选取。见图 5.17 选取反映航道通航能力的水深。

　　(4) 选取能表示各类地貌的深度范围走向等特征的水深注记。

　　多数情况下，水下暗礁或浅滩都是沿某一方向延伸分布的，选取水深注记时，除应按"取浅舍深"的原则选取顶部的最浅水深外，还应选取顶部纵剖面上相对最浅的水深注

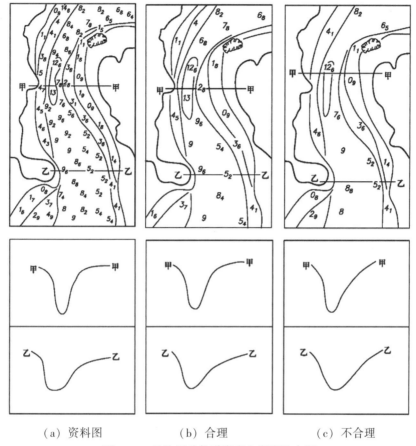

(a) 资料图　　　　　　　(b) 合理　　　　　　　(c) 不合理

图 5.16　选取反映航道宽度和深度的水深

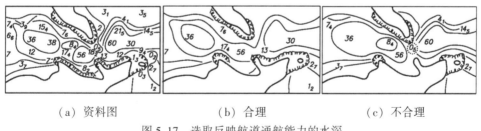

(a) 资料图　　　　　　　(b) 合理　　　　　　　(c) 不合理

图 5.17　选取反映航道通航能力的水深

记，以反映其深度、走向等特征。选取水深还必须考虑等深线的轮廓形状，使二者相互协调和配合。

2）水深注记选取的步骤

为了达到正确表示海底地貌，反映各种航道的目的，在选取水深注记之前，必须对制图区域内的海底地貌尤其是浅滩的分布特征和航道的分布特征进行认真的分析研究。在此基础上便可着手选取水深注记，一般按下列顺序进行。

①首先选取各类危险水深,以确保航行安全,如各种孤立暗礁、浅滩的顶点水深;
②选取航道纵剖面上的门槛水深,航道分支或汇合处的水深,能全面反映航道深度和连贯性的水深;
③在比例尺允许的范围内,选取能反映航道宽度和反映浅滩范围、走向及起伏变化的水深;
④选取岛屿周围和礁石附近的水深;
⑤选取非航道处、但海底地貌复杂地区的水深;
⑥最后选取平坦海区的水深,可从沿岸开始逐渐向外海推进。

见图 5.18 资料图,图 5.19 选取主要水深,图 5.20 选取一般水深。

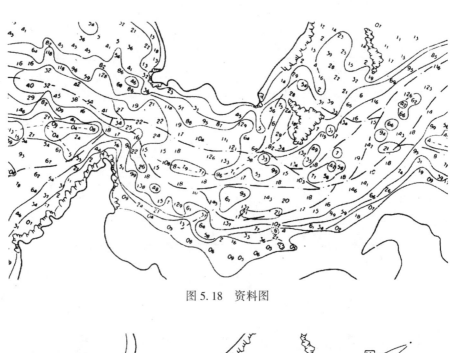

图 5.18 资料图

图 5.19 选取主要水深

5.3 海底地貌的制图综合

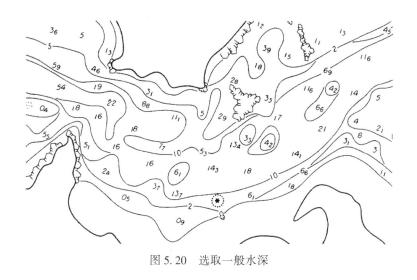

图 5.20 选取一般水深

**3. 水深注记的排列形式**

研究水深注记的排列形式有两个目的：首先是为了更好地显示海底地貌形态，满足航海需求，保证航行安全；其次，水深注记排列分布恰当，将增强海图的清晰性和美观性，提高海图的表现力。经过分析研究表明，一般情况下，菱形排列是水深注记的最佳分布方式，这是由海底地貌特点及海道测量方法等因素决定的。还有其他几种排列形式，在岛礁周围采取放射状排列，在岬角处按扇形排列，在河口处按弧形排列。见图 5.21 水深的菱形分布及随地形倾斜度的变化，图 5.22 水深注记的其他几种排列形式。

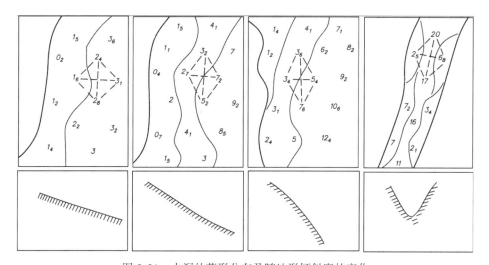

图 5.21 水深的菱形分布及随地形倾斜度的变化

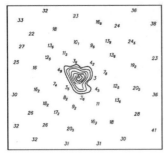 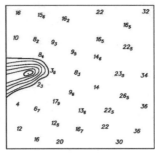 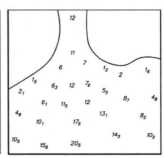

（a）岛屿周围的水深注记　　（b）岬角处的水深注记　　（c）河口处的水深注记

图 5.22　水深注记的其他几种排列形式

实际选取水深时，与水深选取的原则相比，水深的排列形式是次要的，原则是主要的。只有在充分显示海底地貌、保证航行安全的前提下，才可能考虑以某种形式排列水深。

### 5.3.2　等深线的制图综合

**1. 等深线的间距**

海部等深线的间距确定不同于陆部等高线的间距确定，它不仅要根据制图比例尺大小和制图区域的海底地貌特征来确定，同时还必须考虑到海图的用途对等深线间距的影响。尤其是用于船舶航行用的航海图，必须根据各种船舶的最大吃水深度、活动特点来确定具体的等深线的间距，以便于清晰地在海图上显示出各深度带，供航海人员使用时参考。

根据目前船舶的吨位，世界上最大的油轮的吃水深度也不超过30m，最大的航母吃水深度也不超过20m，由此可知，30m以内的浅水区域对各类船舶的活动影响比较大，所以应该详细表示30m内的浅海区海底地貌，以确保各类船舶的航行安全。因此30米内浅水区的等深线的间距就比较密一些，随着海水深度的加深，等深线的间距就变得越来越稀。各种比例尺海图上的基本等深线间距如表5.1所示。

表 5.1　　　　　　　　　不同比例尺图上表示的基本等深线

| 比例尺 | 基本等深线（m） |
| --- | --- |
| 大于 1:20 万 | 0、2、5、10、20、30、50、100、200 |
| 1:20 万~1:49 万 | 0、5、10、20、30、50、100、200 |
| 1:50 万~1:100 万 | 0、5、10、20、30、50、100、200、500 |
| 1:100 万 | 0、10、20、30、50、100、200、500、1000、2000 |
| 小于 1:100 万 | 0、10、50、200、500、1000、2000、4000、6000 |

从中我们可以看出，由于30m是船舶活动的一个安全线，200m是大陆架和大陆斜坡的分界线，2000m~2500m是大陆斜坡与大洋底的分界线，深海沟的深度一般深于6000m，所以当制图区域内的深度达到的情况下，30m、200m、2000m、6000m的基本等深线是必须要绘出的。

对于一些复杂的海区，包括海区形势图、海底地貌图等专题海图，可根据比例尺情况、海图的用途、制图区域的地理特点等因素综合确定具体的适当的等深线间距。

在等深线间距确定之后，等深线图形的制图综合便是正确表示海底地貌的关键。主要讨论等深线的表示、等深线的勾绘、等深线的取舍和等深线的形状化简。

**2. 等深线的勾绘**

在很多情况下，制图资料上没有所需要的等深线，编图时需根据资料上的水深注记勾绘等深线。合理勾绘等深线见图5.23至图5.25。勾绘等深线的原则与方法如下。

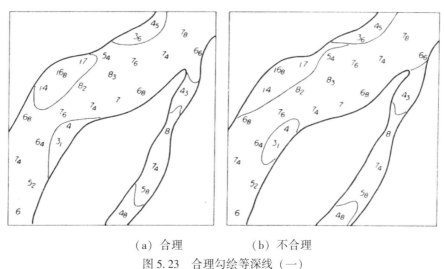

（a）合理　　　　　　（b）不合理

图5.23　合理勾绘等深线（一）

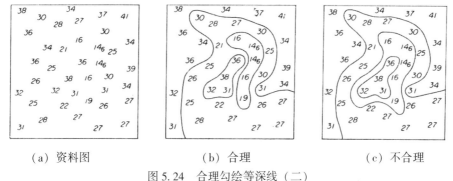

（a）资料图　　　　（b）合理　　　　（c）不合理

图5.24　合理勾绘等深线（二）

 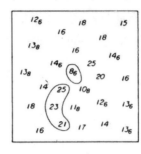 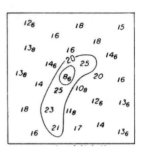

(a) 资料图　　　　　　(b) 合理　　　　　　(c) 不合理

图 5.25　合理勾绘等深线（三）

①勾绘等深线应有足够的水深注记密度，水深点的数量越多，精度越高。
②对不同用途的海图采用不同的原则，以目估内插的方法勾绘等深线。
③等深线图形应正确反映地貌的形态特征和变化规律。在勾绘等深线时，必须分析海底地形的起伏变化规律，使等深线反映的图形与之相符。
④等深线图形应完整、光滑和清晰。
⑤水深点密度稀少甚至是空白时，等深线可以中断或空白不绘。
⑥未测到底的水深区域的等深线的勾绘。当所绘等深线的深度小于未测到底水深时，可将未测到底水深当作已测到底水深来勾绘等深线。

**3. 等深线的取舍**

等深线的取舍有两种情况：其一是等深距不同，图上表示的等深线亦不同，随着等深距的变化，也就伴有等深线的取舍；其二是当编图比例尺缩小后，几条等深线密集在一起，必然影响图面的清晰易读性，给绘图带来困难，因而应根据图上的具体情况，在局部地段舍去一些次要的等深线。这里我们主要讨论后一种情况，且以航海图为对象。

1）等深线取舍的基本原则是"取浅舍深"
（1）深水区中表示浅地的等深线必须选取不能舍弃。
深水区内的浅水区，是船舶航行的障碍，为了使这些浅水区显得突出醒目，表示这些浅水区的等深线就应该与浅水深共同选取，不能舍去，见图 5.26。
（2）浅水区内小范围的深等深线可以舍去。
浅水区内小范围的深等深线可以舍去，复杂海区（如水道内）局部内，为清晰起见也可以只选取水深注记，不绘深等深线，见图 5.27。

2）视海底地形的特点"取深舍浅"
在岸边陡深的海区，特别是太平洋中的一些火山岛、珊瑚礁盘的外围，仅有很窄的一条带状浅水区分布于岸外，浅水区外陡然深达几十米甚至数百米。当海图比例尺缩小后，一些近岸的浅水深被舍去了，那么相应的等深线亦应随之而舍去。有时岸边可能还留有几个浅水深，此时若在其外围勾绘相应的等深线，则因其断断续续而影响图面清晰，而且对反映海底地貌特点也没有什么作用，因而可以将这些不能充分反映海底倾斜变化的浅等深

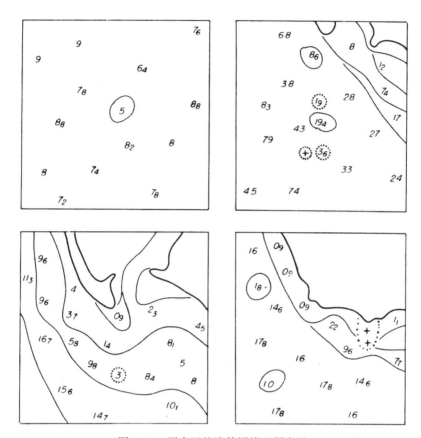

图 5.26 深水区的浅等深线必须表示

线舍去,而保留表示陡深处的深等深线,见图 5.28。

3) 为反映狭窄水道和小港湾特点,分别"取浅舍深"或"取深舍浅"

对于狭窄水道和小港湾,因受比例尺的限制,在海图上同时表示所有(或其中几条)等深线有困难时,若勉强表示出来,则必将增加海图的负载量,影响清晰性,也不能充分反映水道状况。这时,可以按用途要求只表示一条或两条最能反映该水道或港湾特征的,且与本图用途关系最大的等深线。

**4. 等深线图形的化简**

对已选取的等深线,应进行必要的形状化简。等深线的形状化简,实际是对海底地貌形态的概括。基本原则是"扩浅缩深",其基本方法有删除弯曲、合并和中断等。

1) 删除弯曲是最基本的化简方法

当比例尺缩小后,有必要对等深线的细小弯曲实施删除化简。为了保证航行安全,删除弯曲时必须遵循"扩浅缩深"的原则,即将凹入浅水区的小弯曲拉直,而保留甚至可以稍加扩大凸入深水区的小弯曲,使化简后的等深线向深水区扩展。

2) 合并同值的浅等深线

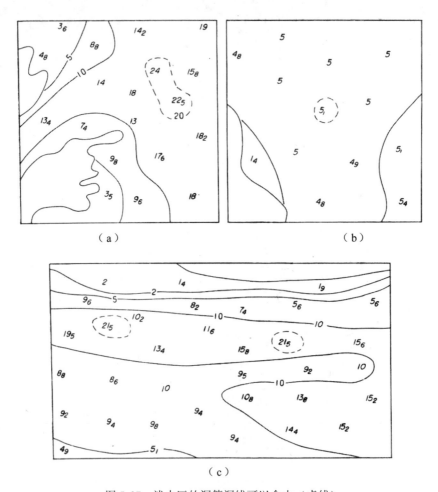

图 5.27 浅水区的深等深线可以舍去（虚线）

当两条同深度表示浅水区的等深线相距很近时，可将其合并为一条等深线，见图 5.29。

两条表示深水区的等深线，在任何情况下都不能合并，见图 5.30，否则就违反了"扩浅缩深"的原则，影响船舶航行安全。合并等深线时，还必须注意充分反映航道情况，防止因合并了等深线而堵塞了航道。

3) 局部中断等深线

在海底坡度较陡的地段，几条不同深度的等深线往往相距很近，难以绘制和判读，为此可以采用中断某一条等深线的方法。通常是当两者之间的距离小于 1mm 时，可保留最浅的等深线，将较深的等深线中断在较浅的等深线上，并保留 0.2mm 的间隔；当等深线离岸线或干出滩线不足 1mm 时，亦可将其中断在岸线或干出滩线上；若整段等深线离岸线或干出滩线均不足 2mm 时，可将其舍去。

4) 等深线图形的化简要适度

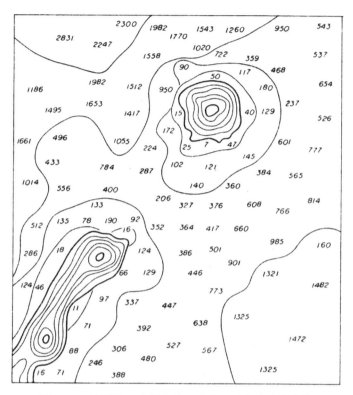

图 5.28 等深线"取深舍浅"充分显示海底陡深变化

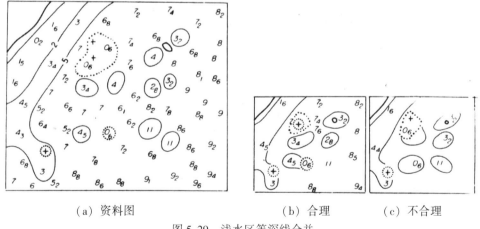

(a) 资料图　　　　　　(b) 合理　　(c) 不合理

图 5.29 浅水区等深线合并

等深线图形反映着海底地貌的形态特征，等深线曲折多弯，标志着海底地形切割破碎、起伏多变；等深线浑圆光滑，说明海底地貌形态完整、起伏平缓。化简等深线时要程度适当，注意保持原来的轮廓形状及特征。

5）等深线之间应协调

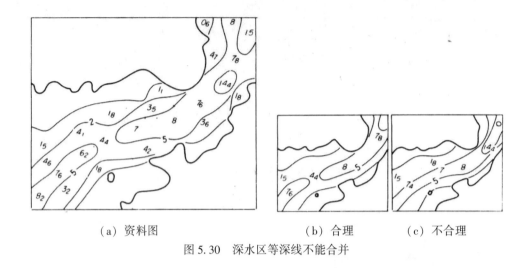

(a) 资料图　　　　(b) 合理　　(c) 不合理

图 5.30　深水区等深线不能合并

海底地貌是陆地在海水下的延伸部分，存在其固有的协调性。在化简等深线图形时，尤其是在海底地形图上，应注意等深线之间的协调性。

**5. 补充等深线的运用**

编绘航海图时，在航道、河口或浅滩等海区，不同比例尺航海图所规定的基本等深线往往满足不了显示海底地貌或航道通航能力的需要，可根据需要加绘任意深度的等深线。

### 5.3.3　海底底质的制图综合

**1. 海底底质的分类及其制图表示**

海底底质是由沉积物和暴露的基岩组成的，而且主要部分是各种沉积物，因而海底底质的分类主要是沉积物的分类。目前，基本上都是从航海的需要出发，依据底质的物质成分、粒径、硬度、外形特征、颜色等标志进行分类。我国现行海图是按粒径大小（机械成分）和物质成分分类的，属综合分类法。在海图上表示底质时，要根据底质的颗粒大小、表面特征和颜色等，在底质的物质成分前加注形容词说明，如细的、软的、硬的、黏的、大的、白色、红色，等等。在专题海图上，海底底质用底色法表示；在航海图及其他普通海图上，以文字缩写注记的形式表示。形容词在前，物质组成在后。

**2. 海底底质的制图综合**

海底底质的制图综合包括底质的取舍和底质的质量概括。

1) 底质制图综合的要求

①准确表示海底底质的类型特点，以满足船舶锚泊、海洋开发及军事活动的需要。
②正确地反映各类底质的分布特征、面积大小以及不同底质之间的界限等。
③充分显示海底底质分布的一般规律。

④底质的表示应力求清晰、分布均匀、协调。

2）海图上海底底质的分布密度

各种海图上海底底质的分布密度应视海图用途、海底底质分布情况、海底地貌复杂程度和测量资料详细程度而定。一般为图上 $25cm^2$ 内有一个底质点。具体按规范要求执行。

3）海底底质的取舍

在航海图上选取底质，首先应保证航行安全和便于选择锚地，其次是反映底质的分布特点和规律。

①"取硬舍软"与"软硬兼顾"。

②海底地貌特征点线处的底质，应优先选取。

③"取异舍同""取特别舍一般"。

4）海底底质的质量概括

一个完整的底质注记，应该包括底质的实体（物质成分）和特征说明（形容词），其中特征说明部分有较多内容，如颗粒大小、坚硬程度、表面特征、颜色等。取舍形容词说明时，要分析各种说明的重要性，首先舍去最次要的，最后再舍去较重要的，只保留底质的物质成分注记。一般可按这样的顺序舍去形容词，即颜色—表面特征—坚硬程度到颗粒大小等。例如：

白碎硬浮石—碎硬浮石—硬浮石—浮石；

黑圆坚石—圆坚石—坚石—石；

灰粗沙碎贝—粗沙碎贝—沙贝；

黑硬泥白细沙—硬泥细沙—泥沙。

### 5.3.4 海底地貌诸要素的关系处理

**1. 水深注记与等深线的关系**

（1）水深注记的选取。

注意选取能确定等深线轮廓形状的水深进行注记。

（2）等深线遇水深注记。

等深线遇水深注记时，等深线应尽量保持连贯，不中断或少中断。

（3）中断等深线。

在出现下述情况时，应将等深线中断在水深注记的两侧：

①等深线偏移后将使航门水道变窄，甚至堵塞航道；

②等深线偏移后，会影响海底地形的合理性和等深线之间的协调性；

③等深线偏移后，反而会扩大深水区，缩小浅水区，等深线只能中断；

④所选水深不应离等深线太近。

**2. 水深注记与岸线和干出滩线的关系**

首先，不要选取那些距岸线或干出滩线太近的水深；其次，当近岸处水深比较浅，而且是逐渐变深时，一般也不要选取靠近岸线或干出滩线的水深注记；在平坦的岸边，应该选取离岸线或干出滩线较远一点的水深。对岸边和小岛周围水深比较深的地方，应尽量选取靠近岸边或干出滩的能反映陡深情况的水深（但不能压盖岸线或干出线），并适当加密。

**3. 水深注记与非地貌要素的关系处理**

水深注记与方位圈、航标、潮流符号、文字注记等非地貌要素之间，也时常发生"争位"矛盾，这时可以采用以下方法处理。
①将次要的物体舍去；
②将次要物体移开，另行配置或选取；
③将水深或其他符号适当缩小；
④使可以歪斜的符号适当歪斜（如浮标）；
⑤使允许中断的符号中断一部分；
⑥另行选取符号旁的水深，尽量减小符号压盖造成的水深空白区。
总之，既要使水深排列整齐、分布均匀，又要使上述各要素完整而清晰地表示出来。

**4. 等深线与其他要素的关系处理**

等深线与岸线、干出滩线之间的关系和等深线相互之间的关系类似，应相互协调，等深线中断在岸线或干出滩线时，应呈平行状自然中断，不可绘成垂直相交状。等深线遇到其他非地貌要素时，一般可以中断，但应注意不要在弯曲处中断。

## 5.4 海部其他要素的制图综合

### 5.4.1 航行障碍物的制图综合

航行障碍物的制图综合，主要表现为障碍物的选取、说明注记的表示、障碍物符号的图形转换和危险线的形状化简。

**1. 航行障碍物的选取**

1）礁石的选取

礁石实际上是海底地貌的组成部分。根据礁石与基准面的关系，按由高到低（由浅到深）的顺序分为明礁、干出礁、适淹礁和暗礁。

礁石的取舍取决于礁石的重要程度即危险（碍航）程度，而它又是由礁石所处位置和礁石的高度（深度）决定的。孤立的礁石必须选取。对于群集的岛礁，各种礁石不能全部表示，应当按高低顺序和分布特征进行选取。图 5.31 所示为岛礁区制图综合。

第一，按高低顺序选取。礁石的选取顺序为明礁—干出礁—适淹礁—暗礁。

第二，按分布特征选取。一要反映礁石区的范围；二要反映礁石的分布特征，如密度特征、形状特征等。概括起来，即是"取外围舍中间，取近航道舍近岸，取稀疏处舍密集处（但仍应保持疏密对比）"。由此可以发现，按高低顺序选取和按分布特征选取是有

## 5.4 海部其他要素的制图综合

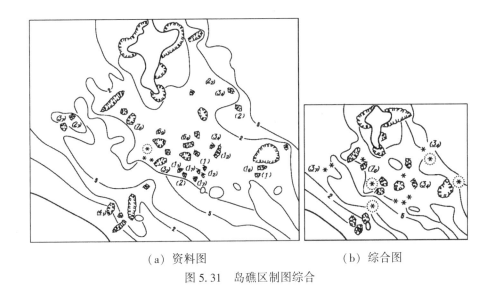

(a) 资料图　　(b) 综合图

图 5.31　岛礁区制图综合

矛盾的。一般情况下应按高低顺序选取（尤其应优先选取明礁），但对于岛礁区则应以按分布特征选取为主，以反映礁石的分布范围、密度和形态特征。

2）沉船的选取

与礁石的选取类似，孤立的危险沉船均应选取，并加绘危险线；沿岸的或不具危险性的沉船则可大量舍去；中小比例尺图上狭窄水道内的沉船，为避免堵塞航道亦可酌情舍去。对于群集的沉船，应在保持分布特征的原则下进行取舍。

3）其他障碍物的选取

除上述之外，航海图上表示的航行障碍物还有障碍物区，渔栅、渔礁等捕鱼设施，变色海水和浪花，海藻、海草，水下柱桩，海底火山等。这些航行障碍物在大比例尺海图上均应详细表示。随着海图比例尺的缩小，对于那些位于岸边的、非航行区的或范围很小的障碍物，可大量舍去或用文字说明等方法表示。

**2. 航行障碍物的符号图形转换**

随着海图比例尺的缩小，图上的航行障碍物也在缩小和彼此靠近，在不能将其舍去时，可以通过图形转换来予以表示，以保持图面的清晰易读。

①用集合符号代替群集的障碍物。

②用不明性质的障碍物符号代替具体的障碍物符号及注记，例如已知深度的水下钢管等改用不明性质符号表示。

③用不知深度的障碍物符号代替已知深度的障碍物符号，例如将用深度加注记表示的沉船改为不明深度的沉船符号。

④用文字注记代替障碍物符号，例如，对于断续分布的大片渔栅、渔网等，由于不便进行化简，表示过多又会影响图面的清晰，则可以将它们全部舍去，而以文字注记如"此处多渔栅"来表示，如图 5.32 所示。

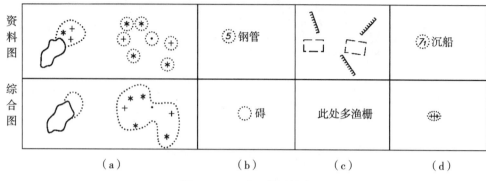

图 5.32 岛礁区制图综合

**3. 危险线的制图综合**

危险线是用来突出表示航行障碍物的，但它本身却并不是航行障碍物。危险线是一种点线，用来将单个的或群聚的障碍物圈起来，并在制印出版时印成紫色，使之醒目突出。因此危险线只是危险物或危险区的一种标志。危险线又可分为按比例表示和不按比例表示两种。

1）危险线的加绘

对孤立的障碍物需加绘危险圈符号。有时一些孤立的小岛也应加绘危险线。

2）危险线的删除

海图上的危险线是用紫色或黑色的点线表示的。通常，出现下列情况时应舍去危险线：

①一般情况下，危险线应随所表示的障碍物一并取舍；

②舍去危险线保留障碍物；

③某些危险水深在经过水深制图综合后，已由原来的危险水深变为普通水深，危险线即应舍去。

3）危险线的形状化简

危险线是人为勾绘的，其形状应光滑自然。因此对细小弯曲可以拉直，次要碎部可以化简。当两条危险线的间隔小于 1mm 时，可以进行合并。当按比例表示的危险线缩小到图式尺寸时，应改用不按比例的危险圈符号表示。如图 5.33 所示。

**4. 航行障碍物说明注记的综合**

1）名称注记的选取

在新编图上一般应尽可能地表示障碍物的名称注记。取舍时应根据障碍物的重要程度、所在地理位置以及图面的负载量情况来确定。

2）高度或深度注记的取舍

对于一般孤立存在的礁石，应尽量注记其高度、干出高度或深度。当一群礁石不能全注记其高度时，应优先注记其中最高的礁石高度。

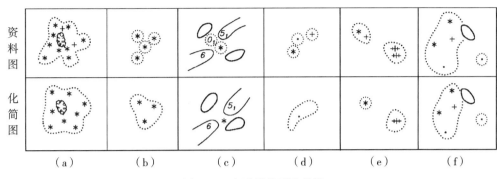

图 5.33 危险线的形状化简

3) 性质注记的取舍

航行障碍物的性质注记是以缩略语表示的。主要有"疑存""据报""船""柱""铁""骸"等。对位于外海或主要航道中的障碍物,其性质注记则应尽量表示。一般情况下,应先舍去名称,再舍性质,最后舍高(深)度。

### 5.4.2 助航设备的制图综合

航标的制图综合,一般分为三个方面:航标的选取、航标说明注记的表示和概括、航标的组合符号表示。

**1. 航标的选取**

原则上根据比例尺和用途要求,按其重要性由高级向低级选取,直至满足已定选取数量指标。在大比例尺海图上详细表示各种助航设备及名称、编号和灯质说明等。随比例尺的缩小则按航标的重要程度、地理位置等由高级向低级、由重要向次要的顺序选取,即具体按灯塔、无线电航标、灯船、灯桩、灯浮等顺序选取。

**2. 航标说明注记的表示和概括**

航标说明注记包括灯质、音响设备、无线电设备的文字说明和光弧的符号与注记。

通常一个灯标的灯质注记包括发光方式(闪光次数)、光色、周期、灯高和射程,如"闪(3)白红绿 15s 90m16~12m"。

航标说明注记的概括,对不同位置的灯标应按照不同的顺序进行。

第一,主要灯标及位于港外和外海的灯标,其注记的省略次序是:①灯高;②周期;③射程;④其他。

第二,水道及海峡内的灯标、注记的省略顺序是:①射程;②灯高;③周期;④其他。

**3. 航标的组合符号表示**

1) 光弧的表示与取舍

光弧是扇形光灯所特有的表示方法。通常的灯标是 360°范围内全部可见且为同一光色的。扇形光灯则不然,它是在某一角度范围可见或在不同角度内发出不同色的光。

一般情况下,当该灯标在某一比例尺海图上,有直接引导船舶航行或指示船舶避开航行障碍物的作用时,其光弧即应详细表示。对多色光弧一律不得合并,当比例尺缩小后海图上不便描绘时,可以舍去。

2) 航标之间及与其他要素间的关系处理

(1) 航标的组合符号表示法。

当航标之间相互拥挤时,可以采用组合符号表示。通常有这样几种情况:

①当灯塔或灯桩与无线电导航设备在一起时,应用组合符号表示;

②当两个灯标相距很近时,应对其加以分析,若两个灯标有主次之分,可只表示其中的主灯符号,舍去辅助灯或次要灯符号,并将其灯质分别注出;

③雾警信号通常作为灯标的一种附属设备,一般是和灯标一起用组合符号表示的。当注出雾号的种类名称时,雾号符号也可省略。

(2) 灯标与其他要素的关系处理。

①当灯塔、灯桩设在小岛或礁石上时,若不能同时表示,可只表示航标舍去小岛、礁石,但尽可能注出名称及高程。

②设在沉船或其他航行障碍物上的航标,可用组合符号表示。

③当灯浮或浮标等与浅水深注记或航行障碍物符号相冲突时,一般应保持浅水深注记或航行障碍物位置准确,移动灯浮标或改变其角度。

## 5.5 陆部要素的制图综合

海图上表示的陆部要素包括水系、居民地、道路、地貌、植被和境界六大要素。海图上的陆部要素要比地形图简略得多。即使都是海图,由于图种或比例尺的不同,陆部要素的表示方法和详细程度也相差很大。

### 5.5.1 水系的制图综合

**1. 河流的制图综合**

1) 河流的选取

河流的选取,可以采用最小尺度标准有条件地选取。对于下列几种不够指标的重要河流,一般应该选取。

①本身具有重要意义的河流。

②反映河系类型特征的河流。

③能反映河网密度对比的河流。

2) 河流的形状化简

单线河流作为一种基本的线状要素,其图形化简的方法同一般线状要素。在此,只讨论某些特殊的情况。

①正确掌握单线河流的粗细变化。

②反映河流的主、支流关系,强调支流注入主流处的图形特点。
③正确显示河流入海(湖)处的河口特征。

3) 河系的制图综合

河系的制图综合,也不外乎河系内河流的选取和形状化简。除了一般的原则与方法外,河系制图综合的重点在于反映不同河系的类型特征。

(1) 树枝状河系。

树枝状河系的支流从各个方向注入主流,大部分以锐角交汇,构成一种树枝丛生般的树状图形,见图5.34。

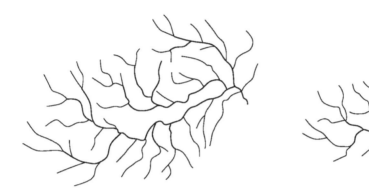

图 5.34 树枝状河系的表示

制图综合时,对能反映树状特征的短小支流,特别是能反映主流两侧支流的数量和长度不对称状况的小支流,应降低标准予以选取,同时注意反映主支流锐角交汇的特点。

(2) 平行状河系。

平行状河系多发育在倾斜平缓的冲积平原上以及平行褶曲或断层地区,其特点是支流较长且互相平行,见图5.35。

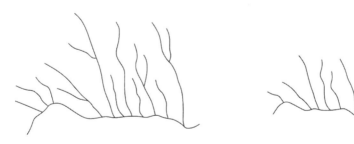

图 5.35 平行状河系的表示

制图综合时,优先选取能反映河系成平行状特征的支流。

(3) 羽毛状河系。

羽毛状河系多发育在山岭平行且坡度较陡的山区,其特点是主流粗长,主流两侧支流短小且平行,与主流近似垂直相交,形如羽毛,见图 5.36。制图综合时,应保持支流近于平行,两侧支流大致对称,主、支流接近正交,并适当多选取一些短小的支流,以保证羽毛形的图形特点。

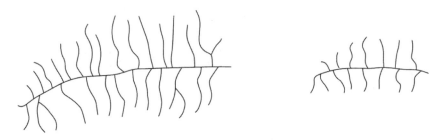

图 5.36 羽毛状河系的表示

(4) 格状河系。

格状河系多形成于以褶皱构造为基础的山区,其特征是河流多近于直角弯曲,主支流近于直角相交,构成格网状的图形,见图 5.37。

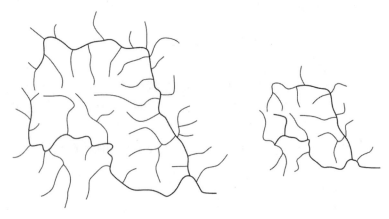

图 5.37 格状河系的表示

制图综合时,应优先选取构成格状特征的支流,包括一些小于选取标准的短小支流,并显示出直角弯曲、主支流直角相交的特点。

(5) 网状河系。

网状河系多形成于地势平坦、河网密度较大的冲积平原地区和河口三角洲地带。其特征是河流稠密、主支流相互交错、汊流众多,构成一种迷宫状的河网图形,见图 5.38。

制图综合时,应区分主支流关系,取舍次要支流,显示出河流交错分布的特征,并反映河网内部的河流密度对比。

(6) 辐射状河系和聚合状河系。

辐射状河系多发育在火山锥周围,其特点是多条河流由同一高地向四周散流。聚合状

## 5.5 陆部要素的制图综合

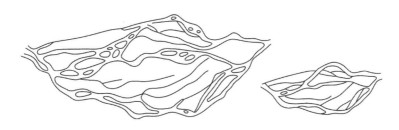

图 5.38 网状河系的表示

河系多发育在盆地内,其特点是多条河流从四周的高地向同一中心汇入,常形成湖泊,见图 5.39。

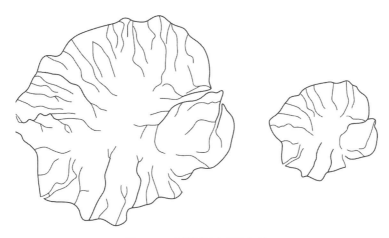

图 5.39 辐射状河系的表示

制图综合时,对此两种类型的河系,均应优先选取放射形分布的河流,并反映出向外辐射或向内聚合的特点。

(7) 扇形河系。

扇形河系多发育在山麓地带的冲积平原上,其特点是河流从一处向外呈扇形散开,或者多条河流从各处呈扇形聚合为一条主流,见图 5.40。

制图综合时,为反映河系的扇形特征,应先选取主流和外围的河流,后选取内部的河流,最外围的河流即使不满足标准尺度亦应适当选取,而内部的较长河流也可适当舍去。

4) 运河与沟渠的制图综合

对运河和沟渠的制图综合,主要表现在选取方面。对于海图上对运河和沟渠,一般只表示著名的和较大的,并区分主支流的关系。

化简运河和沟渠时,应保持运河和沟渠的直线性和成某一角度硬性拐弯等特点。运河和沟渠均系人工开挖而成,大都平直而等宽,因而一般不需化简。

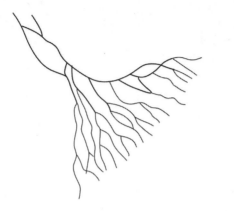

图 5.40　扇形河系的表示

**2. 湖泊与水库的制图综合**

在海图上，一般只表示较大的（如图上面积大于 5mm²）湖泊和水库，但岛屿上的应详细表示，描绘困难时可适当夸大表示。对于成群分布的湖泊，应反映其分布特征及其范围大小。时令湖一般在大比例尺图上表示，但在岛屿和荒漠缺水地区，为反映地理特征可酌情表示。湖泊和水库的岸线也应进行必要的化简，化简的方法与一般曲线化简的方法基本相同。但与海岸线化简的原则不同，化简湖岸线时应以删去小湖汊弯曲为主，即扩大陆地、缩小水域，这样也就使湖岸线的化简与等高线的化简相互协调。

**3. 水系物体名称注记的表示**

水系物体的名称注记，不仅可以表达水系物体的名称、指示位置，还能在一定程度上反映其大小、范围及其他方面的内容。水系物体，不论其大小和种类，通常都有其独有的名称，因此，对于海图上的水系物体，都应正确地表示其名称。

1）河流（包括沟渠和运河）的名称注记

海图上河流名称注记的选取，一般是根据其长度大小而定的，对重要的河流也可降低标准而加以注记。如规定图上长度大于 5cm 的河流应注其名称，但对独流入海和岛屿上的小河，可以降低标准注出其名称。对于内陆地区的河流名称，可择其主要者表示。有特殊意义的河流，如国家行政区之间的界河、主要河流的河源等，应尽量注出名称。

在河网密集地区，河流纵横交错，应优先选取主流和主河道的名称，然后再根据支流或汊流的大小选取其他名称。

2）湖泊等的名称注记

在海图上，对于较大的能容纳注记的湖泊和水库，应注出名称。同一湖泊在不同地段有不同名称时，应优先选取主要部分的和著名的名称。

3）水系名称注记的配置

对水系名称注记配置的要求如下。

①指示要明确，即水系名称注记属于哪一条河流或哪一段河流，哪一个湖泊或湖泊的哪一部分，应从字大小和注记范围加以表示，不能模棱两可。

②字级的大小，应与江河湖泊的大小相适应。对于较长的江河，其名称可每隔10cm~15cm重复一次；主流的字级应比支流字级大。

③注记配置应与被说明的水系物体的图形协调一致。

④名称注记不得压盖其他重要要素，如应避开河流和道路的叉口、汇合处等。

### 5.5.2 居民地的制图综合

**1. 居民地的选取**

海图上居民地的选取主要采用资格法和定额法。用资格法选取居民地，通常以居民地的行政等级为"资格"标准（小比例尺图上也常以居民地的人口数为标准）。居民地选取的定额法是解决选取多少居民地的问题，但不能解决从大量的居民地中具体选取哪些的问题。因此，实际选取居民地时，还必须针对每一个居民地，从各方面评价其重要程度再决定是否选取。这时很显然，行政等级高的居民地的入选是不成问题的，大量的工作将主要集中在众多的低等级居民地中较重要的居民地的选取上。

①选取具有政治、军事等意义的居民地。

②选取具有航海意义的居民地。

③反映出居民地的分布特征和密度对比。

在选取居民地时，具体做法是按从主要到次要、从大到小、从沿岸到内陆的顺序进行选取。首先，选取满足规定"资格"的行政等级高的居民地；其次，选取在航海上和军事上都有重要意义的小居民地；再后，选取较大的、较重要的居民地，以反映出居民地的分布特征和分布密度。

**2. 居民地平面图形的化简**

居民地平面图形可分为两类，即有街道居民地和无街道居民地。有街道居民地，其平面图形的化简都表现为街道的取舍；无街道居民地，其形状化简主要是独立房屋的取舍。

1）有街道居民地的形状化简

有街道居民地形状化简的基本原则，实际上也就是街道选取的原则。街道是居民地内部的交通网，也是街区图形的骨架，对街道的选取也就决定了对街区图形的概括。所以，有街道居民地形状化简的关键，在于正确地选取街道，见图5.41。

①正确反映居民地内部的通行情况。

②正确反映居民地平面图形的形状特征，保持相似性。

③正确反映街道网的密度对比。

④保持居民地外部轮廓形状的基本特征。

居民地化简的方法：

a. 加宽街道；

b. 移动次要街道；

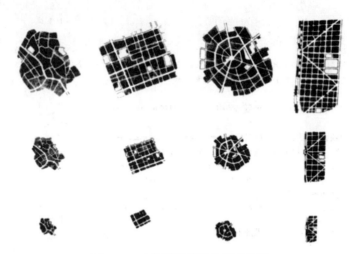

图 5.41　有街道居民地的形状化简

c. 删除细小碎部和夸大外围特征性弯曲。

2) 无街道居民地的形状化简

大部分乡村居民地都属于无街道居民地,其特点是建筑物比较分散,结构不紧密,排列也不甚规则,没有构成街道网,主要是由独立房屋和小面积街区组成。

无街道居民地的化简,见图 5.42,主要表现为独立房屋的取舍,有时也表现为小面积街区的合并。为保持居民地的位置和图形特点,一般按从中心到外围的顺序取舍独立房屋,具体方法和步骤如下:

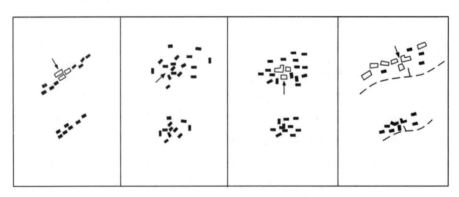

图 5.42　无街道居民地的形状化简

①选取小面积街区和中心位置处的独立房屋,并保持其方向和形状的正确;
②选取反映居民地范围和形状的独立房屋,即选取外围轮廓特征处的房屋;
③选取反映居民地内部房屋分布特点和数量对比的房屋。

**3. 用轮廓图形表示居民地**

随着海图比例尺的缩小，居民地的平面图形也变得越来越小，以至不可能或无必要表示其内部结构。此时就需用轮廓图形来表示居民地的轮廓形状和范围大小。用轮廓图形表示居民地，需要解决如何确定居民地的轮廓范围和如何处理图形与其他要素的关系等问题。

①确定居民地的外围轮廓范围。

②勾绘轮廓图形。勾绘轮廓图形的具体做法是：先找出外围轮廓的范围和明显转折点，连接成线。连线时应针对图形特点，绘成直线状、折线状或弧线状。然后对轮廓线进行较大程度的化简。

③正确处理图形与其他要素的关系，主要是居民地与河流和道路的关系。

**4. 用圈形符号表示居民地**

随着海图比例尺的缩小，部分的甚至全部的居民地无法再表示出其内部结构和轮廓形状，此时可用圈形符号表示，例如，在 1∶30 万~1∶49 万比例尺航海图上，县级以下居民地用圈形符号表示；比例尺小于 1∶100 万图上居民地全部用圈形符号表示。用圈形符号表示居民地，这是表示方法上的质的变化。此时，图上的居民地已没有大小和形状的概念，而只能表示出位置和行政等级（或人口数）。

用圈形符号表示居民地，除了首先要确定符号的大小和结构外，主要需解决两个问题：符号的位置和符号与其他要素的关系。

1) 圈形符号的大小

①图形的明显性应与人口数量（或行政等级）相适应，即图形由小到大、图案由简单到复杂，要与人口数等级的逐渐提高相一致。

②符号大小应恰当。

2) 圈形符号的位置

原则上是将符号配置在平面图形的几何中心或其主要部分的中心位置上。

3) 正确处理圈形符号与其他要素的关系

圈形符号与其他线状要素的关系比较简单明了，主要分为相接、相切和相离三种关系，见图 5.43。

**5. 居民地名称注记的表示**

海图上表示居民地的名称注记，主要解决名称注记的选取、定名和配置三个问题。

1) 名称注记的选取

原则上居民地的名称注记应同图形符号同时取舍，即舍去图形后，名称注记亦不能存在；选取了图形，则亦应表示其名称。然而，在某些情况下，也可以只绘出居民地的平面图形而不注出名称注记（用圈形符号表示时则不可）。

2) 居民地名称的定名

居民地的名称注记，应以国家正式公布的名称为准。

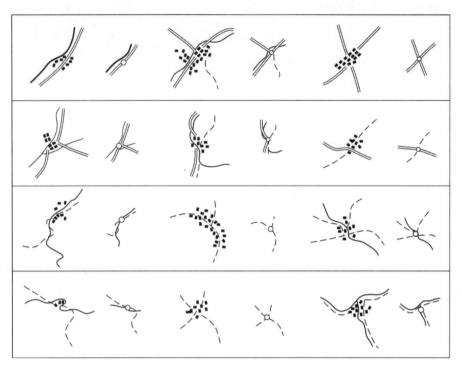

图 5.43　圈形符号与其他要素的关系

3) 居民地名称注记的配置

配置居民地的名称注记，应以指示明确、清晰易读为原则。

### 5.5.3　交通线的制图综合

**1. 道路的选取**

选取道路时，应决定选取数量指标和具体的选取对象。道路选取的一般原则和要求有如下 3 点。

1) 保证重要道路的入选

保证重要道路的入选，是道路选取的首要任务。道路的选取，一般是从高级到低级逐级进行。通常情况下，以下道路都是重要的：铁路和高级公路；岛屿上的道路；交通不发达地区的最高等级道路；作为行政区界的道路；通向海岸、港口、码头和车站等处的道路，等等。

2) 反映道路网与居民地的关系

选取道路应与居民地的选取相适应，正确反映道路与居民地的关系。

3) 保持道路网图形特征和不同地区道路的密度对比

不同地区道路网的图形特征是不同的。例如，平原地区道路网呈方圆形，大城市（或重要居民地）周围道路网呈放射形，山区道路网则呈不规则形，等等。选取道路时应反映出这种图形特征。

在海图上，一般都是采用质量指标而不是数量指标来选取道路，在具体选取时，一般是按照由铁路到公路、由高级到低级、由沿海到内陆、由重要到一般的顺序逐步进行。

**2. 道路附属物的选取**

道路的附属物主要包括火车站、桥梁、渡口、隧道、路堤和路堑等。

1）火车站的选取

在大比例尺海图上，火车站可以按比例用平面图形表示。比例尺缩小后，应改为车站符号，符号应绘在主要站台的位置上。

2）桥梁的选取

桥梁与道路、河流三者是紧密联系在一起的，桥梁的选取也总是取决于道路的选取，即有桥就必有道路，无路则不可能有桥。在大中比例尺海图上，双线河上的桥梁一般均应选取，单线河上的桥梁则不必表示。小比例尺图上桥梁可直接通过单线河。

3）渡口的选取

在大比例尺海图上应详细表示渡口。比例尺缩小后，主要表示重要渡口（如火车车渡）。

4）隧道等的选取

隧道、路堤和路堑等只在大比例尺海图上表示，中小比例尺图一般不表示。

**3. 道路的形状化简**

作为一种线状要素，随着海图比例尺的缩小，道路符号的形状化简是必然要进行的。道路形状化简的基本原则也不外乎保持相似性、夸大特征弯曲和保持弯曲程度对比等。具体方法如下。

1）删除与夸大并存

道路弯曲的删除与夸大见图5.44。

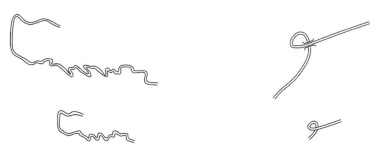

图 5.44　道路弯曲的删除与夸大

2）"共边线"是有效的手段

为了尽量减小道路符号宽度和夸大弯曲所引起的过大位移，在道路的往复形弯曲处可以采用"共边线"的方法表示弯曲，见图5.45。

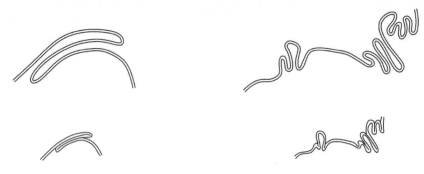

图 5.45　共边线处理

3）处理好道路与其他要素的关系

道路的制图综合，有时还有道路的质量概括问题。例如，当图上表示了两种等级的公路时（如普通公路和简易公路），若两种公路相衔接，则在中小比例尺图上可将很短小的路段降级或提高等级表示。

### 5.5.4　陆地地貌的制图综合

**1. 等高线图形化简的基本方法与原则**

1）等高线图形化简的方法

与等深线的化简相类似，等高线的化简是通过删除弯曲、夸大特征、合并和中断等高线来实现的。

（1）删除。

删除即删除等高线上的弯曲（谷地或山脊）。删除小谷地时，就是合并相邻的山脊。删除小山脊时，是将等高线沿着谷地的底部"穿入小山脊之中而将其切掉"，其结果是扩大了谷地。这里必须指出，删除弯曲时是删除谷地还是删除山脊，应根据地貌类型而定。正向地貌删除小山谷，而负向地貌则删除小山脊，见图5.46。一般都用示坡线来判别是正向地貌还是负向地貌，示坡线所指方向为地势低的方向。

（2）夸大。

对于某些小于最小尺寸的弯曲，由于其本身所具有的特征性或所处位置的重要性，不容许删除掉，此时即应用夸大的方法予以表示，使之既保持了固有的地形特征，又能使图形清晰易读。在海图上，夸大的方法常用于沿海重要的小山头，以及狭窄的鞍部、山脊和谷地等处。夸大时应保持原来的图形特征，即保持相似性。

（3）合并。

对连续分布于山脊上、由一条等高线表示的同高程的小山头，当相距很近（如小于1mm）且其形状明显相似时，为强调显示山脊的走向，可以进行适当的合并。

(a) 删除小谷地　　　　　　　　(b) 删除小山脊

图 5.46　删除等高线弯曲的不同方法

(4) 等高线的"略绘"。

在坡度很大的局部地段，等高线非常密集，以致图上等高线间的距离小于 0.2mm，无法绘出全部等高线。此时应采用特殊的方法来处理，即"略绘"。略绘的方法一般有三种，即合并首曲线，少绘首曲线和不绘首曲线。

2) 等高线图形化简的基本原则

由于陆地地貌是由一组等高线共同表示的，所以对等高线的图形化简就是对地貌形态的化简。因此，等高线的化简更强调其整体性、协调性和对地貌类型特征的反映。

① 以正向地貌为主的地区应舍去谷地，以负向地貌为主的地区则应舍去谷地中的小山脊。

化简以正向地貌为主的形态，主要是舍去小谷地，合并相邻的山脊，突出正向地形，即谓之"扩大正向，缩小负向"或"扩正压负"。在以负向地貌为主的地区，例如盆地、洼地、砂岩地区（表现为宽谷、窄脊的地貌形态），化简等高线时应舍去小山脊，即"扩负压正"，突出其负向形态。

② 等高线图形应相互协调一致。

地貌的起伏是连续、渐变的，反映在等高线图形上就是显示地表起伏的成组等高线很有规律地由一条等高线自然地过渡到另一条相邻的等高线。也就是说，在同一倾斜范围内，等高线是相互协调一致的，俗称"套合"。因此，在化简等高线图形时，如果是删除小谷地，则应将表示谷地的一组等高线的弯曲全部舍去，使之相互协调。

③ 等高线的图形化简应反映地貌类型特征。

不同的地貌类型，其等高线图形具有各自不同的特点。例如，高山地貌的等高线往往较平直，转折明显呈尖角状；而低山和丘陵地貌，由于受流水侵蚀而显得浑圆，其等高线图形虽多弯曲但弯曲和缓呈弧状。因此，对前者应用"硬笔调"来反映等高线折线状弯曲的特点，对后者则用"软笔调"勾绘出弯曲平缓圆滑的等高线图形。

**2. 地貌基本形态的综合**

无论何种复杂的地貌形态，都是由几种最基本的形态构成的。这些基本形态是：谷地、斜坡、山脊和鞍部。地貌的制图综合就主要表现为对这些基本形态的综合。

1）谷地的综合。

谷地是向一个方向倾斜延伸的狭长凹地，它是负向地貌中的主要形态。

（1）谷地的化简。

谷地按其横剖面形状，可分为V形谷、U形谷和槽形谷（平底谷），如图5.47所示。

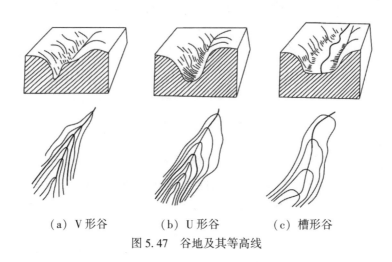

(a) V形谷　　(b) U形谷　　(c) 槽形谷

图5.47　谷地及其等高线

谷地等高线的化简，必须反映谷地的横剖面和纵剖面特征。V形谷的等高线呈锐角弯曲，U形谷的等高线呈平滑和圆形弯曲，槽形谷的等高线则呈平直的近于90度转向的弯曲。谷源处等高线闭合的角度要比谷口处更尖锐；等高线在谷底处的水平距离，谷源处要比谷口处小。这样才能显示谷地的宽度和坡度变化。图5.48所示为河谷处等高线的图形特征。

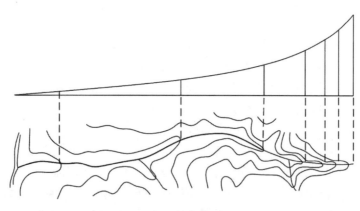

图5.48　河谷处等高线的图形特征

（2）谷地的选取。

谷地的选取是地貌综合的关键，因为等高线图形的化简主要是通过取舍谷地来实现的。谷地的选取可以按尺度标准、数量指标和质量指标来进行。一般来说，下列谷地应优先选取：
①主河源所处谷地；
②构成鞍部的谷地；
③标示山脊位置与方向的谷地；
④较长的由多条等高线组成的谷地；
⑤反映谷地间密度对比的谷地等。

2）斜坡的综合

斜坡是地貌形态由山脊向谷地变化的过渡地带。依其剖面形状可分为等齐斜坡、凸形坡和凹形坡三种基本类型，见图5.49、图5.50、图5.51。等高线图形的化简应反映斜坡的类型特征。

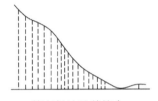

图5.49 等齐斜坡及其综合

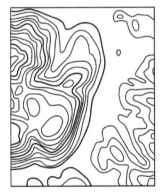

图5.50 凸形坡及其综合

3）山脊的综合

山脊由山头和鞍部组成。表示山脊时，应着重显示山脊的延伸方向和形态特征。

山脊延伸方向的表示，主要表现为小山头的取舍与合并。随着比例尺的缩小，表示山头的等高线图形逐渐变小，必须加以取舍或合并，是取舍还是合并要根据山头的位置、形状等而定。图5.52所示为山头的合并。

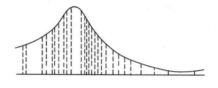

图 5.51　凹形坡及其综合

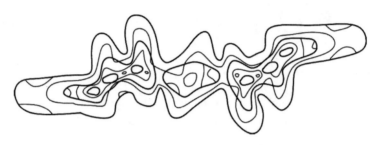

图 5.52　山头的合并

**3. 补充等高线的运用**

等高线法表示地貌本身有一个缺点，那就是在两条基本等高线之间的较小的地貌形态常被"遗漏"。特别是在丘陵和平原地区，由于地形起伏较小，两相邻等高线间的距离大，其间的微小形态的"遗漏"就显得尤为突出。补充等高线的运用能较好地弥补这一不足。补充等高线，就是在两基本等高线间按一定的高差插绘一条新的等高线，它可以是间曲线、助曲线或任意高程的等高线。为示区别，在图上以虚线表示，并加注高程注记。在海图上，补充等高线一般只用来显示那些具有显著特征，对航海有重要方位意义的地貌形态，主要是沿海的山头等。

**4. 地貌符号、高程注记和山名的选取**

1) 地貌符号的选取

在海图上，对于各类地貌符号，应根据其在航海上的意义和反映地貌特征的作用，选择重要的、面积较大的予以表示。

2) 高程注记的选取

高程注记主要包括高程点和等高线的高程注记。海图上应着重表示沿岸的有航行意义的山头和岛屿上的高程点。高程注记的选取，一般没有严格的数量标准，通常是在 10cm×10cm 范围内各选取 2~4 个高程点和等高线注记。沿海地区、岛屿和航道附近可以适当加密，内陆地区则可适当减少。

3）山岳名称的选取

山岳名称是识别山体、山脉的重要标志。海图上选取山名，应着重于具有航海和军事意义的山峰、独立山等。对图幅内最高山及其他著名山头亦应注记名称。山脉名称，应根据较大比例尺图和有关地理文献资料确定，并择其较大的、重要的予以表示。

重要的沙漠、草原、谷地、盆地、平原、高原、半岛等名称亦应注记。

**5. 陆地地貌制图综合的实施程序**

陆地地貌制图综合的内容较多，如高程点的选取、山名的表示、等高线图形的化简、地貌符号的运用等。这就要求在具体作业时应遵循比较合理的顺序。

（1）分析研究地貌特征。

分析时应以研究地貌形态特征为主，着重分析山脊、斜坡、谷地等的形态、走向、大小和数量等特征。

（2）勾绘地貌结构线。

地貌结构线又称地性线，主要有山脊线（分水线）、谷底线、坡脊线和坡度变换线等。结构线之间的交点构成地貌特征点，如山头、鞍部等，它们共同构成了地貌的骨架。图 5.53 所示为地貌结构线的勾绘。

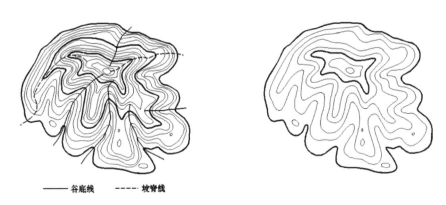

图 5.53 地貌结构线的勾绘

（3）选取高程点和地貌符号。

（4）描绘等高线。

勾绘等高线时先绘计曲线，后绘首曲线。

（5）勾绘补充等高线。

在描绘完计曲线和首曲线之后，对某些特殊的地貌形态，加绘补充等高线。

**6. 山形线在海图上的应用**

山形线是用以表示山体形态特征的一种曲线，它类似于等高线但又不是等高线。山形线法表示地貌主要用在外轮用航海图上，其基本目的是保密。在外国出版的航海图上，也常可见到用山形线表示的陆地地貌。

1）山形线的特点

①山形线仅仅是表示地貌起伏形态和山体走向的一种不等高的曲线，其中每一条山形线并不表示某一确定的高程。

②山形线没有等高距，表示山体各个部位的山形线的条数也不一定相等。

③山形线可以是封闭曲线，也可以是不封闭的曲线。

④山形线不具备量测性，表示地貌的详细程度也远不及等高线。

⑤描绘等高线有一定的精度要求，但勾绘山形线只要求保持山头的位置和形状的正确以及山脊、山坡和谷地的走向正确。

⑥山形线可以根据山体形态自由勾绘，但不能表示洼地等负向地貌形态。

2）勾绘山形线的一般原则和方法

山形线是以等高线图形为基础加以适当改造后勾绘而成的，见图 5.54 山头的表示。勾绘山形线的一般原则和方法是：

（a）等高线图　　　　　　　（b）山形线图

图 5.54　山头的表示

①保持山体的基本形态；

②应尽量反映山头的形状和大小，并保持位置的正确；

③保持山坡和谷地的走向不变，并注意反映山坡和谷地的对比；

④山形线应协调一致、美观大方，并且富有立体感；

⑤正确表示山形线与其他要素的关系，保持良好的地理适应性；

⑥用山形线表示地貌，应反映同一幅图内或同一地区地势高低起伏的差异；

⑦沿岸的山体可以只勾绘向海一面的山坡、谷地和山脊处的山形线，背海一面和内陆较低的山体则可略绘和不绘山形线。但是，岛屿和半岛上的山形线则要求全部绘出，不能省略。

3）勾绘山形线的一般顺序

①首先把要表示的高程注记和山头位置标示出来。

②标示出山体的主要形状如山脊线、谷底线、坡脊线和山脚线等。

③根据海图比例尺和用途要求,以及制图区域内地貌的起伏特征,确定山体各部位应勾绘的山形线的条数、间隔等。

④勾绘山形线。先勾绘出山头、山脊,再勾绘出山麓处的山形线,然后按照自上而下(或自下而上)的顺序逐条勾绘。

### 5.5.5 境界线的制图综合

**1. 境界线的绘制**

1)绘制境界线应力求准确

①应精确描绘界碑和界桩,有坐标值时应展绘在图上;可能的话还应注记界碑和界桩的编号。

②应依直尺描绘境界线的直线段,防止弯曲;转折处应以点或实线段表示;尖锐折角不能绘成圆角,U形转折不能绘成V形转折。图5.55所示为境界线的绘制。

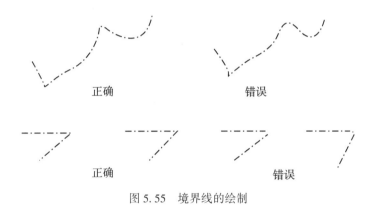

图5.55 境界线的绘制

③几条境界线交会一点时,其交点点位应准确、明显、肯定。图5.56所示为境界线的交会处理。

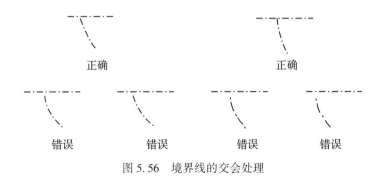

图5.56 境界线的交会处理

④已定界和未定界的讫点名要准确，不得混淆。
2）视情况决定是否连续

陆地上不与线状要素重合的境界线应连续不断地绘出；海部的境界线可以根据具体情况断续地绘出。

3）以河流为国界时应根据不同情况正确地表示境界线

①以河流中心线或主航道线为界时，若河流内能绘下国界符号，则将国界符号沿中心线（主航道线）连续绘出，并严格区分岛屿的归属；若河流较窄或以单线河流符号表示时，则应将国界符号在河流两侧不间断地交替绘出，岛屿用注记说明其归属。图5.57所示为以河流为国界时的处理。

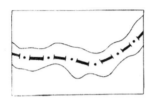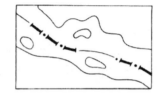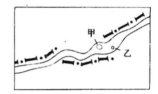

图5.57 以河流为国界时的处理

②以共有河流为界时，不论其是双线河还是单线河，国界符号均应在河流两侧每隔3cm~4cm交替绘出一段，岛屿归属用注记说明。

③以河流一侧为界时，国界符号应在相应一侧不间断地绘出。此时国界线的真实位置是这一侧的河岸线，国界符号只起着说明象征的作用。

④有些较短的界河，如需舍掉时，境界线应在河流中心位置上绘出。对界河进行形状化简时，应顾及境界线符号，不能因河流的形状化简而使境界线的形状和走向产生错误。

⑤国界线绘至界河段的讫点名时即应中止或转向，不应沿河流继续描绘，以明确该河段为界河；界河只有一小段时也要明确表示，不能含糊处理。

4）处理好沿山脊或山谷延伸的国界线

国界线沿山脊或山谷延伸时，国界线符号应准确地沿山脊线或谷底线绘出，不能偏移，并注意其与等高线图形的协调一致。

5）正确处理境界线符号与其他要素的关系

当境界线遇到居民地、山峰及独立地物时，应特别注意其归属问题。

6）国界线附近名称注记的表示

凡属一国所有的地物，其名称应注记在该国境内。我国与邻国共有的名称注记，如山名及高程、界标、名称及编号等，应将名称标记于我国境内，将高程、编号等注记于邻国境内；穿越国界线的河流、山脉等的名称，应在各自境内分别注出；边界条约或议定书中所提到的名称应尽量表示。

**2. 境界符号的形状化简**

作为一种线状要素，境界符号的形状化简与其他普通线状符号的化简没有多大的不同，但是由于境界本身所具有的严格的标准和准确性，要求在对其进行形状化简时最大可能保留各种细小弯曲，即形状的化简程度要尽量小。对于小于图解最小尺寸的细小弯曲，可予以删除，一般不必夸大。但对具有特征性的弯曲以及狭长弯曲，则应适当夸大。

境界符号的形状化简，还应反映其形状特征，如直线段、转折形状及位置等，以及境界与其他要素的关系。

### 5.5.6 控制点、独立地物及植被的制图综合

**1. 控制点的制图综合**

控制点是海图数学基础中不可缺少的内容，是测量与制图的基础。控制点分为平面控制点和高程控制点两种。

平面控制点：天文点、各等级三角点、导线点等。

高程控制点：各等级水准点、埋石点等。

海图上主要表示三角点、埋石点、水准点、天文点及一般高程点，它们在图上均以相应的符号表示。选取是控制点制图综合的主要方法。

①优先选取等级高的控制点，后选取等级底的控制点。

②优先选取具有航行和军事方位意义的控制点和高程点。

③选取易于判别地面起伏的控制点和高程点。

④位于干出滩上的控制点和高程点舍去之后，应查对资料以确定该处是小岛或是礁石。无法确定时，可根据其高程而定。

**2. 独立地物的制图综合**

实地面积较小，在图上用不依比例符号表示的地面物体，统称为独立地物。海图上独立地物的选取，取决于独立地物的重要程度，而重要程度又取决于海图用途、比例尺和独立地物本身的特征。1∶20万及更大比例尺海图上，应准确表示航行上有方位意义的各种独立地物，并选择重要的加注高程或比高、名称及颜色等；1∶20万～1∶50万图上，一般只表示沿海高大突出的烟囱、塔、气象台等；小于1∶50万图上一般不表示独立地物。

**3. 植被的制图综合**

海图，特别是航海图上，对植被要素的表示非常概略，通常只表示沿海陆地的植被，并且以海岸性质的形式表示，如树木岸、丛草岸、芦苇岸等，对内陆的各种植被一般均不表示。植被的制图综合主要是孤立的小面积植被的取舍、范围界线的形状化简、不同性质植被间的质量转换等。

## 5.6 海图自动综合

海图制图综合是一项在保证航海安全的基础上制图人员发挥空间比较大的工作。在传统手工制图阶段，往往会为了安全而牺牲精度。随着地图综合理论和计算机技术的发展，

海图的自动综合技术也逐步应用于海图编绘生产，但还远远没有实现海图全要素的自动综合。

### 5.6.1 地图自动综合模型

地图综合是地图制图学中一个永恒的研究主题，也是一项复杂的人脑思维加工（简化或抽象）过程。地图自动综合包含了六方面的问题，如图5.58地图自动综合研究体系所示。

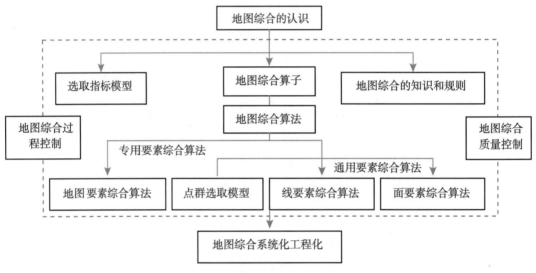

图 5.58 地图自动综合研究体系

**1. 地图综合认识问题**

20世纪20年代，Eckert最先提出地图综合的概念，但他认为制图综合是主观过程，只取决于制图人员的技巧。40年代，Salichtchev比较系统地提出制图综合的基础原理：一般原则（舍去次要的，保留主要的），基本因素（地图用途、地图比例尺和制图区域地理特点）和综合方法（选取、化简、概括和位移等）。深刻揭示了科学的制图方法。随着数字制图的发展，Li&Su又将数字综合分为数据综合和图形表达两个阶段。正是这样的认识发展过程使得地图自动综合成为可能。

21世纪初，人机协同的观点在地图自动综合领域开始发展起来。传统数字地图综合认识有两种倾向：一种是将计算机自动综合看成在计算机环境下（利用数字地图技术，屏幕的"所见即所得"技术，使用鼠标等工具）进行手工综合；另一种是认为数字化条件下，可以将制图综合完全交给计算机，利用计算机的运算能力和运算速度来完成。人机协同的观点将制图综合作为人工智能问题加以理解，将制图综合中与抽象思维有关的数值计算和逻辑推理问题交由计算机来实现，而将与形象思维有关的决策问题交由人来完成，以人机交互的形式共同完成整个制图综合的工作。人机协同观点认为应该根据人和计算机处理地图信息的不同工作特点，实现最佳人机协同，既充分发挥人的创造能力，又充分发挥计算机处理地图信息的能力，使人在自动制图综合中起到主导作用，计算机起辅助（支持）作用。

**2. 地图综合基本算子**

要实现制图综合"舍去次要的，保留主要的"的目标，就要采取一系列的操作，这些操作就是地图综合的基本算子。经典的地图综合理论包含 5 个基本算子，即选取、合并、移位、简化和符号化。但这些综合算子对计算机处理来说过于概括，逐步扩充细化为 7 算子（M. K. Beard，1991）、9 算子（W. A. Mackaness，1991 等）、12 算子（McMaster&Shea，1992 等）、20 算子（W. A. Mackaness，1994）和 40 算子（Li，2007）。地图自动综合需要不同算子关联、有序的变换而实现。同时地图综合模型也分单独要素层次（如河流曲线的化简）、要素类层次（如水系中河流的选取）和整幅地图层次（如河流与其他地物要素关系处理）。

**3. 地图要素选取指标模型**

选取指标模型时，要用计算机可识别、可执行的模型来解决每次到底选多少的问题。20 世纪 60 年代，德国地图学家 Töpfer 提出了地物选取的规律公式——开方根规律，他通过大量统计发现，用资料地图和新编地图比例尺分母之比的开方根作为确定地物选取指标的数学依据，最初的基础方根模型和通用方根模型分别为

$$N_t = N_s \times \sqrt{\frac{S_s}{S_T}} \qquad N_t = N_s \times \sqrt{\left(\frac{S_s}{S_T}\right)^x} \tag{5-1}$$

式中，$S_t$ 和 $S_s$ 分别为新编图和资料图的比例尺分母，$N_t$ 和 $N_s$ 分别为新编图和资料图的符号的数量，$x$ 为模型参数，取值为 $\{0, 1, 2, 3, 4\}$，取值要综合考虑符号尺度和地物的重要程度。

此外，还有统计方法和图解计算方法。统计方法是通过对相邻比例尺的同系列地图中各类要素进行统计计算，确立地图符号选取程度（选取比例）与该符号地物最相关的一个或多个指标之间的关系，形成一元回归模型或多元回归模型，从而得到选取程度与指标之间的数量公式。图解计算法就是利用地物的数量、地图符号大小和地图负载量来计算地物的选取数量，一般根据经验公式计算出新编图的极限负载量，再将负载量依次分配给同一类型不同重要程度（级别）的地物。

**4. 地图点要素综合算法**

通常一个点要素的集合称为点群，在空间表达上有两类要素可以视为点群：一类是用点状符号表达的要素，典型的如海图上的水深注记；另一类是居民地记号。点群的综合算法主要有三类：聚合算法、选择性删除算法和结构简化算法。

聚合算法是将点群分成若干组，每个组用独立点表达，其关键部分是空间聚类，亦即点群的分组，其方法与遥感影像的非监督分类和空间分析中聚类方法一致。

选择性删除算法，主要思想是按照重要性逐渐降低的顺序对点要素进行检测，当点所

在的圆中不包含已选取的点（更重要的点）时，该点才被选取。

结构简化算法主要是基于 Voronoi 图的算法，目的是综合后保持点群的密度、分布中心、分步轴线和分布区域等几何特征。一个典型的方法是通过建立点的凸壳和剥去长三角形建立点群边界并作适当简化；建立边界内点群的 Voronoi 图，以每一点的 Voronoi 面积作为点的重要性依据；从最不重要的点删起并局部重建 Voronoi 图并固化相邻点；开始下一轮删除，直到删除足够的点（艾廷华等，2002）。

**5. 地图线要素综合算法**

线要素综合算法主要针对单条线采用"简化"算子，其他算子如选取、移位等将在后面进行讨论。线要素的综合算法主要有两个思路：线要素的点压缩（去点）算法和线要素的光滑算法。

线要素的点压缩算法中最重要的是 Douglas-Peucher 算法。此后 Li（1998）和 Visvalingham&Whyatt（1993）对 Douglas-Peucher 算法效率不高和造成较大变形的问题进行了改进。

线要素的光滑算法最早的算法是 $\varepsilon$-圆滚动法（Perkal，1966），它是采用一个以 $\varepsilon$ 为半径的圆沿着线要素滚动，删除与圆不相切的节点。Li&Openshaw 提出了一种比例尺驱动的线综合算法——基于自然法则的算法，该算法使用的参数是源比例尺、目标比例尺和最小可视尺寸（SVS，由实验所得，图上大小约 0.5mm~0.7mm），算法的基本原理是模拟随着人的视点增高，反映在地图上就是比例尺越小，观察到的地表细节越少，在目标比例尺下，SVS 内的所有空间变化可以全部忽略。

**6. 地图面要素综合算法**

面要素综合算法有两个典型思路：一是将面转化为栅格图像，使用数学形态学涉及一系列栅格算法，在数学形态学中，最为重要的两个组合运算是形态学开运算和闭运算，可以利用腐蚀和膨胀来定义开运算和闭运算。数学形态学可以用于不同的综合操作（算子）。另一类在矢量模式下，大多采用凸壳、边框或最小外接矩形，以及三角网剖分、Voronoi 图和骨架实现对多边形的简化。

**7. 制图综合的知识和规则**

正如前面所述，制图综合是一项复杂的人脑思维加工过程，因此在算法研究的同时，学者们开始将专家系统的思想引入，建立地图综合的知识库和规则库。基本思想是将制图专家手工完成地图综合时所用到的各种知识（包括地图规范、制图经验、书本知识等）分类形成知识库和规则库，进而依据这些知识和规则形成专家系统，在自动综合实践中，将这些知识和规则运用到综合操作中。

专家系统通常使用综合（概括）条件、综合（概括）行为和综合（概括）要求三个变量来组织，采用 IF-THEN 的结构方式。综合规则将综合条件和综合行为连接起来，综合条件回答综合发生时的先决条件，综合操作回答怎样综合。对专家系统来说一个重要的内容就是综合知识和规则如何获取，目前有两种常用的方法：一种是专家交谈法，通过与专家交谈、观察专家作业或由专家提供参数、指导方法等，将专家知识转化为专家库；另一种是机器学习法，是一种智能化的知识获取方法，计算机通过学习大量样本，分析专家对结果的评判，不断迭代改进。

**8. 制图综合的过程控制和质量评估**

制图综合的过程控制是从全局把握整个自动综合过程的理论和方法，主要控制制图综合的综合环境、综合算法和工作流程，目的是充分合理利用现有的算法、模型、算子和知识，形成科学系统的运行流程，并对流程实施智能控制。

把抽象的制图综合操作过程化、任务化、步骤化，并把制图综合任务转化为计算机环境下自动执行与优化的可执行操作步骤，从而达到实行自动综合的目的。

自动综合质量评估的主要目的，是通过建立制图综合约束条件和结果评价模型，使自动综合中过程控制和质量评估互相依存，过程控制的结果由质量评估模型进行评判，并得出综合结论。同时将质量评估的结果作为过程控制的参考，不断优化和改进过程控制。

## 5.6.2 海图自动综合方法

海图综合是在数量众多、种类繁杂的海洋空间物体和现象中，有目的地选择重要者并加以概括，使之成为一个有机联系整体的过程。20世纪90年代，随着数字海图技术不断发展，海图综合不断向自动化方向发展。海图学者借鉴传统地图综合的基本方法，面向海图特有对象和特定使用目的，模拟制图员综合的过程，发展出若干独特的综合的思想和方法，并在大比例尺数字海图生产较小比例尺海图，派生多尺度（比例尺）空间数据库和利用多资料数据生产适宜比例尺海图产品方面得到广泛应用。海图自动综合逐渐成为现代海图学中最富挑战性和创造性的领域，也是当前海图研究的热点。

海图要素综合研究从航海图的使用角度出发，以船舶的安全航行和方便航行为指导原则，遵从内容完备性和清晰易读性统一、几何精确性与地理适应性统一、保持景观特征以及协调一致等原则。海图要素的自动综合任务是将手工制图综合中对海岸线、航行障碍物、海底地貌与水深注记、助航标志等知识性原则转换为必要的算法。

**1. 水深自动综合**

目前水深综合主要方法有基于点群和基于三维模型两种思路。

1）基于点群思想的水深综合

基于水深注记的点群要素属性，Obass（1975）提出了影响圈算法，可利用水深值大小确定影响圈半径，并保证选取到区域内的水深最浅点。将水深视为重要程度不同的点，综合时应考虑深度值和所处地理位置等因素对水深"价值"的影响。主要方法：一是利用数学工具进行水深"价值"的判断；二是在海底地形类型识别基础上进行综合。利用数学工具综合方面，王家耀等（1999）提出将水深综合分为两个层次的选取问题——水深网中"水深块"和"水深块"内具体水深点，通过设置两层的两级输入参数（即选择水深块、水深点时需考虑的影响因素），建立了双功能层并联前向神经元网络，进行水深的综合。王沫等（2014）认为水深可以按照重要性依次划分为4个层次：特殊浅点、特殊深点、水深控制点和背景水深。综合前，先按照重要性从大到小构建四个层次的水深数据集；综合时，反过来先考虑由背景水深按"水深菱形"构建网络，再按重要性依次插入其他三个数据集，插入的水深通过搜索缓冲区来替换原来网络中的水深。

基于海底地貌识别方面，陆毅等（2000）首先提出水深综合必须建立在对海底地形的识别基础上，难点在于菱形布设的方向和形状。采用水深建立 Delaunay 网，内插等深线将水深点群分割为不同深度层，通过建立水深树进行结构识别，从而标记出凹地、凸地、航道等重要水深区域；同时建立基于地形线的求坡度系数的模型来确定菱形形状（两对角线比例）。刘颖等（2005）对该思路做了扩展，加入了知识库与推理机制，同时在背景水深选取中，将水深菱形按照几何关系转化为矩形搜索，优化了搜索过程。

朱颖等（2008）分析了离散水深点与等深线配合问题，利用平三角形（顶点深度相同的三角形）识别出地形线区域（等深线的重要拐点处），加强对等深线重要拐点处的水深控制。

2) 基于三维模型的水深综合

董箭等（2012）对二维滚动圆变换算法进行维数扩展，提出基于数字水深模型（Digital Depth Model, DDM）多尺度表达的滚动球变换算法，即利用给定大小的球体沿 DDM 表面上侧滚动，保留正向地貌，缩小或填平小于一定尺度下的海底负向地貌，该算法具有"保凸减凹"的特性，与水深综合的基本原则一致，从保障舰船海上航行安全的角度实现了 DDM 的综合。如图 5.59 所示顾及水下地形的影响圆选取法选取的水深。

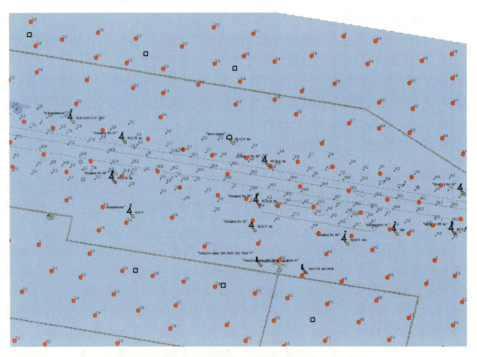

图 5.59　顾及水下地形的影响圆选取法选取的水深

**2. 等深线和海岸线综合**

等深线作为辅助手段，与水深相配合共同反映海底地形，有着直观、形象和清晰的特点。海岸线是海陆的分界线，可视为一种特殊的等深线。为保证航行安全，等深线综合遵循"扩浅缩深"单侧化简原则，相对于陆图线状要素，更注重使用上的安全考量。目前等深线和海岸线综合方法，一种是对曲线进行空间图形表达和识别，另一种是利用特殊图形变换效果来实现。线状空间图形表达、识别关键点：一是区分特征点和拟合点，减少不必要拟合点；二是识别弯曲，找到需要综合的最小对象；三是设置选取参数或阈值。此外还要保持综合后曲线不产生"拓扑异化"。翟京生等（2000）提出利用 Dauglas 二叉树结构对原始弯曲进行组织，定义弯曲度 $S$ 表示量测弯曲空间特征（综合参数），通过数学方法识别弯曲形状进行相似性量测和拓扑特征的识别，并基于这一原则进行海图曲线综合。这种方法通过对图形的表达与形态识别，将制图人员的知识经验量化，形成计算机易于接受的知识形式；同时利用二叉树结构从总体上把握海岸线的层次结构，实现"扩陆缩海"，保持综合前后图形拓扑关系的一致性。刘颖等对"识别-综合"的方法进行了扩充，并将弯曲特征量测参数扩展到宽度、高度、长度、面积以及一些复合参数（面积系数、弯曲度和对称度），并给出了典型海岸线的综合尺度和形态参数。陈惠荣等（2011）提出了一种基于单调性划分基本弯曲的方法，通过一定阈值控制，使基本弯曲形成更加符合人的视觉认知的大弯曲（扩展弯曲）。对扩展弯曲的描述也突破传统弯曲深度和弯曲高度的简单参数，而是通过提取骨架线作为化简指标。刘欢等提出在使用 Dauglas-Peucher 算法化简曲线时，对海岸线做海部和陆部扩展区（缓冲区），判断特征点的海（陆）部对应点和特征点与前后两点组成三角形的关系，从而实现"扩陆缩海"的要求。此外，根据分形几何中自相似性原理，保持综合前后的分维值相同，保持不同区域弯曲密度对比。何桂敏等（2014）用数学方法定义了曲线的拐点和弯曲顶点，通过逐点曲率计算确定出弯曲，并进行统计，计算选取数量指标和最小尺度。在图形变换方面，最先采用的是滚动圆（rolling circle）变换方式，利用半径为参数的滚动圆在曲线上滚动，保留等深线上具有航海意义的凸部特征点，并依据阈值（缓冲距）大小对各类凹部特征点进行合理移位，初步实现凹部综合。高王军等（2009）研究了双向缓冲区变换的特殊效果，在保持图形的基本外形和大小的情况下，可以缩小或填平图形的凹部，并基于这一思想，提出将双向缓冲区变换后的图形边界线提取出来，即可等同于综合后的线状要素。

**3. 其他要素综合**

岛屿综合同时关注面状岛屿的综合和岛屿群综合两种形态。陆毅等（2001）以点群综合的思想对点状群岛进行综合，建立 Delaunay 三角网确定分布范围、识别分布中心，并提取分布轴线，优先删除密度最大处的点，然后进行图形更新，直至综合达到要求。陈子澎等（2005）对岛屿先进行系统聚类，形成不同系统，对单一系统建立 Voronoi 图，按照面积进行选取，这种方法在整体选取的基础上实施局部控制，使得选取更加趋向客观实际。朱建良等（2004）认为面状岛屿的形态特征综合相当于封闭曲线凸外壳特征点序列的建立，在建立凸外壳过程中考虑了显著凹部的识别和方向趋势及骨架线的影响。助航设施的选取也是研究的热点之一。郑义东等（2011）认为助航设备的自动综合包括三个方面：航标的选取、航标说明注记的概括和航标的组合符号表示。提出航标选取分为三个步骤：助航设备分级分层、选取的数量指标确定和重要性程度综合评判，并建立了同一级别助航设备的重要性程度综合评判模型。李思鹏等（2015）利用航标高度、发光强度等空间属性，定义了航标的空间影响域，综合过程依次按照有效影响域选取，有效影响域为零时，清空已选影响域，重复进行。此外，Voronoi 图点群选取方法也被用于航标选取。

**4. 基于人工智能的海图综合方法**

深度学习（deep learning，DL）是模仿人的大脑皮层神经元网络的连接与信号传输的一种机器学习方法。DL 通过案例样本的训练获得学习样本数据的内在规律，其最终目标是让机器能够像人一样具有学习决策能力，能够识别特征、类型和结构信息。通过大量人工海图综合样例的学习，可逐步建立起类似人工分析决策的过程和海图制图综合结果。其实现的难度在于海图数据的标准化、人工编辑综合过程的完整性和综合规则的优化。

# 第6章 电子海图与数字海图制图系统

自20世纪60年代起，计算机技术逐步渗透到各行业，基本实现数字化、自动化，逐步实现智能化。海图的数字化一直走在制图界的前列，电子海图已成为国际标准，成为航海界通用的纸海图的替代物，基于计算机和信息网络的数字海图生产系统已经能够实现全数字式海图的生产。然而，海图整个生产过程中还有很多工序需要人工分析判断。自动化制图的关键在于制图综合，制图综合的特殊地位和重要作用激励着人们不断努力探索，但对自动综合问题的解决至今还没有达到人们所期望的程度，实用的多要素自动化综合的智能化海图制图系统还迟迟没有出现。

## 6.1 电子海图

"电子海图"是一个相对于"纸质海图"或传统实物形态海图的数字式海图，是以矢量或栅格形式表达海图相关要素，且具备多种信息存储与管理功能的软件、硬件和海图数据的组合，在不同语境中"电子海图"的含义完全不同。

### 6.1.1 电子海图的定义

电子海图是一个总的概念名词，可分为两部分，一部分是电子海图数据，另一部分是各种基于电子海图数据的应用系统。从广义角度上来讲，电子海图是所有有关电子海图的生产或应用、软件或硬件的技术泛称，即包含了所有涉及电子海图数据、基于电子海图数据的应用系统的内容；从狭义角度上来讲，电子海图就是指电子海图数据。在不同的语境中，所指内容会有所不同。为区别不同类型的电子海图，我们给出以下定义。

（1）数字海图（Digital Chart，DC）。

是各种海图的数字化存储形式，通过屏幕显示、硬拷贝等方式可以输出与纸海图等同的可视化结果。涵盖内容最为宽泛。

（2）电子海图（Electronic Chart，EC）。

是航海图的数字化存储形式，通过屏幕显示、硬拷贝等方式可以输出与纸质航海图等同的可视化结果。

（3）电子航海图（Electronic Nautical /Navigational Chart，ENC）。

是指内容和存储格式符合IHO国际标准，并由海道测量主管机构发布的数字式航海图，通过屏幕显示、硬拷贝等方式可以输出与纸质航海图等同的可视化结果。

（4）电子海图显示与信息系统（ECDIS-Electronic Chart Display and Information System）。

是指使用ENC以及其他官方发布的航海安全信息并能够进行ENC改正的，符合IHO

和 IEC 等相关数据内容、软件功能、硬件性能等国际标准，整体性能通过船级社认证的船用电子海图系统。IMO 只承认 ECDIS 为纸海图的等效物。

(5) 电子海图系统（Electronic Chart System，ECS）。

一般指能够满足导航需要，没有经过相关组织认证的电子海图应用系统。ECDIS 与 ECS 都是船用电子海图系统，用于船舶导航。两者之间的区别在于，ECDIS 必须严格符合 IMO、IHO 和 IEC 的有关国际标准，并且须得到有关组织的认证，因此，ECDIS 的可靠性高，性能稳定，并且能够满足 SOLAS 公约的要求。而 ECS 相对来说更加灵活，它不必严格符合有关国际标准，可根据用户的需要灵活设计功能，但其产品可靠性不如 ECDIS。SOLAS 公约船必须使用 ECDIS，而那些小型船舶可根据需要选用适合的 ECS。

(6) 系统电子海图（System ENC，SENC）。

是指 ENC 生产或应用系统中具体使用的，由软件厂家规定和使用的数据格式的电子海图，能够通过国际海道测量数据交换标准在电子海图数据生产和最终使用者之间进行"无损"转换。

## 6.1.2 电子海图的格式

电子海图可分为栅格电子海图和矢量电子海图两大类。

1) 栅格电子海图

栅格电子海图是指以栅格形式（也就是通常所说的图像方式）表示的数字海图，以行列有序排列的图像点及点的颜色而组合成的海图。

国际标准的栅格电子海图被称为"Raster Navigational Chart（RNC）"，必须符合 IHO《栅格航海图产品规范》（S-61）的要求，通常由纸质海图扫描后进行影像纠正、地理坐标配准等技术处理，再以一定格式存储。栅格电子海图，是以一个个像素点的排列来反映海图中的要素的，只有当其被显示出来时，使用者才能够通过眼睛识别出每个要素，在数据文件中像素与像素之间并没有关联。因此，栅格电子海图并没有智能化，它仅仅是纸质海图的翻版。栅格电子海图具有制作工艺简单、成本低的优点。由于天生所具有的缺陷，因此栅格电子海图在当前电子海图数据领域并不具有主导地位，在应用时也只是起辅助作用，一般只在没有矢量电子海图的海域作为补充使用。目前世界上主要的 RNC 产品有：英国海道测量局（UKHO）生产的 ARCS 和美国国家海洋及大气管理局（NOAA）生产的 RNC。

2) 矢量电子海图

矢量电子海图是指以矢量形式（也就是通常所说的图形方式）表示的数字海图。在矢量电子海图中，每个要素都是以空间坐标组表示的点、线、面等几何图元的形式存储在电子海图数据文件中的。因此，矢量电子海图具有存储量小、显示速度快、精度高、能够支持多种智能化功能等优点。电子海图应用系统在使用矢量电子海图时，既可以人工查询到每个要素的属性，也可以由系统根据要素的属性自动实现某些智能化的功能，例如：当船舶靠近危险物时可自动报警。由于矢量电子海图在航海智能化方面具有众多优点，因此在实际应用时，矢量电子海图占主导地位，只有在那些没有矢量电子海图的海域，才由栅格电子海图作为补充。

## 6.1.3 ECDIS 的结构

ECDIS 由硬件、软件和数据组成，如图 6.1 所示。硬件包括安装在控制台上的高性能计算机或者工作站以及与其他船用设备如 GPS/差分 GPS、AIS、雷达等的接口。软件用来显示各种导航信息。数据主要包括符合 IHO S-100 或 S-57 标准的官方电子海图以及从导航设备获取的动态导航信息，如船舶的位置和船速。

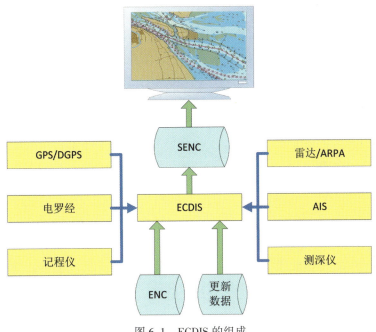

图 6.1　ECDIS 的组成

**1. 硬件组成**

ECDIS 由一个高性能的内、外部接口及符合 IHO S-52 标准要求的船用计算机系统和相应传感器组成。系统的核心是高速中央处理器和大容量的内部和外部存储器。外部存储器存储容量应保证能够容纳整个 ENC、ENC 更新数据和 SENC。

中央处理器、内存和显存容量应保证显示一幅电子海图所需时间不超过 5s。事实上，随着计算机硬件技术的迅速发展，加上对 SENC 的合理设计，完全可以做到在 1s 内完成一幅电子海图的显示。

系统显示器可以配置 1 个也可以配置多个，其尺寸、颜色和分辨率应符合 IHO S-52 标准的最低要求。无论配备几个显示器，海图显示区的最小有效尺寸应为 270mm×270mm，不少于 64 种颜色，像素尺寸小于 0.312 mm。

文本可以与海图共用一个显示器，但要在海图要求的最小显示区（270mm×270 mm）之外显示，也可以单独设立文本显示器。文本显示区或显示器用于显示航行警告、航路指南、航标表等航海咨询信息。内部接口应包括图形卡、声卡、硬盘和光盘控制卡等。以光盘或软盘为载体的 ENC 及其改正数据，以及用于测试 ECDIS 性能的测试数据集可通过内部接口直接录入硬盘，船舶驾驶员在电子海图上所进行的一些手工标绘、注记，以及电子海图的手动改正数据的输入等可通过键盘和鼠标实现。同扬声器相连接的声卡可用于实现语音报警。

利用打印机可实现电子海图和航行状态的硬拷贝，以便事后分析。外部接口一般是含有 CPU 的智能接口，保证从外部传感器接收信息（如 GPS、罗经、雷达、AIS、计程仪、测深仪、风速风向仪、自动舵等设备的信息）并按照一定的调度策略向主机发送这些信息。

通过船用通信设备不仅可以自动接收 ENC 的改正数据，实现电子海图的自动更新，而且还可接收其他数据如天气预报等。

通过与其他传感器连接，ECDIS 可以接收、解析、处理各种传感器数据并以文字或图形等方式显示，可以为航海人员集成显示所需信息并提供有效的决策支持。定位设备（如 GPS、DGPS 等）、陀螺罗经、航速与航程测量设备（如计程仪）是性能标准所要求的必须与 ECDIS 连接的三类传感器，对于未装有陀螺罗经的船舶，可采用首向发送装置代替。此外，性能标准也对 ECDIS 与雷达、AIS 的连接要求做了较为详细的规定，但并没有强制要求与这两类传感器连接。实际上，许多 ECDIS 产品基本能与主要的船舶助航设备连接，如测深仪、风速风向仪、自动舵等。

**2. 软件组成**

软件是 ECDIS 系统的核心，该软件包括以下 7 个基本功能模块。

1）海图管理

有 ENC 向 SENC 转换软件、电子海图自动和手动改正软件、海图符号库的管理软件、航海咨询信息的管理软件、电子海图库的管理软件、海图要素分类及编码系统的管理软件、用户数据的管理软件等。

2）电子海图显示与海图操作

以标准化的符号进行海图显示。可根据环境光的变化进行调色板更换，变换海图显示亮度，具有放大、缩小、漫游、要素查询、量算、航线标绘、海图改正等功能。

3）航线设计

在电子海图上手工绘制和修改计划航线、计划航线有效性检验、经验（推荐）航线库的管理、航行计划列表的生成（每段航线的距离、航速、航向、航行时间等）。

4）传感器接口

与外部设备（如 GPS、雷达、AIS、罗经、计程仪、测深仪、风速风向仪、卫星船站、自动舵等）的接口软件，以及从这些传感器所读取的信息的调度和综合处理软件。

5）航行监控

计算船舶偏离计划航线的距离、检测航行前方的危险物和浅水域、危险报警和警示等。

6）航行记录

用于记录船舶航行过程中所使用的海图的详细信息以及航行要素，实现类似"黑匣子"的功能。

7）航海问题的求解

船位推算、恒向线和大圆航法计算、距离和方位计算、陆标定位计算、大地问题正反解计算、不同大地坐标系之间的换算、船舶避碰要素（CPA、TCPA）计算等。

## 6.2 电子海图国际标准

为规范电子海图的制作和应用，保证电子海图具备与纸海图等效的功能和性能，IMO、IHO、IEC 等国际组织制订了一系列技术标准和管理规则，以保证电子海图能够成为纸海图的替代物，保证航行安全。图 6.2 所示为 ECDIS 相关的国际组织和标准（IMO）。

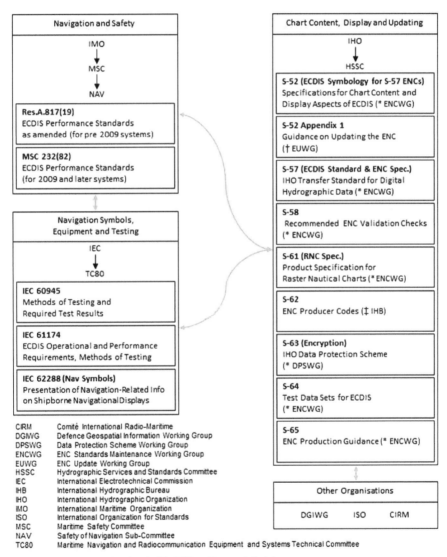

图 6.2　ECDIS 相关的国际组织和标准（IMO）

## 6.2.1 电子海图数据交换标准（S-57）

**1. S-57 的主要内容**

IHO 数字海道测量数据传输标准（IHO Transfer Standard for Digital Hydrographic Data），简称 S-57。该标准规定了海道测量数据的数据模型、物标和属性的分类、数据封装标准以及如何利用这些数据制作电子海图，主要用于在海道测量主管机构之间交换数据，以及发布给航海用户和其他数据用户。

本标准的内容如图 6.3 所示，具体如下：

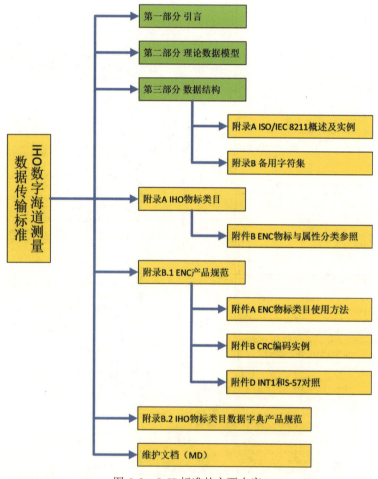

图 6.3　S-57 标准的主要内容

第一部分提供了一般性介绍，包括本标准中使用的参考文献和术语定义的列表。
第二部分描述了整个标准所基于的理论数据模型。
第三部分定义了用于实现数据模型的数据结构或格式，并定义了将数据编码为该格式的一般规则。

该标准还有两个附录：附录 A 和附录 B。

附录 A 是对象目录。提供了官方、IHO 批准的数据模式，可以在交换集中用它来描述现实世界中的实体。

附录 B 包含 IHO 批准的产品规格。这些是适用于特定应用程序的附加规则集。

**2. S-57 理论数据模型**

S-57 标准专门用于描述真实世界数据的传输，特别是关注那些与海洋测绘相关的真实世界实体。海洋测绘所观测的空间是地理空间，因此模型中将真实世界实体定义为要素对象（特征物标）和空间对象（空间物标）的组合，如图 6.4 所示。

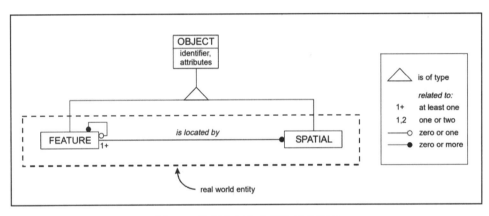

图 6.4 特征物标和空间物标的关系

1）特征物标

特征物标含有描述属性但没有任何几何属性（如关于真实世界实体形状和位置的信息）。为便于真实世界实体非位置描述信息的有效交换，S-57 标准数据模型定义了四类特征物标：元物标、制图物标、地理物标和组合物标。如图 6.5 所示。

元物标：含有其他物标共有信息的特征物标。

制图物标：含有真实世界实体制图（包括文字）表示的特征物标。

地理物标：具有真实世界实体描述特征的特征物标。

组合物标：描述其他物标间关系的特征物标。

2）空间物标

空间物标可能有描述属性但必须有几何属性，其矢量模型采用的是二维平面观察法，物标分为零维（点）、一维（边/线）和二维（面），三维表示为物标的属性。空间物标间的关系可表述为图 6.6 空间物标结构。

孤立结点……包含在……面；　　　（Isolated node……is contained in……Face）

面…………包含…………孤立节点；　（Face……contains……Isolated node）

边…………包围…………面；　　　（Edge……bounds……Face）

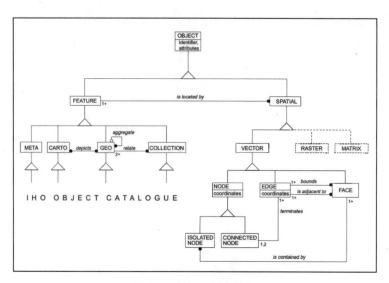

图 6.5　特征物标的结构

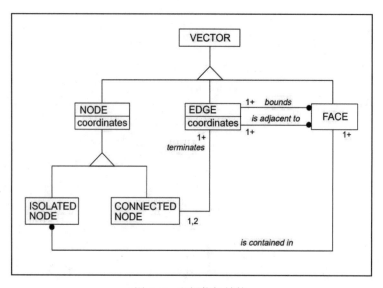

图 6.6　空间物标结构

面……………被包围………边；　　　（Face……is bounded by……Edge）
连接结点……终止了………边；　　　（Connected node……terminates……Edge）
边…………被终止于……连接节点；　（Edge……is terminated by……Connected node）
边…………邻接于………面；　　　　（Edge……is adjacent to……Face）

空间物标被定义为矢量类型（Vetor）、栅格类型（Raster）和矩阵类型（Matrix）。其中，后两种类型是待定义的。矢量空间物标间的关系可用以下四个拓扑级别不同程度的表达。

1) 制图线（Cartographic Spaghetti）

即实体结构，用一组孤立节点和边表示。边不参考节点，特征物标不允许共享空间物标；点编码成孤立节点，线编码成连接的一组边，面编码成边组成的闭合环。若需要逻辑一致性，则重合的边必须具有恒等几何性（见图6.7）。

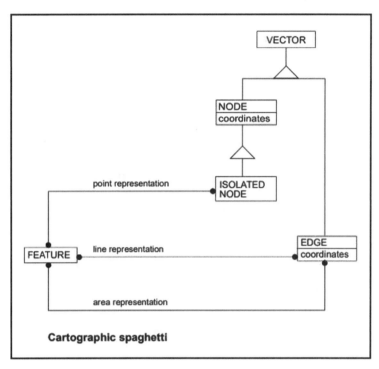

图 6.7　制图线结构

2) 链-节点（Chain-Node）

用一组节点和边表示。边必须以连接节点作为其起点和终点（它们可以相同），被参照的节点的几何性不能是边的一部分，可以共享矢量物标。点编码成孤立节点或连接节点，线编码成一组边和连接节点，面编码成开始和终止于同一连接节点的边组成的闭合环。禁止线性几何图形重叠（见图6.8）。

3) 平面图（Planar Graph）

用一组节点和边表示。链-节点组的边不能相交，只可在连接节点处相接。可以共享矢量物标，但有如下限制：相接的边要共享连接节点，相邻的面要共享形成它们的公共边。禁止相同的几何图形重叠（图6.8）。

4) 全拓扑（Full Topology）

用一组节点、边和面表示，整个平面被一组互斥、相邻的面所完全覆盖。孤立节点被面所包含，边的左、右两侧必须是面。点编码成孤立节点或连接节点；线编码成一组边和连接节点，面（Area）被编码成面域（Face）。禁止相同的几何图形重叠（见图6.9）。

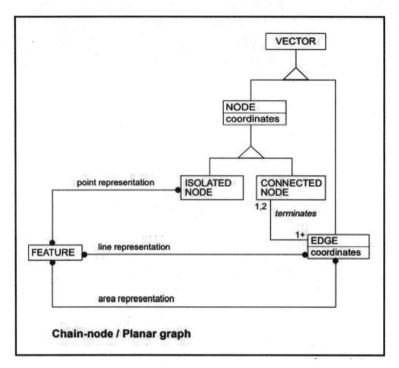

图 6.8 链-节点和平面图结构

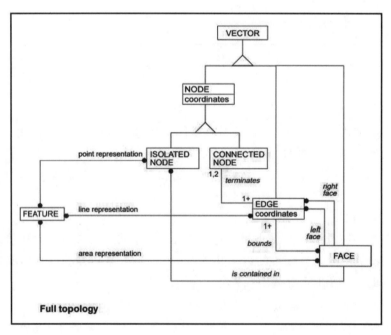

图 6.9 全拓扑结构

**3. 数据结构**

S-57 标准中数据结构部分包括结构、编码协议、关系编码、结构实现及海图改正五个内容。

1）结构

S-57 标准中论述的结构涵盖模型到结构的转换、记录、元数据、特定应用规则等内容，它们规定了怎样把理论数据模型转换成 S-57 数据结构，这种转换隐含了从模型中提取的逻辑结构与数据结构中所使用的物理结构之间的链接关系。此外，虽然从模型到结构的转换与使用无关，但每个应用或产品都规定了实现其数据结构的自身规则，这组规则称为产品规范。

（1）模型到结构的转换。

S-57 标准从模型到结构的转换采用了层次方法，即从真实世界出发抽象出模型，把模型转换成符合某种规则的记录和字段形成数据结构，按这种结构进行数据交换。数据结构本身并不能从一个计算机系统直接转换到另一个计算机系统，要做到这一点，就必须把数据结构封装在物理标准中。S-57 标准使用 ISO/IEC 8211 作为其封装依据，其数据模型与数据结构的组成部分之间的关系见表 6.1。

表 6.1　　　　　　　　数据模型及结构组成部分之间的关系

| 模型 | 结构 | 模型 | 结构 |
| --- | --- | --- | --- |
| 特征物标 | 特征记录 | 连接节点物标 | 连接节点矢量记录 |
| 元特征物标 | 元特征记录 | 边物标 | 边矢量记录 |
| 制图特征物标 | 制图特征记录 | 面物标 | 面或闭合成环的边矢量记录 |
| 地理特征物标 | 地理特征记录 | 光栅物标 | 光栅记录 |
| 组合特征物标 | 组合特征记录 | 矩阵物标 | 矩阵记录 |
| 空间物标 | 空间物标记录 | 属性 | 特征或空间属性字段 |
| 矢量物标 | 矢量物标记录 | 特征物标间关系 | 组合特征记录或指针 |
| 孤立节点物标 | 孤立节点矢量记录 | 特征与空间物标间关系 | 指针字段 |

通常，一个交换集中不止一个物标，而每个物标结构化成一条记录，因此一个交换就会包含不止一条记录。为简化这种交换，便把记录分组到不同的文件中，而最终进行交换的那组信息称为交换集。

一个交换集由一个或多个文件组成；一个文件由一个或多个记录组成；一个记录由一个或多个字段组成；一个字段由一个或多个子字段组成。结构的最低层是子字段，子字段必须只包括一个基本数据项，如一个属性值。格式化的子字段，如日期子字段，必须由应用程序解析，在 S-57 标准的规范中这类子字段是不可分割的。

S-57 标准的数据结构有 ASCII 码和二进制码两种形式，特定的交换所使用的方式在相关产品规范中定义。

（2）记录。

① 数据集描述（元数据）记录：记录用来识别交换信息的一般用途和特性的信息；数据集来源信息；描述所采用的坐标系、投影、平面基准和垂直基准面的信息，以及资料比例尺及高程和深度单位的信息；数据集来源信息；描述空间记录中定位数据精度的信息。

② 目次记录：记录解码器在整个交换集中查找并引用文件时所需的信息；交换集中个体记录之间特殊关系的信息。S-57 标准规定，为了确保解译正确，类目索引记录总是以 ASCII 方式编码。

③ 数据字典记录：记录交换集内非 IHO 物标的定义（物标种类、属性及属性值定义域等）信息。如只用 IHO 物标则不做此项记录。

④ 特征记录：记录真实世界的非定位数据，分为元、制图、地理或组合四种类型；描述真实世界的物标信息，包括物标之间关系和更新指令信息。

⑤ 空间记录：记录物标的位置数据，可以是矢量型、栅格型、矩阵型。目前只有矢量型，其记录要包括与特征记录相关的组合坐标、空间属性、拓扑关系和改正指令，类型是节点、边和面三种。

（3）元数据。

在一个数据集中可提供三个级别的元数据。一是在数据集描述记录中定义的元信息，它为数据集所包含的记录提供了缺省值。数据集中的描述信息在文件中还是在交换集中定义，这取决于所使用的产品规范。二是由元物标所定义的信息优先于数据集描述记录所定义的缺省值。元物标在 IHO 物标类目（附录 A）中定义并编码为特征物标。三是由个体物标的属性所定义的信息优先于元物标所定义的信息，因此也优先于从数据集描述记录中导出的信息。

（4）特定应用规则。

包括产品规范和应用简档两部分。

S-57 标准计划用来支持所有的海道测量应用，但是，不同的应用对数据传输有不同的要求，为了建立有效地数据传输，需要对特殊应用或产品定义额外的规则，这组规则称为产品规范。IHO 正式认可的所有产品规范都包含在附录 B 中，并形成 S-57 标准的一个完整部分，一个给定的交换所使用的产品规范必须在相关的子字段给出。一个交换集中的所有数据必须基于同一产品规范。

产品规范的基本部分是有关数据结构子集的定义，用来定义这种子集的数据集（Mechanism）称为应用简档。目前，S-57 标准已定义了三个应用简档：

EN（ENC New）：由基本电子航海图（ENC）的数字数据组成系统电子航海图（SENC）；

ER（ENC Revision）：改正 SENC 的数字数据；

DD（IHO Data Dictionary）：组成机读版本的 IHO 物标类目的数字数据。

2）编码协议

编码协议包括编码一般协议、元记录编码协议、特征记录编码协议和空间记录编码协议。

(1) 编码一般协议。

指根据需进行编码的一致交换集而制定的一组规则，编码者必须遵守这些协议。包括省略结构、记录标识符、非物标类目编码和数值的使用、字符集的使用、字段和子字段的终结符、浮点值、介质和长度限定、数据质量等内容。

①省略结构：对于给定的应用简档，一个交换集中包含的某些记录、字段和子字段是可选的，因此编码者可以从交换集中省略这些结构。

②记录标识符：是数据结构中的基本标识符，用来保持拓扑关系和在更新信息中确定信息地址，基于 S-57 的交换集中的每个记录必须具有标识符。

③非物标类目编码和数值的使用：必须尽量使用 IHO 物标目录能识别的物表类别、属性、属性值，对交换集中的特征进行编码。当不能用物标目录中的数值对特征进行描述时，编码者可定义新的物标类别、属性、属性值。

④字符集的使用：所有非二进制数据元素（如数字、日期、字符串等）必须使用由 ISO/IEC 8211 定义的缺省字符集。可使用备用字符集对一些字符串子字段编码，为此定义了两种文本字符串的范围类型：基本文本（用来对字母数字标识符等编码）和一般文本（用来处理某些属性值，包括重音符号和特殊字符的名字）。

⑤字段和子字段的终结符：变长子字段必须由单元终结符（UT）终结。变长字段在数据结构中由无范围限定的格式指示符规定。所有 S-57 字段必须由字段终结符（FT）终结。

⑥浮点值：虽然已有处理二进制编码的浮点值的标准，但是不同的计算机平台通常对浮点值的解释是不同的，要避免这个问题，所有二进制格式的浮点值必须编码成整数值。要把浮点值转换成整数值，这里使用了一个乘数因子。对坐标和三维（水深）值来说，乘数因子被定义为全局的。对其他浮点值来说，特定的乘数因子是以每个字段为基础定义的。

⑦ 介质和长度限定：S-57 标准使用 ISO/IEC 8211 作为其封装体，而 ISO/IEC 8211 不依赖于介质。因此，S-57 数据可以在任何媒介上存储和交换。但是，有些应用可能会限制使用某些介质类型，对介质类型的限制必须在相关的产品规范中定义。

⑧数据质量等内容：包括数据来源、数据精度和数据的现势性。数据质量可看作元信息，如前面所述，可以把它编码成三个级别。可以认为数据质量具有应用特定性，因此，数据质量的编码规则必须由相关的产品规范定义。

(2) 元记录编码协议。

包括拓扑结构、坐标系及计量单位和投影、三维（水深）乘数因子以及校验和。

① 拓扑结构：针对矢量结构，其拓扑关系可定义为以下不同的级别：制图线（CS）、链-结点（CN）、平面图（PG）、完全拓扑（FT）和拓扑不相关（NO）。

② 坐标系及计量单位和投影：海道测量数据具有描述和空间两个组成部分。为了方便地传输空间组成部分，必须定义一个坐标系。而所用坐标系的详细信息又由坐标计量单位和投影两部分组成。

③ 三维（水深）乘数因子：二进制方式下，三维水深值编码成整数，乘数因子用来把浮点三维水深值转换成整数值，反之亦然。

④ 校验和：在数据交换过程中，"循环冗余校验（CRC）"算法可以用来保证数据没有错误。

（3）特征记录编码协议。

该编码协议是关于特征记录标识符字段、特征物标标识符字段、特征记录属性字段、特征记录国家属性字段、特征物标到特征物标指针字段和特征记录到空间记录指针字段各子字段的设置及取值说明。

（4）空间记录编码协议。

该编码协议对关于矢量记录的标识符字段、属性字段、指针字段和坐标字段各子字段的设置及取值说明。

3）关系编码

S-57 标准中对记录之间的关系进行编码有三种方法，即使用类目交叉参照记录的方法、使用组合物标特征记录的方法和定义指定的主特征记录的方法。

4）结构实现

S-57 标准在记录和字段级上对交换集的结构主要包括以下内容：所使用的符号系统、数据集描述记录、类目记录、数据字段记录、特征记录结构和空间记录结构。

5）海图改正

S-57 标准中对数据的改正方式，允许对数据中的记录、字段和子字段进行修订。通过这种方法，可以更新已发行的数据，而不需要重新发布整个数据集。主要包括以下内容：改正数据流程、改正方法中结构一致性和改正记录。

**4. 数据集封装**

S-57 数据交换集采用 ISO/IEC 8211 标准进行封装，不同操作系统平台或应用系统均可按照标准进行数据文件读取，并依照各种要素的标准记录格式及相互关系进行解译和空间、属性信息进行准确转换和表达。

## 6.2.2 电子海图显示标准（S-52）

电子海图显示标准，S-52 是电子海图显示与信息系统海图内容与显示规范（Specification for Chart Content and Display Aspects of ECDIS）。该标准的草案由 IHO1986 年成立的 ECDIS 委员会编写，于 1987 年 5 月在摩纳哥召开的第 13 届国际海道测量大会上提交给 IHO 的各成员国，向各国的航运管理部门、海员协会、系统设备制造厂广泛征求意见，1988 年 4 月正式形成第一版，以 IHO 第 52 号特殊出版物方式出版。此后历经多次修改，并不断进行维护更新。

**1. S-52 的主要内容**

S-52 由以下部分组成（见图 6.10）：

①ECDIS 海图内容及显示规范，它用相对通用的术语描述了需求和方法。

②本标准的附件 A 将描述库作为一个单独的文档，其中给出了完整、详细的颜色、符号、符号说明等，以及如何显示 ENC 的指南。数字版本也是如此。附件 A 本身包括三

个部分:

——第一部分包含海图对象,有六个附录,是独立的文件。附录 A 的附件 A 包含三种颜色表的值;其他五个(附录 B-F)包含符号化查询表。

——第二部分包含一些航海者的导航对象,如突出危险物或航海者的特征。

——第三部分是第一部分的增编,是符号库和说明的纸质版。

ECDIS 的图式(海图 1 号)是与符号库的图形文件一起发布的,也可作为各种对象的集合,包含在 S-57 格式的特殊单元格中,该单元格包含通用特征对象。

③附件 B,(本附件已删除)

④附件 C,其中规定了校准显示器的程序。

⑤附录 1 电子海图(ENC)更新指南。

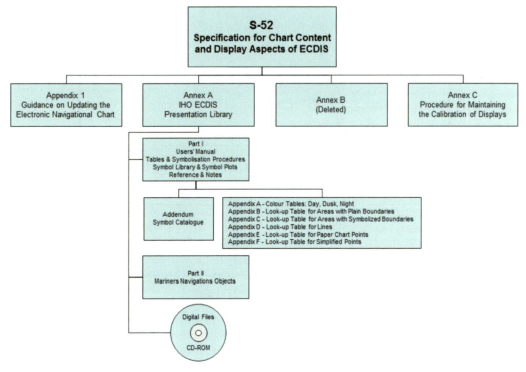

图 6.10　S-52 文档结构

**2. S-52 的符号库**

S-52 的附件 A《IHO ECDIS Presentation Library》规定了 ECDIS 中海图符号的特征码、大小、颜色以及动态表达方式。符号分为点和中心定位面符号、组合线符号和面填充符号三大类。见图 6.11 S-52 点状符号说明,图 6.12 S-52 线状符号说明和图 6.13 S-52 面填充符号说明。

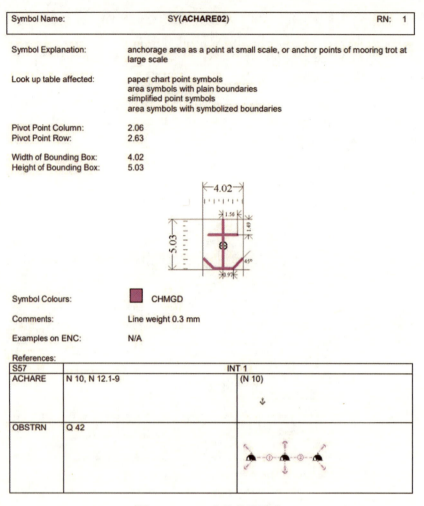

图 6.11  S-52 点状符号说明

## 6.2.3 数据保护方案（S-63）

版权侵犯和盗版是数字时代中普遍存在的问题，就连 ENC 也不能幸免于难。除了造成经济影响外，非官方发布的电子海图还存在重大的安全隐患。因此，官方发行人应该保护好 ENC，并通过采用一定的安全方案，提供给海员一份可靠性证书。然而，如果存在多个独立的发行人，就会形成多个互不相同的安全方案，从而使 ECDIS 的制造商们变得无所适从，难以开发出实用的应用软件，并导致全球电子海图数据库的无缝连接难以实现，从而加大了海员们的使用难度。所以，过多的关于电子海图的相互独立的安全方案将有碍航海安全。

在这样的背景下，IHO 在 PRIMAR（欧洲电子海图区域协调中心之一）提出的安全方案的基础上，开发了 IHO 数据保护方案，并于 2003 年 10 月正式作为 IHO 第 63 号特别出

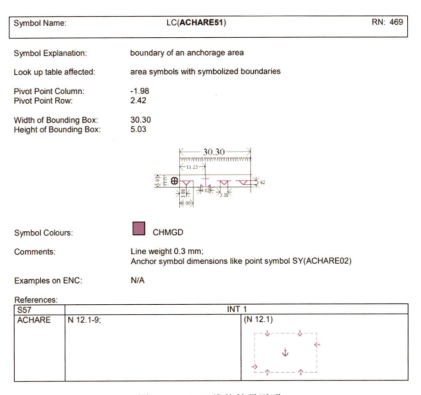

图 6.12　S-52 线状符号说明

版物发布，简称 S-63，随同标准一起发布的还有测试数据、软件内核和测试数据使用指南。

该标准规定了 ENC 的数字签名认证、加密保护等内容，是 ENC 加密保护的依照标准，用于保护 ENC 数据生产者和使用者的权益。

**1. 基本内容**

标准明确了一种保护电子海图信息的方法，并可以保持多个数据客户方上电子海图服务的完整性。数据保护的目的主要有三方面。

①加密保护：通过对电子海图信息进行加密，可以避免对数据的非授权复制。

②选择性访问：对具有访问许可证的用户，限制他们只能访问那些已授权访问的电子海图信息。

③认证：通过使用数字签名，可确保电子海图的数据来源是经过认可的。

加密保护和选择性访问可以通过对电子海图信息进行加密来实现。在这个保护方案中，假设数据服务方首先对它的数据进行加密，然后再向数据客户方提供这些数据。在形成 SENC 之前，被加密的 ENC 信息将由 ECDIS 进行解密。

数据认证通过数据客户方检验由数据服务方提供的关于数据集的数字签名来实现。对每个用户而言，此数据保护方案允许将加密后的 ENC 信息存储在硬介质（如 CD-ROM）

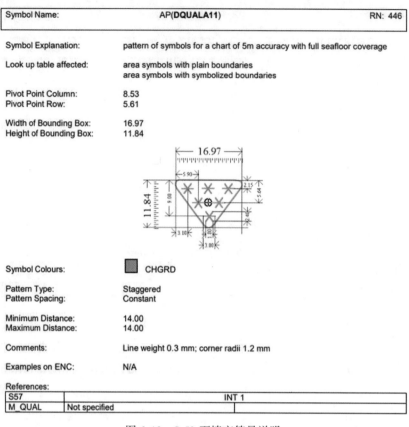

图 6.13　S-52 面填充符号说明

中。提供给用户的单元密钥可以确保个体单元的选择性访问,单元密钥只能在各自的系统中有效。

为减少破解 ENC 数据文件密码的可能性,此数据保护方案使用了压缩技术,并去除 ENC 文件中的重复信息,例如坐标信息。在数据服务方对 ENC 信息进行加密之前,首先对 ENC 信息进行了压缩,当数据客户方系统(一般是 ECDIS)解密完成后再进行解压缩。

**2. 用户**

1)数据保护方案的管理员

数据保护方案的管理员(SA)全权负责此方案的维护和协调。SA 这个角色由国际海道测量局(IHB)担任,IHB 作为 IHO 的秘书处,代表着 IHO 各成员国的利益。

SA 负责控制保护方案的成员资格,并确保所有的参与者都按照既定程序进行操作。SA 负责维护顶层加密密钥,用于操作完整的数据保护方案,同时它也是有权向其他保护方案参与者发行证书的唯一实体。SA 同时还负责管理与此数据保护方案有关的所有文档。

2)数据服务方

数据服务方负责按照此保护方案定义的程序和方法,对 ENC 信息进行加密和签名。

各国海道测量局和电子海图区域协调中心（RENC）组织就是典型的数据服务方。

3）数据客户方

数据客户方就是 ENC 的用户，它们将从数据服务方接收已加密保护的 ENC。数据客户方负责对 ENC 数字签名进行认证，并按照此保护方案定义的程序对 ENC 进行解密。认证和解密过程将由数据客户方的软件来完成。配有 ECDIS/ECS 系统的用户就是典型的数据客户方。

4）设备制造商

支持此数据保护方案的设备制造商必须构建相应的软件程序，以支持此数据保护方案。S-63 标准包含相应规范和测试数据，以确认制造商的软件程序，SA 提供给各个制造商一个唯一的制造商密钥和标识符（M_KEY 和 M_ID）。

制造商也必须在他们的软件系统中提供相应的安全机制，以唯一识别出每个最终用户。此数据保护方案要求每个软件都必须安装一个唯一的硬件标识符（HW_ID）。数据客户方/数据服务方将使用 M_KEY 和 HW_ID 信息向每个软件发出加密的 ENC 单元密钥。即使单元密钥是相同的，它们也将使用唯一的 HW_ID 进行加密，并且不会在同一制造商的多个 ECDIS 系统之间进行传递。

**3. 术语**

1）用户许可（User Permit）

用户许可是由数据客户方使用电子海图应用软件，以 M_KEY 作为密钥对 HW_ID 进行加密，然后将加密的 HW_ID 和 M_ID 组合在一起生成一个格式化文件，之后向数据服务方提供。数据服务方得到用户许可之后，使用 M_KEY 将用户许可解密，得到解密的 HW_ID，然后根据 HW_ID 生成单元许可，并随同向数据客户方。

2）单元许可（Cell Permit）

单元许可是由数据服务方使用一定的工具，以用户许可解密之后得到的 HW_ID 作为密钥对为用户提供的 ENC 单元的单元密钥进行加密，然后将加密的单元密钥和单元名称、许可终止日期组合在一起生成的一个格式化文件，生成之后随同加密的 ENC 单元一起提供给数据客户方。

3）单元密钥（Cell Key）

用于产生加密 ENC 单元的密钥，在对加密 ENC 单元进行解密时，需要使用此密钥。

**4. 数据保护流程**

S-63 数据加解密流程如图 6.14 电子海图数据保护流程所示。

## 6.2.4　ENC 生产、维护和发布指南（S-65）

为了进一步指导和规范 ENC 的生产，2005 年 3 月 IHO 发布了《ENC 生产指南》，简称为 S-65。该标准分十个作业阶段描述了电子海图生产、维护、发行的全过程，为海道测量部门进行 ENC 生产、维护和发行提供了一个详细的操作指南，对电子海图生产具有很好地指导作用。该标准并不是一个强制性的技术标准，也不是一本技术参考手册，只是

## 第6章 电子海图与数字海图制图系统

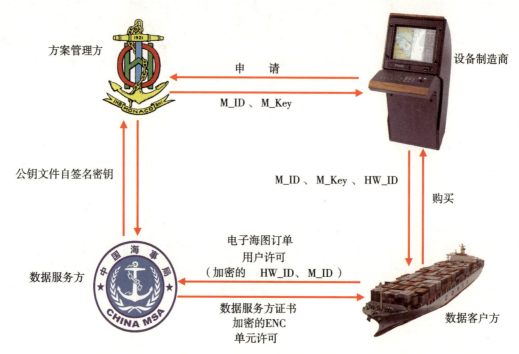

图 6.14 电子海图数据保护流程

为了使海道测量部门获得对 ENC 生产程序的一个概览，获取关于 ENC 生产的基本要求和程序，以便更好地配置 ENC 的生产工具。

该指南列出了 10 个 ENC 生产的关键步骤，如图 6.15 所示。

S-65 详细规定了 ENC 制作、维护及发布各环节需要遵循和注意的事项。

### 6.2.5 通用海道测量数据模型（S-100）

S-100 既是 IHO 的一个具体标准（IHO Universal Hydrographic Data Mode），又是一系列海道测量相关空间信息及航运管理相关信息标准组成的标准簇。图 6.16 所示为 S-100 标准簇示意图。

**1. S-100 标准簇的结构**

为了加强基于 S-100 的产品研发，尽量减少重复，鼓励符合性，IHO 的服务和标准委员会（Hydrographic Services and Standards Committee，HSSC）分配了 S-100 系列标准的编号如下。

1) 国际海道测量组织（IHO）

负责 S-101 到 S-199。

S-101 Electronic Navigational Chart（ENC）

S-102 Bathymetric Surface

6.2 电子海图国际标准

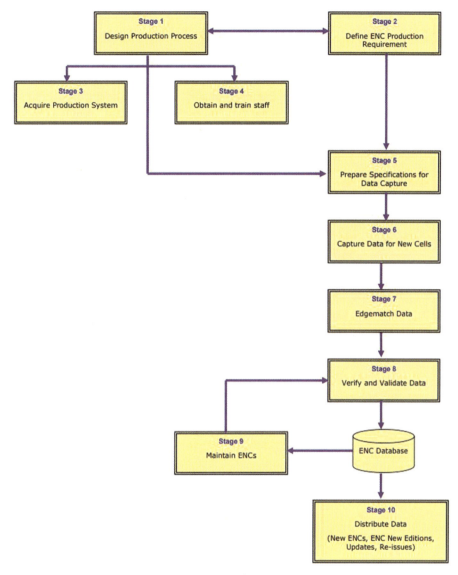

图 6.15 ENC 生产和维护流程

S-103 Sub-surface Navigation

S-104 Water Level Information for Surface Navigation

S-111 Surface Currents

S-112 Open- (See Decision HSSC9/38)

S-121 Maritime Limits and Boundaries

S-122 Marine Protected Areas

S-123 Marine Radio Services

S-124 Navigational Warnings

# 第 6 章 电子海图与数字海图制图系统

图 6.16  S-100 标准簇示意图（IHO 网站）

S-125 Marine Navigational Services

S-126 Marine Physical Environment

S-127 Marine Traffic Management

S-128 Catalogue of Nautical Products

S-129 Under Keel Clearance Management（UKCM）

S-130 Polygonal Demarcations of Global Sea Areas

S-131 Marine Harbour Infrastructure

S-164 IHO Test Data Sets for S-100 ECDIS

2）国际航标协会（IALA）

负责 S-201 到 S-299。

S-201 Aids to Navigation Information

S-210 Inter-VTS Exchange Format

S-211 Port Call Message Format

S-212 Port Call Message Format

S-230 Application Specific Messages

S-240 DGNSS Station Almanac

S-245 eLoran ASF Data

S-246 eLoran Station Almanac

S-247 Differential eLoran Reference Station Almanac

3）政府间海洋学委员会（IOC）

负责 S-301 到 S-399。

4）内陆 ENC 工作组（Inland ENC Harmonization Group-IEHG）

负责 S-401 到 S-402。

S-401 IEHG Inland ENC

S-402 IEHG Bathymetric Inland ENC

5）海洋学和海洋气象联合技术委员会（WMO/IOC JCOMM）

负责 S-411 到 S-412。

S-411 JCOMM Ice Information

S-412 JCOMM Weather Overlay

S-413 Weather and Wave Conditions

S-414 Weather and Wave Observations

6）国际电工委员会-Technical Committee 80（IEC-TC80）Numbers

负责 S-421 到 S-430。

S-421 Route Plan

7）北约附加军事层海洋空间信息工作组（NATO Geospatial Maritime Working Group for Additional Military Layers Numbers）

负责 S-501 到 S-525。

**2. S-101 特征分析**

在 2005 年 9 月 17 届 CHRIS 会议上决定，S-57 4.0 版即目前在研发的标准重新取名为 S-100。任何基于 S-100 标准产生的产品标准采用 S-10X 系列，目前，基于 S-100 标准而研发的电子海图产品标准将被命名为 S-101。S-100 的最基本目标是能够支持各种与海道测量相关的原始数据、产品和用户需求。它包括图像、栅格、动态时变数据（位置与时间），另外，还包括诸如高密度扫测、海底底质分类、海洋地理信息系统等这些传统的海道测量之外的新应用。它的诞生可以说将使基于互联网的海洋领域数据的获取、处理、分析和服务成为可能。其优势还包括以下 4 个方面。

①将数据从文件中分离，通过这种方法，数据可以被灵活地处理和编码而不是固定按某单一数据交换方式进行交换。

②管理灵活，可以适应各种变化，未来产品标准将基于核心数据模型，它将满足不同海道测量信息组织的需要。这将只需对核心标准进行改进（通过扩展）而不需要对现有产品标准进行改版。

③通过在 IHO 网站上对包含要素（feature）数据字典和产品特征类在内的要素进行 ISO 一致性注册（registry），即可非常方便和有效地对标准进行扩展。

④对其他用户团体提供分离的注册验证，这将包括新的要素、属性和产品标准（如航海出版物、内陆电子海图生产标准等）。

另外，由于 ISO 标准在全球有非常突出的地位，IHO S-100 同样基于 ISO 系列标准来制定。然而，由于与 ISO19100 地理信息标准相一致，使得 S-100 与 S-57 相比较有不同的结构。更明确地，这涉及新的框架、新的术语来描述 S-100 组件。

S-100 另一个主要优势是基于 S-100 的 S-101 电子海图有可能最终成为导航信息系统中的基础层，并与以 S-100 为基础的其他 S-10X 产品紧密结合，为海上航行提供更好的信息保障。目前，IHO 已批准的 S-10X 系列产品，包括高分辨率水深和航海出版物的产品规范，将来还可能包括实时潮汐、港口信息、航路指南等。S-101 真正的潜力将在与其他 S-10X 系列产品实现交互之后展现出来。

与 S-57 相比较，S-101 具有以下五个特点。

（1）ENC 目录规则的动态化。

在 S-57 标准中，如果要在要素目录中增加任何一个新要素，或者在属性目录中增加任何一个新属性，都必须取得包括 ECDIS 制造部门、数据软件提供部门、直接使用者等多方的一致认可，这种局限性使得目前体系下，要素的更新周期有时会长达 5 年之久，这种数据标准内容的长期冻结对于全球不断发展的海洋事业是非常不利的。

相比之下，S-101 最大的优势在于目录描述的动态化和与人类自然语言接近的 XML 化。动态化是指，数据结构在 S-101 中不是固化的，能够根据实际需求进行积累性的改变，并且对现有用户不造成破坏性影响。XML 化是指目录标准以 XML 方式存储于机器硬件中，既便于用户阅读，又可机读，更利于标准内容升级维护和与其他相关领域的交互。在 S-101 中，要素和其属性，以及属性中的枚举项，这三者的关系是定义在同一个要素目录中的。要素目录是以注册集的方式进行构建的，对数据内容的定义在注册集中体现，并以可机读的 XML 方式存储。因为在 S-100 框架下，在不改变 XML 结构的前提下，注册内容允许被连续改变，S-101 的要素与图示目录也可随时更新版本，这样就使得更新既能够在受控之中，又能够直接使用 XML 文件来升级维护 ECDIS 系统，以此来维护直接使用者的利益。

（2）图示表达的规则化。

目前，电子海图的图示表达是建立在 IHO S-52 标准基础上的，因此，一个 ECDIS 系统至少需要符合 S-57 和 S-52 两个标准（另外，还需符合《IEC 61174 ECDIS 操作和性能要求、试验方法和要求》和《IEC 60945 航海和无线电通信设备和系统要求、试验方法》）。而在 S-101 中，这两个标准合二为一，可通过定义动态、机读的图示表达目录来替代 S-52 中定义的表示库。这其中包括经过 IHO 认可的条件约束的可视化规则，查找表及基于人类语言模式的符号表达库。整个图示目录也采用 XML 形式进行编码和存储，这种与操作系统无关的可机读模式，使基于 S-10X 系列数据产品的 ECDIS 系统真正实现数据和标准的"即插即用"。

在 S-52 标准体系下，遇到航海使用者的不同选择或者复合符号确认（比如助航物）的情况时，必须执行条件符号化程序，这些条件符号化程序既依赖于物标本身的属性值和用户输入的参数值，同时还要受关联要素空间位置的制约。举例来说，一条等深线是否表示为安全等深线，不仅取决于它本身的深度值，还要同时判断其相邻水域深度范围；同样，一条沉船，以哪种方式表现也与其所处水域的深度相关。由此，单单为了识别某个要素与其他要素之间的空间关系就得消耗大量的时间，对于应用端软件开发来讲，不仅增加了海图显示的难度，还降低了效率。其实这种类似的空间关系在 ENC 数据生产时就已经很明确。因此，在 S-101 标准中，将上述情形的可视化参数融入到要素本身的属性信息中，这样不仅可提高系统的可视化效率，更可从数据源级来保证准确性，避免了软件缺陷导致的错误。

（3）复杂属性描述的实用化。

在 S-57 标准中，对于处理较为复杂的属性类型（比如时变物标的属性），通常采用文本的属性项来表示，在文本串的格式定义中规定格式，当一个文本串无法完整表达时，就采用多个连接的方式。举例来说，潮流表数据 TS_PAD，利用 TS_TSP 属性字段中的文本来表示潮流通告，文本定义为："识别码，港口名称，高潮 HW（低潮 LW），流向（单位：度），流速（单位：节）"，其中流向流速共 13 对值（以 0 为界，分别以 1 至 6 和 I 至 VI 编号），表示范围为高潮或低潮的前后 6 小时，如图 6.17 所示。

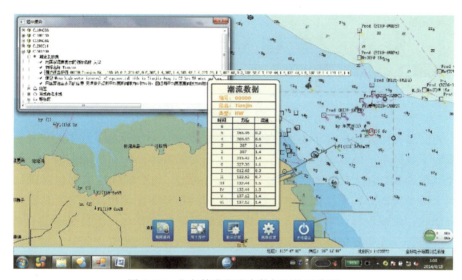

图 6.17　北方某港潮流表数据属性示意图

在 S-101 中，对于此类属性，通过创建复杂的属性结构来定义，而不是单纯以分隔符和固定的字段来描述。通过创建复杂属性，使得要素属性在结构上更具有层次性，在信息存储上更易于解析。

（4）要素说明的信息化。

在 S-57 中，因为属性信息必须与地理实体一一对应，不允许孤立存在，这样为了表示某些额外信息，通常是在数据生产时增加一个"警告区"要素，将额外信息写入到其属性中，如图 6.18 所示。这样一来，海图数据中就会产生很多此类不是真正警告区的要素，在使用过程中，会触发一些无意义的报警。

在 S-101 中，为了避免上述问题，增加了"信息类型"要素。信息类型要素是无任何空间信息的要素类型，通过与其他要素关联，来描述此类要素的额外信息。此类型要素的采用，可以明显改善目前诸如说明类信息存在的问题。

（5）ENC 目录标准的动态化。

在 S-57 中，对要素是否必须依照比例尺没有明确作出规定，这样就导致了同一地域

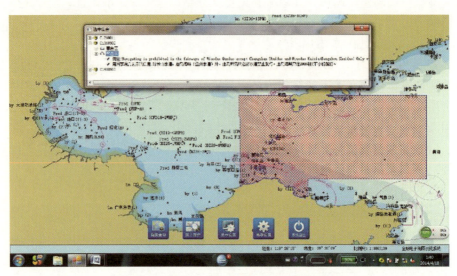

图 6.18 非真实"警告区"信息数据示意图

的地理实体信息可能分别存在于不同比例尺的数据集中，不仅导致了数据的重复采集和冗余，更增加了数据不一致性的风险，也不符合面向对象实体——对应的逻辑关系准则。

因此，在 S-101 中，不依比例尺的要素被独立列出，每个地理区域都包含依比例尺与不依比例尺两类数据。其中，依比例尺要素是指那些依赖于比例尺决定表示形态特征的要素，如海岸线、建筑物等；不依比例尺要素是指那些数据表达与比例尺无关的要素，如助航标志、沉船等。在常规情况下，不依比例尺要素与依比例尺要素之间是一对多的对应关系。对于不依比例尺要素，它的显示模式只与其属性中给定的比例尺范围相关。

S-101 中不依比例尺要素类型共定义了 54 个，已全部通过了 IHO 审核，以附录形式发布。经过对大量航海通告的研究，可以看出，通告改正中大多数要素的增删改都是对应不依比例尺要素的。以灯塔为例，按照目前现状，同一个灯塔在两个以上不同比例尺图中，地理位置信息肯定是不一致的，如果要根据通告进行更新，必须逐个进行。而按照这种不依比例尺要素独立出来的规则，只需更新一次，不仅增强了数据质量控制，还大大节省了数据更新的工作量。另外，还同时保证了同一地理实体在数据集中的唯一性和数据集之间在空间上的垂直一致性。

## 6.3 数字海图制图系统

传统的手工制图工艺因计算机的应用而逐渐消失，数字海图制图方式成为主流。尽管海图编辑综合还离不开人工操作和分析判断，基本方法和工具已悄然改变。

### 6.3.1 数字海图制图系统的结构

数字海图制图系统基本由数据输入、编辑处理和绘图输出三部分组成（见图 6.19）。

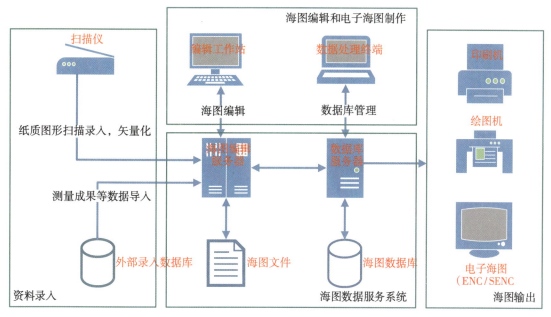

图 6.19 数字海图制图系统架构设计

## 1. 硬件系统

数字海图制图系统的硬件随计算机技术的进步而不断升级，所用的设备也有所不同，必不可少的设备有：计算机（包括服务器、工作站、远程终端等）、资料录入设备和地图输出设备三大类。

①网络服务器：为制图系统提供计算、网络、存储、数据库服务等资源。

②编辑工作站：用来进行海图交互编辑（所见即所得的海图编辑综合）的计算机，一般要求图形处理速度快（CPU\GPU）、显示器分辨率高、色彩还原度高等。

③数据处理终端：进行数据库查询、维护、管理，以及数据处理的计算机终端。

④数字化仪：曾经是数字海图制图系统必不可少的设备，如图 6.20 所示。在 20 世纪 80 年代，计算机制图技术快速发展，应用系统风起云涌。由于在传统手工制图向计算机制图过渡的过程中，几乎所有的资料都是纸质的，需要将图形转化为数字化数据才能由计算机系统进行后续的处理。应用数字化仪的鼠标，通过电磁感应，就可以将图形或图像用点或矢量线描绘出来，再通过图形与地理坐标的对应关系，将采集的直角坐标转换为大地坐标或者投影坐标。

⑤扫描仪：扫描仪是将纸质的图形或图像转换为数字影像（栅格化图形）的设备，图 6.21 所示为 A0 幅面扫描仪。大幅面扫描仪的成像方式按照成像质量不同可分为：CCD 成像方式与 CIS 成像方式。

图 6.20　数字化仪　　　　　　图 6.21　A0 幅面扫描仪

CCD（Charge Coupled Device）即"电荷耦合器件"。它负责将镜头传来的光信号转换为电信号，类似于普通光学相机的胶片。CCD 的感光系统在通过透镜进行成像的同时进行滤色处理，因此可以忠实还原原有的色彩。根据 CCD 技术的不同，使用第六代 CCD 成像技术的色彩表现力、细节表现力及过渡色的表现力均达到了完美的效果。

CIS（Contact Image Sensor）即"接触式图像传感器"。CIS 是由光源系统和感光系统的单件构成的集成模块。CIS 在感光系统中没有滤色装置，因此色彩表现力及过渡色等方面远远低于 CCD 成像技术。

扫描后的图像可以经过栅格点与相对应的地物点的地理坐标的匹配和图像纠正而实现数字地图的功能；也可以经过点、线、面的识别或人工录入方法，将栅格图像转换为矢量图形。

⑥绘图机：是将数字式海图在纸、胶片、丝绸等平面介质上输出为海图的设备。图 6.22 所示为平板笔式绘图机（矢量），图 6.23 所示为滚筒喷墨绘图机（栅格）。

图 6.22　平板笔式绘图机（矢量）　　　　　图 6.23　滚筒喷墨绘图机（栅格）

⑦印刷机：印刷机是印刷文字和图像的机器。现代印刷机一般由装版、涂墨、压印、输纸（包括折叠）等机构组成。它的工作原理是：先将要印刷的文字和图像制成印版，装在印刷机上，然后由人工或印刷机把墨涂敷于印版上有文字和图像的地方，再直接或间

接地转印到纸或其他承印物（如纺织品、金属板、塑胶、皮革、木板、玻璃和陶瓷）上，从而复制出与印版相同的印刷品。

图 6.24 所示为印刷制版机，图 6.25 所示为四色印刷机。

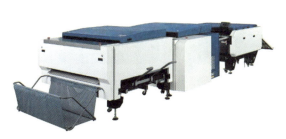
图 6.24 印刷制版机

图 6.25 四色印刷机

海图印刷是将数字式海图进行印刷输出，大批量复制的过程。我国海图出版机构使用专门定制的海图纸和油墨印刷海图。

⑧电子海图系统：电子海图系统（ECDIS/ECS）之所以是数字海图制图系统的输出设备，是因为数字式显示的可视化方法是海图编绘过程中交互编辑的基础，更是应用最主要的模式之一。图 6.26 所示为 ECDIS 与电子海图（ENC）。

图 6.26 ECDIS 与电子海图（ENC）

**2. 软件系统**

数字海图制图软件是以计算机图形学和地图制图学为基础，用以完成海图资料处理、人-机交互编辑、自动数据处理等海图编绘任务的软件系统。按功能可划分为数据管理、图形处理和应用支撑三大类应用模块（见图 6.27）。

1) 数据管理模块

①海图数据库。空间数据管理是海图制图系统的核心。它负责对空间数据对象的增删

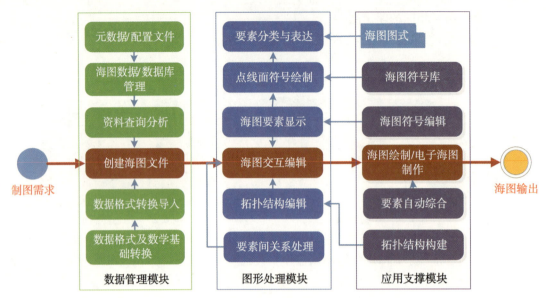

图 6.27 数字海图制图软件模块划分

查改等管理。一般可以使用文件系统来存储和管理空间几何数据，也可以使用关系型数据库来存储和管理空间几何数据，以适应不同用户、不同应用的需求。属性数据由关系数据库来管理，通过 ODBC 联接，支持多种类型的 RDBMS。也可以直接采用空间数据库进行几何与属性信息的一体化管理。空间数据库部分为其他模块的应用提供多用户的应用程序调用接口 （API）。空间对象数据类型有：点状、点群、线状、面状、注记等。数据管理模块可以根据空间对象的特征，通过有效的数据库空间索引机制提供高效可靠的数据查询服务。

②数据采集。可提供多种数据获取手段，包括手扶跟踪数字化、图纸扫描屏幕数字化、直接从测量仪器获取数据及外部数据文件导入等。

纸质图形资料一般通过扫描+屏幕数字化的方式实现。成熟的数字化模块能够实现海图的全自动矢量化、交互式线跟踪、房屋点取、水深数字识别，以及常规的点、线、圆弧和文字的各种图形输入手段；能够同时管理任意多个图层，为各层分别定义属性数据库，采集属性数据；提供带拓扑特征和属性约束的图形编辑；灵活实现图形代码的符号化和所见即所得输出。

③数学基础转换。能够支持多种常见投影方式和多种世界各国参考大地坐标系，包括我国和世界目前常用的如高斯-克吕格、通用横轴墨卡托（UTM）、多圆锥、兰勃特、墨卡托等投影及坐标系之间的相互转换。各种投影参数如椭球名称、投影原点、标准纬圈、带号、真比例尺纬圈、比例缩放系数、东偏、北偏等都提供方便、友好的动态对话框。可以由用户自由选择。

除了能够进行地理坐标系与各投影坐标系间及各投影坐标系相互之间的坐标变换外，还能够对各种坐标系进行任意的平移、缩放或仿射变换。

④空间关系查询。

a. 多种选择查询，如点选择、矩形选择、圆选择和多边形选择。

b. 多种拓扑关系查询，如包含查询、落入查询、穿越查询和邻接查询。

c. 多种缓冲区查询，如点缓冲区查询、线缓冲区查询和面缓冲区查询。

2）图形处理模块

①海图显示。能够按照海图图式进行海图的符号化显示。支持全图显示、放大、缩小、漫游、分层显示、自定义颜色显示等功能。

②交互编辑。交互编辑其实是对海图数据以及它们之间的关系进行编辑的过程。主要是通过实时的图形化显示，将海图数据展现在屏幕上，使制图人员能够通过操作结果的反馈看到数据编辑的过程和结果。

交互编辑图形操作的基本功能包括点符号的增删查改、线符号的增删查改和部分修改、多边形的几何基础数据的构建；注记的编辑（多种布点方式，多种字型，可方便调整字体的各种参数）。

③拓扑构建。各种拓扑结构构建的操作（点、线、面向结点、弧段、多边形的转化）等。

④属性定义与查询。能够通过屏幕拾取或条件查询，添加或查询、修改相关要素的各种属性信息。

3）应用支撑模块

应用面向服务的架构（SOA）或微服务架构构建即插即用的应用框架，将符号化、智能分析与处理等多种功能集成为一体。

（1）符号编辑器。

包括符号的制作、编辑、绘制、管理等所有功能。同时按照功能将符号库分为两大独立模块，即符号制作管理模块和符号绘制模块。提供单体符号及组合符号的定义和修改功能，也作为交互编辑的符号化显示模块。

（2）三维模型构建。

将数字高程模型和数字正射影像与常规的矢量数据和各种属性信息集成在一起，建立起一体化的三维数据输入、操作与可视化机制，为数据处理、空间查询与分析和各种三维模型操作提供支持，为海图水上水下数据的三维模型构建动态显示、空间三维分析提供支撑。

（3）图廓等要素生成。

依据《中国海图图式》的规定，根据海图的投影、比例尺等数学基础自动生成海图图廓、渐长比例尺、图廓外整饰要素等。

（4）海图要素自动综合。

这是体现海图制图系统"智商"的部分，是实现海图制图"自动化"的关键。

海图要素自动综合的终极目标是将各种海图空间和属性信息统一管理，应用海图自动综合模块对海图数据进行快速处理，实现海图要素随显示比例尺的放大缩小而自动调整要素的疏密，以及相互之间的关系，准确、清晰图形化表达各种海图信息。

海图综合模块主要包括：水深自动压缩、等深线综合、岸线综合、碍航物选取、导助航设施选取、海岛礁综合、注记自动添加等。

4) 海图输出模块

（1）纸海图绘制。

能够通过绘图机、激光照排机、制版机等绘图输出设备，按照海图图式要求进行海图等比例输出，实现纸海图单幅或批量拷贝制作。

（2）电子海图制作。

通过交互编辑完成海图属性要素的添加，通过电子海图分幅范围进行海图数据的裁切和再处理，最后按照 IHO 电子海图标准进行电子海图数据的封装。

### 6.3.2 数字海图制图原理

数字海图制图就是从图形到数据的转换，是基于计算机进行海图的数据处理、交互编辑、海图输出等操作，完成从资料到海图产品的加工过程。为了计算机能够识别、处理、存储和制作海图，需要把空间连续的地理对象转换为离散的数字模型。

**1. 从空间对象到数据的转化过程**

1) 海图要素分类与数字化表达

海图要素按照几何特征可以分为无向点、有向点、圆（圆弧）、折线（直线）、曲线、水深、程序符号、注记等。之所以和 3.2 节的分类不同，主要是考虑海图要素描述的基本属性信息类型、赋值和可视化绘制的方法能够区分。

无向点符号方向为缺省方向，一般为朝向正北，该类要素的描述信息为 {特征码，位置 $(X, Y)$，符号大小}。

有向点符号的方向由两点 {特征码，位置1 $(X_1, Y_1)$，位置2 $(X_2, Y_2)$，符号大小}，或者一点加旋转角度 {特征码，位置 $(X_1, Y_1)$，旋转角度，符号大小} 描述。

圆（圆弧）的描述信息有 {特征码，圆心位置，半径，起始方位角、终止方位角}；

折线（直线）较为简单，描述为 {特征码，线类型 $(Z)$，位置1 $(X_1, Y_1)$，…，位置 $n$ $(X_n, Y_n)$}。

曲线（光滑曲线）是由一定的曲线拟合方程进行内插而实现曲线可视化的。由离散点拟合曲线的算法很多，由于在制图领域要求拟合的曲线必须通过离散点，因此，多采用分段三次多项式插值法（又称五点法）进行拟合。曲线可以描述为 {特征码，线类型 $(Q)$，位置1 $(X_1, Y_1)$，…，位置 $n$ $(X_n, Y_n)$，$(C)$}，若是闭合曲线，则以 $C$（Close）结束。

水深是一种特殊的注记书写形式，一般的 GIS 不提供水深的绘写，需要进行二次开发。水深数据的表达方式一般为 {特征码、水深1 $(X_1, Y_1,$ 深度值1)，…，水深 $n$ $(X_n, Y_n,$ 深度值 $n)$}。

程序符号是一类用简单的几何图形难以表达，并且会随着位置、时间等变化的符号，例如，方位圈，它的磁偏角会随着时间变化，一般由程序绘制，输入参数有：特征码、位置、大小（图上半径）、磁偏角（年份）、年较差（每年变化的角度）。

注记是相关海图要素的文字说明或者相关区域的资料、航行方法等说明。注记的描述

信息一般为 {特征码，字符串，定位点（$X_1$，$Y_1$），排列定位线［线类型（$Z$ 或 $Q$），位置 1（$X_1$，$Y_1$），…，位置 $n$（$X_n$，$Y_n$）］}。

2）海图制图资料数字化的方法

海图制图资料数字化的方法有多种，主要有以下三种。

（1）纸质资料：纸海图等测绘资料通过数字化仪数字化或者通过扫描仪数字化以后再进行自动识别，转换为矢量数据；控制点等抄录的纸质资料直接录入到制图系统。

（2）数字化成果：全数字化测量成果经过质量检验后可以直接通过格式转换进行导入。

（3）上版数字海图：可以直接采用。

在资料采集和转换过程中，必须保证资料的分类和数学基础经过转换能够保持准确、完整。

**2. 海图要素分类与编码**

海图要素的分类是为了能够完整、准确地表达海图要素的特征、图示形态以及进一步查询分析所需要的信息。

按照《中国海图图式》和国际海道测量组织 IHO S-101 要素编码及属性编码的规定，同时为适应海图制图和电子海图制作的可视化处理，我们分别用特征码（Feature Code）和属性代码（Attribute Code）描述海图对象的基本信息。

按照我国《基础地理信息要素分类与代码》的规定，地理要素的分类代码（特征码）采用 6 位十进制数字码，分别为按数字的顺序排列大类、中类、小类和子类。

```
X      X      XX     XX
|      |      |      |
大类   中类   小类   子类
```

中国海事局规定海图要素分类编码照顾到《中国海图图式》的要素分类和制图符号绘制的要求，规定了 6 位十进制数字编码如下：

```
XX     XX     XX
|      |      |
大类   亚类   顺序号
```

IHO S-101 规定的特征码为六位英文字母，主要是采用该海图要素英文名称的缩写。海图图式、海事局编码和 S-101 编码对照见表 6.2。

表 6.2　　　　　　**海事局特征码与 IHO S-101 特征码对照表**

| | | | | | | | |
|---|---|---|---|---|---|---|---|
| 17.1.1 | ★1.2 | 灯桩 | lightbeacon | 242000 | BCNXXX | BCNSHP | 5 |
| | | | | | | COLOUR | |
| | ☆1.5 | 灯塔 | Lighthouse | 241000 | LNDMRK | CATLMK | |
| | | | | | | CONVIS | |

在 CARIS 绘图时，每一个特征码对应一个符号绘制定义，而按照 S-101，则把一些要素分为主物标（Master Object）和从物标（Slave Object）。例如，上表中的灯塔，特征码为 240000，S-101 的特征码为 LANMRK（陆地方位物），后面还要通过其形状（塔形）、灯质等要素分类及其属性代码进一步描述。

**3. 海图几何要素的绘制**

当今的计算机绘图软件多数是基于各种图形函数库，尽管能够快速开发，但是，由于需要庞大的开发环境和函数库的支持，系统会变得复杂而低效。下面介绍 CARIS 应用的海图绘制方法，感兴趣的朋友可以试一下。

1）绘图指令

此种绘图方法基于传统的笔式绘图机绘图方法，除面填充以外，所有点和线划都是由直线绘制而来的。绘图指令也非常简单：

penUp，抬笔

penDown，落笔

Move（$x, y$），移动到（$x, y$），若当前状态为抬笔，则不绘图，若当前状态为落笔，则从当前位置绘图至点（$x, y$）

2）符号信息块

CARIS 的符号块信息存储在 symbol.dat（编译后为 symbol.bin），信息块记录单体符号绘制的抬落笔信息，其结构如下：

```
ALTS1    2   -1254 -713 -108 1332 168 1361 1332 -718 -1254 -713 EOSK
ALTS1    2   -1182 -658 0 1316 1178 -659 -1182 -658 PNUP
ALTS1    2 EOSY
ALTS2    2   -131 -132 -131 126 129 126 129 -132 -131 -132 EOSK
ALTS2    2   0 -132 95 -76 129 -4 84 82 -4 126 -86 80 -131 -3 -86 -94 0 -132
ALTS2    2   PNUP
ALTS2    2 EOSY
```

上面定义了两个符号的信息块：ALTS1 和 ALTS2。每个符号的第一行定义符号的范围，可以是折线组成的多边形，这样有个好处，就是在进行符号压盖线划需要断开线划时可以用这个框架。框架和符号的坐标是以符号定位点为原点的直角坐标，绘图时根据符号大小和显示比例尺换算到显示绘图输出的大小。框架定义以"EOSK"（End Of SKeleton）结束；符号绘制时需要抬笔则给指令"PNUP"，后面继续绘制时换行；符号绘制完成时，以"EOSY"结束。

3）点符号与线符号的定义

点符号与线符号的定义在 master.txt 文件中定义。符号文件指令说明如下：

```
! 00------------------------------------------
! 01    FCODE    = Feature code.   Maximum of 12 characters.（特征码）
! 02    T        = Subrecord type.  L=line pattern, M=mask, T=text S=symbol.（子记录类型）
```

## 6.3 数字海图制图系统

!03　N　　　　　　　= Subrecord sequence number.　Always start with 0. Maximum is 9(重复次数)

!04　COMMENT　　 = Feature description.　Maximum of 36 characters.(符号说明)

!05　CS　　　　　 = Colour separation flag(feature colour).(颜色代码)

!06　P　　　　　　 = Peel coat file flag：Symbolize/leave Unsymbolized/Not on peel.(符号化标志)

!07　FD　　　　　 = Flash F followed by D or R. Draw D followed by D or R.(DD 或 DR 方式绘制)

!08　CA　　　　　 = Symbolization case number.(符号化时的选项号)

!09　LW　　　　　 = Line weight in thousandths of an inch. Eg. 05 means 5/1000(绘制线宽 1/1000 英尺)

!10　DS　　　　　 = Disk and symbol number for flashed symbols.(闪烁符号的符号数)

!11　M　　　　　　 = Magnification factor for flashed symbols value：0 to 9(符号屏蔽线划的定义)

!12　LS　　　　　 = Line smoothing value：00 to 99. Not presently used.(光滑程度)

!13　DC　　　　　 = Data code, 4 maximum：1,3,7,8,A(=10),B(=11).(数据代码)

!14　PATTERN　 = Line pattern.　Columns 16 to 80 of up to 9 subrecords.(线型)

!15---------------------------------------------------------------

!16---------------------------------------------------------------

!17FCODE　　TN COMMENT　　　　　　　　　　　　　　CS P FD CA LW DS M LS DC

!18 May 19, 2004 This version has proper default sizes for all marine symbols

!19　　　　　　　whose sizes were defined in the ih_macro file.

　$ ANNOTATION　　0 Annotations added by Annotate cmd　　BK N DR 07 04　　　　7

　$ DUMMY　　　　 0 Catch-all for non graphic features　　BK N DD 01 05 00　 1 00 134

　$ TOPOERR　　　 0 Topological error added by CARIS　　BK N DD 08 05　　　　8

　$ TOPO_BORDER 0 Topo boundaries created by DIVIDE　　BK N DD 01 05 00　 1 00 134

!-*　　　　　　　　 S0 A055

0200　　　　　　　 0 Symbolized upright sounding digit 0　　BK N DD 01 05 00　 1 00 8

0200　　　　　　　 M0 0.20PLOTGRATLN, GBGRLINE*, NALT*, NAUR*

0201　　　　　　　 0 Symbolized upright sounding digit 2　　BK N DD 01 05 00　 1 00 8

0201　　　　　　　 M0 0.20PLOTGRATLN, GBGRLINE*, NALT*, NAUR*

(1) 点符号主要结构如下：

CDT= 5-Nov-1999 12：19 MDT= 5-Nov-1999 12：19 VER=　1 FOR= 1.00 RES= 0.025400000

110101　　　　　　0 GB5.2.1 Triangulation Point　　BK N DR 08 04 00　 1 00 8

110101　　　　　　M0 0.2PLOTGRATLN, 140*, 210304, 13*, 1802*, 3001*, 3002*

```
110101          S0 ALTS1,
110101          S1 ALTS2
```

以上的符号定义是由上文的信息块 ALST1 "□" 和 ALST2 "·" 组合而成的单点符号 "⊡"。

（2）线符号绘制方法。

路堤是一种平行双线加锯齿线绘制的线状符号，见图 6.28。下面是绘制该符号的定义文件：

```
140212          0 GB7.2.9c Embankment          BK N DR 03 04          13
140212          L0 BNx.001(BNx.04,DNx.024/ROT90/OFF.024,
140212          L1 DNx.024/ROT90/OFF-.024,BNx.04)BNx.001
```

其中，BNx 绘制实线段，DNx 绘制虚线段，ROT 表示旋转角度，OFF 表示平移量。还可以在线符号中嵌入点符号（见图 6.29）:

```
230117          L0 TOL10,DNx.0787(KDLAN9,[4;BNx.0394,DNx.0787],BNx.0450,
230117          L1SYM/SIZ.0118/off-.04,
230117          L2 DNx.0787,BNx.0394,DNx.0787)DNx.0787
```

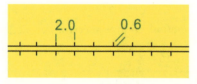

图 6.28 路堤符号

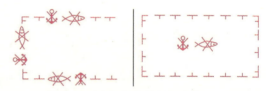

图 6.29 中间嵌套符号的线符号

除了以矢量线绘制海图符号的方法以外，还有采用栅格图片绘制点符号，以 TrueType 字模绘制单点符号并嵌套到组合线状符号等方法实现海图符号显示的方法。从绘图效果来看，由于能够支持无极放大，以 TrueType 字模构建符号库进行海图符号显示的方法较佳。

## 6.4 CARIS GIS 海图制图方法

Teledyne CARIS 是国际上用户最多的海图制图系统之一，交通运输部海事局自 1991 年引进 CARIS 以后，一直应用 CARIS GIS 和 HPD 进行港口航道图纸海图和电子海图的生产。

CARIS（Computer Aided Resource Information System），即计算机辅助资源信息系统，在全球范围有着众多的用户，近年来，该公司在 CARIS 基础上陆续开发了 ECMAN、HIPS、HPD 等软件产品与 CARIS GIS 一起形成了更为完整的海洋测绘信息处理与应用系统。

### 6.4.1 CARIS GIS 项目和工具

CARIS 是一个由 UNIX 操作系统平台代码演化而来的软件，其架构仍然保留着以数据文件为基础，用命令行对数据进行处理的方法。Windows 版本的软件只是借用图形化窗口和菜单进行了封装。

**1. CARIS 界面**

CARIS 软件的运行有三个入口。

1) 命令工具条

CARIS 启动后就会在 WINDOWS 桌面出现如图 6.30 所示的命令工具条，这是一系列命令的封装和组合。

图 6.30　CARIS 命令工具条

2) DOS 行命令

CARIS 的 DOS 命令如图 6.31 所示。

图 6.31　CARIS 的 DOS 命令

3) CARIS EDITER 等界面中的命令

在 CARIS EDITER 等图形化界面的下方，能够输入需要进行操作的命令，比如，希望显示全图，就可以用 DROV (Draw Overview)。

CARED 命令按照其操作要素或操作对象的不同，可分为线命令、符号命令、注记命令、数字化仪命令、显示控制命令、水深命令、高程命令、描述修改命令、颜色表命令、显示参数命令、状态控制命令、区域命令、杂类命令等。

(1) 线命令。

LIAA——输入一弧段

LIAC——输入一曲线

LIAP——输入一折线

LICH——改变线的一部分

LICI——输入一个圆

LICL——切除线的一端

LICO——输入一条等值线

LICP——线拷贝

LIDE——线删除

LIEX——延长线的一端

LILA——标注等值线

LIMA——屏蔽一条线

LIMP——移动折线上的点

LIPL——平行线生成

LISD——分割一条线成若干段

LISE——删除线的一部分

LISP——分割一条线成两条

LISQ——用直角方式输入线

LIUM——取消线屏蔽

（2）点符号命令。

SYAD——点符号输入

SYCH——改变一符号

SYDE——删除一符号

SYLI——将符号变成线

SYMO——移动一符号

（3）文字注记命令。

NAAC——沿曲线输入注记

NAAD——水平输入注记

NACH——改变注记

NACP——拷贝一注记

NACV——将注记拟合一曲线

NADE——删除注记

NAMC——移动注记中的字符

NAMCNC——移动注记中的字符，无曲线拟合

NAMO——移动注记

NAMR——移动注记参考点

NARS——旋转、伸缩注记

NASP——分割注记并移动

NAST——伸长或压缩注记

NACA　H——字头朝北

NACA　N（度数）——规定每个字的角度

LANA——改变区域内注记

（4）显示控制命令。

DR——重画或刷新

DRAL——显示文件列表中的所有文件
DRPR——重画上次操作的图像
DRRE——开窗显示
DROV——显示全部图形
DRDn——窗口下移 n 屏
DRLn——窗口左移 n 屏
DRRn——窗口右移 n 屏
DRUn——窗口上移 n 屏
CE——选择下一视窗中心点
MA——显示比例因子
DP——显示控制表
DPRD——读显示控制文件
DPWR——写显示控制文件

(5) 水深编辑命令。

SOAD——水深输入
SOAE——改变水深属性
SODE——删除水深
SOMO——移动水深

(6) 高程点命令。

SHCH——改变高程值
SHDE——删除高程
SHKE——键盘输入高程
SHML——移动高程注记

(7) 描述项修改命令。

DECO——改变等值线值
DEFC——改变特征码
DEID——改变来源码
DEUN——改变用户号码和层次号
DEKE——改变拓扑关键词
DETO——改变特征的拓扑状态

(8) 颜色表命令。

CTCB——产生一彩色条
CTED——改变/编辑颜色表文件
CTLS——列出颜色表内容
CTRD——从指定文件读颜色表

(9) 状态控制命令。

OPLS——列出所有设置
OPXX——显示 XX 的当前设置

OPPMs——定义数据输入模式

其中 s 表示：BA 是批处理方式

CR 是光标定点方式

SE 是自动搜索方式

OPIDs——定义缺省源码

OPUNn——定义缺省用户号/层次号

OPPAn——定义搜索框尺寸

OPPR——坐标显示开关

OPUG——草绘水深开关

OPSSn——定义显示水深大小，N 为尺寸

OPVP——重复命令开关

OPVF——校验开关

（10）区域编辑命令。

LAPT——定义一编辑区域

LACO——改变区域编辑状态

LADE——删除区域内（外）所有要素

LAFC——改变区域内（外）的要素特征码

LAID——改变区域内（外）的要素源码

LAUN——改变区域内（外）的要素用户号和层次

LAMO——移动区域内（外）的所有要素

LAMA——屏蔽区域内（外）的要素

LAUM——取消区域屏蔽状态

其他：

TXAF——输入一文本块

WR——生成 NTX 格式文件（后备）

DS2P——显示指定两点之距离

SDAD——符号设计命令

SDWR——符号信息写入文件

CULL——显示光标经纬度坐标

CUPT——显示光标 X、Y 坐标值

LSPT——列出指定要素的信息

OSON——符号化开

OSOF——符号化关

HE——在线帮助

QU——退出 CARED

**2. CARIS 主要的运行模块**

CARIS 独立的运行模块见表 6.3 CARIS 的主要模块。

表6.3　　　　　　　　　　　　　　**CARIS 的主要模块**

| 项　　目 | 说　　明 |
|---|---|
| CARIS Tools | 为管理 CARIS GIS 数据库提供各种不同的交互式工具 |
| CARIS Help | 在线帮助文件 |
| CARIS DDE | 让用户控制来自自己的程序和其他 CARIS GIS 程序的一个接口 |
| CARIS DB Manager | 交互式 CARIS GIS 数据库管理器 |
| CARIS Plot Composer | CARIS GIS 绘图输出模块 |
| CARIS Control Point Picker | CARIS GIS 采集控制点工具 |
| CARIS Annotation Utility | 从一个属性数据库中增加注记的一个接口 |
| CARIS Setup | 控制 CARIS GIS 信息管理器和数据库管理器的定义文件 |
| Environment Editor | CARIS GIS 运行环境编辑器 |
| Command Prompt | 命令窗口，可以运行批命令 |
| User's Guides | CARIS GIS 用户手册 |
| CARIS Information Manager | CARIS GIS 信息管理器，允许在地理信息数据库中管理和查询信息 |
| CARIS Report | 执行各种不同的 CARIS GIS 命令的数据，并将其保存于一个报告形式的文本文件中 |
| CARIS Editor | 建立和编辑数字地图的编辑器 |
| CARIS DTM Viewer（V3D） | 在 3D 立体中看数字地形模型的浏览器 |
| CARIS Image Mosaic | 栅格图像处理器 |
| CARIS SAMI | 半自动化跟踪图形输入，可将栅格图像转换为矢量数据 |

### 6.4.2　CARIS GIS 图形文件组成

（1）CARIS 基本文件。

CARIS GIS 有 9 个基本数据文件，统称为 CARIS 文件。

① *.cel　该文件存储每一个要素所在或通过的小区的坐标，建立海图要素的索引；

② *.des　该文件存储要素的描述信息；

③ *.dta　该文件存储点和线的位置数据；

④ *.not　注释说明文件；

⑤ *.ras　栅格数据文件；

⑥ *.lin　存储拓扑线记录；

⑦ *.nol　存储节点记录；

⑧ *.idx　存放关键字索引；
⑨ *.pol　存放有关多边形的信息。

（2）NTX 文件。

NTX 文件是 CARIS 的交换格式文件，该文件以紧缩格式存储 CARIS 图形文件的信息，可用于对文件的后援、重建、转换、开窗、合并等数据处理。利用 refontx 命令可以与 9 个 CARIS GIS 基本数据文件相互转换。

（3）颜色控制文件。

*.col 该文件用表定义各类要素特征码对应的显示颜色，可用任何文本编辑器进行编辑，也可在 CARED 中用 CTED 命令进行修改编辑。

*.cma 该文件定义 *.col 文件中各种颜色的 RGB 值。

（4）ASC 文件。

ASC 文件是 CARIS GIS 数据的二进制文件，该文件包含所有 CARIS GIS 图形数据，与 NTX 文件相似，可以利用 refoasc 命令与 CARIS GIS 的 9 个基本数据文件相互转换。

### 6.4.3　海图要素的标识与分类

**1. 点状、线状地理要素**

海图信息在数字海图中只是一些坐标及相应的说明性信息。点状、线状图形元素的性质、属性等则要用一系列的代码进行标识。在 CARIS GIS 中通过如下标识对海图要素进行分类与存储。

①特征码（FEATURE CODE）是按照一定规则编排的标示要素类别属性的代码，它由不超过 12 个字母或数字组成，用以标示不同类别的地理实体，如河流、道路、房屋、航标、岸线等。

②源码（SOURCE ID）是用以说明资料来源的代码，它由不超过 12 个字母或数字组成。例如：我们可以根据编图资料的不同来源，定义源码为 1998 年水深资料、1990 年地形资料，以及最新实测资料等来加以区别。

③用户码（USER NUMBER）用一组数字表示，用来标识用户指定的一组具有共同特性的图形特征，其取值范围为 1 到 20 亿之间。我们可以使用这一标识将一幅海图分层处理，如分为图廓层、地形层、航标层、障碍层和水深层等，利用这一层次概念不仅有助于提升交互编辑的处理速度，而且还有助于要素的提取、分类管理等操作。

④主题码（THEME NUMBER）用于标识地图（海图）的专题层次，其特性类似于用户码，也由数字字符表示，初始的主题码与用户码保持一致。

⑤关键词（KEY）由不超过 12 个字符组成，用来表示空间特征与数据库之间的关系。

**2. 海图的拓扑结构**

拓扑结构是定义海图要素之间空间关系的一种数学方法，它用于存储海图特征的三种空间关系,即区域定义、连通性和邻接性。

①区域定义,在拓扑结构中,点、线、面分别称为节点(NODE)、弧(ARC)和多边形(POLYGON)。多边形可用一组封闭的线来定义,每个多边形可以用一个代码进行标注,这一代码称为多边形标记(LABEL)。

②连通性,用以对弧段连接的判别,这种关系对于路径搜索和计算十分有用。

③邻接性,用以描述多边形之间的相邻关系。

### 6.4.4 CARIS GIS 海图编绘

**1. CARIS 头文件的建立**

海图的最基本特性之一就是有严密的数学法则,每个图形文件都建立在一定的数学基础上。其数学基础包括:参考椭球参数、地图投影方式、水平坐标系统、比例尺、中央经度、基准纬度以及制图范围等。这些参数均在 MakeCari 或 Makebord 时根据提示输入。对于不同的坐标系统,不同的投影方式,有其各自的输入提示要求。

1)执行操作

(1)窗口命令格式:"CARIS GIS" → "Command Prompt" 弹出命令窗口,在提示符"D:\ caris \ demo>" 后输入 "makecari 40416"(见图 6.32)

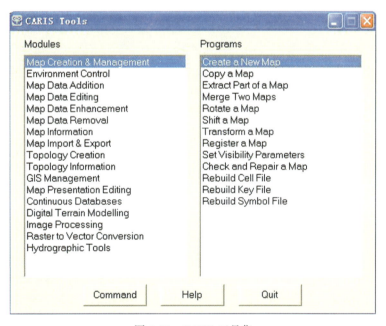

图 6.32  CARIS 工具集

(2)菜单命令格式:"CARIS GIS" → "CARIS Tools"(见图 6.33)→ "Map Creation & Management" → "Creat a New Map"

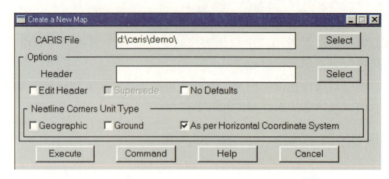

图 6.33　创建 GARIS 头文件（建立数学基础）

2）CARIS GIS 头文件格式及其说明

下列为头文件的格式：

========================= Header ===================

1. Title　　NANCAO FAIRWAY（Ⅰ）
2. File ID　　40416
3. Horizontal coord system　　CHMR
4. Header length　　184
5. Vertical coord system　　MR
6. Descriptor length　　16
7. Sounding, Spot Ht units　　MR,M2
8. Coordinate resolutions
　　XY　　0.0000010160
9. Coordinate shifts
　　X　　0.000000000
　　Y　　0.000000000
　　Z　　0.0010000000
　　Z　　0.000000000
10. Projection　　ME
11. Central meridian　　123-00-00.000E
12. Scale　　25000.00
13. Scaling lat 1　　31-18-00.000N
14. Scaling factor　　1.000000
15. Scaling Lat 2　　N/A
16. Ellipsoid　　WG84
17. Vertical datum　　MSL
18. Alignment line XY
　　36800　　36800
　　997794　　36800
19. Alignment line Lat,Long
　　30-56-25.000N　　122-17-16.000E
　　30-56-25.000N　　122-32-39.000E
20. Graphic extent（-12305,2597,1045965,736661）（system）
21. Neatline corners（system）　　　　21. Neatline corners Lat,Long
X =　　36800　Y =　　36800　　30-56-25.000N　　122-17-16.000E
X =　　997794　Y =　　36800　　30-56-25.000N　　122-32-39.000E
X =　　997794　Y =　　702897　　31-05-36.000N　　122-32-39.000E
X =　　36800　Y =　　702897　　31-05-36.000N　　122-17-16.000E
22. Format ID　　5
23. Last edited　　13-FEB-2008 15:01

建立头文件时有许多内容可选系统缺省，下面只对海图编绘时容易搞混的几个参数作相关说明。

①头文件的第 3 项 Horizontal coord system（水平坐标系统），可供 CARIS GIS 选择的有四种：

CHMR（Chart in Metres）坐标系统。该系统以地理坐标（经纬度）作为数据输入的格式，其内部的存储数据为图上坐标值，单位为米。墨卡托投影一般采用该坐标系统。

NEMR（Northings and Eastings in Metres）。该系统以地面上的中央经线和基准纬线的交点为原点，并以距原点的北偏和东偏值作为数据输入的格式，其单位为米。高斯投影一般采用该系统。

NRMR（Non Regisferd Metres）。该系统是与地面坐标无关的区域平面系统，该系统可以用"注册"的方式转换为地面坐标系统。

LLDG（Latitude and Longtude in Decimal Degrees）坐标系统。该系统是以地球椭球体上的经纬度表示的坐标系统，我们一般不用该系统。

②头文件的第 10 项 Projection（地图投影），可供 CARIS GIS 选择的地图投影有以下几种，海图编绘中常用的是"ME""GK"两种：

a. 墨卡托投影（Mercator）缩写为 ME；

b. 高斯-克吕格（Gauss Krueger）缩写为 GK；

c. 通用横轴墨卡托（Universal Transverse Mercator）缩写为 UM；

d. 横轴墨卡托（Transerse Mercator）缩写为 TM；

e. 兰勃特（Lombert Conformal）缩写为 LC；

f. 多圆锥（Polyconic）缩写为 PO；

g. 极球面（Polar Stereographic）缩写为 PS；

h. 球面投影（Stereographic）缩写为 ST；

i. 日晷投影（Gnomic）缩写为 GN。

③头文件的第 11 项 Central meridian（中央经线），常用在高斯-克吕格投影中，"123-00-00.000E"中的"E"一定要输入，否则系统会默认"W"，坐标由东经转为西经，造成图形坐标数据出错。

④头文件的第 13 项 Scaling lat 1（基准纬度），常用在墨卡托投影中。纬度值精确到整度或整分如"31-18-00.000N"。

⑤头文件的第 16 项 Ellipsoid（椭球体参数），可供选择的参数有"WG84"和"CL40"两种，分别代表世界大地坐标系（WGS-84）和 1954 北京坐标系的椭球体参数。

**2. 图廓的生成**

一般地，CARIS GIS 头文件建立后，系统仅建立了一个与制图区域对应的"空白图纸"，文件中仅有海图数学基础数据。根据通常的作法，我们可先制作其图廓，程序执行时会提示用户选择图廓式样，图廓式样可参考《中国海图图式》，根据不同比例尺选择 B5、B6 或 B4、B3 等。

1）图廓选项

====================BORDER====================

```
<1> Picture Frame——————————————yes
<2> Neatline ———————————————yes
<3> Dicing ————————————————no
<4> Tick marks ———————————————yes
<5> Graticule————————————————yes
<6> Special Latitude lines ——————————no
<7> Neatline labels————————————yes
<8> Corner coordinate labels —————yes
<9> Scale bars ————————————————yes
<10> Control points———————————————no
<11> Feature coding
<12> List all setting
<13> Save
<14> Execute border
```

图廓选项中<1>为外图廓线，选择"yes"表示最后生成外图廓，选择"no"表示最后不生成外图廓，依次类推。<2>至<10>分别为：内图廓线、图廓整饰、图廓经纬度细分划线、图廓经纬网格、特殊纬线（如南回归线、北回归线等）、内图廓线注记、图廓点坐标注记、直线比例尺、控制点。

2）执行操作

①窗口命令格式："CARIS GIS"→"Command Prompt"弹出命令窗口，在提示符"D：\caris\demo>"后输入"makebord 40416"。

②菜单命令格式："CARIS GIS"→"CARIS Tools"→"Map Data Addition"→"Add Geographic Border"（见图6.34）

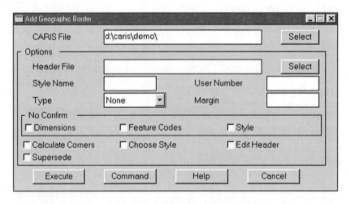

图 6.34　自动生成图廓

**3. 制图资料输入**

制图资料输入应为交互编辑和处理提供方便，在输入制图资料之前，应对组成图形的各要素进行分类，如：地形类要素、地物类要素、航行标志类要素、水深类要素、等值线类要素等，并分配一明确的层次号（用户号）。在输入各种制图资料时，都必须建立相对应的层次。层次的概念在 CARIS 中有两种，一个为 User Number，另一个为 Theme Number，一般 User Number 和 Theme Number 是一致的，但 Theme Number 主要用在拓扑处理和管理上。

1）图像资料输入编辑

首先，将图像资料扫描保存成 TIFF 文件，然后将 TIFF 文件转成 CARIS IMAGE 文件。点击 CARIS TOOLS 中的 TIFF IMAGE FORMAT，如图 6.35 所示。

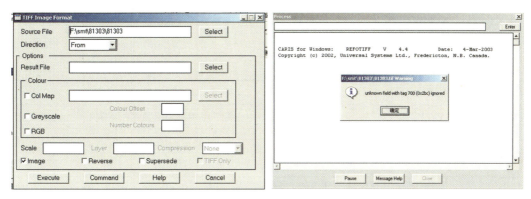

图 6.35　图像资料输入

其次，制作 Geotiff 文件，点击"CARIS GIS"→"CARIS Control Point Picker"，如图 6.36 所示。

最后，制作完成的 GEOTIFF 文件使用"CARIS EDITOR"中"Draw"→"Raster Image Backdrop"→"External Images"命令打开，就可以进行自动或半自动数字化跟踪，完成图像资料输入工作。图 6.37 所示为栅格资料图跟踪数字化输入。

2）航标、航行障碍物数据输入

目前助航标志及航行障碍物都实行数据库管理，并随时更新，保持准确的现势性。编绘海图时，先从数据库中导出助航标志及航行障碍物的资料，生成 CARIS GIS 格式的批处理文本文件，最后使用"CARIS EDITOR"中"Draw"→"Batch Data Inport"→"Execute Script"完成数据导入工作。见图 6.38。

3）水深资料输入

外业测量水深资料以文本格式保存 x，y，z 数据，通过"CARIS GIS"→"CARIS Tools"→"Hydrographic Tools"→"Import Sounding Data"完成水深资料输入工作。见图 6.39 导入水深数据。

4）开窗选取资料

当我们生产一套由数张图纸组成的海图时，各图幅重叠部分的拼接要素的一致性显得尤为重要，为此我们常将两图的重叠部分选取出来，mosaic 处理模块提供了很好的开窗选取手段。

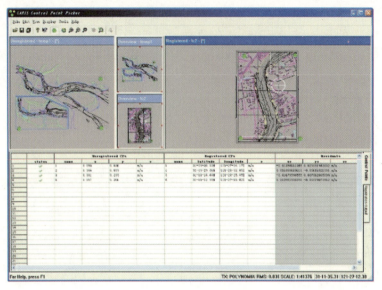

图 6.36　建立栅格图的控制点文件

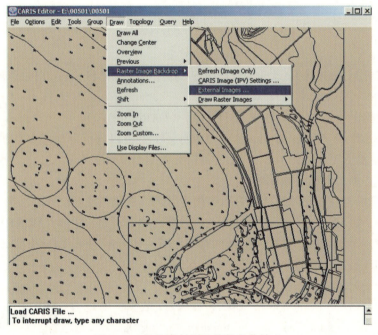

图 6.37　栅格资料图跟踪数字化输入

D:>mosaic
D:>键入输出文件名
D:>WINDOW［THIS FILE］［GEOGRAPHIC］［LL OR NE OR DISK］

6.4 CARIS GIS 海图制图方法

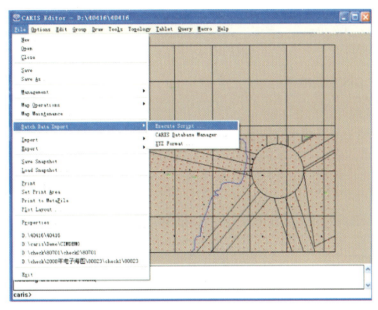

图 6.38 导入航标资料

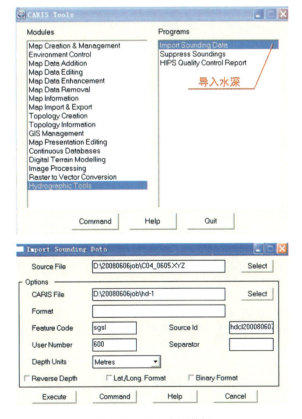

图 6.39 导入水深数据

## 第6章 电子海图与数字海图制图系统

　　　　　　　　lat1，long1，…… or，x1，y1

D：>process　filename

经过处理即可产生所要开窗选取的图形。

**4. CARIS GIS 交互编辑**

1) 水深压缩

外业水深测量数据的水深密度较密，可以通过"CARIS GIS"→"CARIS Tools"→"Hydrographic Tools"→"Suppress Soundings"完成水深压缩编辑工作。见图6.40水深自动压缩。

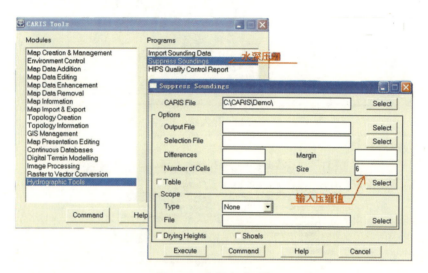

图 6.40　水深自动压缩

命令窗口的格式为：

D：>suppsoun　file=caris-file-neme[-size]

-size 选项可以定义为常量，也可以定义为线性参量，即水深间隔为一固定值，如-size=10 即水深间隔为10mm；有时一幅图中深水区的水深间隔可以取得大些，这时可用线性参量来控制间隔的大小，间隔=水深×线性参量+常量，如-size=1，5，即间隔=水深×1+5

2) 拓扑处理

①首先在 CARIS EDITOR 中对参加拓扑处理的要素进行归类、提取与保存，并完成线划的连接、删除与多边形显示标签的加注等。

CARED>optoon

CARED>opixon

CARED>opun10

CARED>naad

CARED>……

②建立拓扑弧段，连接和剪断多余线段等，其命令格式是：

D:>makearc filename -theme=n

D:>inte filename -theme=n

D:>cut filename -theme=n

③建立拓扑网格

D:>builnetw filename -theme=n

D:>builpoly filename -theme=n

此时系统会显示拓扑的出错信息，如126，127，75等；可以打开CARED编辑器进行错误搜索并利用CARIS EDITOR命令修改错误：

CARED>#126(127,75…)

CARED>ersc

……

也可以用以下命令进行修改：

D:>remounde filename -theme=n -mismatch=0.5mm -straight_extend（-nearest_line）（延长线段使连接成多边形）

D：>remoline filename -theme=n -mismatch=0.5mm（删除多余线段）

D：>remopseu filename -theme=n（删除假结点）

D：>checmess file=filename message=127 -override=（line_type，soyrce_id，……）（删除假结点）

D：>makelabe filename -theme=n（建立多边形显示标签）

D：>builpoly filename -theme=n（建立多边形）

反复进行步骤③的操作即可完成拓扑的建立。

菜单操作通过点击"CARIS GIS"→"CARIS TOOLS"→"Topology Creation"→"Convert Lines Arcs"→"Convert Symbols to Nodes"等，同样能完成拓扑的建立。见图6.41建立拓扑结构。

3）要素析取

在进行编辑或绘图时，我们常需要把一个图形文件的某些要素分离出来，单独形成一个文件加以改续处理，对于这一处理一般可用显示参数表的定义来完成。

在CARED>提示符下执行命令DP，产生一菜单，即显示参数表，我们可以通过定义要显示的要素参数，确定该表，然后用DPWR命令保存这一参数表内容。再由refontx功能模块产生一新的NTX文件，产生的要素表内容由任选项，见图6.42从海图文件中提取部分要素。

4）线划屏蔽处理

根据制图规范的要求，线划要素不应穿过水深、注记、符号等要素，CARIS的MASKLINE模块就能实现这一目的，其边界留空尺寸由参数-margin确定，格式如下：

D：>maskline caris-file -soundings -margin=0.5

即对穿过水深的线进行自动断开处理，水深与断开点留空0.5mm。

## 第6章 电子海图与数字海图制图系统

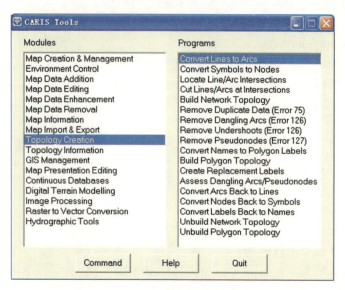

图 6.41　建立拓扑结构

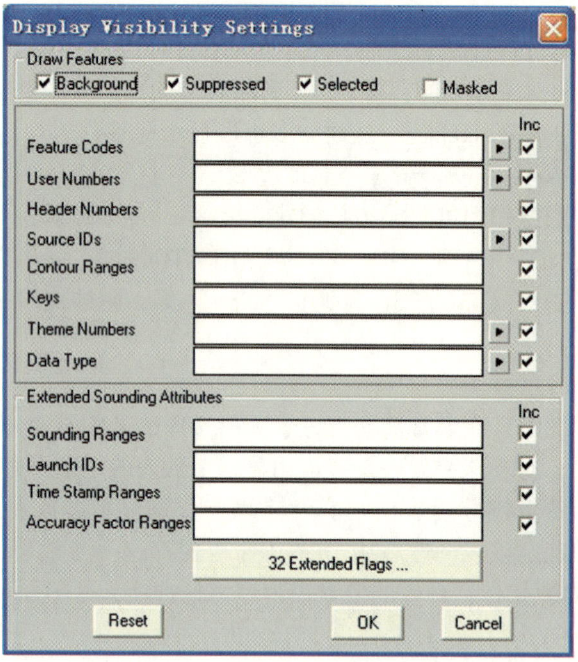

图 6.42　从海图文件中提取部分要素

### 5. CARIS GIS 打印输出

①CARIS Editor 窗口中选择菜单"File"→"Print"→"Print Setup"→"打印机"

→选中打印机名称：Adobe PDF→编辑"Adobe PDF 转换设置"→"颜色"→"色彩管理方案"→选中"保留颜色不变"，同时修改默认设置；

②按照出图需要修改 CARIS 文件的显示颜色，回到"Print"菜单→"Save as"→保存类型→选中"Postscript（*.PS）"，保存 PS 文件。CARIS 系统输出有三种格式文件，选择输出 PS（Postscript）格式文件；

③选中 PS（*.ps）文件，点击右键，选中菜单"转换为 PDF"文件，生成的 PDF（*.pdf），并将文件转换成"CMYK"格式后送印刷厂印刷。

图 6.43 所示为海图打印输出界面。

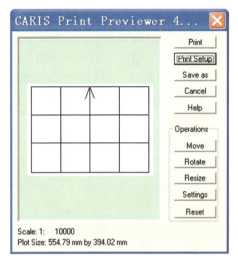

图 6.43　海图打印输出界面

## 6.5　电子海图编辑制作

### 6.5.1　S-57 标准生产软件简介

目前用于 ENC 生产的系统种类繁多，其中世界上知名的 ENC 生产软件有挪威 Hydroservice AS 公司推出的 dKart Office 生产系统；Teledyne CARIS 公司开发的 CARIS HOM、CARIS HPD 和 S-57Composer；以及瑞典 T-Kartor Sweden AB 公司开发的 CPS NG 等系统。目前，中国海图出版社 ENC 生产中主要应用海军研究院环境研究所研发的国际标准数字海图智能化数据转换系统（Hydroway Editor）和挪威 Hydroservice AS 公司的 dKart Office 生产系统中部分软件，下面着重介绍实际生产应用软件。

**1. Hydroway Editor**

目前，海图信息中心的数字海图是按照 CDC（China Digital Charts；中国数字海图）标准体系出版的，整个技术体系与 IHO 的 S-57 标准相差很大，CDC 数据是传统纸质海图的一种矢量表现形式，它将现实世界抽象为点、线、面。而符合国际标准的 ENC 是基于 IHO S-57 数据模型构建的，它将现实世界抽象为空间物标与特征物标的集合。二者之间首先表现为理论数据模型不同；其次，在要素表达上也存在差异。因此，要实现由 VCF 数据到 ENC 毛坯数据的转换，必须解决空间拓扑的构造和变换和数据格式转换的实现两个难题。

实际生产中，采用自主研发的国际标准数字海图智能化数据转换系统（Hydroway Editor）（如图 6.44 所示），实现以 CDC 数据源为基础的 SHAPE 数据向 S-57 数据的格式转换。该系统按照 IHO S-57 数字海图的技术标准，结合海洋测绘数字化生产体系，完成了不同数据源之间的格式转换，即读取现有海图数据，根据对照表以程序方式分别将矢量数据（.shp 文件）输入到建立好的孤立节点、连接结点、边表和水深点表中，将特征数据（.dbf 文件）输入到个目标类的要素/属性表中，将控制文件（.rec 文件）中记录每幅图的控制信息输入到 S-57 元数据表中（包括 CATD、DSID、DSSI、DSPM 等字段内容），实现了两个数据之间的目标变换、属性转换、目标的组合和拆分以及目标和属性的重构，数据格式转换准确率达 95% 以上，为海洋测绘工程本土化数据与国际化接轨奠定了坚实的基础。

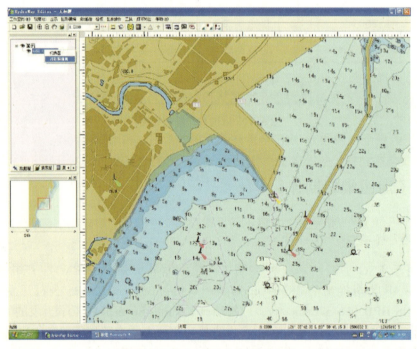

图 6.44　Hydroway Editor 的工作窗

### 2. dKart Office

挪威 Hydroservice AS 公司推出的 dKart Office 生产系统是一个用于快速、有效地生产和维护航海图与航海出版物的软件系统。该系统为模块式结构,用户可以根据需求轻松配置系统以满足不同需要,并且还可以通过合并不同的模块等特殊系统配置方式满足用户特殊需求。同时,如果用户需要,系统还可以通过增加新模块或组件来更新系统功能。图6.45 所示为 dKart Office 的组件结构。

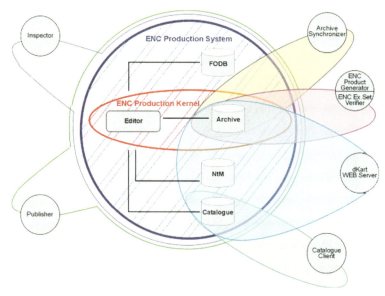

图 6.45　dKart Office 的组件结构

从图 6.45 中可以看出 dKart Editor 和 dKart Archive 是 dKart Office 的核心部分。在实际 ENC 生产过程中,主要用到 dKart Editor 软件、dKart Image 软件（dKart Editor 中的一个模块）、dKart Inspector 软件,后台数据库为 dKart Archive。

### 3. dKart Image

由于当前 ENC 的生产在某种程度上还依赖于现存的纸质海图,首先利用各种数据和资料编辑生产出纸质海图,然后再通过对纸质海图的数字化途径生产 ENC。因此,在 ENC 生产流程中,必须经过对现有纸质海图的扫描数字化过程。dKart Image 软件主要用于对扫描后的海图图像实施误差改正处理（又称图像校正、图像配准与注册）,以消除纸质海图因纸张变形和扫描失真所引起的误差。

### 4. dKart Editor

dKart Editor 主要用于编辑、生产、检测和维护符合 S-57 标准的 ENC 海图产品等。该软件操作简单,功能强大。支持许多著名的第三方数据格式的输入与输出,如 DXF、DGN、SHP、CSV、XYZ、GeoTIFF、GML 等;并且兼容 UNICODE,因此进行 ENC 编辑时可以使用任何一种本国语言;同时该软件整合了 dKart Office 系统中其他的工具,为 ENC 编辑、生产提供了一个完整解决方案。dKart Editor 在 Microsoft Windows 2000/XP 操作系统下运行。

1) 操作界面

dKart Editor 软件的界面十分友好，使用方便，程序运行后工作窗口如图 6.46 所示，工作窗口由 8 个区组成，分别为①电子海图工作区、②数据集树状结构区、③工作空间区、④检测结果区、⑤数据更新结构区、⑥物标类显示区、⑦物标属性显示区、⑧坐标显示区。

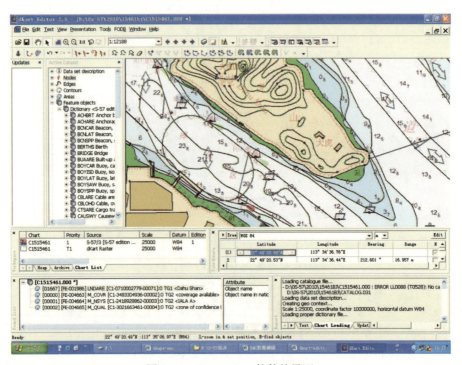

图 6.46　dKart Editor 软件的界面

2) 主要功能

(1) 显示矢量和栅格海图。

dKart Editor 软件可以对符合 S-57 标准的 000 格式、本土化 DCF 格式等矢量海图数据以及 TIFF 等栅格海图数据进行可视化、浏览、查询等。在树状结构区分级别描述 ENC 数据集，包括节点、边界和特征物标等，并提供 S-52、INT1 海图数据符号化显示模式。图 6.47 所示为 dKart Image 软件的界面。

(2) 通过半自动化途径进行纸质海图和航海出版物数字化。

dKart Editor 软件提供数字化功能，可以使用户方便地从纸质海图上采集需要的数据。

(3) 创建和编辑矢量海图。

dKart Editor 软件可以进行一系列 ENC 生产流程，从创建 ENC Cell 开始，软件提供了强大、实用、灵活的工具对导入数据进行处理、编辑，主要包括增加、删除、移动及选择功能以及复合物标的处理，使数据符合 S-57 标准。

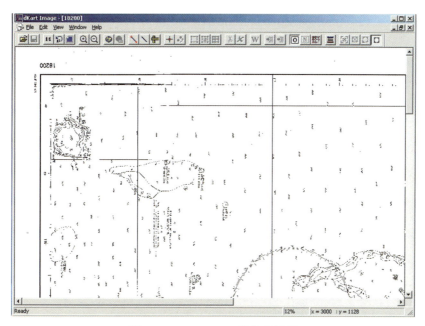

图 6.47　dKart Image 软件的界面

（4）矢量海图的检核和质量控制。

包括可视化检查和自动化检查。dKart Editor 软件提供一个检测工具菜单，由于它与 IHO 认证的检测软件 dKart Inspector 同为一家公司研制，准确率较高，是生产过程中进行质量控制不可缺少的一部分。在数据检测过程中，软件还可实现部分错误的自动修改。

（5）ENC 数据发布。

EN 数据输出：能够根据海图定义及其数据修改情况，在人机对话方式下，完成新 S-57 电子海图 EN 版本输出，并记录更新版本生产输出情况。

ER 数据输出：能够根据海图定义及其数据修改情况，在人机对话方式下，完成 S-57 电子海图 ER 版本输出，并自动记录改正版本生产输出情况。

系统发布的 EN/ER 数据符合 IHO S-57 V3.1 以上版本。

**5. dKart Inspector**

目前，国际上认可的 ENC 检查软件为德国的 7CS 公司（SEVEN Cs Germaney）的 ENC Analyzer 以及挪威 Hydroservice AS 公司的 dKart Inspector。海军出版社现在使用的是 dKart Inspector 软件，该软件是一款符合工业标准的 ENC 数据质量控制工具。1996 年问世以来，它在全球范围内赢得了官方海道测量机构和 S-57 数据生产商的广泛好评。目前，该软件有 370 多个基于 S-58 第 2 版的测试项，并且测试项数量还在不断增加，一些海图制图人员所提出的扩展检查内容及建议对此发挥了重要的作用。

1）操作界面

dKart Inspector 软件分为工作窗口和数据集窗口两个部分，支持多窗口操作。工作窗口包括主菜单和数据集的工作区；数据集窗口浮动于工作窗口之内，可同时对多个数据集进行操作。程序运行后工作窗口如图 6.48 所示。

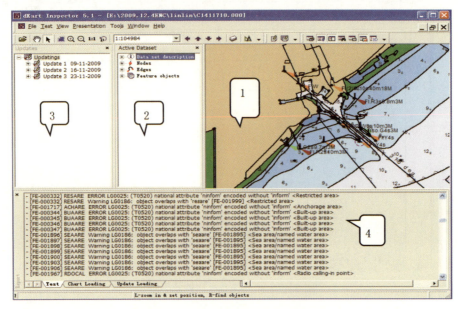

图 6.48　dKart Inspector 工作窗口

①电子海图工作区（Electronic Chart Pane），位于工作窗口的右侧，用于以 S-52 标准对 ENC 数据集进行可视化；

②数据集树状结构区（Data Set Tree Pane），位于工作窗口的左上方，数据集中的各类物标以树状结构表示；

③数据更新结构区（Update Tree Pane），位于工作窗口的左下方，显示了在海图处理中所有可用的数据集；

④检测结果区（Result Pane），位于工作窗口的右下方，显示了检测结果和过程信息。

2）主要功能

（1）ENC 数据集的调用。

dKart Inspector 软件可以调用矢量数据和栅格数据，其中矢量数据包括 S-57/3.X 版本的 ENC 数据，以及 EN 和 ER 等。在调用 S-57 数据集和 EN 数据等操作时，dKart Inspector 进行自动检测，将存在的问题分成"错误"和"警告"两个级别。"错误"级别的数据被删除，而"警告"级别的数据则可以被保留。此外，通过设置选项可以控制数据集的调用过程。ENC 数据集调用时生成的检测报告将同步显示在检测结果区。

（2）ENC 数据集的显示。

dKart Inspector 软件能够在电子海图工作区按照 IHO ECDIS 描述库的标准对 S-57/3.X 版本的 ENC 数据进行可视化、多图浏览、透明显示和物标查询等。在树状结构区分级别描述 ENC 数据集，包括结点、边界和特征物标等。

(3) ENC 数据集的测试。

dKart Inspector 软件能够按照相关规则、标准对数据的内容（空间物标、特征物标、数据冗余、编码等）进行全面检测和分析。测试报告除了在检测结果区同步显示外，也可以保存文件或者打印输出。

(4) 工具和辅助功能。

dKart Inspector 软件提供了扩展辅助功能，主要有：转换 S-57 数据，将 S-57 第 2 版（DX90）的数据集转换成第 3 版和第 3.1 版的数据集；生成 S-57/3.X 版的数据集；海图上定位和量算；打印输出海图和检测报告、转换报告等各类信息。

(5) ENC 数据集的更新。

dKart Inspector 软件能够调用 S-57 的 ER 数据，并将其应用于 EN 数据中。ENC 数据集的更新有交互和自动两种方式，通常在实施更新时，同步检查更新记录并进行标记操作。

(6) ENC 数据集的保存。

dKart Inspector 软件能够将 S-57 第 2 版（DX90）的数据集保存为第 3 版和第 3.1 版的数据集，但一般只生成单个单元文件。

**6. dKart Archive**

dKart Archive（见图 6.49）是 Hydroservice AS 公司生产的比较成熟的应用于 ENC 生产、维护的 dKart 系列软件之一，是位于系统后台进行数据管理的数据库。该软件构建于 Microsoft SQL Server 7.0/2000/2005 上，在 Microsoft Windows 2000/XP 操作系统下运行，可以与 dKart Office 其他软件模块连接。其主要功能是：

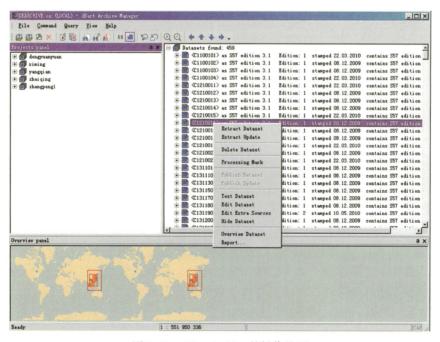

图 6.49　dKart Archive 的操作界面

①存储 ENC 数据、更新制图产品以及制图采用资料的来源等；
②与 dKart Office 其他软件模块连接，赋予使用者一定权限；
③具有数据库访问权限控制，对数据库进行安全性维护；
④可以进行数据共享与交换；
⑤数据管理服务。

### 6.5.2 S-57 标准的物标及属性

S-57 标准的物标是一组可识别的信息（或可识别的信息集），它是 S-57 标准的数据模式，主要作用是提供描述客观世界实体的方法，这些实体是真实客观世界实际存在的（如一座灯塔）或是规定存在的（如规定的一片锚地）。S-57 标准理论数据模型将真实世界实体定义为特征物标和空间物标的组合，由于模型假定客观世界实体可以划分为有限的一些类别，如灯标、沉船、建筑群区等，因此将这些实体类型称为特征物标类。如图 6.50 所示，特征物标类的每一个特征物标（如一个特定的灯标、沉船或建筑群区），是通过赋予该特征物标一系列属性并为这些属性赋值来精确描述所对应的客观实体的。

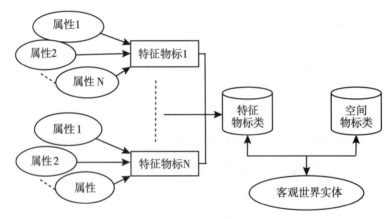

图 6.50 客观世界实体模型描述

**1. 特征物标分类**

S-57 标准数据模型定义了四类特征物标：地理物标、元物标、组合物标和制图物标。

地理物标（Geo）：包含客观世界实体的描述特性。内容包括诸如机场、锚位、方位立标、海岸线等代表客观世界实体的特征物标。

元物标（Meta）：包含其他物标的共有信息。内容包括数据精度、数据编辑比例尺、覆盖范围、数据水平基准面、水平基准面变换参数、航海出版物信息、航海标志、产品信息、数据质量、水深基准面、测量可靠性、数据垂直基准面。

组合物标（Collection）：描述与其他物标之间关系的信息。内容包括集合、关联、上下关系。

制图物标（Cartographic）：包含客观世界实体的制图显示信息。内容包括制图区、制图线、制图符号、罗经、文本。

目前，IHO 规定的 S-57 标准的物标为三位十进制整数编码，共 181 个，其中地理物标 160 个（代码 1—160）、元物标 13 个（代码 300-312，字首词"M_XXXX"）、组合物标类 3 个（代码 400-402，字首词"C_XXXX"）、制图物标类 5 个（代码 500-504）。S-57 标准物标描述部分按照物标编码顺序给出的具体每个物标统一的格式规定，共七项：

①物标类（Object Class），物标类名称；
②缩略词（Acronym），物标类的六个字母代码；
③编码（Code），用于数据编码的整型数；
④属性（Attribute），每个物标类都定义一组相关属性集，分为三个子集，A 集用来描述物标的个体特性、B 集用来描述有关使用的信息、C 集用来提供有关物标的管理信息及描述数据；
⑤定义（Definition），给出物标的定义及该定义的出处；
⑥参考（References），给出了 INT 1《国际海图系列 INT1——INT 海图所用符号，缩写，名词（International Chart Series INT 1——Symbols, Abbreviations, Terms used on Charts）》和 M-4《IHO 海图编绘规范（Chart Specifications of the IHO）》的相应章节号，以供参考；
⑦备注（Remark），给出了有关该物标的进一步注释，并在"区别（Distinction）"栏中列出了与之相关但又各自独立的物标类。

以下是一个物标的定义举例：

物标类：锚泊区
缩略词：ACHARE
编码：4
属性集 A：CATACH；DATEND；DATSTA；NOBJNM；OBJNAM；PEREND；PERSTA；RESTRN；STATUS；
属性集 B：INFORM；NINFOM；NTXTDS；SCAMAX；SCAMIN；TXTDSC；
属性集 C：RECDAT；RECIND；SORDAT；SORIND；
定义：船只锚泊或可以锚泊的区域（源自 IHO S-32 海道测量词典，第 5 版，130 页）
参考：INT 1：IN 12.1-9；M-4：431.3；
备注：区别于锚位、系泊绞缆设备

**2. 物标几何特征分类**

物标几何特征是根据物标的空间几何特征和电子航海图（ENC）允许使用的物标几何特征定义的，分为四类物标几何特征：点状物标、线状物标、面状物标和非几何图形特征。

①点状物标（Point）：具有独立点位特征的物标，缩写为大写字母 P。
②线状物标（Line）：具有连续定位点的线性物标，缩写为大写字母 L。
③面状物标（Area）：具有连续定位点的区域性物标，缩写为大写字母 A。
④非几何图形特征（None）：无明显点、线、面特征的物标，缩写为大写字母 N。该

图形特征是为那些不参照任何空间记录的特征物标所使用，例如关联特征物标记录。

表 6.4 是 S-57 标准 V3.1 版中 ENC 物标允许的几何图元的目录：

表 6.4　　　　　　　　　　ENC 允许使用的物标及其几何图元

| 物标 | 允许类型 | 物标 | 允许类型 | 物标 | 允许类型 | 物标 | 允许类型 |
| --- | --- | --- | --- | --- | --- | --- | --- |
| ACHARE | P、A | ACHBRT | P、A | ADMARE | A | AIRARE | P、A |
| BCNCAR | P | BCNISD | P | BCNLAT | P | BCNSAW | P |
| BCNSPP | P | BERTHS | P、L、A | BOYCAR | P | BOYINB | P |
| BOYISD | P | BOYLAT | P | BOYSAW | P | BOYSPP | P |
| BRIDGE | P、L、A | BUAARE | P、A | BUISGL | P、A | CANALS | L、A |
| CAUSWY | L、A | CBLARE | A | CBLOHD | L | CBLSUB | L |
| CGUSTA | P | CHKPNT | P、A | COALNE | L | CONVYR | L、A |
| CONZNE | A | COSARE | A | CRANES | P、A | CTNARE | P、A |
| CTRPNT | P | CTSARE | P、A | CURENT | P | CUSZNE | A |
| DAMCON | P、L、A | DAYMAR | P | DEPARE | L、A | DEPCNT | L |
| DISMAR | P | DOCARE | A | DRGARE | A | DRYDOC | A |
| DMPGRD | P、A | DYKCON | L、A | DWRTCL | L | DWRTPT | A |
| EXEZNE | A | FAIRWY | A | FERYRT | L、A | FLODOC | L、A |
| FNCLNE | L | FOGSIG | P | FORSTC | P、L、A | FRPARE | A |
| FSHFAC | P、L、A | FSHGRD | A | FSHZNE | A | GATCON | P、L、A |
| GRIDRN | P、A | HRBARE | A | HRBFAC | P、A | HULKES | P、A |
| ICEARE | A | ICNARE | P、A | ISTZNE | A | LAKARE | A |
| LNDARE | P、L、A | LNDELV | P、L | LNDMRK | P、L、A | LNDRGN | P、A |
| LIGHTS | P | LITFLT | P | LITVES | P | LOCMAG | P、L、A |
| LOGPON | P、A | LOKBSN | A | MAGVAR | P、L、A | MARCUL | P、L、A |
| MIPARE | P、A | MORFAC | P、L、A | NAVLNE | L | OBSTRN | P、L、A |
| OFSPLF | P、A | OSPARE | A | OILBAR | L | PILBOP | P、A |
| PILPNT | P | PIPARE | P、A | PIPOHD | L | PIPSOL | P、L |
| PONTON | L、A | PRCARE | P、A | PRDARE | P、A | PYLONS | P、A |
| RADLNE | L | RADRNG | A | RADRFL | P | RADSTA | P |
| RAILWY | L | RAPIDS | P、L、A | RCRTCL | L | RCTLPT | P、A |
| RDOCAL | P、L | RDOSTA | P | RECTRC | L、A | RESARE | A |
| RETRFL | P | RIVERS | L、A | ROADWY | P、L、A | RSCSTA | P |

续表

| 物标 | 允许类型 | 物标 | 允许类型 | 物标 | 允许类型 | 物标 | 允许类型 |
|---|---|---|---|---|---|---|---|
| RTPBCN | P | RUNWAY | P、L、A | SBDARE | P、L、A | SEAARE | P、A |
| SILTNK | P、A | SISTAT | P | SISTAW | P | SLCONS | P、L、A |
| SLOTOP | L | SLOGRD | P、A | SMCFAC | P、A | SOUNDG | P |
| SNDWAV | P、L、A | SPLARE | P、A | SPRING | P | STSLNE | L |
| SUBTLN | A | SWPARE | A | TESARE | A | TIDEWY | L、A |
| TOPMAR | P | TSELNE | L | TSEZNE | A | TSSBND | L |
| TSSCRS | A | TSSLPT | A | TSSRON | A | TUNNEL | P、L、A |
| TWRTPT | A | UNSARE | A | UWTROC | P | VEGATN | P、L、A |
| WATFAL | P、L | WATTUR | P、L、A | WEDKLP | P、A | WRECKS | P、A |
| C_AGGR | N | C_ASSO | N | M_ACCY | A | M_COVR | A |
| M_CSCL | A | M_HOPA | A | M_NPUB | P、A | M_NSYS | A |
| M_QUAL | A | M_SDAT | A | M_SREL | L、A | M_VDAT | A |
| T_HMON | P、A | T_NHMN | P、A | T_TIMS | P、A | TS_FEB | P、A |
| TS_PAD | P、A | TS_PNH | P、A | TS_PRH | P、A | TS-TIS | P、A |

### 3. 物标属性分类

S-57 标准的物标属性，分为特征物标属性（Feature Object Attributes）、国家语言属性（National Language Attributes）、空间与元物标属性（Spatial and Meta Object Attributes）。

特征物标属性：内容包括产品责任机构、立标形状、建筑形状、浮标形状、埋置深度、呼叫信号、机场类、锚地类等。

国家语言属性：内容包括用本国语言表示的信息、本国语言表示的物标名称、本国语言表示的引航区、本国语言表示的文本串、本国语言表示的正文等。

空间和元物标属性：内容包括水平基准面、位置精度、位置性质等。

目前，IHO 规定的 S-57 标准的物标属性为三位十进制整数编码，共 195 种。其中特征物标属性 187 种（代码：1~187），国家语言属性 5 种（代码：300~304），空间物标和元物标属性 3 种（代码：400~402），每种属性按如下标准格式定义：

①属性（Attribute）：属性名称。
②缩略词（Acronym）：属性的六个字母代码。
③编码（Code）：用于属性编码的整型数。
④属性类型：（Attribute Type）：定义的属性类型，分为如下六种。

a. 枚举型（E）：期望输入值是整数。该属性类型的输入值已做预先定义，规定了属性的相互关联、特殊规定和确切含义的一组标识号，从预定的属性值表中选取，且只选取一个。

b. 列表型（L）：期望输入值是整数。该属性类型的输入值已做预先定义，规定了属性的相互关联、特殊规定和确切含义的一组标识号，从预定的属性值表中选出的一个或多个，多个时以逗号分隔。

c. 浮点型（F）：期望输入值是具有限定范围、分辨率、单位和格式的浮点数值。该属性类型的输入值是个体特征的表现。

d. 整型（I）：期望输入值是具有限定范围、单位和格式的整数值。该属性类型的输入值是个体特征的表现。

e. 编码字符串（A）：期望输入值是在指定格式中的 ASCII 字符串。该属性类型输入值的相关信息按照规定的代码系统编码，如国籍按国际标准化组织（ISO）3166 规定，由两个大写字母编码。如在"国家名称的代码表示法"中，"China"⇒"CN"，"航海保证部"⇒"C1"（参阅 S-57 附录 A 附件 A）。

f. 任意字符型（S）：期望输入值是自由格式的字母/数字混合字符串，可以是正文或图形文件的文件名。

⑤期望输入（Expected input）：按属性类型定义期望的输入。对 E 和 L 型，从给出的 ID 号列表中选取。对 A、F、I、S 型，期望输入按其类型定义。

⑥定义（Definition）：属性的定义，E 或 L 型属性，对其每个列举值定义。

⑦参考（References）：给出了 INT 1（国际海图图式）和 M-4（IHO 海图编绘规范）的相应章节号，以供参考。

⑧最小值（Minimum Value）：针对浮点型或整型的属性值允许输入的最小值。

⑨最大值（Maximum Value）：针对浮点型或整型的属性值允许输入的最大值。

⑩备注（Remark）：给出了关于该属性的进一步注释或说明，按属性类型，提供如下信息。

a. 指示（Indication）：对 S 型属性，指示字符串的结构；对 F 或 I 型属性指示其单位和分辨率。

b. 格式（Format）：格式说明语句指推荐的标准输入模板，需要强制格式的，以术语"强制"（mandatory）标出；对其他属性，以有效属性值定义域定义或随该属性数据类型而改变长度。

**4. 常用物标及属性**

ENC 中允许使用的物标类、属性和属性值是在 IHO 物标目录（S-57，附录 A）中规定的。

ENC 把特征物标定义了两个组，第一组（TG1）内含常用于生成显示基础的典型地面物标，该组物标共有七类，包括深度范围 DEPARE、疏浚区 DRGARE、浮船坞 FLODOC、报废船（趸船）HULKES、陆地区 LNDARE、浮码头（平底船）PONTON、未测区 UNSARE 七类。数据集中存在数据的区域必须被互相不重叠的第一组物标所完全覆盖。

第二组（TG2）就是其他所有特征物标，即所有不在第一组的特征物标被列在第二组。

ENC 中必须最大限度地使用元物标以减少单个物标的属性。在一个基本数据集中有些元物标是必备的。这些物标类必须提供一个数据单元部分的完整、无重叠有效范围。必备的元物标为：M_COVR（覆盖范围）、M_QUAL（数据质量）、M_NSYS（航海标志）。其中 M_COVR（覆盖范围）还必须覆盖不内含地理数据单元的所有部分。

1）常用物标

IHO 物标目录规定的在 ENC 中可以使用的物标类详见《电子海图及其应用系统国际规范和标准（S-57 篇）》附录 A，IHO 物标类目，第一章，物标。

海军出版社目前的海图生产作业中，大部分 S-57 标准的数据是通过对 Arc/info 数据转换的 ENC 毛坯数据修编而得到的。数据转换过程中使用"ENC 数据编码与 Arc/info 数据编码对照表"，使得到的 ENC 数据在符合 S-57 标准的同时，也符合了 GB12319-2022《中国海图图式》及《数字海图数据字典》的规定要求，即生产作业中进行修编的物标类都有 Arc/info 数据的要素编码与之对应。表 6.5 为海军出版社生产的 ENC 数据中常用的物标类及允许的几何图元，该表包括了作业中需要修编的地理物标 121 个，元物标 5 个，组合物标 2 个，制图物标暂无。

表 6.5　　　　　　　　海图作业生产中常用的 ENC 物标及几何图元

| 物标 | 中文翻译 | 几何图元 | 物标 | 中文翻译 | 几何图元 | 物标 | 中文翻译 | 几何图元 |
|---|---|---|---|---|---|---|---|---|
| 地理物标 | | | BOYSPP | 专用/通用浮标 | P | DMPGRD | 倾废场 | P/A |
| ADMARE | 行政区（有名称） | P/A | CBLARE | 电缆区 | A | DYKCON | 堤 | L/A |
| AIRARE | 机场 | P/A | CBLOHD | 架空电缆 | L | FAIRWY | 航道 | A |
| ACHBRT | 锚位 | P/A | CBLSUB | 海底电缆 | L | FNCLNE | 栅栏 | L |
| ACHARE | 锚泊区 | P/A | CANALS | 渠道（运河） | L/A | FERYRT | 轮渡航路 | L/A |
| BCNCAR | 方位立标 | P | CTSARE | 货物过驳区 | P/A | FSHZNE | 渔业区 | A |
| BCNISD | 孤立危险物立标 | P | CAUSWY | 长堤（栈道） | L/A | FSHFAC | 捕鱼设备 | P/L/A |
| BCNLAT | 侧面立标 | P | CTNARE | 警告区 | P/A | FSHGRD | 渔场 | A |
| BCNSAW | 安全水域立标 | P | COALNE | 海岸线 | L | FLODOC | 浮船坞 | L/A |
| BCNSPP | 专/通用立标 | P | CTRPNT | 控制点 | P | FOGSIG | 雾号 | P |
| BERTHS | 泊位 | P/L/A | CONVYR | 传送装置 | L/A | FORSTC | 防御工事 | P/L/A |
| BRIDGE | 桥梁 | P/L/A | CRANES | 起重机 | P/A | GATCON | 门 | P/L/A |

续表

| 物标 | 中文翻译 | 几何图元 | 物标 | 中文翻译 | 几何图元 | 物标 | 中文翻译 | 几何图元 |
|---|---|---|---|---|---|---|---|---|
| BUISGL | 单体建筑物 | P/A | CURENT | 非重力流 | P | HRBARE | 港区(行政的) | A |
| BUAARE | 建筑群区 | P/A | DAMCON | 水坝 | P/L/A | HRBFAC | 港口设备 | P/A |
| BOYCAR | 方位浮标 | P | DWRTPT | 深水航道部分 | A | HULKES | 报废船(趸船) | P/A |
| BOYINB | 作业浮标 | P | DEPARE | 深度范围 | L/A | ICEARE | 冰区 | A |
| BOYISD | 孤立危险物浮标 | P | DEPCNT | 等深线 | L | ICNARE | 废物焚烧场 | P/A |
| BOYLAT | 侧面浮标 | P | DRGARE | 疏浚区 | A | ISTZNE | 近岸交通区 | A |
| BOYSAW | 安全水域浮标 | P | DRYDOC | 干船坞 | A | LAKARE | 湖泊 | A |
| LNDARE | 陆地区 | P/L/A | PRCARE | 警戒区 | P/A | TS_FEB | 潮汐流 | P/A |
| LNDELV | 地面高程 | P/L | PRDARE | 生产/仓储区 | P/A | TS_PAD | 潮流表数据 | P/A |
| LNDRGN | 地面地带 | P/L/A | PYLONS | 支架/桥墩 | P/A | TOPMAR | 顶标 | P |
| LNDMRK | 陆标 | P/L/A | RADSTA | 雷达站 | P | TSELNE | 通航分隔线 | L |
| LIGHTS | 灯标 | P | RTPBCN | 雷达应答器 | P | TSSBND | 分道通航制边界 | L |
| LITFLT | 灯浮 | P | RDOCAL | 无线电呼叫点 | P/L | TSSLPT | 分道通航制分道 | A |
| LITVES | 灯船 | P | RDOSTA | 无线电台 | P | TSSRON | 分道通航制环行道 | A |
| LOCMAG | 局部磁力异常 | P/L/A | RAILWY | 铁路 | L | TSEZNE | 通航分隔带 | A |
| LOKBSN | 船闸 | P/L/A | RECTRC | 推荐航线 | L/A | TUNNEL | 隧道 | P/L/A |
| LOGPON | 储木池 | P/A | RESARE | 受限区域 | A | UWTROC | 暗礁/适淹礁 | P |
| MAGVAR | 磁差 | P/L/A | RIVERS | 河流 | L/A | UNSARE | 未测区 | A |
| MARCUL | 海水养殖场 | P/L/A | ROADWY | 道路 | P/L/A | VEGATN | 植被 | P/L/A |

续表

| 物标 | 中文翻译 | 几何图元 | 物标 | 中文翻译 | 几何图元 | 物标 | 中文翻译 | 几何图元 |
|---|---|---|---|---|---|---|---|---|
| MIPARE | 军事演习区 | P/A | SEAARE | 海域/命名水域 | P/A | WATTUR | 紊流 | P/L/A |
| MORFAC | 系泊绞缆设备 | P/L/A | SBDARE | 海床区 | P/L/A | WEDKLP | 海草/巨型海藻 | P/A |
| NAVLNE | 导航线 | L | SLCONS | 岸线结构物 | P/L/A | WRECKS | 沉船 | P/A |
| OBSTRN | 障碍物 | P/L/A | SISTAT | 交通信号站 | P | | 元物标 | |
| OFSPLF | 海上平台 | P/A | SISTAW | 告警信号站 | P | M_COVR | 覆盖范围 | A |
| OSPARE | 海上作业区 | A | SILTNK | 筒仓/罐 | P/A | M_NSYS | 航海标志 | A |
| OILBAR | 油障类 | L | SLOTOP | 坡顶线 | L | M_QUAL | 数据质量 | A |
| PILPNT | 木桩 | P | SLOGRD | 倾斜地面 | P/A | M_SDAT | 水深基准面 | A |
| PILBOP | 引航员登陆点 | P/A | SOUNDG | 水深 | P | M_VDAT | 数据垂直基准面 | |
| PIPARE | 管线区 | A | SPRING | 喷泉 | P | | 组合物标 | |
| PIPOHD | 架空管道 | L | STSLNE | 连续领海基线 | L | C_AGGR | 集合 | N |
| PIPSOL | 海底/陆地管道 | P/L | SWPARE | 扫测区 | A | C_ASSO | 关联 | N |
| PONTON | 浮码头（平底船） | L/A | TESARE | 领海区 | A | | 制图物标 | 无 |

在我国未来的海图发展中，随着海图种类的增多，覆盖范围的扩大，在海图生产中 ENC 数据允许使用的物标类将会逐渐增多。

2) 必备属性

物标的必备属性是 ECDIS 显示物标的基础，一些物标离开其相应必备属性就没有任何意义。物标的必备属性也是电子海图符号化的基础，它决定哪个符号被显示。同时，某些必备属性还是安全航行的必备条件。

表 6.6 包括了各物标类的必备属性。如果某物标类不在列表中，则意味着该类物标没有必备属性。

表 6.6　　物标类的必备属性

| 物标类 | 必 备 属 性 | 物标类 | 必 备 属 性 |
|---|---|---|---|
| ADMARE | JRSDTN | LIGHTS | COLOUR、LITCHR（除航空灯或雾灯外） |
| BCNCAR | BCNSHP、CATCAM、COLOUR | | CATLIT（是航空灯或雾灯） |
| BCNISD | BCNSHP、COLOUR | | SECTR1、SECTR2（是光弧） |
| BCNLAT | BCNSHP、CATLAM、COLOUR | | SIGPER、SIGGRP（若不是固定灯） |
| BCNSAW | BCNSHP、COLOUR | | ORIENT（若定向或光栅效应） |
| BCNSPP | BCNSHP、CATSPM、COLOUR | LITFLT | COLOUR |
| BERTHS | OBJNAM | LITVES | COLOUR |
| BOYCAR | BOYSHP、CATCAM、COLOUR | LNDELV | ELEVAT |
| BOYINB | BOYSHP、COLOUR | LNDMRK | CATLMK、CONVIS |
| BOYISD | BOYSHP、COLOUR | LNDRGN | CATLND、OBJNAM（至少取一个） |
| BOYLAT | BOYSHP、CATLAM、COLOUR | LOCMAG | VALLMA |
| BOYSAW | BOYSHP、COLOUR | MAGVAR | RYRMGV、VALACM、VALMAG |
| BOYSPP | BOYSHP、CATSPM、COLOUR | MARCUL | VALSOU、WATLEV（若在水下） |
| BRIDGE | CATBRG（可航水域上） | MORFAC | CATMOR |
| | VERCLR（固定桥梁） | NAVLNE | CATNAV、ORIENT |
| | VERCCL、VERCOP（其他情形） | OBSTRN | VALSOU、WATLEV |
| CBLOHD | VERCSA（可航水域上） | PIPOHD | VERCLR（可航水域上方） |
| | VERCLR（假如未知） | PRCARE | INFORM、TXTDSC（至少取一个） |
| CONZNE | NATION | PRDARE | CATPRA |
| COSARE | NATION | PYLONS | CATPYL |
| CTNARE | INFORM、TXTDSC（至少取一个） | RADLNE | ORIENT |
| CURENT | CURVEL、ORIENT | RCRTCL | CATTRK |
| CUSZNE | NATION | RCTLPT | ORIENT |
| DAYMAR | COLOUR、TOPSHP | RDOCAL | ORIENT、TRAFIC |
| DEPARE | DRVAL1、DRVAL2 | RECTRC | ORIENT、TRAFIC、CATTRK |
| DEPCNT | VALDCO | RESARE | CATREA、RESTRN（至少取一个） |
| DWRTCL | ORIENT、TRAFIC CATTRK | RTPBCN | CATRTB |
| DRGARE | DRVAL1 | SBDARE | NATSUR、NATQUA（至少取一个） |
| DWRTPT | ORIENT、TRAFIC DRVAL1 | SEAARE | CATSEA、OBJNAM（至少取一个） |
| EXEZNE | NATION | SISTAT | CATSIT |
| FERYRT | CATFRY | SISTAW | CATSIW |

续表

| 物标类 | 必备属性 | 物标类 | 必备属性 |
|---|---|---|---|
| FOGSIG | CATFOG | SMCFAC | CATSCF |
| FSHZNE | NATION | STSLNE | NATION |
| GATCON | HORCLR | SWPARE | DRVAL1 |
| HRBFAC | CATHAF | TESARE | NATION |
| ICEARE | CATICE | TOPMAR | TOPSHP |
| TSSLPT | ORIENT（航道部分是汇合带时除外） | M_NSYS | MARSYS 或 ORIENT |
| TWRTPT | ORIENT、TRAFIC | M_QUAL | CATZOC |
| UWTROC | VALSOU、WATLEV | M_SDAT | VERDAT |
| VEGATN | CATVEG | M_VDAT | VERDAT |
| WATTUR | CATWAT | T_TIMS | TIMEND、TIMSTA、T_HWLW |
| WRECKS | WATLEV | T_NHMN | T_MTOD、T_THDF |
| | CATWRK、VALSOU（至少取一个） | T_HMON | T_MTOD、T_VAHC |
| M_ACCY | HORACC、VERACC、POSACC、SOUACC（至少取一个） | TS_FEB | CAT_TS、CURVEL、ORIENT |
| M_COVR | CATCOV | TS_PAD | TS_TSP |
| M_CSCL | CSCALE | TS_PNH | T_MTOD、T_THDF |
| M_HOPA | HORDAT、SHIPAM | TS_PRH | T_MTOD T_VAHC |
| | | TS_TIS | TIMEND、TIMSTA、TS_TSV、T_TINT |

3）禁止属性

在 ENC 中，禁止使用的属性有：数据质量类 CATQUA、深度单位 DUNITS、高度/长度单位 HUNITS、位置精度单位 PUNITS、记录日期 RECDAT、记录表示法 RECIND、最大比例尺 SCAMAX，而水平基准面 HORDAT 只允许用于元物标水平基准面变换参数。

4）常用物标的属性

IHO 物标目录规定的在 ENC 中允许使用的属性详见《电子海图及其应用系统国际规范和标准（S-57 篇）》附录 A，IHO 物标类目，第二章，物标属性。

注意：物标的类别或必备属性未知时，有时需要向用户指出一个物标的某些属性是未知的。此情况是用零长度属性值编码即属性赋"Empty（空值）"（Empty value"空值"不同于不赋值，赋"空值"是因为资料所限或其他原因使某些属性无法获取，但该属性是存在的，而不赋值则表明我们不需要该属性值）。

## 6.5.3 ENC 产品规范

ENC 产品规范，解释了生产 ENC 数据时需要遵守的标准。ENC 即电子航海图，是按

S-57 标准的海道测量数据交换集的一个主要的子集，专供 ECDIS 使用，该子集不包含任何制图物标，制图物标只在海图出版系统中制作纸质海图时使用。ENC 数据还必须包含一些相关的图幅信息：大地基准面必须是 CGCS 2000 坐标系，高度和深度基准面与纸质海图所采用的基准面相同，系统设定值用"数据集参数"[DSPM]字段中"垂直基准面"[VDAT]子字段和"测深基准面"[SDAT]子字段来编码；ENC 不采用任何投影方式，坐标编码只用地理位置（经度，纬度）；ENC 的航海用途表示在"数据集标识字段"[DSID]中的"预期用途"[INTU]子字段和数据集文件名中。航海用途编码如表 6.7 所示：

表 6.7 　　　　　　　　　　国际 S-57 标准航海用途编码代表意义

| 子字段内容 | 航海用途 | 比例尺 |
| --- | --- | --- |
| 1 | Overview（总图） | <1∶1 499 999 |
| 2 | General（一般图） | 1∶350 000~1∶1 499 999 |
| 3 | Coastal（沿海图） | 1∶90 000~1∶349 999 |
| 4 | Approach（近岸图） | 1∶22 000~1∶89 999 |
| 5 | Harbour（港口图） | 1∶4 000~1∶21 999 |
| 6 | Berthing（锚泊图） | >1∶4 000 |

**1. ENC 单元**

ENC 数据是用单元来表示的，所谓的单元是指包含 ENC 数据的一个地理范围（类似图幅），每个单元包含在一个物理上独立存在、标识唯一的文件中，称为数据集文件。

1）有关单元相关规定

ENC 产品规范对单元作了如下规定：

①单元的地理范围选择应保证一个数据集文件不超过 5 兆字节；

②单元必须是矩形的；

③单元必须用 M_COVR 类元物标完全覆盖；

④具有相同航海用途的相邻单元范围可以重叠，但数据内容不可以重叠；

⑤拓扑关系必须使用链-节点模式。

2）有关物标及物标属性相关规定

ENC 产品规范对物标及物标属性作了如下相关规定：

①规定了允许使用的物标及其几何图元类型（P = point 点，L = line 线，A = area 面，N = none 无）；

②规定了 ENC 中禁止使用的物标类：CANBNK LAKARE RIVBNK SQUARE M_PROD M_UNIT C_STAC $ AREAS $ CSYMB $ COMPS $ TEXTS；

③规定了 ENC 数据中必备的三个元物标 M_COVR（覆盖范围）、M_QUAL（数据质

量）、M_NSYS（航标系统）

④规定了每种物标相应的必备属性；

⑤规定了物标的禁止属性，如 CATQUA DUNITS HUNITS PUNITS RECDAT RECIND SCAMAX 这些属性对任何物标都是禁止使用的；

⑥规定了物标的分组情况，ENC 定义了两个组，第一组（TG1 地球表面），第二组（TG2 其他所有物标）。

**2. ENC 数据命名及要求**

ENC 产品规范对数据的规定，ENC 必须使用 S-57 的二进制实现方法，不能使用压缩算法，为防止未授权使用可使用加密算法加以保护。

1）交换集规定

一个交换集由一个且只有一个目录文件和至少一个数据集文件构成；文本和图形文件也可以包含在 ENC 交换集里，以提供航路指南或沿岸航行的附加信息（如对景图）图形文件应为 TIF 格式；一个交换集可以包含一个自述文件；交换集的根目录必须命名为 ENC_ROOT；即交换集中包含：自述文件（一个）目录文件（一个）数据集文件（至少一个）文本文件（至少一个）图形文件（至少一个）。

2）数据集规定

ENC 可以生成四种数据集：

①新数据集　原始数据集，第一次发布的数据集；

②更新数据集　对已存在数据的更新；

③再版数据集　重新发布的数据集，包含历次的更新数据但不含新信息；

④新版数据集　包含新信息的新版本数据。

新数据集、再版数据集和新版数据集都称为基本单元文件（即 EN 文件），只包含对基本单元文件更新的数据集称为更新单元文件（即 ER 文件）。

3）文件命名规定

S-57 中所有文件名均在 ISO 09660 第一级的限定内，即文件名可包含 A 到 Z 大写字母，数字 0~9 和下划线"_"。文件名长 8 位，扩展名 3 位。

①自述文件　必须命名为 README.TXT。

②目录文件　必须命名为 CATALOG.EEE，其中 EEE 为该数据集使用的 S-57 版本号，如：CATALOG.031 表示采用 S-57 3.1 版本的目录文件。

③数据集文件　命名约定：CCPXXXXX.EEE。其中 CC 为生产机构代码，P 为航海用途，根据不同的航海用途为 P 赋值，XXXXX 为数据集唯一标识，可用现有的 5 位图号（右对齐，不足左起补 0）来表示，EEE 为扩展名（更新号码，000 表示基本数据集 EN，001，002……表示更新数据集 ER）。例如：EN C1210011.000、C1100101.000 ER C120011.001、C1100101.001。

④文本和图形文件，命名为 CCXXXXXX.EEE，CC 为生产机构代码，XXXXXX 为文件唯一标识（用大写字母和数字），EEE 为常规扩展名（.TIF 或 .TXT）。

### 3. ENC 数据物标之间的关系

ENC 产品规范用两种方法来规定物标之间的相互关系：

一种是指定物标之间的主从（master to slave）关系（如灯浮标），不同物标组成的助航设备必须建立它们之间的主从关系，助航设备含有一个结构物标时，此物标即为主物标，设备物标为从属物标，如图 6.51 所示。

另一种是指定物标之间的组合关系（如测速场），包括集合（C_AGGR）和关联（C_ASSO）。

集合（C_AGGR）：标识两个或多个物标的聚集。集合可以通过"是……的一部分"、"由……组成"等方式把若干物标组合成高级物标。使用集合物标为测速场时，物标 NAVLNE、RECTRC 及相应的导标必须做成集合物标 C_AGGR。

关联（C_ASSO）：定义两个或两个物标之间的关联关系。集合物标 C_AGGR 与标识测速场的危险物（OBSTRN、WRECKS 等）的物标做成关联物标 C_ASSO，如图 6.52 所示。另外，孤立危险物标与标识的危险物（OBSTRN、WRECKS 等）必须做成关联物标 C_ASSO。

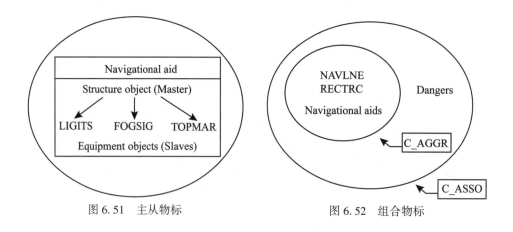

图 6.51　主从物标　　　　　　　图 6.52　组合物标

## 6.5.4　ENC 数据生成流程

### 1. ENC 数据编辑设计

1）海图 ENC 单元确定

（1）一般海图 ENC 单元确定。

一般海图 ENC 单元按照图幅的范围进行确定，注意有破图廓的图幅不表示破图廓外的内容，仍按图幅的范围确定 ENC 单元。

（2）主附图、拼合图 ENC 单元确定。

有主附图、拼合图 ENC 单元的按照各自的图幅范围进行确定。

（3）拼接图 ENC 单元确定。

拼接图 ENC 单元的确定按照地理位置进行拼接，范围分别取经度和纬度的最小值和最大值 ENC。

2）ENC 数据命名

（1）民用 ENC 数据命名。

ENC 数据命名要符合 S-57 标准附录 B.1《ENC 产品规范》的要求，并与我国民用航海图编号对应，ENC 数据命名原则如下。

①文件名按《ENC 产品规范》的要求文件名长度 8 位再加 3 位扩展名编码。

②第 1、2 位按 IHO 的规定以生产机构代码（在 S-57 标准中 IHO 规定海司航保局为 C1，中国海事局为 C2）编码。

③第 3 位按《ENC 产品规范》的要求以 1~6 分别代表不同的航海用途，航海用途数字代表意义规定见表 6.8。

表 6.8　　我国民用航海用途编码代表意义

| 编码 | 航海用途 | 比例尺 |
| --- | --- | --- |
| 1 | 总图（Overview） | ≤230 万 |
| 2 | 分区总图（General） | 1∶100 万~1∶299 万 |
| 3 | 沿海航行图（Coastal） | 1∶20 万~1∶99 万 |
| 4 | 近岸航行图（Approach） | 1∶10 万~1∶19 万 |
| 5 | 港湾图（Harbour） | 1∶1.5 万~1∶9 万 |
| 6 | 大比例尺港湾图（Berthing） | ≥1∶1.5 万 |

④第 4-8 位对应我国航海图编号（不足时左起补 0）。主附图、拼合图按照命名规定根据各自的航海用途来命名，如果不能以第三位编码加以区分时应对现有航海图编号进行调整。

⑤扩展名表示更新号码（《ENC 产品规范》规定新版或再版数据集 EN 为 000，更新数据集 ER 为 001~999 依次顺序编码且不被再版中断）。例如：

海图 101 的数据命名为：C1100101.000

海图 13379 的 ENC 数据命名为：C1513379.000

海图 13640 为主附图，主图 ENC 数据命名为：C1413640.000，附图的 ENC 数据命名为 C1513640.000

海图 13137 为拼合图，其 ENC 数据命名分别为 C1613137.000 和 C16131××.000

（2）ENC 数据拼接关系。

具有相同航海用途的 ENC，对于图幅重叠部分，在重叠区域，只能一个图幅可内含数据。数据重叠处理的一般原则为：叠幅海图比例尺不同的，要保留大比例尺海图数据；比例尺相同或相近的，保留测量资料新的海图数据；同时还应考虑重要要素在一幅海图内的完整性。

**2. ENC 数据作业**

由于我国已经形成了数字海图的规模化生产，并建立了矢量海图数据库，实现了以 VCF（其内核为 SHAPE 数据格式）为主的数字海图保障，因此利用现有的海图数据库实现向 S-57 标准电子海图数据的转换，是目前解决 S-57 标准电子海图数据源问题的最佳途径。目前出版发布的 S-57 标准电子海图的生产流程如图 6.53 所示。

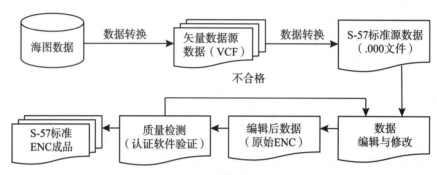

图 6.53 ENC 数据作业与生产流程

ENC 数据作业即 S-57 标准电子海图数据的制作，其过程主要包括由海图数据库中的 Coverage 数据转换为矢量数据资料数据（VCF），由 Shape 数据向 S-57 标准毛坯数据（.000 文件）的转换，ENC 配准图像的拉伸，ENC 毛坯数据的修编等过程。

1）转换 ENC 毛坯数据

转换 ENC 毛坯数据主要有两个基本过程：Coverage 数据转换为 Shape 数据、Shape 数据转换为原始 ENC 毛坯数据。

（1）Coverage 数据转换为 Shape 数据。

使用数据转换软件 Append23，将海图数据库中的 Arc/info（Coverage）数据转换为 Shape 格式数据时，首先将 Coverage 数据拷贝到本机上，如：e：\ shape \ chart 目录下，双击 append23.exe 执行程序弹出对话框。在对话框的"Shape Path"路径中输入 Coverage 数据位置如：e：\ shape \ chart，或点击"Browse"按钮选择要转换数据的文件夹（e：\ shape \ chart）；点击"生成文件"→"创建成功"→"确定"，然后点击"运行"执行 run.aml 程序文件。等待数据转换，当转换完成后 Shape 数据将会被存放在 E：\ shape \ result 目录下，并察看文件夹内是否为 140 个文件，若是即转换完成。

（2）Shape 数据转换 ENC。

Shape 数据转换为 ENC 是利用 Hydroway Editor 软件将转换好的 Shape 数据转换为原始 ENC 毛坯数据。

启动 Hydroway Editor 程序，新建工作空间，即本图将要保存的位置，点击保存后弹出对话框，导入数据。在菜单工具条中点击数据源→输入数据（shape），然后弹出对话框，选择要输入的 Shape 数据路径并确定。此时会弹出对话框选择要转换的 ENC 物标类，点击"全选"然后"确定"。数据转换完成后会弹出对话框，点击"否"。接下来，右键点击左侧窗口中的本图图号,选择该数据信息,如图 6.54 所示;弹出本图 ENC 数据信息对话框如图 6.55 所示。

图 6.54　选择该数据信息示意图

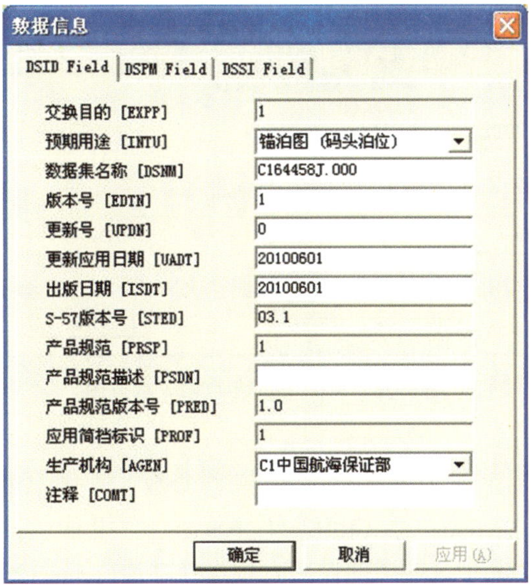

图 6.55　ENC 数据信息输入示意图

在 ENC 数据信息对话框中录入本图的数据信息,按照 ENC 命名规定,选择预期用途,录入数据集名称、版本号、S-57 版本号、生产机构等后点击确定。点击菜单工具条上的检核→数据检核,等待其检核完毕。数据检核完成后点击菜单工具条的数据源→输出数据 s-57,弹出对话框选择原始 ENC 毛坯数据的输出路径,然后确认。最后,即可得到 E:\入库数据\原始 ENC 数据 中本图文件夹中 S-57.000 原始 ENC 毛坯数据。

2) 导入原始 ENC 毛坯数据

获得了 000 原始 ENC 毛坯数据之后,需要将此数据导入 dKart Editor 软件中进行修编。具体作业过程主要有创建新 ENC 数据单元和 ENC 毛坯数据的导入。

(1) 创建新 ENC 数据单元。

启动 dKart Editor 程序,打开该软件界面。点击工具栏上的 按钮打开工作空间窗口(Workspace),这时窗口底部就会出现一个空白窗口,它带有"Heap"、"Archive"、

"Screen"三个动态切换菜单,选中"Heap"点击右键选择建新图菜单(New Chart),如图 6.56 所示。

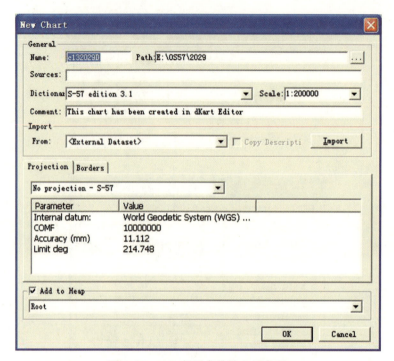

图 6.56 ENC 新图参数输入示意图

该对话框用于输入建新图所需的各种信息参数:本图名称(Name)、存储路径(Path)、字典版本(Dictionary)、比例尺(Scale)、投影(Projection)、图幅范围(Borders)等基本信息,其中 S57 图的投影直接选择"No projection-S-57",投影菜单的界面会出现一些相应的信息,这里只需将 COMF(坐标乘数因子)一项设为"10 000 000"。图幅范围的输入:直接点击"Border"菜单进入输入界面,录入本图的经纬度范围。也可利用 Import 栏中导入已存在的图幅范围,完成范围的输入后,最后点击"OK"完成新 ENC 数据单元的创建。此时,在 Workspace 窗口就会出现新建图的名称了。

(2) 将原始 ENC 毛坯数据导入新 ENC 数据单元。

启动 dKart Editor 程序,在 Workspace 中点击 Heap,出现新建 ENC 数据单元的名称,右键点击该图,在列表中选择 Edit 后在菜单栏中选择"File"→"Load Chart",导入本图的 000 原始 ENC 毛坯数据,打开该数据。利用菜单上的工作空间 Workspace panel 按钮,即可看见所导入的原始 000 数据,右键点击该图将此数据设置激活(Set Active)。

在窗口的内容罗列区,右键点击"Queries"选择"New Query",出现如图 6.57 所示的对话框。

在 Classes 中输入 * 号后,点击右方的? 号,选中所有物标类,按下 Run 运行按钮,至查询完毕。然后,单击 Queries 后出现 Query #1,右键点击 Query #1,按照图 6.58 菜单,

6.5 电子海图编辑制作

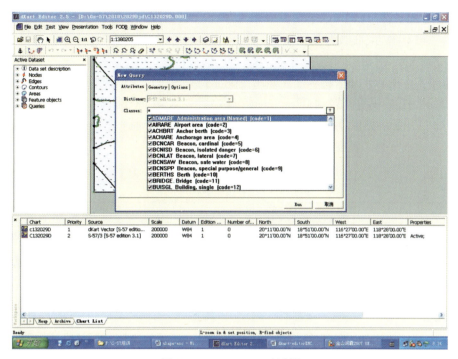

图 6.57　New Query 对话框

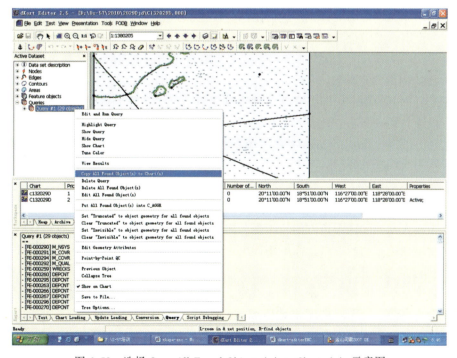

图 6.58　选择 Copy All Found Object（s）to Chart（s）示意图

317

选择 Copy All Found Object（s）to Chart（s），复制所有物标到新图中，出现对话框后点击 OK，就完成了将原始 ENC 毛坯数据导入新 ENC 数据单元，也就是 ENC 毛坯数据的导入。最后，将本图的 dcf 数据设置激活 Set Active，就可以对本图进行修编了。

3）配准 ENC 图像

数据导入本图后，还需将本图原始图像配准到本图中以进行比对修编。配准 tif 图像，需使用 dKart Image 模块。启动 dKart Image 程序，进入 dKart Image 的应用程序界面，从 File 文件中打开资料图像。dKart Image 界面由标题栏、菜单栏、工具栏、主操作界面及状态栏组成，表 6.9 为工具栏中最常用的各按钮功能。

表 6.9　　　　　　　　　　dKart Image 常用按钮功能

| 按钮 | 功　　能 | 按钮 | 功　　能 |
| --- | --- | --- | --- |
|  | 全图显示图像 |  | 按照指定规则自动构建校正格网 |
|  | 放大显示图像 |  | 删除一个配准点、校正格网和栅格线 |
|  | 缩小显示图像 |  | 删除全部的配准点、校正格网和栅格线 |
|  | 设置待校正图像的地理参数 |  | 开始校正 |
|  | 在图上增加配准点 |  | 延伸校正后图像边界至原始图像边界 |
|  | 移动配准点 |  | 人工指定校正后图像边界 |

熟悉程序界面及常用工具就可进行图像的校正了，图像校正的流程一般为：打开待校正的图像→设定图像信息参数→输入配准点→创建校正格网→进行图像校正→保存校正结果。

（1）设定图像信息参数。

利用工具栏上的 按钮即打开图像参数设定对话框，如图 6.59 所示：需设置的参数主要有：投影（Mercator）、比例尺（Scale）、坐标系、扫描像素、本图的基准纬度（Main Lat）等信息，其中，Image parameters 一项即为扫描图像的像素值，一般选择 300dpi，设定完成后点击"OK"即可。

（2）配准点的操作。

图像的配准一般先对图幅的四个角点进行配准。用工具栏上的 按钮来增加配准点，在对话框中输入本图的四个角点的经纬度。四个角点配准完之后，可以通过自动建立校正格网来自动增加更多的配准点，而不用逐个录入各点。

（3）创建自动校正格网。

校正格网是指以图幅四个角点为顶点建立一四边形，根据该四边形的四个顶点进行内插配准点校正图像，使图像精度相对精确。工具栏上 按钮是根据输入的图像四个角点及所需网格的经纬度间隔来全自动构建格网。全自动构建格网的对话框中，下一栏为开始计算格网的经纬度，可以直接输入原图的最小经纬度即左下角坐标，此栏所用较少。对话框中上一栏为所需格网的经纬度间隔，通常在此栏中输入经线及纬线之间的间隔即可。确

6.5 电子海图编辑制作

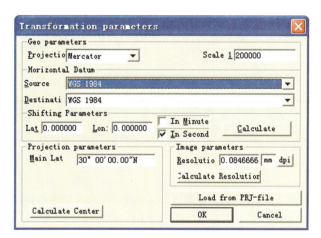

图 6.59 图像信息参数输入对

定后可得到如图 6.60 所示全自动构建格网结果。

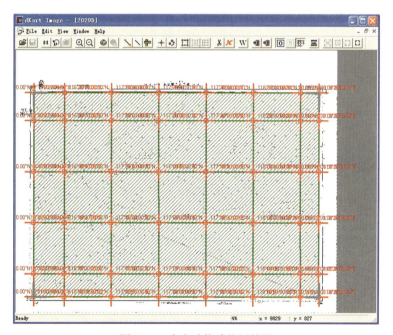

图 6.60 全自动构建格网结果

图上出现校正格网及各配准点,一般情况下还需用 按钮来移动配准点,使图像配准更加精确;最后可点击 按钮再点击 按钮使拉伸后图像包括图外的整饰,如果不这样,会使拉伸后图像只包括内图廓线以内的部分。

(4) 校正及保存。

检查完格网各顶点的位置精度,并编辑使其符合精度要求后即可开始校正了,其运行

319

## 第6章 电子海图与数字海图制图系统

工具为▣按钮或▣按钮，其中▣按钮为立即开始校正，而▣按钮则是将信息保存留待以后再进行校正。因为校正需要一定时间，所以当需校正的图像较多时，就可利用▣按钮将每幅图像的校正信息逐个保存，当需要对它们进行校正时，可点击▣按钮打开任务管理窗口如图 6.61 所示。

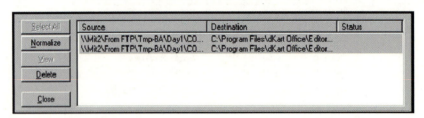

图 6.61　图像校正任务窗口

选择全部（Select All）进行校正即可，这样就可利用休息时间由程序自动完成校正，从而节约时间提高效率。校正完成后图像每点均具有了大地坐标。最后，点击▣按钮进行保存，其格式为 dKart 内部特定格式 *.bp 和 *.bg。

（5）在 dKart Editor 中打开拉伸图像。

①先在 dKart Editor 中打开 .dcf 或 .000 格式的 S-57 电子海图。

打开 dKart Editor，在菜单中选择"File"→"Load Chart"，找到图像所在路径，并且在文件类型中选择 .dcf 或 .000 格式后，然后双击如 c1515461.dcf 或 .000 打开 S-57 电子海图。进入 dKart Editor 界面，在 workspace 中点击 screen 出现刚刚所打开的图幅，右键点击该图后出现一个菜单列表，选择"Edit Chart"，即可进入 .dcf 或 .000 格式的 S-57 电子海图了。

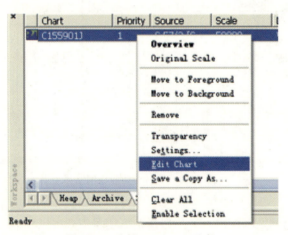

图 6.62　选择 Edit Chart 示意

②在 dKart-Editor 中打开拉伸图像。

打开 .dcf 或 .000 格式的 S-57 电子海图后，在菜单中选择"File"→"Load Chart"，

找到图像所在路径，并且在文件类型中选择 ＊.bp 后，然后双击如 c1515461.bp 或点击打开按钮打开图像，此时图像就会出现在 workspace 中，在 workspace 中右键点击该图像后出现一个菜单列表，选择 Transparency，就是将图像设置为透明，如图 6.63 所示。否则，图像会被本图压盖而无法显示。将图像设为透明后，还可以右键点击该图像名称设置颜色 Set Colour，将图像设为自己喜欢的颜色，并且使其显示更清晰明显。在 dKart Editor 中打开 .dcf 或 .000 格式的 ENC 电子海图及拉伸的资料图像后，就可以对 ENC 进行修编了。

图 6.63　选择 Transparency 示意图

4）ENC 数据修编

（1）修编方法。

①点状物标的编辑。

点状要素的编辑主要工具为点要素编辑器 ，即增加、删除、移动及选择功能，增加点状物标的方法与上述步骤基本相同，这里主要介绍一下创建复合物标的方法。以灯桩为例，在 S-57 中，我们常见海图上的灯桩是由两个物标组成的，即立标（BCNSPP）和灯（LIGHTS），由于它们合在一起才能表达完整的意思，所以需要将这两个物标做成复合物标，方法是首先根据上面所述方法加入物标"BCNSPP"，然后点击 按钮选择物标"LIGHTS"，输入相应属性，点"Geometry"按钮，再利用 按钮选择所加的"BCNSPP"物标，最后点击 按钮接受即可。这样就保证了这两个物标具有同一个空间位置，以免出现数据冗余发生错误。

②线状物标与边的编辑。

在 S-57 中边和线是两种不同的概念。边在 ENC 中只具有几何属性而不具备特征属性，所以它没有实际而具体的意义，一般用来构造面状物标，边的编辑用到的工具为 ；线在 S-57 中则是特征物标，它是由边所构成同时具有特征属性，所用到的工具为 ，增加线物标的方法和增加点状物标的方法相同。

当选择由已存在的边生成线物标时，在选择物标输入属性后，会自动跳到 ，当鼠标指向要选的边时，该边会高亮显示，此时点击鼠标左键即增加了一个线物标，若连续选择相连的几条边，则最后生成的这一线物标就由所选的若干条边组成。由于 S-57 中规定相连线物标具有相同属性时必须合成一个线物标，所以需用工具 进行合并。

③面状物标的编辑。

面状物标是由边和线构成的封闭区域，其编辑工具为 ▨▨▨▨，其中 ▨ 为直接增加一面状物标，其创建的顺序与点、线物标顺序相同。但多数情况是由已存在的边和线来生成面，选择物标输入属性后，利用 ▨ 工具选择相应的线和边构成多边形，然后点击 ▨ 工具进行多边形的编译后即完成了面状物标的增加。

当进行面状区域的修改时，首先在需修改的面状物标中点击鼠标右键，在物标类显示区窗口中选中该面物标，点击右键选择 Geometry 工具条，此时选中面物标的边界会高亮显示，然后利用线编辑工具编辑边或线，然后选中新增的边或线与原有的边界重新组成一闭合区域，再点击 ▨ 编译生成新的面物标，最后点击 ▨ 接受编辑，同时还要删去多余的线或边。

另一种常见情况是一小面物标完全包含在大的面物标之中，即两面物标无共用边或线，此时需要将该小面物标从大的中切出来，首先同上在物标类显示区选中该大的面物标，右键点击后选择 Geometry，然后点击 ▨，在出现的对话框中选择"是"再用 ▨ 工具选中小面物标的边界，最后点击 ▨ 接受编辑。另外，有些面物标的符号化边界与其他物标共用时，需将该共用部分进行屏蔽。

（2）修编内容。

我们最初的 ENC 数据是由 SHAPE 数据转换过来的，彼此之间对物标的表示不是一一对应的关系，数据转换软件不能把所有物标都正确的转换过来，因此，需要对 ENC 数据进行修编。修编的主要内容如下：

①数据集的参数。

在转换的数据中，垂直基准面和深度基准面的值都是<empty>，ENC 数据中，垂直基准面应为平均海面（Mean sea level），深度基准面应为近似最低天文潮面（Approximate lowest astronomical tide）。坐标乘数因子要改成 10000000，包含中文属性信息时，应将 DSSI 字段中 AALL 设为 1，NALL 设为 2。

②碍航物。

危险水深：在转换的数据中，危险水深仍被转换为物标类 SOUNDG，需要分两类进行修改，一类是危险水深有底质的，主要是岩、石和珊瑚，应把危险水深改为水下礁石，即物标类 UWTROC，把底质信息加到属性项 NATSUR 中，底质石要省略不加；另一类是危险水深无底质的。

水下礁石：需要删除 TECSOU 属性项，适淹礁的水深值为 0.0m，并为 EXPSOU 赋值；其他礁石如果水深值未知，则 VALSOU=<empty>，QUASOU=depth unknown；如果水深值已知，则把水深值赋给 VALSOU，QUASOU=least depth known，并根据水深值所在的深度层为 EXPSOU 赋值。

沉船：删除属性 TECSOU（扫测沉船除外），对于深度已知的沉船，QUASOU 应赋值 least depth known，根据所在 DEPARE 及本身深度值，为属性 EXPSOU 赋值。

障碍物：对于深度未知的障碍物，要为其强制属性 VALSOU 赋空值，并且使属性 QUASOU 的值为 depth unknown。

③助航设备。

灯塔是一种组合物标，主要由塔身和灯组成，有些还有雷康、环向、差分和 AIS 基站等。塔身 LNDMRK 需删除属性 STATUS = periodic/intermittent，如果灯塔上有雷康、环向、差分中的一个，在转换数据时会把物标类 RADSTA、RDOSTA、RTPBCN 全部加到组合物标里，需根据实际情况删除无用物标类；雷康的信号组被放在了 INFORM 中，应把该信息赋值给 SIGGRP。灯塔是在陆地上的，不可能浮在水上，如果灯塔在水中，那塔的下面应该有点状岛屿。

④重复边的处理。

危险区：转换过来的危险区，当与岸线、滩线或水线共用某段边线时，会产生重复边，这在 ENC 数据结构中是不允许的，解决方法是在已有边线的基础上补加新边，构成新的封闭多边形，由这些边线构成面，并赋属性。转换数据没有为危险区赋强制属性 VALSOU 赋值，在水深值未知的情况下，赋值 <empty>，并为属性项 QUASOU 赋值为 depth unknown；如果危险区中有深度已知的沉船或障碍物，则把深度值赋给 VALSOU，并把 least depth known 赋给 QUASOU；当危险区形状为环状时，内部的区域一般为陆地或滩，但同时也被转换成了小的危险区，而大的危险区也覆盖了内部区域，需要把小的危险区删除，把大危险区中的滩或陆地部分挖出来，并按照同样的方法更改物标属性；如果是独立的危险区，则只需更改属性。

其他面状物标：如面状河流、锚地、限制区等，如与岸线或滩线相交，都会有重复边，同时也存在环状的情况，需要进行修改。另外，如果该物标与岸线共用一边，还需把该边屏蔽。其他属性也要根据实际情况更改。

⑤图上注记，海峡、海湾、头、角、咀等名称需用 SEAARE 或 LNDRGN 表示出来。如果是一些说明文字，则需根据说明内容选择相应的物标类，以点或面的形式放到适当位置。

⑥滩。

如果性质不同的滩彼此相连，转换数据的 DEPARE 是分开的，需要把他们合并成一个完整的区域，并且滩的边线要作成 0m（零米）水线。

⑦潮流。

回转潮流应按标准及顺序录入，具体表示方法为：先输入 5 个 0，然后是港名等，如：00000，Dalian，HW，，，353.66，0.5，341.57，0.5，……77.96，0.4 输入潮流角度、流速时，应按 6、5、4、3、2、1、0、Ⅰ、Ⅱ、Ⅲ、Ⅳ、Ⅴ、Ⅵ的顺序，没有时，应加逗号隔开。如果资料中的潮流流速不是一个值，而是一个范围，如 1~2kn，在为其赋值时，应取大值。

⑧线状要素与图廓线。

如果道路、河流、电缆、管道等被图廓截断，则图廓线也应该被这些物标打断，而不能是一条边，以说明该物标在相邻图幅上还有。

⑨电缆。

同一根电缆被分成了很多段，需要把他们合并成一根。其他连接在一起的，具有相同属性的线物标也要合并成一根，如等深线、公路、铁路、线状河流等。

⑩检查线物标是否过度延伸。

⑪物标类 DEPARE 中的两个必要属性 DRVAL1 和 DRVAL2 没有赋值，或者是赋错，要根据周围等深线的值为 DRVAL1 和 DRVAL2 赋值。

⑫集合物标和关联物标的制作。

组合物标的生成，例如，前灯、后灯、导航线、推荐航线组成集合物标 C_AGGR。航道线、左右侧面标、掉头区、警告区等各部分需组合为 C_AGGR，且 C_AGGR 与附近相关障碍物（WRECKS、OBSTRN 等）需修编组合为 C_ASSO。另外，孤立危险物和孤立危险物标，也应组合为 C_ASSO。

⑬计算磁差、查询并改正通告、相邻图幅接边处理。

以上为 ENC 数据修编的主要内容，由于 S-57 电子海图 ENC 是各国海道测量部门之间用于交换数字化海道数据的一系列国际标准之一，在交换与传递过程中，数据的含义不能有一丝一毫的改变，所以必须对不符合 S-57 标准的那些物标和属性全部进行修编。

5）ENC 数据检核

（1）ENC 数据检核的方法。

ENC 数据的检查主要通过上机检查并结合检核软件来完成。把相关资料进行扫描、配准，与 ENC 数据叠加对比，检查物标及相关属性有无错漏。用运行检核软件对数据结构及物标关系进行检查，使 ENC 数据满足 S-58 的检核要求。

（2）各级人员对 ENC 数据检核的任务要求。

各级检查人员必须认真负责，对规定检查的内容逐项认真地检查，其消灭缺陷应达到下述标准。

①作业员自查：作业员在完成 ENC 数据修编作业后，要对 ENC 数据进行自查，运行软件内部程序进行检核，并改正相关错误。

②校对员是对 ENC 数据进行全面检查的专职把关人员，对消灭 ENC 数据上的缺陷负有重要责任，应消灭图上的绝大多数缺陷。经过校对员校对的图幅，应不存在严重缺陷。

③编辑是最后一级把关人员，对消灭 ENC 数据上的缺陷负有主要责任，应消灭余下的所有缺陷。

④ENC 数据校对审查的任务：按规定对 ENC 数据的所有要素内容进行全面的检查，通过检查最大限度地消灭轻微缺陷和一般缺陷，杜绝严重缺陷。

⑤ENC 数据验收的任务：按规定对 ENC 数据内容进行重点检查，并对 ENC 数据进行质量评定，保证发行的 ENC 数据在数据结构、数学基础、编辑设计、重要技术指标等方面符合规范要求。

（3）校对员的校对和编辑的审查。

①校对员校对和编辑审查的要求：校对员、编辑应对 ENC 数据的所有要素内容进行全面的检查。

②校对员校对和编辑审查的内容：

第一，利用软件对 ENC 数据进行检核，检查作业员是否已把错误和严重警告改正；

第二，数据集信息，主要包括坐标系（CGCS 2000）、图廓范围（应与图历表一致）、交换目的、预期用途、数据集名称、版本号、修订次数、生产机构代码（C1）、应用简档标识、水平基准面、垂直基准面、深度基准面、编辑比例尺、ATTF 词汇级、NATF 词汇级、坐标乘数因子、3-D（水深）化整因子；

第三，负载量、资料采用、转绘精度；

第四，元物标，M_COVR、M_QUAL、M_NSYS 为三个必备元物标，检查三个必备元物标是否存在，属性是否正确；

第五，海陆部要素，对照配准图像逐网格逐点检查，检查每个网格内有无遗漏物标、所有物标的属性及空间位置是否正确，信息表示是否完整，具体检查项目为：

a. 公路、铁路、河流、电缆等线状物标被图廓边线截断的，要检查该物标是否断在图廓上；

b. 等高线的值是否正确，相邻等高线有无交叉；

c. 居民地、控制点的名称及拼音及居民地类型是否正确；

d. 陆地方位物高程、顶高和比高的区分是否正确；

e. 相同属性的线状物标是否可以合并成一条，如岸线、公路、铁路、电缆等；

f. 在物标选取中要注意河流与湖泊的区分，河流的数字化方向应与流向一致；

g. 岸线性质是否正确，是否正确合理区分了自然岸线与人工岸线；

h. 等深线的值及等深区的范围值是否一致；

i. 滩的边线是否是 0m 水线，相邻相同性质的滩是否合并，相邻的不同性质的滩的等深区是否合并成一个完整的等深区；

j. 灯标，标身物标类的选取，其相关属性如类型、形状、颜色表示是否正确，如有名称，汉字及拼音是否正确。当标身颜色多于两种时，所给标身的条纹是否正确；顶标形状及颜色是否正确。灯的灯质是否与资料一致，灯标灯质 LITCHR = 2、6 或 7，信号组缺失时，属性 SIGGRP 是否为"（1）"；灯标灯质 LITCHR = 9、10、11、28，信号组缺失时，属性 SIGGRP 是否为"（ ）"；灯标灯质 LITCHR = 1 时，属性 SIGGRP 不能赋值。当有雷康时，其信号组是否放到属性 SIGGRP 中；

k. 底质，主要检查底质的位置及性质；

l. 碍航物，水下礁石、沉船、障碍物等碍航物的物标选取是否正确，属性是否完备，对于概位、疑位、据报等空间位置信息是否正确表示；危险区与水线、岸线之间的关系是否恰当；危险水深有无遗漏；

m. 限制区，物标类的选择是否正确，与岸线、滩线、水线共用的边线是否被屏蔽，对于一些环状的限制区，内部环处理是否正确；

n. 锚地、港区等的表示，锚地类型，有港界和无港界的港区的物标选取；

o. 航道、导航线、推荐航道，主要是物标的选取和集合物标、关联物标及方位的表示；

p. 物标之间的关联关系，主从物标和组合物标（集合、关联）是否正确，物标 FOGSIG、LIGHTS、RADSTA、RDOSTA、RETRFL、RTPBCN、SISTAT、SISTAW、TOPMAR、DAYMAR 等设备物标为辅物标；BCNCAR、BCNISD、BCNLAT、BCNSAW、BCNSPP、BOYCAR、BOYINB、BOYISD、BOYLAT、BOYSAW、BOYSPP、BRIDGE、BUISGL、DAYMAR、LITFLT、LITVES、LNDMRK、MORFAC、OFSPLF、PILPNT、SLCONS 等结构物标为主物标。组合物标一般有：导标、导航线和推荐航道构成一个组合物标；分道通航制航

道及边线、警戒区需作成组合物标；具有不同方位的同一条航道、双向航道分道等是否按方位分段表示并作成组合物标，两段之间的分界线是否屏蔽；

　　q. 扫测区主要检查扫测区的范围及扫测深度是否正确；

　　r. 磁差已赋值是否以度为单位，是否区分了东经与西经（东经为正，西经为负）；

　　s. 潮流是否取了大值，对于潮流图，各个潮时的方位和流速是否正确，名称是否同时赋值给 OBJNAM；

　　t. 地理名称所表示范围的界定和物标类的选取，港、湾、海峡、水道、岬角、半岛等的范围要尽量用水线、岸线等已存在的线表示，对有行政意义的境界范围要严格检查；

　　u. 地名及说明文字的英文拼写；

　　v. 查港湾锚地图集确定海域名称的范围；

　　w. 航海通告改正（包括 ER 文档）、数据完整性、相同比例尺相邻图幅数据的拼接、与同一地区其他比例尺图以及航海资料的统一、图历表填写等。

　　x. 检查最终数据集文件是否超过 5M。

（4）验收编辑验收。

①验收编辑验收的要求：验收编辑应对 ENC 数据的重要要素内容进行检查，对一般要素内容进行抽查。

②验收编辑验收的内容。

主要包括：编辑设计、数据集信息、资料采用、元物标、转绘精度、负载量、数据检核有无重大错误、海陆部重要要素（助航设备、碍航物、浅水深、航道、控制点、境界、本图中主要的地理名称等）、物标间的关联关系、航海通告改正、数据完整性、相同比例尺相邻图幅数据的拼接、与同一地区其他比例尺图以及航海资料的统一、图历表填写等。验收编辑还应根据情况对怀疑有问题的其他内容进行检查。

（5）IHO 认证软件检核。

S-57 标准数据经过验收编辑验收后，在正式发布之前必须经过 IHO 认证的检核软件（dKart Inspector）的检核，如图 6.64 所示。检核过程如下：

①在 dKart Inspector 中加载 S-57 标准数据；

②检查数据基础信息；

③运行系统查错程序，选择检核内容，并进行检核；

④检核完毕，把所有可以修改的错误和警告改正后，就可以发布并提供给用户使用了。

6）数据发布及 ER 文件制作

（1）S-57 标准数据的发布。

S-57 标准数据经过验收编辑的审查及检核软件 dKart Inspector 检核没有问题后，就可以使用 dKart Editor 发布并生成交换集提供给用户使用（见图 6.65），具体步骤如下：

①加载要发布的数据；

②将加载的数据设置为编辑状态；

③选择生产机构代码并输入通告改正期数和项数；

④生成交换集。

6.5 电子海图编辑制作

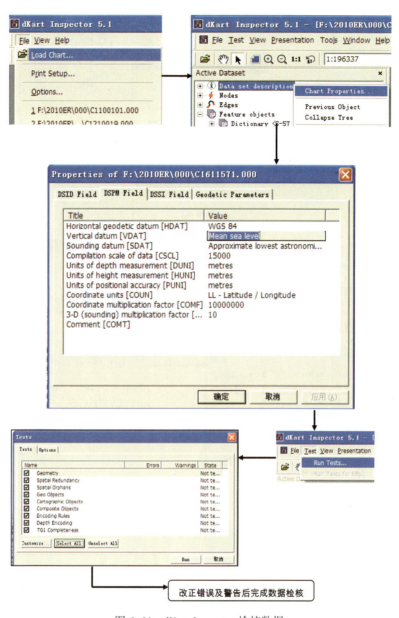

图 6.64 dKart Inspector 检核数据

第一，选择创建交换集的版本号；
第二，选择发布日期及版本号；
第三，选择创建交换集的路径；
第四，加载需要提供给用户的数据；
第五，创建交换集。
（2）ER 文件的制作。

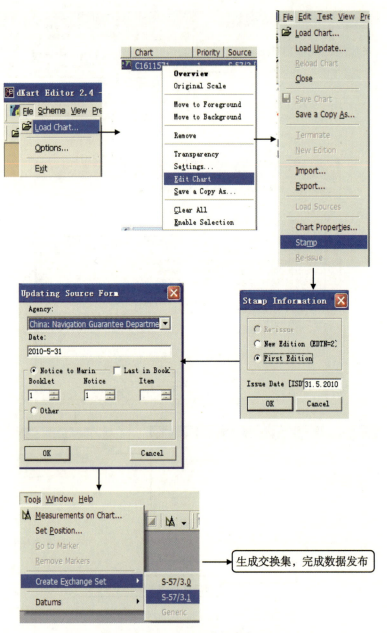

图 6.65  dKart Editor 数据发布过程

S-57 标准数据发布后,要定期对数据进行更新,即 ER 文件的制作,并定期把 ER 文件提供给用户(见图 6.66)。目前我们主要是根据纸质通告进行 S-57 标准数据的更新维护,具体步骤如下:

①连接 dKart Editor 和 dKart Archive,需要输入相应的用户名及密码;
②将发布后的数据导入 dKart Archive;

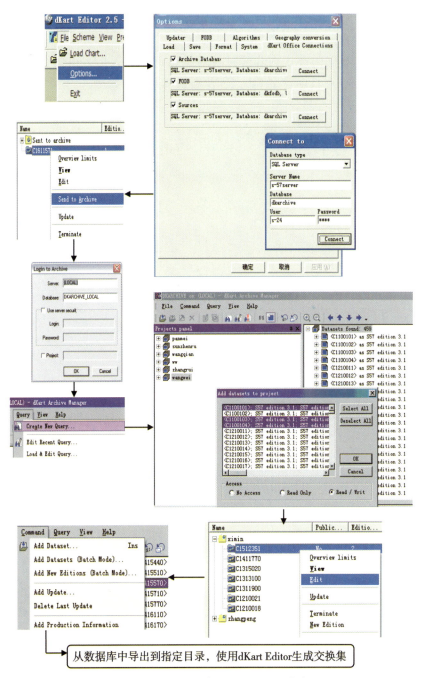

图 6.66　dKart Editor 与 dKart Archive 发布 ER

③根据航海通告进行 ER 文件的制作。

第一，点击查询，显示 dKart Archive 中所有的 S-57 标准数据；

第二，在 dKart Archive 中建立工程，赋予作业员、校对、编辑相应的权限，并根据航海通告涉及的图幅加载 S-57 标准数据；

第三，作业员利用 dKart Editor 软件连接 dKart Archive 数据库，并对航海通告涉及的 S-57 标准数据进行编辑；

第四，S-57 标准数据的改正内容经过校对编辑审查无误后，由数据管理员从 dKart Archive 数据库中根据改正日期导出 ER 文件及新版或再版的数据。

# 第 7 章 海图产品质量控制

作为船舶安全航行的工具，质量是海图的生命，海图生产机构应建立完善的质量管理体系，将质量控制贯穿于海图生产的全过程。

## 7.1 海图质量检验的特点及要求

### 7.1.1 海图质量检验的特点

海图质量检验，是按照事先规定的质量标准和控制程序，对海图形成过程中出现的质量缺陷进行判断或检证，并及时采取纠正措施予以消除。海图质量检验既是形成海图产品的必要工序，又是质量管理的重要手段，前者起到了维持产品质量使其达到规定标准的把关作用，后者起到了促进产品质量提高的预防和改进作用。海图是一种复杂的、特殊的知识产品，也是关系到用户生命财产安全的重要产品，并且其质量特性值的度量也比较复杂。由于海图本身的特殊性，形成了其与不同于一般产品的质量检验特点。

**1. 多级重复性检验**

海图产品质量检验是多级重复性检验，即各级检验机构对质量特性进行重复的、独立的但侧重点有所不同的检验。海图产品的检验项目相当繁杂，对地形、水深、障碍物、助航标志、潮流、底质、磁差、等深线、海区界线、架空管线、数学基础、图廓整饰、图题注记、陆部注记、水域注记等要素都应进行检验，而检验中难免出现错检或漏检现象。因此，海图产品的检验必须实行多级检验，一般分为过程检验、最终检验（即完工检验）和产品验收三级。

**2. 逐步改善性检验**

海图产品质量检验是逐步改善性检验，即通过各级检验部门对产品进行检验并提出改进意见，使过程产品的不合格项得以多次的返修而不影响最终产品的质量，并能使最终产品的缺陷逐步减少，质量逐步改善。在最终产品形成之前的过程检验中，不仅可以把检验出的不合格项经过返修变成合格项，还可以把错检或漏检项逐步减少到最低程度，使最终产品的质量水平逐步提高。

**3. 计算机和人的感官相结合的检验**

海图产品的检验是计算机检验和人的感官检验相结合的检验，即需借助计算机软件，依靠检验者的知识经验，通过人的感官来对被检产品的质量特性进行符合性判断。采用先进的计算机技术生产的海图产品，单凭检验者的知识经验来判断产品的质量特性是不可靠的，单凭计算机软件而没有通过知识经验的检验者也不能正确地判断产品的质量特性是否合格。

**4. 计量和计数相结合的检验**

所谓计量检验就是要检测和记录质量特性的数值，并根据数值与标准对比，判断其是否合格；计数检验就是检查时只记录不合格数（或缺陷数），不记录检测后的具体检测值。检验海图产品时，既要检测和记录产品的每个质量特性的数值，又要记录缺陷个数，并根据质量缺陷项的个数及其严重程度定性地作出该产品是否合格的判断。当产品特性的某些次要的计量值出现少量的轻微缺陷时，对产品的正常使用不会有大的影响；但当产品特性的某些重要的计量值出现个别的但严重的缺陷时，则产品必定不合格。比如某幅图上的一些居民地符号绘制不标准，不会影响图的正常使用，但当图上重要水域中的个别暗礁符号位置标错或遗漏，则该图不能使用。

**5. 产品全数检验**

由海图产品的特性决定了海图产品检验必须采用全数检验方式，即对每幅海图进行100%的检验。因为海图产品都是不重复的单件产品，而且每幅海图区域内的自然特点、地理特征以及水深、助航标志、障航物、潮流等要素都各不相同，所以不能采用抽样检验；海图产品又是关系到用户生命财产安全的重要产品，所以必须采用全数检验；海图产品检验是非破坏性检验，具备了全数检验的条件。

## 7.1.2 海图质量检验的基本要求

海图是一种特殊而复杂的产品，其形成过程中人为因素对产品质量影响很大，尤其是质检人员的工作质量对产品质量的影响。因此，各级质检人员严格执行质量检验的有关规定是保证产品质量的关键。

**1. 质量检验制度**

按照《中国海图编绘规范》要求，海图生产机构应建立健全两级检查以及验收的产品检验制度，各级质量检验工作应独立进行，不得省略或代替。

过程检查由海图制作部门的质检人员承担，最终检查由海图生产单位的质检部门负责实施，产品验收由任务下达机构或其委托单位组织实施。

质量检查过程中要对检查过程和结果进行完整记录，发现海图产品的质量元素不符合技术标准和任务书要求时，各级质检员应及时提出处理意见，并交上道工序进行改正；当发现缺陷较多或性质较严重时，可将送检的海图产品全部退回，令其改正并重新检查。

**2. 质量检验技术依据**

质量检验依据是海图生产技术标准与管理规定，海事系统海图质量检验技术和管理标准主要有：

①GB 12320 中国航海图编绘规范；
②GB 12319 中国海图图式；
③IHO S-57 数字海道测量数据传输标准；
④IHO S-65 国际电子海图生产维护和分发指南；
⑤IHO S-58 国际电子海图有效性检验；
⑥港口航道图编绘技术规定；
⑦沿海港口、航道测绘产品质量检查验收办法及质量评定标准；
⑧海图源数据质量检查规定及评定标准；
⑨电子海图质量检验规定及评定标准。

**3. 过程检查**

过程检查应在制图员完成海图源数据编辑并进行自校后，由制作部门质检员根据海图编绘标准和任务书要求对送检的源数据所有质量元素进行100%的检查，并对源数据质量做出评价。

纸海图（或电子海图）过程检查应在制作员完成纸海图（或电子海图）制作并进行自校后，由制作部门质检员根据纸海图（或电子海图）产品标准对由源数据制成海图产品的工序环节所涉及的质量元素进行100%的检查，并对纸海图（或电子海图）质量做出评价。

过程检查中查出的质量缺陷由制作员改正，并经制作部门质检员签字确认后，方可交质检部门进行最终检查。

**4. 最终检查**

源数据最终检查应在制作部门质检员完成过程检查后，由质检部门根据源数据制作标准和任务书要求对送检的源数据的所有质量元素进行100%的检查，并评定源数据质量等级。

源数据最终检查中查出的质量缺陷由制作部门改正，并经质检部门签字确认后，源数据方可用于制作纸海图和电子海图。

纸海图（或电子海图）最终检查应在制作部门质检员完成过程检查后，由质检部门根据海图产品标准对由源数据制成纸海图（或电子海图）产品的工序环节所涉及的质量元素进行100%的检查，并评定纸海图（或电子海图）的质量等级。

纸海图（或电子海图）最终检查中查出的质量缺陷由制作部门改正，并经质检部门签字确认后，方可送印或发行。

**5. 产品验收**

纸海图（或电子海图）产品全部完工后，由任务下达机构或其委托单位组织验收。

**6. 质量记录**

质量检验过程中所查出的产品质量缺陷、提出的产品修改意见、评定的产品质量等级，各级质检员应详细、准确地记录在有关制作经历簿中，并签字确认。

## 7.2 海图质量检验过程和方法

### 7.2.1 海图质量管理体系的建立

海图质量管理体系是由产品质量保证体系和生产过程质量保证体系组成，是系统工程理论和方法在全面质量管理中的具体应用。它是围绕质量这个中心进行活动的。

由海图生产单位质量最高管理者负责的系列海图质量管理程序是海图质量体系的主要组成部分。同时，海图质量管理体系与中国海事履约体系相衔接，满足 IMO 强制审核相关要求，指导各级生产管理部门完成对应审核工作。海图质量管理体系是依据 ISO 9000 质量管理体系建立的海图编辑、绘制和管理的质量管理体系。

**1. 质量管理体系的架构**

ISO 9000 质量管理体系文件一般包括质量手册、程序文件、作业文件和质量记录四个层次，并且这四个层次文件呈金字塔结构。

1）质量手册

质量手册是编制 ISO 质量管理体系文件的"基本法"，是其他三个层次文件赖以产生的"母法"。质量手册的内容应包括组织基本情况的介绍、质量管理体系的范围、质量方针和目标、形成文件的程序、组织结构相关职责分配等。通过质量手册可对一个组织的质量管理状况有比较清楚和全面的了解。

2）程序文件

程序文件是用来描述为实施质量体系要素所涉及的各职能部门的活动的，是海图制图工作各岗位工作手册，是具体操作者执行的规程须知和使用说明。大致包括文件控制程序、记录控制程序、内审控制程序、不合格服务控制程序、纠正预防程序、人力资源管理程序等等。

3）作业文件

作业文件类似于现代人力资源管理中的职位说明书，但其内容却要比职位说明书更广泛。职位说明书是从静态上规定了岗位职责及相关标准，内容比较单一；而作业文件除此之外还应包括作业程序及过程等动态的内容。

4）质量记录

质量记录主要是以表格和报告的形式把质量工作的过程及内容记录下来，确保质量活动的可追溯性,并且可用作组织绩效考核的依据。质量记录是对客观事实的陈述,不能任意编造或篡改,它不仅记录了一个组织改进质量的过程,也为发现问题、解决问题和以后的预防措施提供了凭据。

质量体系文件编制的顺序,一般按文件的层次自上而下地进行,它是从整体到局部、从概略到详细的设计过程,在这逐级细化的设计过程中,往往会发现上一层次文件的不足,此时要做自下而上的修改,在编写过程中出现的反复现象也是合乎情理的。当编写质量手册时,感到由于对体系的总体要领尚不清楚而无从下手时,可先写程序文件,然后采用将程序文件内容加以提炼和概括的方法编写手册也是可行的。表 7.1 为某单位海图质量相关管理体系文件目录。

表 7.1　　　　　　　某单位海图质量相关管理体系文件目录

| 序号 | 文 件 名 称 | 文 件 编 号 | 责 任 单 位 |
|---|---|---|---|
|  | 质量手册 |  |  |
| 1 | 质量手册 | CEHUI-SC | 质量管理部门 |
|  | 程序文件 |  |  |
| 1 | 文件控制程序 | CEHUI-CX-01 | 质量管理部门 |
| 2 | 质量记录控制程序 | CEHUI-CX-02 | 质量管理部门 |
| 3 | 管理评审控制程序 | CEHUI-CX-03 | 质量管理部门 |
| 4 | 人力资源控制程序 | CEHUI-CX-04 | 人力资源部门 |
| 5 | 测绘设备控制程序 | CEHUI-CX-05 | 技术装备部门 |
| 6 | 测绘软件控制程序 | CEHUI-CX-06 | 技术装备部门 |
| 7 | 质量计划控制程序 | CEHUI-CX-07 | 质量管理部门 |
| 8 | 与顾客有关的过程控制程序 | CEHUI-CX-08 | 生产管理部门 |
| 9 | 测绘产品设计和开发控制程序 | CEHUI-CX-09 | 生产管理部门 |
| 10 | 采购控制程序 | CEHUI-CX-10 | 海图制图单位 |
| 11 | 制图过程控制程序 | CEHUI-CX-12 | 海图制图单位 |
| 12 | 航海图书发行改正控制程序 | CEHUI-CX-13 | 海图制图单位 |
| 13 | 内部质量审核控制程序 | CEHUI-CX-14 | 质量管理部门 |
| 14 | 不合格品控制程序 | CEHUI-CX-15 | 质量管理部门 |
| 15 | 质量数据信息统计分析程序 | CEHUI-CX-16 | 质量管理部门 |
| 16 | 改进控制程序 | CEHUI-CX-17 | 海图制图单位 |

续表

| 序号 | 文件名称 | 文件编号 | 责任单位 |
|---|---|---|---|
| | 须知文件 | | |
| 1 | CEHUI 档案管理办法 | CEHUI-XZ-001 | 质量管理部门 |
| 2 | 有效质量管理体系文件清单 | CEHUI-XZ-002 | 质量管理部门 |
| 3 | 有效技术文件清单（列明所有有效的技术标准、规范等） | CEHUI-XZ-003 | 质量管理部门 |
| 4 | 有效软件清单 | CEHUI-XZ-004 | 技术装备部门 |
| 5 | 职位说明书 | CEHUI-XZ-005 | 人力资源部门 |
| 6 | 海测大队设备管理办法 | CEHUI-XZ-006 | 技术装备部门 |
| 7 | 质量计划 | CEHUI-XZ-007 | 质量管理部门 |
| 8 | 制图任务书 | CEHUI-XZ-010 | 生产管理部门 |
| 9 | 设计和开发任务书 | CEHUI-XZ-011 | 生产管理部门 |
| 10 | 测绘产品质量检查验收办法及质量评定标准 | CEHUI-XZ-015 | 质量管理部门 |
| 11 | 测绘工程定额管理办法 | CEHUI-XZ-016 | 生产管理部门 |
| 12 | 工作目标责任制管理办法 | CEHUI-XZ-017 | 办公室 |
| 13 | 制图生产管理办法 | CEHUI-XZ-018 | 生产管理部门 |
| 14 | 改正通告管理办法 | CEHUI-XZ-010 | 海图制图单位 |
| 15 | 测绘资料管理办法 | CEHUI-XZ-020 | 海图制图单位 |
| 16 | 职工教育管理办法 | CEHUI-XZ-021 | 人力资源部门 |
| | 质量记录 | | |
| 1 | 航海图书资料验收记录 | CEHUI-CX-12-JL01 | 海图制图单位 |
| 2 | 航海图书资料管理台账 | CEHUI-CX-12-JL02 | 海图制图单位 |
| 3 | 制图经历簿 | CEHUI-CX-12-JL03 | 海图制图单位 |
| 3 | 海图用户管理台账 | CEHUI-CX-13-JL01 | 海图制图单位 |
| 4 | 小改正经历簿 | CEHUI-CX-13-JL02 | 海图制图单位 |
| 5 | 海图发行台账 | CEHUI-CX-13-JL02 | 海图制图单位 |
| 6 | 内部质量审核检查表 | CEHUI-CX-14-JL01 | 海图制图单位 |

**2. 质量保证体系的建立**

制定海图生产过程质量保证体系一般遵循如下步骤。

①依据 ISO9001：2008 标准，制定明确的质量管理目标和质量管理方针，方针和目标要可测量。

②对质量系统内部涉及人员的工作职责进行明确划分，做到职责分明、质量管理的层次分明，贯彻全员参与的指导原则。

③建立设备台账和程序性文件，指定可操作的作业指导书和工作用表格。

④依据海图质量管理中出现的不符合项，建立不符合项管理办法，突出不符合项目的认定、分析不符合项目产生的原因，提出纠正预防措施，建立不符合项目管理程序，制作可操作的表格、作业指导书。

⑤制定持续改进的计划，对持续改进计划进行审核，进行细分。

⑥建立用户满意度调查、分析，改进作业程序。

⑦在文件管理指导当中增加文件发放控制、过期作废文件的回收控制，外来文件的控制等程序，保证使用最新有效的文件，指定可操作的流程、表格。

### 7.2.2 海图生产的质量管理

**1. 海图生产和质量检验流程**

不同单位的海图生产及质量检验机构可能不同，主要的流程和重点环节大致相同（见图 7.1）。

图中是海图编绘至印刷原图完成的流程，中间需要经过审核、审批、检查和验收多重质量检验。在不同的环节重点关注的要素和内容会有所不同，重要的、涉及航海安全的要素必须 100%检查。

1）制作计划审核

主要审核本图的资料数据采用、图幅范围、数学基础、图名、图号、版次等是否符合纸海图产品规范和任务书要求。制作计划应在纸海图制图作业实施之前审核，审核通过后方可进行制图作业。

2）产品符合性检查

首先检查纸海图采用的资料数据以及图幅范围、比例尺、制图投影、坐标系统、基准纬度、图名、图号、版次等是否符合制作计划，然后检查由资料数据制作纸海图的过程中添加的、变动的要素是否准确。

3）纸海图质量检查的种类

①首版纸海图质量检查；

②添印图小改正质量检查；

③再版（新版）纸海图质量检查。

## 第 7 章 海图产品质量控制

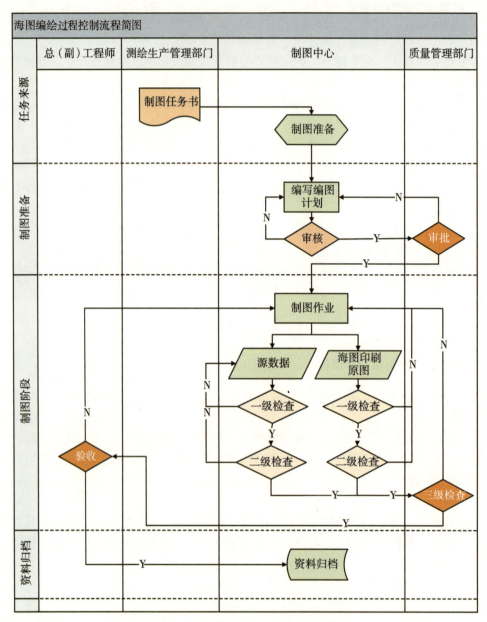

图 7.1 海图生产和质量检验流程图

**2. 纸海图质量检验的基本方法**

产品符合性检查采用以下组合方法。

①资料数据比对法:即利用制图软件将纸海图数据与相应产品层资料数据进行比对,判断纸海图采用的资料数据是否准确。

②基础信息屏幕查询法:即利用制图软件将纸海图在计算机屏幕上显示出来,然后查

询纸海图的图幅范围、比例尺、制图投影、坐标系统、基准纬度等数学基础信息的准确性。

③整饰注记屏幕查询法：即利用制图软件将纸海图在计算机屏幕上显示出来，然后查询纸海图的图廓样式、直线比例尺、标题、图表、图徽、图号、出版机关、版次、图积、小改正说明、套版线等整饰注记内容的准确性和规范性。

④编辑要素屏幕查询法：即利用制图软件将纸海图在计算机屏幕上显示出来，然后查询纸海图制作过程中添加、修改的要素，如罗经圈、分道通航带、潮流图、直体水深、移位水深、沉船、礁石、障碍物、道路、堤岸、锚地、禁锚区、轮渡线等编辑要素的准确性，以及压盖要素屏蔽处理的合理性。

⑤海图注记屏幕查询法：即利用制图软件将纸海图在计算机屏幕上显示出来，然后查询纸海图注记的内容、位置、字体、字级、字距、行距、注记关联等内容的准确性。

⑥小改正更新比对法：即利用制图软件将被检的纸海图数据与资料数据进行比对，查验在纸海图受检期间，本图涉及的资料数据是否有小改正更新。

⑦产品样图校对法：绘制产品样图，与上版图及现有制图资料进行直观比对，综合检查图面要素及整饰的准确性、规范性、合理性和美观性，并检查与相邻图幅的拼接情况。

**3. 电子海图质量检验方法**

电子海图的质量检验主要是借助电子海图质量检验专用软件进行电子海图覆盖、必备要素的完备性、要素之间不合理关系等检验。

需要人工判断的主要有：基础底图的准确性、合理性、属性要素的正确性等。

最后再通过 ECDIS 进行应用环境实际显示效果的检验。

### 7.2.3 基于标准库的海图质量检验方法

在实际生产中，数字海图主要采用对比法进行质量检验，即把数字化后的数据用绘图机绘制在透明薄膜上，与原图叠合，人工判断其准确性，或者在显示器上将资料图和新彼岸图用不同颜色显示，以判断其差异性。人工比对的方式带来错漏较多、重复劳动、效率低下等问题，急需一种数字环境下利用检测程序及适当人工干预的海图质量检测的方法。

标准库质量检测的方法主要检测基本不发生变化的要素如航标、潮信表和注记（具有标准名或固定位置的注记），并在此基础上通过扩展标准库的方法，将上一版海图纳入标准库则能够满足大部分海图质量检验的要求。

**1. 软件架构**

1）系统总体框架

海图质量标准库和规则库采用基于关系数据库的模式。数据库将提供开发式的应用接口，可以直接进行标准库和规则库的添加、修改、删除等操作。图 7.2 所示为海图质量检测原型系统总体框架。

## 第7章 海图产品质量控制

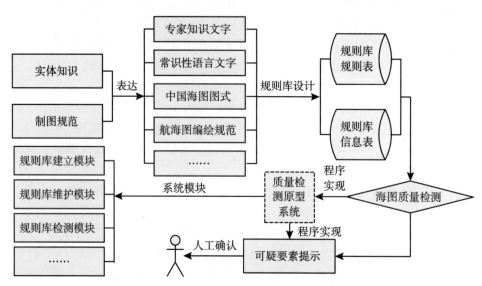

图 7.2 海图质量检测原型系统总体框架

2）系统构成

系统主要有海图管理模块、属性管理模块、图层管理模块、标准库检测模块、规则库检测模块和可疑要素输出模块，见图 7.3。

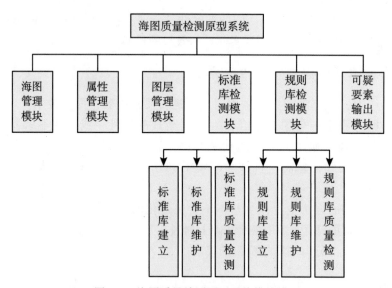

图 7.3 海图质量检测原型系统模块构成

海图管理模块：实现海图数据的管理，海图数据的输入输出以及海图数据格式的转换。

属性管理模块：实现海图要素属性项及属性格式的管理。

图层管理模块：实现海图图层构成、显示等的管理。

标准库检测模块：包括规则库信息表的建立和维护，及基于其检测海图质量的算法实现。

规则库检测模块：包括规则库的建立和维护，基于规则库实现知识表示、推理、检测海图的算法实现。

可疑要素输出模块：实现可疑要素的显示和输出。

**2. 主要功能**

1）界面介绍

数字海图质量检测系统界面包括主菜单、工具条、地物分类树、主窗口和状态条等，如图7.4所示。

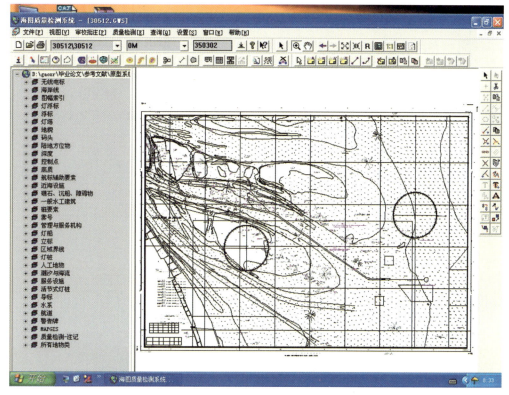

图 7.4　软件系统运行界面

2）系统功能实现

（1）标准库建库及其功能设计。

见图 7.5、图 7.6、图 7.7。

（2）规则库的建立。

见图 7.8、图 7.9。

图 7.5　标准库菜单

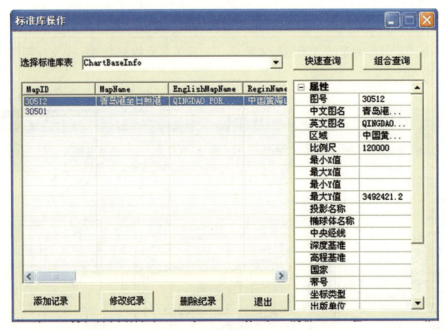

图 7.6　标准库更新维护

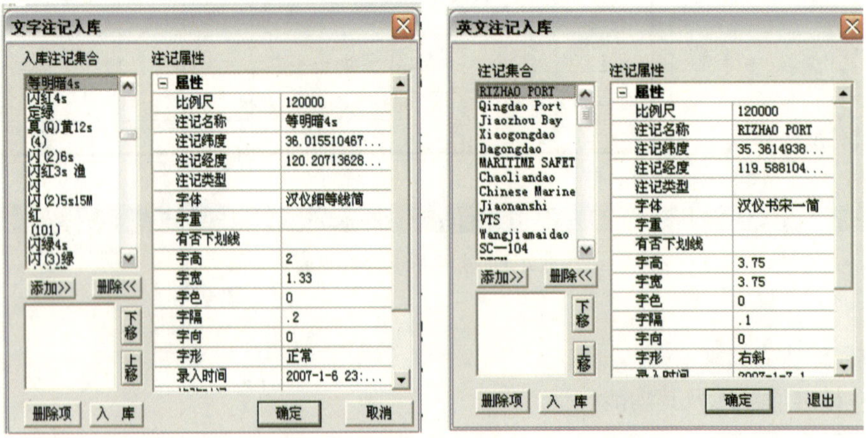

图 7.7　注记入库：指定范围的文字注记入库

图 7.8 规则库菜单

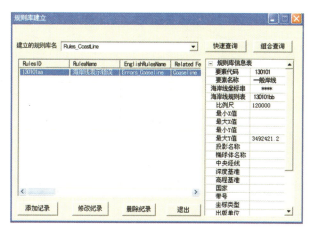

图 7.9 规则库的建立

(3) 质量检测结果。

见图 7.10 至图 7.14。

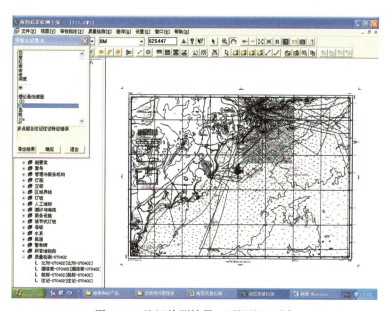

图 7.10 注记检测结果,可疑注记列表

第 7 章　海图产品质量控制

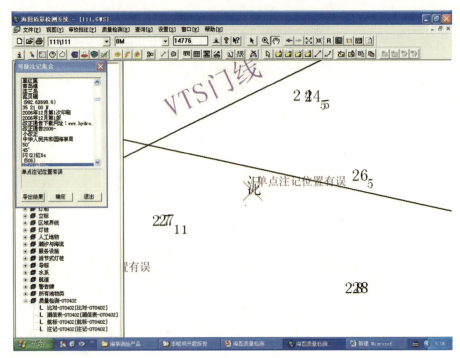

图 7.11　注记质量检测结果

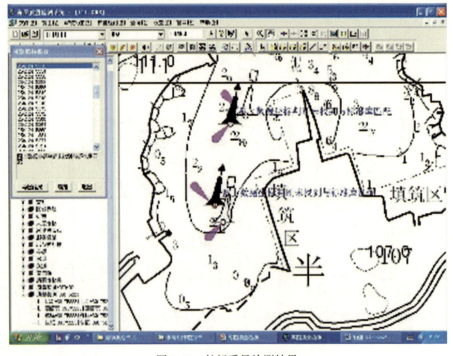

图 7.12　航标质量检测结果

7.2 海图质量检验过程和方法

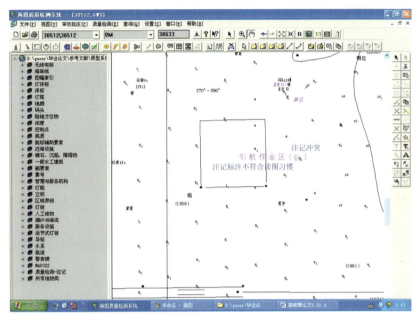

图 7.13 注记之间冲突以及注记标注不符合读图习惯

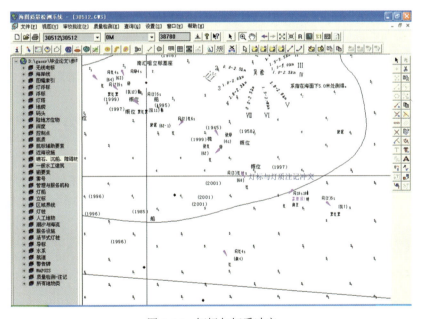

图 7.14 灯标与灯质冲突

从实际测试结果看，系统处理效率较高，对海图重要要素的质量检测结果合理。实能够为海图质量检验提供可靠的技术方法。

# 第 8 章　海洋空间信息的可视化

海洋空间信息的可视化是大规模海洋数据信息资源的视觉呈现，通过图形图像方面的技术与方法，可帮助理解和分析海洋数据。

## 8.1　海洋空间信息可视化的概念

### 8.1.1　海洋空间信息

#### 1. 海洋空间信息的定义

海洋数据是对海洋现象观察和记录的结果，而海洋信息则是被赋予了意义和目标的海洋数据。海洋空间信息是反映海洋地理实体空间分布特征的信息。空间分布特征包括实体的位置、形状及实体间的空间关系、区域空间结构等。通过对海洋空间信息的获取、感知、加工、分析和综合，可以揭示区域空间分布、变化的规律。海洋空间信息借助空间信息载体（图像和地图）进行传递，以图形作为表示空间信息的主要形式。一般的地理实体可被描述为点、线、面等基本图形元素，但海洋空间信息只有和属性信息、时间信息结合起来才能完整地描述地理实体。

海洋空间信息的来源广泛分布于空中、海面、水下、海底等全方位、多层次、立体式的空间中，描述了多尺度实体之间动态相互作用的复杂过程，在数据采集、数据质量控制、数据处理以及存储方式等方面具有明显的多源性和异构性。海洋空间范围庞大广阔、环境复杂、时空变化强烈，并且随着海洋观测技术和计算机模拟技术的迅速发展，分辨率更高、类型更多的海洋数据正在激增，若要做到及时、准确的测量和预报海洋空间信息，就需要快速发展海洋测量、海洋预报等技术，从而更加准确地描述、解释、可视化海洋复杂的空间信息。

#### 2. 海洋空间信息的特点

海洋空间信息是一种多样的、动态的、连续的时空信息，具有海量性、多类性、时空性等特征。随着海洋探测设备和信息技术的不断发展，海洋信息获取手段日益增多，海洋信息获取的速度和精度也在不断提高，获取的海洋数据量越来越大，呈现出海洋空间信息海量性的特征；海洋信息获取手段的多样化以及海洋观测要素的多元化，使得海洋空间信息呈现出多类性特征；海洋处于一个时刻动态变化的过程中，它和大气、陆地密切相关，使海洋空间信息表现为强时空性。

1）海量性

海洋数据主要通过陆地、海面、海底、水下、航空、航天等多种监控和监测设备获取，是大量不同历史、不同尺度、不同区域的数据的积累。早期由于技术手段的匮乏、投入少等原因，海洋环境调查多以年、月为周期。数据量相对较少。近年来，随着各种长期定点观测设备的使用，大量专项调查的开展，特别是"空、天、地、海"海洋立体观测技术的飞速发展，数据采集周期逐渐缩短，催生了高精度、高频度、大覆盖的海洋数据，数据量从 GB、TB 到 PB 量级，呈指数级增长，而其中遥感和浮标成为急剧增长的海洋数据"量"的主要获取手段。

2）多类性

海洋数据资料的来源非常广泛，主要包括海洋调查、观测、检测、专项调查、卫星遥感、其他各专项调查资料，以及国际交换资料等。这些资料的质量和精度等相关技术类数据信息又各不相同，包括监测方法、数据提取方法与模型、技术指标、仪器名称及参数、鉴定分析和测试方法、订正与校正方法及所涉及的相关技术标准等。而通过各种专业手段获取的各类海洋基础性数据又分属不同学科，主要包括海洋水文、海洋气象、卫星遥感、海洋化学、海洋生物、海洋地质、海洋地球物理、海底地形、人文地理、海洋经济、海洋资源、海洋管理等。另外，在国家海洋灾害和环境监测体系中，国家海洋局所属海洋环境监测机构有 90 多个，包括国家中心、海区中心、中心站、海洋站等各级机构。沿海地方所属海洋环境监测机构共有 130 多个，包括省级、单列市级、地市级、县级等各级机构。全国沿海各地分布着 1000 多个监测站位，我国海洋系统不同的单位和部门业已形成了多种多样的数据环境，如各类数据文件、操作型数据库（或称应用数据库）以及不甚规范的主题数据库（或称专题数据库、专业数据库）等，这些现实问题导致海洋数据的类型呈现多样化的特点。

3）时空性

相对于陆地而言，海洋空间信息更加强调过程。海洋的时空性主要体现在海洋现象方面。海洋现象的时空性不但存在于一定的空间范围内，还在时间上具有一定的连续性，不同时态的特征是不同的。在海洋现象中，不同时刻的特点是不同的，有些特征会发生变化。以漩涡为例，上一时刻与下一时刻其漩涡中心、漩涡边界、漩涡面积等都可能会发生变化。同样的，海洋水体的边界往往是渐变的，海岸线也会随着时间的推移产生变化。海洋环境数据的时空性在海洋研究中占据着非常重要的地位。

另外，随着海洋卫星、浮标、台站、航空遥感等各类观测平台被广泛应用于海洋空间信息的获取，使用新型的采集手段和技术极大地提高了海洋空间信息获取的时效性，数据采集周期逐渐缩短，由过去的多年或一年采集一次，逐渐发展为以日、小时、分钟甚至是秒来作为采集单位计量，使得海洋数据库中的信息不断变化，数据的更新也变得日益频繁，监测频率逐渐缩短，甚至可以达到全天候的监测。

**3. 海洋空间信息的分类**

海洋空间信息种类繁多，采用了层次分类的方法进行分类，将初始的分类对象按所选定的若干个属性或特征逐次分成相应的若干个层次的类目，并排成一个有层次的、逐级展开的分类体系。主要包括海洋资源信息、海洋经济信息、海洋环境信息、海洋基础地理信息、海洋文献信息、海洋法规信息。由于涉及的科学领域较为庞杂，本书着重介绍海洋环境信息和海洋地理信息的分类内容。

1）海洋环境信息分类

海洋环境信息主要分为：海洋水文数据、海洋气象数据、海洋遥感数据、海洋地质数据、海洋物理数据、海洋化学数据、海洋生物数据、海洋灾害数据。

海洋水文数据分为：温度、盐度、密度、海流、海浪、透明度、水色、海发光、海况、潮汐、海平面、水文调查水深、海冰、冰山等数据。

海洋气象数据分为：海面气压、海面气温、水气压、湿度、风、露点、云、天气现象、能见度、降水量等数据。

海洋遥感数据分为：卫星遥感、水色卫星、水色卫星应用等数据。

海洋地质数据分为：地质调查、地球物理等数据。

海洋物理数据分为：海洋环境噪声、水声、海底声特性、声能传播损失、水下辐照和衰减系数、海洋物理观测深度、海洋磁场、海洋电场等数据。

海洋化学数据分为：$CO_2$含量、pH值、溶解氧、化学需氧量、碱度、电位、悬浮物、浊度、有机质、叶绿素、硫化物、粪大肠菌数、有机氯化合物、营养盐、重金属、放射性物质、难降解有机物、石油类、细菌、生物信息等数据。

海洋生物数据分为：叶绿素 a 和初级生产物、海洋微生物、浮游生物、游泳生物、底栖生物、污损生物等数据。

海洋灾害数据分为：风暴潮灾害、赤潮灾害、海冰灾害、地震、海浪灾害、海啸、海底侵蚀灾害、海底崩塌等数据。

2）海洋基础地理信息分类

海洋基础地理信息分为：基础地理、沉船、障碍物、海上设施、海岸带陆地地理、海洋地貌、海底利用、航道、限制区等。

基础地理分为：岸线、礁石等。

沉船、障碍物分为：沉船、障碍物等。

海上设施分为：近海设施、浮标、立标等。

海岸带陆地地理分为：海岸带陆地行政地理、海岸带陆地交通、海岸带陆地方位物、海岸带陆地地貌、海岸带陆地水系等。

海洋地貌分为：浅海地貌、近海侵蚀、堆积地貌等。

海底利用分为：海底仓库、海底电缆、海底管道等。

航道分为：航道线、警戒线、环形道、雷达监测站、无线电报点等。

限制区分为：特殊限制区、军事限制区、海洋倾废区、锚地等。

**4. 海洋空间信息技术的研究内容**

海洋空间信息技术主要包括卫星定位系统、地理信息系统、遥感、海洋测量等多种理论与技术，同时结合计算机技术和通信技术，进行海洋空间数据的采集、量测、分析、存储、管理、显示、传播和应用等。

1）海洋空间信息的基准

主要包括：几何基准、物理基准和时间基准。基准是确定海洋空间信息几何形态和时空分布的基础，是海洋空间信息技术研究的基本问题。

2）海洋空间信息的标准

主要包括：海洋空间数据采集、存储与交换格式标准、数据精度和质量标准、海洋空间信息的分类与代码、海洋空间信息的安全、保密及技术服务标准等。标准问题是推动海洋空间信息产业发展的根本问题。

3）海洋空间信息的时空变化

揭示和掌握海洋空间信息的时空变化特征和规律，并加以形式化描述，形成规范化的理论基础；同时进行时间优化与空间尺度的组合，以解决诸如不同尺度下信息的衔接、共享、融合和变化检测等问题。

4）海洋空间信息的认知

海洋空间信息以海洋中各个相互联系、相互制约的元素为载体，在结构上具有圈层性，各元素之间的空间位置、空间形态、空间组织、空间层次、空间排列、空间格局、空间联系以及制约关系等均具可识别性。通过静态的形态分析、发生的成因分析、动态的过程分析、演化的力学分析以及时序的模拟分析来阐释与推演海洋现象，以达到对海洋空间的客观认知。

5）海洋空间信息的不确定性

主要包括：海洋数据类型的不确定性、空间位置的不确定性、空间关系的不确定性、时域的不确定性、逻辑上的不一致性和数据的不完整性。

6）海洋空间信息解译与反演

通过对海洋空间信息的定性解译和定量反演，揭示和展现海洋现象的状态和时空变化规律，从现象到本质解释海洋面临的资源、环境和灾害等诸多重大科学问题。

7）海洋空间信息的可视化

主要包括：海洋空间信息的可视化技术方法，涉及海洋空间数据库的多尺度（多比例尺）表示、数字地图自动综合、图形可视化、动态仿真和虚拟现实等。

### 8.1.2 海洋空间信息可视化

**1. 海洋空间信息可视化的定义**

在计算机学科的分类中，利用人眼的感知能力对数据进行交互的可视表达以增强认知的技术，称为可视化。它将不可见或难以直接显示的数据转化为可感知的图形、符号、颜色、纹理等，可增强数据识别效率，传递有效信息。海洋空间信息可视化是一种研究海洋空间数据视觉表现形式的技术。现代海洋空间信息可视化技术综合运用计算机图形学、图像处理、人机交互等技术，将采集或模拟的海洋数据变换为可识别的图形符号、图像、视频或动画，并以此呈现对用户有价值的信息。用户通过对可视化数据的感知，使用可视化交互工具进行海洋数据分析，获取知识并进一步提升为智慧。

从信息加工的角度看，丰富的信息将消耗大量的注意力，人们需要有效地分配注意力。精心设计的可视化可作为某种外部内存，辅助人们在人脑之外保存待处理信息，从而补充人脑有限的记忆内存，提高信息认知的效率。另一方面，视觉系统的高级处理过程中包含一个重要部分，即促使人们有意识地集中注意力。人类执行视觉搜索的效率通常只能保持几分钟，无法持久。图形化符号可高效地传递信息，将用户的注意力引导到重要的目标上。

**2. 海洋空间信息可视化的意义**

为了能够更加有效地开发利用海洋资源，保护海洋环境以及预防自然灾害，要加深对海洋的认识，掌握海洋规律。近年来，随着海洋科学的发展以及越来越多样的海洋观测设备，获取到的海洋空间数据快速增长，但这些数据往往规模很大且不易理解，如何将这些抽象的观测数据转变为一种易于理解的直观方式来帮助人们了解海洋内部规律成为当下的研究热点，也是越来越迫切的实际需求。

如今是一个信息爆炸的时代，每天都产生大量的数据，这些数据本身枯燥且不易理解，只有将这些数据进行有效的可视化，才能充分利用这些数据自身的价值。可视化技术发展到今天，给各个领域的研究分析工作带来了极大的便利。通过对海洋空间数据进行可视化，将不易于分析理解的海洋数据转变为表现形式丰富的可视化效果，能更加有效地帮助研究人员发现海洋内部规律，这对于更好地保护海洋环境、开发海洋资源都有着积极的作用，研究海洋空间信息可视化技术对于推动海洋科学的研究与发展具有重大意义。

抽象的数据不易于人类大脑的直观理解和高效分析，而图像可以构建一个直观形象的思维模式，能比数据带给人更多直观的有效信息，有助于我们学习和思考问题。海洋空间可视化技术就是使用计算机图形图像技术和人机交互技术将复杂抽象的海洋数据转变为直观的图形图像，使之更加符合人类的理解方式，清晰有效地传达与沟通信息。但是，这并不意味着海洋空间数据可视化就一定因为要实现其功能用途而令人感到枯燥乏味，或者是为了看上去绚丽多彩而显得极端复杂。为了有效地传达思想概念，美学形式与功能需要齐头并进，通过直观地传达关键的方面与特征，从而实现对于相当稀疏而又复杂的海洋空间数据集的深入洞察。

**3. 海洋空间信息可视化的分类**

海洋空间信息可视化的处理对象是海洋数据，包含科学数据的科学可视化与抽象的、非结构化信息的信息可视化两个分支。广义上，面向科学和工程领域的科学可视化研究带有空间坐标和几何信息的三维空间测量数据、计算模拟数据和遥感影像数据等，重点探索如何有效地呈现数据中的几何、拓扑和形状特征。信息可视化的处理对象则是非结构化、非几何的抽象数据，其核心挑战是如何针对大尺度高维数据减少视觉混淆对有用信息的干扰。

1）科学可视化（scientific visualization）

科学可视化是可视化领域最早、最成熟的一个跨学科研究与应用领域。由于海洋空间数据的类别可分为标量（密度、温度）、向量（风向、力场）、张量（压力、弥散）等三类，科学可视化也可粗略地分为三类。

(1) 空间标量场可视化。

标量指单个数值，即在每个记录的数据点上有一个单一的值。标量场（scalar fields）指空间采样位置上记录单个标量的数据场。

一维空间标量场指空间中沿着某一条路径采样得到的标量场数据。一维空间标量场数据通常可表达为一维函数，其定义域是空间路径位置或空间坐标的参数化变量，值域是不同的物理属性，如温度、湿度、气压、波长等。由于在数据采集时无法获取整个连续定义域内的数值，因此需要在 A2 情景下，不同纬度下海洋和陆地平均温度及降水量 2090—2099 年（预测，第一行）与 1980—1999 年平均温度及降水量（第二行）相比较的变化趋势，如图 8.1 所示。

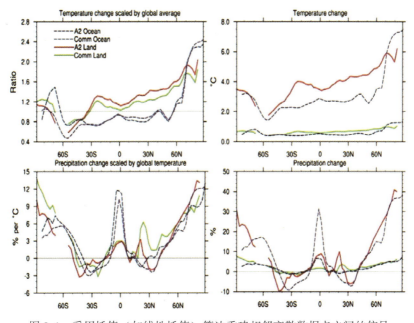

图 8.1　采用插值（如线性插值）算法重建相邻离散数据点之间的信号

二维空间标量场数据比一维数据更为常见，如二维地形图等，基本的可视化方法有颜色映射、等值线和高度图三类。如图 8.2 海水温度的二维图像所示。

三维数据场（3D data fields）指分布在三维物理空间，记录三维空间场的物理化学等属性及其演化规律的数据场。三维数据场本质是一个对连续信号采样形成的离散数据场，其中每个采样点上的数据类别可分为标量（scalar，例如强度、温度）、矢量（vector，例如风向、流向）和张量（tensor，例如压力）三大类。三维标量场数据的可视化方法最常用的三类是：截面可视化（volume clipping）、间接体绘制（indirect volume rendering）和直接体绘制（direct volume rendering，VR），如图 8.3 所示。

(2) 空间向量场可视化。

向量场在每一个采样点处是一个向量（一维数组）。向量代表某个方向或趋势，例如，来源于测量设备的风向和漩涡等；来源于数据仿真的速度和力等。向量场可视化的主

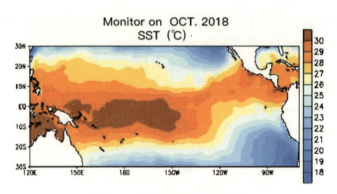

图 8.2 海水温度的二维图像

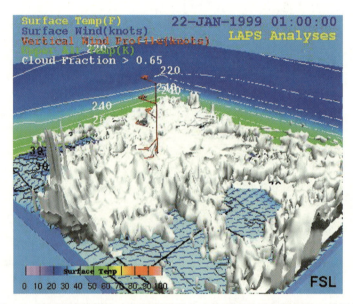

图 8.3 美国国家海洋和大气局预报的北克拉罗多的天气数据的三维图像

要关注点是其中蕴含的流体模式和关键特征区域。在实际应用中，由于二维或三维流场是最常见的向量场，所以流场可视化是向量场可视化中最重要的组成部分。可视化效果如图 8.4~图 8.6 所示。除了通过拓扑或几何方法计算向量场的特征点、特征线或特征区域外，对向量场直接进行可视化的方法包括三类。第一类方法称为粒子对流法，其关键思想是模拟粒子在向量场中以某种方式流动，获得的几何轨迹可以反映向量场的流体模式。这类方法包括流线、流面、流体、迹线和脉线等。第二类方法是将向量场转换为一帧或多帧纹理图像，为观察者提供直观的影像展示。标准做法有随机噪声纹理法、线积分卷积（LIC）法等。第三类方法是采用简化易懂的图标编码单个或简化后的向量信息，可提供详细信息的查询与计算。标准做法有线条、箭头和方向标志符等。

（3）张量场可视化。

8.1 海洋空间信息可视化的概念

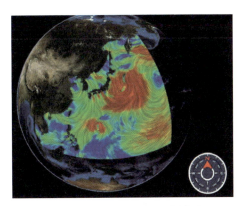

图 8.4 线积分卷积可视化效果

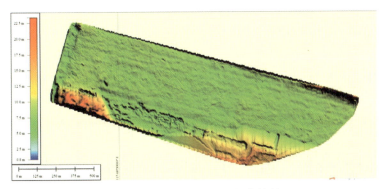

图 8.5 三维海底地形可视化效果

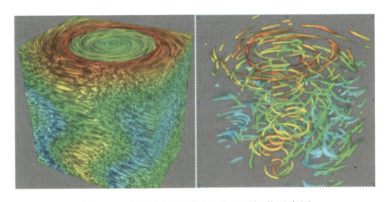

图 8.6 不同噪声模型下的纹理可视化示意图

张量是矢量的推广，标量可看作 0 阶张量，矢量可看作 1 阶张量。张量场可视化方法分为基于纹理、几何和拓扑三类。基于纹理的方法将张量场转换为静态图像或动态图像序列，图示张量场的全局属性。其思路是将张量场简化为向量场，进而采用线积分法、噪声纹理法等方法显示。基于几何的方法显式地生成刻画某类张量场属性的几何表达。其中，

353

图标法采用某种几何形式表达单个张量,如椭球和超二次曲面;超流线法将张量转换为向量(如二阶对称张量的主特征方向),再沿主特征方向进行积分,形成流线、流面或流体。基于拓扑的方法计算张量场的拓扑特征(如关键点、奇点、灭点、分叉点和退化线等),依次将感兴趣区域剖分为具有相同属性的子区域,并建立对应的图结构,实现拓扑简化、拓扑跟踪和拓扑显示。基于拓扑的方法可有效地生成多变量场的定性结构,快速构造全局流场结构,特别适合于数值模拟或实验模拟生成的大尺度数据。可视化效果如图8.7、图8.8所示。

图 8.7　地震模拟数据中的反对称二阶二维张量场

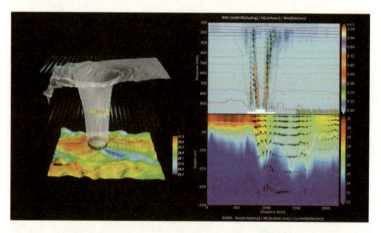

图 8.8　台风过程中海气相互作用模式的可视化分析

2)信息可视化(information visualization)

信息可视化处理的对象是抽象的、非结构化的数据集合(如文本、图表、层次结构、地图、软件、复杂系统等)。传统的信息可视化起源于统计图形学,又与信息图形、视觉设计等现代技术相关。其表现形式通常在二维空间,因此关键问题是在有限的展现空间中以直观的方式传达大量的抽象信息。与科学可视化相比,信息可视化更关注抽象、高维数据。此类数据通常不具有空间中位置的属性,因此要根据特定数据分析的需求,决定数据元素在空间的布局。因为信息可视化的方法与所针对的数据类型紧密相关,所以通常按数据类型可以大致分为如下几类。

(1) 时空数据可视化。

时间与空间是描述事物的必要因素,因此,地理信息数据和时变数据的可视化也显得至关重要。对于地理信息数据可视化来说,合理地选择和布局地图上的可视化元素,从而呈现尽可能多的信息是关键。时变数据通常具有线性和周期性两种特征,需要依此选择不同的可视化方法。可视化效果如图8.9所示。

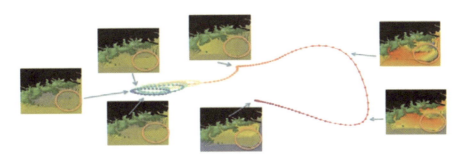

图8.9 基于线表示的三维时变模拟飓风体数据集可视化

(2) 层次与网络结构数据可视化。

网络(图)数据是现实世界中最常见的数据类型之一。层次结构(树)则是有一个根节点且不存在回路的特殊网络。层次与网络结构数据都通常使用点线图来可视化,如何在空间中合理有效地布局节点和连线是可视化的关键。可视化效果如图8.10所示。

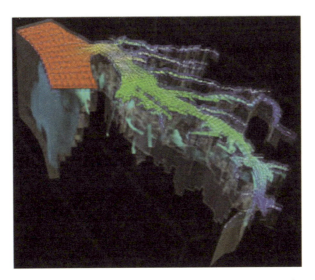

图8.10 盐度切面可视化与溶解氧等值面和流场相结合

(3) 文本和跨媒体数据可视化。

从非结构化文本数据中提取结构化信息,通过可视化呈现其中蕴涵的有价值的信息将大大提高人们对于这些数据的利用率。

## 8.2 海洋空间信息可视化的基本方法

### 8.2.1 电子海图的解析

**1. ISO 8211lib**

S-57 中定义了电子海图的理论模型和数据结构，旨在实现传输描述真实世界的数据。真实世界非常复杂，想要完整地描述是不现实的，因此必须使用一个简化的、高度具体的真实世界视图。该标准是通过模拟现实来实现的，它将现实世界实体定义为描述和空间特征的组合。

在电子海图的理论模型中，空间特征是根据特征对象和空间对象定义的。特征对象和空间对象被定义为一组可识别的信息。特征对象和空间对象可能具有属性，并且可能与其他对象相关。要素对象包含描述性属性，不包含任何几何图形（即关于真实实体的形状和位置的信息）。空间对象可能具有描述性属性，并且必须包含几何图形。要素对象通过与一个或多个空间对象的关系来定位。要素对象可能不引用空间对象而存在，但每个空间对象必须由要素对象引用。

S-57 标准封装格式是 ISO/IEC 8211 国际标准，封装标准的基础是文件，逻辑记录是封装标准的基本成分。ISO8211lib 是一个简单的 ISO/IEC 8211 格式文件的阅读器，它由开源的、易于编译和集成的 C++代码组成，专门用于读取符合 ISO 8211 封装标准的数据文件，如 S-57 电子海图数据格式和空间数据传输标准数据集（SDTS）。

一个 8211 文件（DDFModule）由一系列逻辑记录组成。第一个记录是特殊的，被称为数据描述记录（Data Description Record，DDR），它基本上包含了下列数据记录上可能出现的所有数据对象（字段或 DDFFieldDefn 对象）的定义。其余的记录称为数据记录（data records-DDFRecord，DRs）。它们各自包含一个或多个字段（DDFField）实例。尽管一些特定的数据标准可能隐含了更具体的要求，如 SDTS 或 S-57，但哪些字段出现在哪些记录上并不是由 ISO 8211 定义的。

每个字段实例都有一个名称，由一系列子字段组成。一个给定的字段在每个字段实例中总是有相同的子字段，这些子字段在 DDR 中定义（DDFSubfieldDefn），并与它们的字段定义（DDFFieldDefn）相关联。在 DR 中一个字段可能出现 0 次、1 次或多次。

每个子字段都有一个名称、格式（来自 DDFSubfieldDefn）和特定 DR 的实际子字段数据。有些字段包含一组子字段的数组。例如，坐标字段可能有 X 和 Y 子字段，它们可能在一个坐标字段中重复多次，表示一系列点。

ISO 8211.h 包含了所有公共的 ISO 8211lib 类（见表 8-1）、枚举和其他服务的定义。要建立对 ISO 8211 数据集的访问，首先要实例化一个 DDFModule 对象，然后使用 DDFModule::Open（）方法读取 DDR，并建立所有 DDFFieldDefn 和 DDFSubfieldDefn 对象，这些对象可以从 DDFModule 中查询。

表 8.1 **ISO 8211lib 的类**

| | 详 细 描 述 |
|---|---|
| DDFModule 类 | 用于读取 ISO 8211 文件的主要类。该类包含从 DDR 记录中读取的所有信息，用于从文件中读取记录。 |
| DDFFieldDefn 类 | 从 DDR 定义一个字段的信息。一个字段是为 DDFModule 定义的，并不意味着它实际出现在模块中的任何记录上。DDFFieldDefns 通常只是作为 DDFSubfieldDefns 的容器。 |
| DDFSubfieldDefn 类 | DDR 记录中描述 DDFFieldDefn 的一个子字段的信息。一个字段的所有子字段都会在该字段在 DDFRecord 中的每次出现（作为 DDFField）中出现。子字段实际上包含格式化的数据（作为记录中的实例）。 |
| DDFRecord 类 | 包含来自数据记录（DR）的实例数据。数据包含在 DDFField 实例列表中，这些实例将原始数据划分为字段。 |
| DDFField 类 | 该对象代表 DDFRecord 中的一个字段。这个模型是一个字段数据的实例，而不是由 DDFFieldDefn 类处理的数据定义。DDFField 并没有 DDFSubfield 子字段。要提取子字段值，需要使用 GetSubfieldData（) 来找到正确的数据指针，然后使用 ExtractIntData（)、ExtractFloatData（) 或 ExtractStringData（)。 |

使用 DDFModule：:ReadRecord（) 来获取数据记录（DDFRecord）。当读取一条记录时，会创建该记录上的字段对象列表（DDFField）。它们可以通过各种 DDFRecord 方法进行查询。DDFField 中各个子字段的数据指针可以通过 DDFField：:GetSubfieldData（) 获取。可以使用 DDFSubfieldDefn：:ExtractIntValue（)、DDFSubfieldDefn：:ExtractStringValue（)或 DDFSubfieldDefn：:ExtractFloatValue（) 中的一个来提取数据值。注意，没有 DDFField 单个子字段的实例化对象。相反，应用程序提取一个指向子字段原始数据的指针，然后使用该子字段的 DDFSubfieldDefn 从原始数据中提取一个可用的值。当遇到了文件的末尾（DDFModule：:ReadRecord（) 返回 NULL），DDFModule 应该被删除，这将关闭文件，并清理所有的记录、定义和相关对象。

海图数据解析过程：

（1）打开.000 格式海图文件，创建一个 DDFModule 类对象 Module，调用 Open（) 函数。

（2）创建一个 DDFRecord 类指针 *pointRecord，调用类对象 Modul 下 ReadRecord（) 函数，并将返回值传递给 *pointRecord。

（3）调用 pointRecord->GetField（) 函数，并将返回值传递给 DDFField 类指针 *pointField进行实例化。

（4）调用 pointField->GetFieldDefn（) 函数，返回值传给 DDFFieldDefn 类的实例化指针 *pointFieldDefn。

（5）调用 pointFieldDefn->GetName（) 函数和 pointFieldDefn->GetDescritpion（) 函数，读取字段的名称及数据。

（6）调用 pointField->GetSubfield（) 函数，将返回值传给 DDFSubFieldDefn 类的实例

化指针 * poSFDefn 实例化。

（7）调用 poSFDefn->ExtraetData（）函数，读取指针 * poSFDefn 中的数据。

**2. GDAL**

GDAL 是一个用于栅格和矢量地理空间数据格式的转换程序库，它为所有支持格式的调用应用程序提供单个栅格抽象数据模型和单个矢量抽象数据模型。它还附带了各种有用的命令行实用程序，用于数据转换和处理。其中 OGR 是对 GDAL 的扩展，功能与 GDAL 类似，主要提供对矢量数据格式的读写，支持 S-57 电子海图格式，其中 S-57 reader 类是对 ISO 8211lib 库的封装，该类中包含读取 S-57 电子海图数据文件所用到的基本函数。

OGR 中关于 S-57 读取的官方文档在 https：//gdal.org/drivers/vector/s57.html 可以看到，其中需要注意 OGR 的 S-57 驱动模块将处理 S-57 文件里所有的 feature 要素，其中 S-57 的特征物标（feature objects）转换为要素（feature），空间物标（geometry objects）自动转换化对应要素下的空间几何对象。S-57 reader 依赖于在运行时的两个支持文件 s57objectclasses.csv 和 s57attributes.csv，以便以特定对象类的方式转换功能。它们应该位于环境变量 S57_CSV 所指向的目录中，或者位于当前工作目录中。

在 OGR 中，从 S-57 文件读取的所有要素根据物标类型（OBJL）归属于相应的图层，例如，OBJL 值为 2 时，该功能为"Airport/airfield"，其短名称为"AIRARE"，用作层名称。典型的 S-57 传输将有超过 100 层。这类似于 GIS 里的 shape 格式，对应的图层下有要素（feature），要素下面有字段（field）和几何对象（geometry），要素的几何形状可以从几何形状中获取，要素属性可以从字段中获取。

每个特征类型都有一组预定义的属性，这些属性由 S-57 标准定义。例如，airport（AIRARE）对象类可以具有 AIRARE、CATAIR、CONDTN、CONVIS、NOBJNM、OBJNAM、STATUS、INFORM、NINFOM、NTXTDS、PICREP、SCAMAX、SCAMIN、TXTDSC、RECDAT、RECIND、SORDAT 和 SORIND 属性。使用 S-57 对象/属性编目，可以将这些短名称与更长的、更有意义的名称联系起来，例如 S-57 标准文档或目录文件（s57attributes.csv、s57objectclasses.csv）。

为了有效地表示许多可用的数据点，深度信息（Depth soundings）在某种程度上以 S-57 格式进行了特殊处理。在 S-57 中，一个探测特征可以有许多探测点。S-57 reader 将这些内容分成自身的要素类型"SOUNDG"和数据类型"s57_point3d"。在读取深度信息时需要设置 S-57 Control Options 中的 ADD_SOUNDG_DEPTH 选项为 ON。来自同一特征记录的所有深度信息将具有相同的 AGEN、FIDN、FIDS 和 LNAM 值。

表 8.2 要素常见属性，包括出现在所有要素上的通用属性，而不考虑对象类。

表 8.2　　　　　　　　　　　要素常见属性

| 属性名称 | 说明 | 定义 |
| --- | --- | --- |
| GRUP | 群编号 | 全部要素 |
| OBJL | 对象标签的代码 | 全部要素 |
| RVER | 版本记录 | |

续表

| 属性名称 | 说明 | 定义 |
|---|---|---|
| AGEN | 数字机构代码 | 全部要素 |
| FIDN | 特征识别码 | 全部要素 |
| FIDS | 特征识别细分 | 全部要素 |
| INFORM | 信息型文本 | 部分要素 |
| NINFOM | 国家语言的信息性文本 | 部分要素 |
| OBJNAM | 对象名 | 部分要素 |
| NOBJNM | 国家语言的对象名 | 部分要素 |
| SCAMAX | 显示的最大比例 | 部分要素 |
| SCAMIN | 显示的最小比例 | 部分要素 |
| SORDAT | 源数据 | 部分要素 |

当需要把 S-57 文件里特定图层的信息提取出来时，在 S-57 文件解析后，可以把感兴趣的信息保存到 XML 文件中，方便后续的处理。在 C++中对 XML 文件处理，可以使用 XML 开源解析库 TinyXML。这个解析库的模型通过解析 XML 文件，然后在内存中生成 DOM 模型，从而很方便的遍历这棵 XML 树。解析和存储效果如图 8.11 所示，按图层要素顺序依次组织。

```
<?xml version="1.0" ?>
<China>
    <!-- GeographInfo for China -->
    <GeometryInfo>
        <Feature Feature_ID="562">
            <Feature_Count>0</Feature_Count>
            <Feature_Type>Polygon</Feature_Type>
            <wayPoint>
                <waypoint>
                    <waypoint_ID>295</waypoint_ID>
                    <longitude>-167.285492</longitude>
                    <latitude>53.365185</latitude>
                    <elevation>0.000000</elevation>
                </waypoint>
                <waypoint>
                    <waypoint_ID>296</waypoint_ID>
                    <longitude>-167.293411</longitude>
                    <latitude>53.362225</latitude>
                    <elevation>0.000000</elevation>
                </waypoint>
                <waypoint>
                    <waypoint_ID>297</waypoint_ID>
                    <longitude>-167.300339</longitude>
                    <latitude>53.358082</latitude>
                    <elevation>0.000000</elevation>
                </waypoint>
                <waypoint>
                    <waypoint_ID>298</waypoint_ID>
                    <longitude>-167.303314</longitude>
                    <latitude>53.353344</latitude>
                    <elevation>0.000000</elevation>
                </waypoint>
            </wayPoint>
```

图 8.11 XML 解析和存储效果

## 8.2.2 插值算法

线性插值是指插值函数为一次多项式的插值方式，其在插值节点上的插值误差为零。线性插值相比其他插值方式，如抛物线插值，具有简单、方便的特点。线性插值的几何意义为用两点间的直线来近似地表示原函数。线性插值可以用来近似代替原函数，也可以用来计算得到查表过程中表中没有的数值。本书简要介绍双线性插值的原理。

双线性插值算法是先在一个方向上进行一次线性插值后得到两个临时的虚点，再根据两个虚点的坐标和值算出目标点的线性插值。如图 8.12 所示。

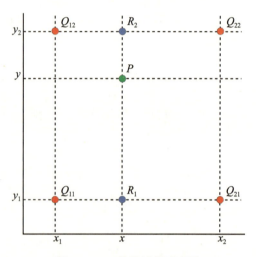

图 8.12 双线性插值示意图

假设四个已知点的坐标和值：$Q_{11}$ $(x_1, y_1)$，$Q_{12}$ $(x_1, y_2)$，$Q_{21}$ $(x_2, y_1)$，$Q_{22}$ $(x_2, y_2)$，这些点和值的对应法则为 $f$，如 $f(Q_{11})$ 表示 $Q_{11}$ 的值。现在求 $P$ $(x, y)$ 为在对应法则 $f$ 下的值。很明显单一的对应法则 $f$ 是无法求得 $P$ 点的值，需要另外的一个法则来帮助，这便是线性插值方案。

先在 $X$ 方向上线性插值：

$$f(R_1) \approx \frac{x_2 - x}{x_2 - x_1}f(Q_{11}) + \frac{x - x_1}{x_2 - x_1}f(Q_{21}) \text{ where } R_1 = (x, y_1)$$

$$f(R_2) \approx \frac{x_2 - x}{x_2 - x_1}f(Q_{12}) + \frac{x - x_1}{x_2 - x_1}f(Q_{22}) \text{ where } R_2 = (x, y_2)$$

再在 $Y$ 方向进行线性插值：

$$f(P) \approx \frac{y_2 - y}{y_2 - y_1}f(R_1) + \frac{y - y_1}{y_2 - y_1}f(R_2)$$

这样就可以得到 $P$ 值的表达式，代入展开得

$$f(x, y) \approx \frac{f(Q_{11})}{(x_2 - x_1)(y_2 - y_1)}(x_2 - x)(y_2 - y) + \frac{f(Q_{21})}{(x_2 - x_1)(y_2 - y_1)}(x - x_1)(y_2 - y) +$$

$$\frac{f(Q_{12})}{(x_2-x_1)(y_2-y_1)}(x_2-x)(y-y_1)+\frac{f(Q_{22})}{(x_2-x_1)(y_2-y_1)}$$

如果四个点为 (0, 0) … (1, 1)，P 点坐标为 (x, y)：
$$f(x,y) \approx f(0,0)(1-x)(1-y)+f(1,0)x(1-y)+f(0,1)(1-x)y+f(1,1)xy$$

或者使用矩阵表示：
$$f(x,y) \approx [1-x \quad x] \begin{bmatrix} f(0,0) & f(0,1) \\ f(1,0) & f(1,1) \end{bmatrix} \begin{bmatrix} 1-y \\ y \end{bmatrix}$$

### 8.2.3 流场可视化技术

在现实生活中有很多物理现象如水流、气流，由于其自身是透明的，人们很难观察其内在结构，所以就需要借助科学的手段对其进行特殊处理，使其以一种可见的方式展现在人们面前，透过抽象复杂的数据本身，可以有效地获得流场的内部流动规律，这也是流场可视化技术存在的意义。一般流场可视化方法依据视觉表现形式来进行分类，可以分为直接可视化、几何可视化、基于纹理的可视化和基于特征的可视化四类，对流场可视化方法总结如图 8.13 所示。

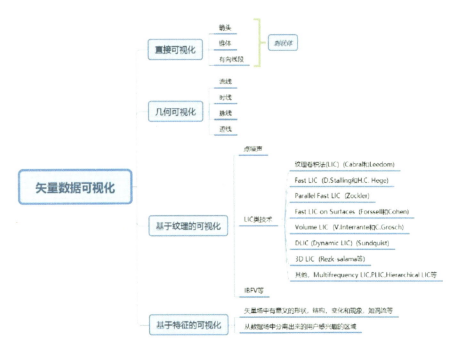

图 8.13 流场可视化方法总结

流场可视化的主要任务就是对流场内部规律与信息进行直观的展示，流场可视化应用广泛，在计算流体力学、空气动力学、气象学、海洋科学等学科具有重要的作用。流场可视化方法的分类标准有很多，如果根据呈现效果来区分，可以分为静态流场可视化和动态流场可视化;根据数据维度也可以分为一维数据可视化、二维数据可视化以及三维数据可视化;根据数据性质又可以分为标量数据可视化和矢量数据可视化。

**1. 直接可视化**

直接可视化是指使用如图标或颜色编码等简单表现形式对流场数据进行可视化的技术,是一种最简单、最直接表达流场的方法,其渲染速度快。其中使用箭头的点图标法是最常使用的直接可视化方法,对于流场中每一个采样点直接使用一个箭头来映射此处的数据。比如洋流场中,箭头的指向表示洋流流动的方向,箭头的长度用来表示洋流流速的大小。点图标虽然简单渲染快,但其缺点也是显而易见的。当流场的数据较为密集的时候,对所有数据进行图标映射可能会导致箭头发生重叠的现象,使得可视化结果杂乱无章,无法清晰地分辨流场的流动规律,当流场中的数据较为稀疏的时候对于重要区域的变化细节就无法体现。当数据数值较小时,可能出现某些区域图标太短以致看不出方向;而数值较大时,又会导致图标太长,视觉上效果不佳。点图标可视化效果如图 8.14 所示。

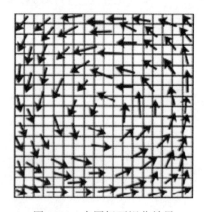

图 8.14 点图标可视化效果

在二维矢量场中,使用箭头法来描述还是可以得到比较好的视觉效果的,只要确保箭头不要相互覆盖即可。但是对于三维的矢量场,用箭头来表示就会比较复杂。因为箭头的方向展示的就是矢量的方向,在三维的情况下,通过透视变换来表达深度信息,在某些时候会产生二义性。如图 8.15 所示。

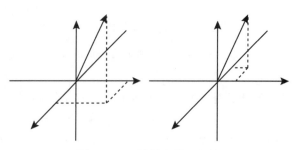

图 8.15 三维箭头的二义性

## 2. 几何可视化

几何可视化主要采用矢量线和矢量面来可视化流场数据。其中矢量线包括流线、脉线和迹线。流线可以用来表示某一个时刻流场中的流体运动方向，流线上每一点的速度方向均与流线相切。脉线是通过不同时间在相同位置释放的粒子连接的矢量线，在任何时刻，任何一点上的脉线都不是唯一的。迹线是矢量场中无质量的粒子运动后留下的轨迹，在任何时候，除了关键点之外，只有一条迹线穿过其他任意一个点，在对非定常流场进行可视化时，迹线是常用的表现形式。其中，流线是最常使用的可视化方法，图 8.16 是流线可视化效果图。在定常流场中，流线、迹线和脉线是等价的。

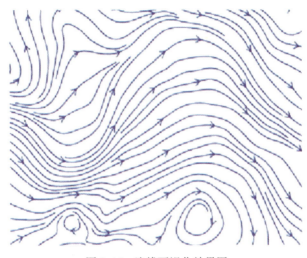

图 8.16　流线可视化效果图

流线是一种精确、直观、连续性较好的可视化方法，影响其效果的主要因素有两个：一个是种子点的位置选取，即流线起点的确定。另一个是种子点的数目，种子点太多容易导致计算量增多，而太少或位置选取太差就可能忽略流场中的关键特征。尤其在三维流场中，流线的数量对视觉效果有很大影响，过多的流线会导致彼此之间存在遮挡，视觉效果不佳，所以如何规划流线布局是一个需要仔细考虑的问题。

## 3. 纹理可视化

纹理可视化在流场可视化中占有重要地位，高质量的纹理具有连续的空间性，能清晰地反映流场的变化和细节信息。纹理可视化方法由于其稠密的纹理具有天生的全局性，可以清晰地表达流场所有的局部细节，避免了如流线可视化的种子点放置问题。基于纹理的可视化技术主要包括点噪声算法、线积分卷积（LIC）算法和纹理平流算法。

点噪声的方法是较早出现的将纹理用于流场可视化的方法，该方法放置随机的噪声点，通过对噪声进行滤波来生成图像，对于存在剧烈变化的流场，该方法的可视化效果较差。针对这一问题后来提出增强点噪声法来解决该问题。由于相对于其他的纹理可视化方法,点噪声法计算耗时长,缺陷较为明显,几乎很少被使用。

线积分卷积法是纹理可视化中最常用的方法,使用一维低通滤波核函数沿流线正反方向对噪声纹理进行对称卷积,从而得到整个流场的纹理图像,图 8.17 是线积分卷积的可视化效果图。

图 8.17 线积分卷积的可视化效果图

纹理平流方法将图像纹理沿着流场方向进行平流,从而对流场的内部信息进行表达。该方法主要通过将前一帧图像沿矢量方向平流再与噪声背景图片混合来产生下一帧图像,执行效率高,渲染速度快,具有实时性交互的优点,并且具有广泛的适用性,可以拿来进行流场动画,解决 LIC 静态图像流模糊问题。但也存在一些缺点,第一是生成的图像纹理间对比度差,第二是对于流速较快和较慢的区域可视化效果不佳。

在三维空间中,基于纹理的可视化技术主要面临的挑战包括:第一,计算工作量大,每个采样点都需要进行计算,因此对三维流场纹理可视化的计算量高于二维流场数个数量级;第二,在三维流场中存在大量的覆盖或遮挡现象,容易导致显示混乱。为了解决这些问题,未来的研究应该集中在提高可视化的性能和质量,避免遮盖和显示障碍以及实现深度感知等方面。

**4. 特征可视化**

由于需要可视化的流场数据有时规模很大,往往很难找到一种有效的方法展现流场的全部信息,为了提高计算速度同时有效地利用流场数据,人们自然想到对数据进行分析、处理操作抽取流场特征。所谓特征,具有两方面的含义,其一是指流场中有意义的结构、形状和现象，如激波、涡旋等；另外一种含义是指用户感兴趣的流场区域。特征可视化是在保证准确性的前提下，通过某种特征提取算法对用户不感兴趣的、多余的数据进行忽略处理，只重点关注流场中特征区域的可视化，相对于其他可视化方法，特征可视化能够突出流场的特征结构。基于特征的流场可视化主要方法是拓扑结构分析，流场的拓扑结构可以完整的显示整个流场的轮廓信息，形成流场拓扑结构的关键是对临界点的计算与分类，流场中矢量在每个维度同时为零的点就是临界点。流场数据中蕴含的特征信息决定了特征可视化的效果，因此特征可视化具有数据依赖性。

### 8.2.4 体绘制技术

体绘制技术是在计算机图形学、数字图像处理和计算机视觉等学科相关知识的基础上发展起来的一门交叉学科，也是一种直接由三维数据场产生屏幕上二维图像的技术。传统的计算机图形学只关注物体表面的几何表示、变换和显示问题。而体绘制则研究含有物体内部信息的体数据的表示、操作和显示等问题。其优点是可以探索物体的内部结构，描述非常定形的物体；缺点是数据存储量大，计算时间较长。因此，体绘制比表面显示包含的信息更丰富、更完整，适合于表达人体组织、流体、海洋体、气象等含有复杂内部信息的数据。

体绘制技术依据是否提取曲面可以细分为直接体绘制和间接体绘制两大类。其中间接体绘制由体数据中提取等值面，并进行多边形网络的绘制。直接体绘制将体数据作为离散三维数据场，通过颜色值及不透明度映射直接由三维数据场的数据集在屏幕上形成二维图像。目前在实际应用中主要的算法包括光线投射算法、足迹表法、错切变换法，其中光线投射算法由于其方法简单、绘制效果较好且易于进行GPU移植实现，因此最为重要。

1）光线投射算法

光线投射算法是当前使用最广泛的生成真实感图形的体绘制方法。通常，当光线穿过体素空间时，经过的相关体素由于光线反射原因会发光，同时对光线起到一定的阻碍作用，颜色值与不透明度也就成为该算法中的两个重要因素。光线投射算法的基本思想是从视点出发的假象光线穿过体数据空间后，随着光线的传播将其对应的体素的颜色值及不透明度进行累积并合成以确定最终能够代表该光线的值。由于该算法中主要的两个步骤重采样及图像合成是依据屏幕上每条扫描线的每个像素依次进行的，因此该算法又称为图像空间扫描的体绘制算法。算法中的主要内容包括数据分类、颜色赋值、图像合成等关键步骤。

以海洋空间信息绘制为例，体绘制将三维海洋体数据场通过颜色转换的方法进行颜色累积直接绘制在二维屏幕上，而不生成中间几何图元。体数据空间中每一点对应的海洋水文属性值只有大小没有颜色，在绘制过程中根据人为设置的转换函数赋予颜色，因此最终用户看到的可视化结果是伪彩色，是人们实际生活中常用的能够理解和接受的颜色。体绘制最终颜色生成是在对体数据进行重采样后，计算和累积全部采样点对成像平面像素点的贡献，也就是每一个像素的光强值 $I$（intensity）与生成颜色（RGB）之间的关系。为了实现这一功能,需要给出体数据的光学模型,用它来描述体数据是如何产生、反射、阻挡以及散射光线,从而计算出全部采样点对屏幕像素的贡献。对海水中的温度、盐度、密度进行可视化计算的可视化效果如图 8.18 所示。

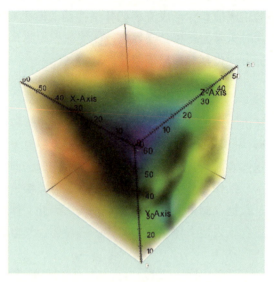

图 8.18　对海水中的温度、盐度、密度进行可视化计算的可视化效果

2) 足迹表算法

足迹表算法是一种以物体空间为序进行体绘制的算法。该算法主要用于解决对采样点重构和进行空间卷积域积分运算时计算量过大的问题。足迹表算法的基本思想是通过逐层、逐行、逐个对每个采样点数据计算相关像素的影响大小,通过合成形成最终图像,因此属于根据物体空间描述的体绘制方法。与空间描述方法类似,该算法也需要采样数据进行分类处理,根据分类结果进行颜色值及不透明度赋值处理,从而得到三维离散的光强度场。最后,通过对所有采样点重构核进行空间卷积域积分运算获得所有像素点的最终像素值。

3) 错切-变换法

错切-变换算法也是一种以物体空间为序的体绘制算法,该算法的基本思想是将三维离散数据场转化到一个中间坐标系中,在该坐标系中,观察方向与坐标系的一个轴的方向平行。当观察方向为 $x$ 轴方向时,观察方向就与 $z$-$y$ 平面垂直,因此简化三维数据场由物体空间到图像平面的投影过程。中间坐标系称为错切物体空间,由于在该坐标系中的图像并不是最后定义图像,因此需要进行二维图像转化才能得到最终图像。为了提高该算法的绘制速度,相关科研者提出了多种改进方法,其中包括当不透明度小于用户给定的门限值时对应的采样点停止投影;当不透明度大于设定门限值,其余剩余采样点也停止投影。改进后的算法投影速度更快,投影效果良好,因此属于比较有前景的图像绘制方法。

### 8.2.5 光滑粒子流体动力学方法（Smoothed Particle Hydrodynamics，SPH）

SPH 是近 20 多年来逐步发展起来的一种无网格方法，该方法的基本思想是将连续的流体（或固体）用相互作用的质点组来描述，各个质点上承载各种物理量，包括质量、速度等，通过求解质点组的动力学方程和跟踪每个质点的运动轨道，求得整个系统的力学行为。这类似于物理学中的粒子云模拟，从原理上说，只要质点的数目足够多，就能精确地描述力学过程。

海浪、海流、水体、水滴这些海洋现象其实有着非常复杂的数学规律，对于流体的研究，有两种完全不同的视角，分别是欧拉视角和拉格朗日视角，如图 8.19 所示。欧拉视角的坐标系是固定的，如同站在河边观察河水的流动一样，用这种视角分析流体需要建立网格单元，还会涉及有限元等复杂的工程方法，一般用在离线的应用中。而拉格朗日视角则将流体视为流动的单元，例如将一片羽毛放入风中，那么羽毛的轨迹可以帮我们指示空气的流动规律。

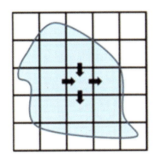

图 8.19　欧拉视角和拉格朗日视角

SPH 算法是典型的拉格朗日视角，它的基本原理就是通过粒子模拟流体的运动规律，然后再转换成网格进行流体渲染。可视化效果如图 8.20 基于 SPH 的流体模拟所示。SPH 算法的基本设想是将连续的流体想象成一个个相互作用的微粒，这些微粒相互影响，共同形成了复杂的流体运动，对于每个单独的流体微粒，遵循最基本的牛顿第二定律。SPH 方法的核心是通过光滑核函数近似任意场函数以及微分算子，也可看做是一种插值方法，包括两个主要过程，一是核函数近似，二是粒子近似。粒子的属性都会"扩散"到周围，并且随着距离的增加影响逐渐变小，这种随着距离而衰减的函数被称为"光滑核"函数，最大影响半径为"光滑核半径"。根据光滑核函数逐个推出流体中某点的密度、压力、速度相关的累加函数，进而推导出此处的加速度，从而模拟流体的运动趋势。假设流体中一个位置为 $r_i$ 的点，此处的密度为 $\rho_i$、压力为 $p_i$、速度为 $\boldsymbol{\mu}(r_i)$，那么可以推导出此处的加速度 $\boldsymbol{a}(r_i)$ 为

$$\boldsymbol{a}(r_i) = \boldsymbol{g} - \frac{\nabla p(r_i)}{\rho(r_i)} + \frac{\mu \, \nabla^2 \boldsymbol{\mu}(r_i)}{\rho(r_i)}$$

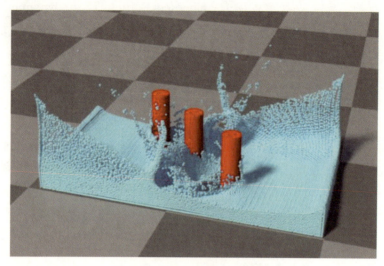

图 8.20 基于 SPH 的流体模拟

## 8.3 电子海图可视化平台

### 8.3.1 电子海图 Web 可视化平台

**1. WMS ChartServer**

WMS ChartServer 是由"世界海图显示的引领者"德国 SevenCs 公司开发的一个基于仓库管理系统（Warehouse Management System，WMS）技术的海图显示服务软件。在许多应用程序中，需要将标准电子海图与其他地理空间数据结合显示，或作为背景显示。WMS ChartServer 是一个兼容 ogc 的 WMS 服务器，专为正确显示 ENCs 和其他海图格式而设计。WMS Chartserver S-57 格式的官方电子海图如图 8.21 所示。

WMS ChartServer 减轻了客户实现复杂图表呈现、图表管理和加载功能的需要。这使得 WMS ChartServer 成为软件开发人员创建小型和中型多用户应用程序的完美工具，这些应用程序需要将一般的地理空间数据与正确显示的海图数据混合在一起。WMS ChartServer 还可以用于内部网环境中，使用 web 技术查看和引用海图数据。WMS ChartServer 是在基于 web 技术的应用程序和服务中使用数字图表的理想解决方案。在这种环境中，WMS ChartServer 将图表图像分发给多个 WMS 客户机（同时或顺序地），以响应它们为特定地理区域发送的地图请求。

该软件的特点有：支持 WMS version1.1.1 和 1.3.0；支持 S-57（S-63）海图数据，如 ENC、IENC、AML；支持光栅海图数据，如 ARCS、BSB；支持海图显示需要的各种投影；支持 SevenCs 世界底图数据；可实现海图要素控制、海图循环（经度上循环）、海图显示

图 8.21　WMS Chartserver S-57 格式的官方电子海图

参数调整以及集成传感器数据，如 AIS、ARPS、NMEA。

支持的功能包括：根据位置和比例尺自动选择海图；支持一般 ECDIS 中的海图设置，包括开闭灯标、文本水深点和显示范畴；根据等深线值对海域范围分类（如安全等深线）；白昼、黄昏、深夜三种色彩模式设置；更精细的要素控制，如只显示海部要素等；支持一般的 EPSG 坐标系；根据位置查询海图要素等。

**2. Web VTS Professional Plus**

Web VTS Professional Plus（WVPP）是由加拿大温哥华的公司 SiiTech 开发的一个高度复杂的基于网络的海上交通监控系统，对于港口和其他对实时或历史海上交通监控感兴趣的机构非常适用。它是 SiiTech 的 Web VTS 产品套件的基石。SiiTech 作为一家领先的创新产品和解决方案提供商，能够集成 AIS 技术、海图、路线图和 Web 技术，用于沿海和海上监控、水边安全、港口和海上设施。该公司致力于使用最新的 AIS 和 Web 技术，可以将 AIS 技术和图表、地图融合在一起，让所有用户都能够轻松地获取到所需的海洋空间信息。WVPP 软件显示界面如图 8.22 所示。

WVPP 从 AIS 服务器接收 AIS 数据，并在电子海图和地图上提供 AIS 目标的图形显示。WVPP 是为海上交通和监测中心设计的，它提高了港口内操作的安全性和效率。WVPP 的产品特点主要有：

①支持 S57 和 S63 海图，开放街道、Bing 和谷歌地图。
②显示无限数量装备 AIS 的船只。
③提供额外资料以协助避碰和调查。
④支持不同类型的 AIS 转发器（基站、A 类、B 类、导航辅助设备和机载）。
⑤船舶详情和船舶信息。

图 8.22　WVPP 软件显示界面

⑥筛选设计器和用户定义的筛选器。
⑦区域设计器和用户定义的区域。
⑧指定航线内选定船舶的航线设计和 ETA 预测。
⑨警报设计器和可定制的警报，用邮件通知和短信通知。
⑩报表设计器和预定义的可自定义报表模板。
⑪紧急和事故指挥支援。
⑫无限的历史数据和历史回放功能。
⑬搜索功能（使用 MMSI 号码、姓名或呼号）。
⑭全导航海图功能（缩放和平移）。
⑮船舶跟踪（移动地图显示模式）。
⑯船舶的可定制表示（用户定义的颜色和图标）。
⑰来自气象站的数据和报告。

WVPP 的 AIS 相关信息的界面和显示使港口运营商在与船舶通信和交互的能力上有了实质性的飞跃。由于 WVPP 是完全可配置的，操作员可以调整图表的大小，为 AIS 目标定制颜色模式，设置警报并创建特定于用户的报告、过滤器和区域。WVPP 是一个独特的工具，任何地方都可以看到所选船只。基于 Web 的 WVPP 架构可以不断地监视所选船只。图 8.23 所示为 WVPP 与 S-57 相结合的显示效果。

**3. 船讯网**

船讯网，如图 8.24 所示，是亿海蓝旗下的一个实时查询船舶动态的公众服务网站。能够为船东、货主、船舶代理、货运代理、船员及其家属提供船舶实时动态，能给船舶安全航行管理、港口调度计划、物流、船代、货代带来极大的方便。

船讯网自 2007 年创立以来，不断完善产品功能，加强数据覆盖，提升客户使用体验，

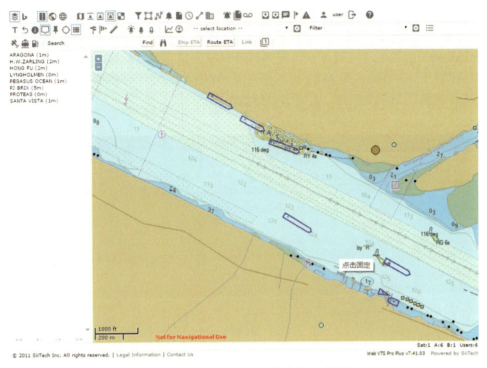

图 8.23　WVPP 与 S-57 相结合的显示效果

以信息技术提升海运效率和效益。得益于大众互联网技术的发展和普及,新技术和新商业形态在航运业内不断涌现,该公司致力于通过技术和商业的力量推动航运物流与互联网融合,从而帮助整个产业的升级转型。

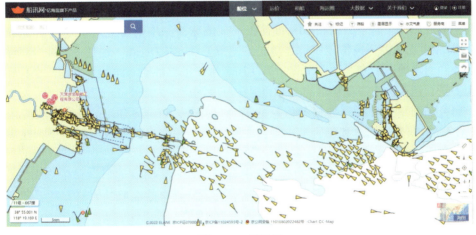

图 8.24　船讯网

### 4. 航易网

航易网,如图 8.25 所示,是航易科技公司开发的网页版电子海图 GIS 引擎,该公司专注交通运输、智慧航运与智慧安全监管相关领域应用,致力于可视化技术的研究与探索。航易网利用 openlayers 等 web GIS 引擎开发出网页版的电子海图展示平台,支持加载船舶图标、船舶目标历史轨迹,自定义目标点线面等功能。

图 8.25 航易网

## 8.3.2 电子海图可视化软件

### 1. 谷歌地球

谷歌地球(Google Earth)是一款谷歌公司开发的虚拟地球软件,于 2005 年向全球推出,它把卫星照片、航空照相和 GIS 布置在一个地球的三维模型上。2009 年谷歌公司在 Google Earth 中加入海洋虚拟现实仿真功能,发布了 Google Ocean。这是一款综合海洋卫星遥感照片和海洋地形的海洋浏览工具,为使用者带来世界各地海洋的水下地形全貌和部分海底的美景,还有关于海洋科学的文章和视频可以浏览,为海洋工作者和海洋爱好者提供了一个研究和浏览全球海洋数据和信息的平台。另外,Google Ocean 提供开放应用接口(OpenAPI)方便普通用户和科研工作者,在线下载和提交自己的数据和模型,在虚拟地球对应位置上进行分析和可视化。

使用 Google Earth 的地面视图功能,能够近距离地观察海底地形。它在传统的 Google Earth 图像上增加了一个额外的图层,可以显示更高分辨率的巡航的轨迹,甚至还有原始的水深测量数据。Google Earth 海底地形如图 8.26 所示。

### 2. ArcGIS

ArcGIS 是由"全球 GIS 市场的领导者"美国环境系统研究所公司(Environmental

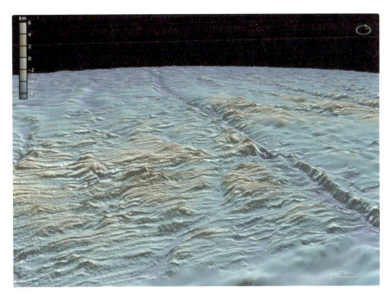

图 8.26 Google Earth 海底地形

Systems Research Institute, Inc., Esri) 开发的地理信息系统软件。Esri 公司成立于 1969 年,总部设在美国加利福尼亚州雷德兰兹市,是世界最大的地理信息系统技术提供商。Esri 是一家全球性的公司,在全球拥有 49 个办事处和来自 73 个国家的员工。在世界各地的当地软件公司拥有数十年的地区经验,并在当地问题上拥有深厚的专业知识,有 11 个专门的研究中心处于全球创新的前沿。公司致力于科学、可持续发展、社区、教育、研究和积极变革,帮助解决一些世界上的困难问题。

多年来,Esri 公司始终将 GIS 视为一门科学,并坚持运用独特的科学思维和方法,紧跟 IT 主流技术,开发出丰富而完整的产品线。公司致力于为全球各行业的用户提供先进的 GIS 技术和全面的 GIS 解决方案。Esri 多层次、可扩展,功能强大、开放性强的 ArcGIS 解决方案已经迅速成为提高政府部门和企业服务水平的重要工具。全球 200 多个国家超过百万用户单位正在使用 Esri 公司的 GIS 技术,以提高他们组织和管理业务的能力。在美国 Esri 被认为是紧随微软、Oracle 和 IBM 之后,美国联邦政府最大的软件供应商之一。

ArcGIS 可以称为是世界上最强大的地图和空间分析软件。ArcGIS 软件和应用程序结合了地图和数据分析,提供位置信息,满足各种规模组织的数字化转型需求,不论在海图的服务端管理、桌面软件使用还是在海图功能定制方面,都有非常多的可选组合。

ArcGIS 软件体系对海图的支持在过去几个版本逐步完善,同时 Esri 也加入了国际海道测量组织,并且参与编制 IHO 新一代标准 S-100 系列工作。从巨头与 IHO 的合作可以看出,目前 IHO 的标准规范也逐步向 GIS 靠拢,而 GIS 也是逐步往海图方向渗透。

ArcGIS 传统的两大件 ArcGIS Desktop 和 ArcGIS Server 属于通用 GIS 软件,原则上是不支持海图数据的,但 ArcGIS 开发了一系列的插件以及扩展模块来支持海图应用。以下是各种组合对海图数据的支持情况。

1) 桌面软件的组合

（1）ArcMap + maritime Charting 桌面扩展。

这个组合通过在 ArcMap 中扩展海图数据的支持，并支持将 S-57 数据导入到 ArcGIS GDB 中进行管理，是海图数据生产和海图产品制作的主要组合。如 maritime Charting 扩展图 8.27 所示。

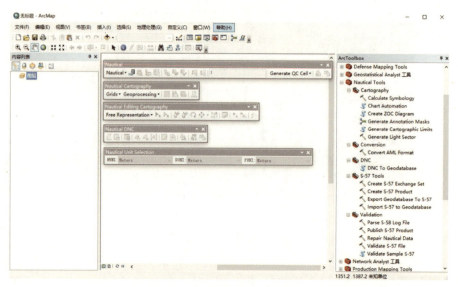

图 8.27　maritime Charting 扩展

（2）ArcMap + S-57 Viewer。

S-57 Viewer 是一个免费的插件，没有特定的 ArcGIS 版本对照，需要单独安装，可以在 ArcGIS 的官方网站中下载。在没有安装该插件之前，通过 ArcMap 的目录窗口浏览到 .000 所在的目录，是不能看到对应的数据的。安装之后，可以看到 ArcMap 能够解析 .000 文件，并且通过插件的加载按钮，加载 S-57 数据可以以标准的 S-52 图式显示，不需要配图显示，如图 8.28 所示。

S-57 Viewer 解析的海图数据，是按照 S-57 的命名标准来命名图层名称的，只是在图层后面加入下划杠，标明点线面类型，例如_A 为面要素，_P 为点要素。

S-57 Viewer 可以使用 S-52 标准可视化 S-57 数据；使用 ArcMap 命令查询和分析 S-57 数据；使用其他 ArcGIS 支持的格式覆盖 S-57 数据；应用各种 S-52 属性，如配色方案或安全轮廓深度。

（3）ArcMap + 数据互操作模块。

数据互操作扩展模块是数据转换工具 FME 在 ArcMap 上的扩展，能够支持各种平台的数据在 ArcGIS 软件中使用，当然也包括海图数据。

（4）ArcMap + Bathymetry 扩展。

ArcGIS Bathymetry 扩展是 ArcGIS Maritime 解决方案中用于管理水深的重要模块。与传

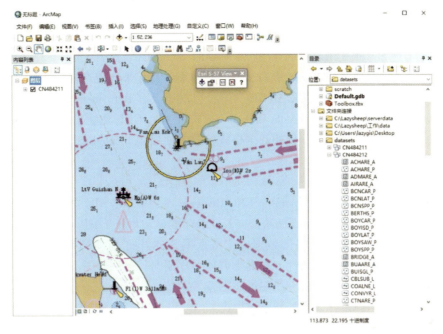

图 8.28  S-57 Viewer

统的离散点来呈现水深方式不一样，ArcGIS Bathymetry 是使用连续像元栅格方式来管理水深数据，能够表达出区域内每一个地方水深，可以做水深管理和海底三维地形的管理，直接对标 S-102 海图标准，是目前 ArcGIS 唯一一个支持 S-100 系列标准的扩展。

ArcGIS Bathymetry 在 ArcGIS 软件体系中只有 Desktop 的扩展模块，没有对应的 Server 扩展。其使用模式是使用 ArcGIS Bathymetry 桌面扩展工具，在 Geodatabase 中建立水深管理库（BIS 库）。水深管理库的核心是使用镶嵌数据集来管理水深 Bag 数据，Bag 数据的相关信息则通过 ArcGIS Bathymetry 桌面扩展写入到镶嵌数据集的元数据中。如果不考虑 Web 应用，ArcMap+Bathymetry 扩展+ArcSDE（或者 fileGDB）即可完成 C/S 模式的管理。如果还需要构建水深管理的 Web 应用，则需要使用 ArcGIS Server+ArcGIS ImageServer 对 BIS 库中的水深产品进行发布，并使用 ArcGIS JavaScript API 进行定制开发。

2）服务器软件的组合。

（1）ArcGIS Server + Maritime Charting for Server。

Maritime Charting for Server 属于 ArcGIS Server 的服务端扩展，使用它可以不需要将 S-57 数据转为 GDB 格式，而是直接将 S-57 数据放到对应目录即可完成发布，该扩展内置了 S-52 显示引擎，可以直接在服务端自动按照 S-52 方式进行海图渲染，支持增量数据的发布，直接将 .001、.002 等数据复制到同一级目录即可完成更新。目前 Martime server 支持 S-57，AML，IENC，S-63 等数据。

这个组合非常适合海图数据生产和发布分离的场景。因为有很多海图生产单位都是使用非常专业的海图数据生产系统进行数据生产和更新，如果切换到 ArcGIS 平台下进行生产，成本非常高，其中涉及生产模式的改变，这是很多数据生产用户非常不乐意的。这个组合可以规避这个问题。生产单位可以继续沿用之前的生产模式，只要将数据导出为 S-57 格式，即可通过 Maritime Server 进行发布。

（2）ArcGIS Server + Image Server 扩展 + 桌面 Bathymetry 扩展。

这个组合是水深管理和水下地形展示的解决方案，看起来比较奇怪，尤其是将桌面的 Bathymetry 扩展引入进来。原因是 ArcGIS Server 目前还没有 Bathymetry 的服务器扩展，其对 Bag 数据格式的支持，是通过桌面 Bathymetry 扩展写入 GDB 的镶嵌数据集中，利用镶嵌数据集发布。而发布镶嵌数据集的数据格式，就需要使用 Image Server 扩展。

**3. 超图电子海图**

超图电子海图设计软件（SuperMap ENC Designer）是一款应用于电子海图领域的软件平台。该软件基于国际海事组织颁布的 S-52 显示标准显示电子海图，支持导入、导出或制作符合 S-57 数据传输标准的海图数据；支持依据 S-58 电子航海图检核标准检查数据，确保数据空间和描述属性的有效性，提高生产质量。同时，超图电子海图设计软件可高效地进行各种 GIS 数据处理、分析、二三维制图及发布等操作。

超图电子海图设计软件是插件式的电子海图设计与应用软件，它在 SuperMapiDesktop.NET 核心框架的基础上，结合 SuperMapiObjects.NET 的核心技术以及.NETFramework4.0 构建，支持自定义扩展开发，能够满足用户的不同需求。

为了便于对海图数据集进行统一的管理，引入数据集分组的概念。数据集分组主要是为管理数据源中的数据集构建的一种逻辑化的组织结构形式。这种数据组织形式的优点是数据组织层次清晰明了，可读性好，方便用户统一管理海图数据。

一幅海图往往会包含几十个甚至上百个数据集，而对于海图用户，关注的是整幅海图的展现，而不是单个数据集。超图电子海图在导入海图数据后，将同一幅海图的数据集存储在一个数据集分组中，不再显示海图所包含的每一个数据集。在同一个数据源下，可以存在多个分组，即可以在一个数据源下组织多幅海图数据，如图 8.29 所示。

图 8.29　超图电子海图数据集分组

超图电子海图设计软件中海图数据集分组包括两种类型：只读 S-57 海图数据集分组和可编辑 S-57 海图数据集分组。只读 S-57 海图数据集分组用于对海图数据进行读取操作；可编辑 S-57 海图数据集分组用于对海图数据进行编辑。软件提供了两种类型的海图数据集分组相互转换的功能，以及创建新的可编辑 S-57 海图数据集分组的功能，并提供海图数据集分组创建、转换、删除等操作。在海图编辑模式下，可单击海图分组节点右键，在"显示"选项的二级菜单中设置海图数据集的显示名称。显示方式有中文名、物标简称、数据集名称三种，如图 8.30 所示。

图 8.30　超图电子海图中文名称、物标简称、数据集名称显示

只读和可编辑 S-57 海图数据集分组名称的命名规则有所不同：将 000 文件导入为 SuperMap 数据集分组时，该分组为只读类型，分组的名称为 000 文件的文件名（不含后缀）+ "_" +编辑比例，例如，CN5JYSD1_12000；可编辑 S-57 海图数据集分组对应的分组名称为 000 文件的文件名（不含后缀），例如，CN5JYSD1。文件名由生产机构简称、航海用途编号和图号组成，如文件名为 CN5JYSD1 的 000 文件，其生产机构简称为 CN，航海用途编号为 5，JYSD1 为图号。

海图数据的读取、编辑和检查都必须通过海图数据集分组来实现。所以，要查看数据集分组中的海图数据，必须先通过工作空间中的数据集分组打开海图。

超图电子海图设计软件的海图编辑包括以下几部分功能。

①特征物标数据集管理：从海图中添加或删除特征物标数据集，或者对一个特征物标数据集追加记录。

②编辑特征物标对象：可编辑特征物标对象的空间位置、节点、属性信息等，也可对特征物标对象进行岛洞、求交、画线分割等操作。

③水深点物标编辑：可在海图数据集中添加或删除水深点，及进行修改水深的物标属性等操作。

④物标关联关系管理：可对特征物标对象创建主从关系或组合关系，同时可重新指定关联物标，并设置物标属性。

⑤创建拓扑关系：对空间物标创建链节点级别的拓扑关系，描述特征物标对空间物标

的参照信息。

⑥海图数据检查：提供了针对 S-58 标准的海图数据检查功能。通过海图编辑功能，可以帮助用户完成符合 S-57 标准的 SuperMap 格式海图数据的生产和改正，再结合海图数据转换功能将 SuperMap 格式海图导出为标准 S-57 格式数据并发布。

超图电子海图设计软件提供的海图编辑功能，可以用于生产符合 S-57 标准的 SuperMap 格式海图数据，再通过海图数据转换功能将 SuperMap 格式海图导出为标准 S-57 格式数据并发布。图 8.31 展示了使用超图电子海图设计软件进行海图数据生产与发布的一般流程。

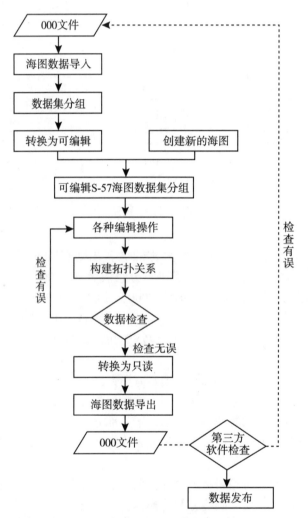

图 8.31　使用超图电子海图设计软件进行海图数据生产与发布的一般流程

SuperMap 支持两种海图数据生产方式：一种是生产一幅新的海图数据；一种是对已有的海图数据进行修改更新。无论是重新生产数据还是对已有数据进行修改，都需基于可编辑海图数据集分组进行操作。若需生产一幅新的海图数据，则在数据源中新建海图数据集分组，即可对海图数据进行编辑；若需修改已有海图数据，则导入000文件后，将数据集分组转换为可编辑类型数据集分组，即可对已有海图数据进行编辑修改。

海图数据集分组为可编辑类型时，可对海图数据进行各种编辑，如：添加特征物标对象、编辑对象属性、编辑水深点、创建特征物标对象关联关系等操作。在编辑完成之后，需要重新构建海图的链节点拓扑关系，然后进行数据检查，并对检查出的错误进行修改，直至检查无误。

数据检查无误后，需将海图数据集分组转换为只读类型，才可以通过海图数据导出功能将海图数据导出为000文件。若有需要，可以使用第三方软件对000文件进行检查，检查无误后发布海图数据。

严格按照以上流程进行海图数据的编辑，能够有效地保障海图数据的正确性和有效的数据交换和传输。数据检查犹如数据质量的安检员，如果未通过安检就将含有错误的海图数据发布出去，可能会给航海安全带来隐患。

**4. 蚂蚁电子海图**

蚂蚁电子海图是由蚂蚁技术团队基于开源 osgEarth 平台研发的，该团队专注于海图数据三维显示技术的研发。蚂蚁电子海图起源于蚂蚁技术团队之前基于游戏级渲染引擎 ogre 完全自主研发的蚂蚁地球 ogre 版，但由于用 ogre 技术的数字地球在国内并不常见，且少有相应的软件生态，故而将相关技术移植到 osgEarth 平台，为主流空间三维应用提供优质解决方案。

蚂蚁电子海图平台是蚂蚁技术团队研发的关于国际标准 S-57 矢量海图数据格式（.000）解析与渲染的数据处理平台，它提供了一个轻量级、可扩展强的矢量海图数据处理框架，如图 8.32 所示。主要提供了 S-57 矢量海图数据解析，按 S-52 显示标准进行符号化渲染，查询以及符合 TMS 标准的海图瓦片制作功能。切片效果如图 8.33~图 8.34 所示。

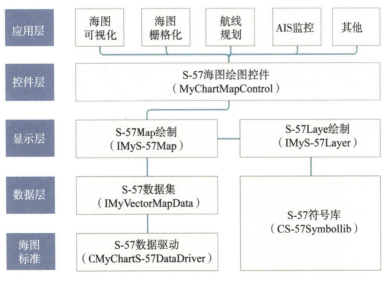

图 8.32 蚂蚁海图框架

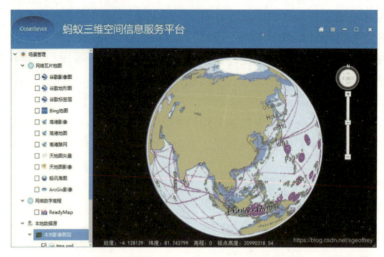

图 8.33　OsgEarth 平台展示海图切片

图 8.34　Cesium 平台展示海图切片

## 8.4　海洋空间数据可视化研究的挑战

海洋空间信息可视化研究还处在初级阶段，海洋数据的复杂性和海洋动力过程的内在复杂性等问题仍需解决。

**1. 高效的数据处理和数据管理**

高质量、高整齐度的数据是海洋空间信息可视化分析的基础。然而，传感器设备仍然无法覆盖广阔的海域，尤其是深海。海洋观测数据往往稀疏、不完整、不准确甚至错误。同时，许多测量设备产生大量不同格式和不同分辨率的异构数据（从几秒钟到几个月，从全球海洋到特定海洋中的特定位置），由于采样或假设的性质，海洋模拟数据会受到异常分布等不确定性的影响。此外,海洋数据再分析技术的发展相对滞后,随着海洋观测技术、计算机技术和模拟计算的发展,海洋数据量和分辨率都在迅速增加。因此,迫切需要推进有效的数据集成、同化、清理、存储和组织技术,以提高海洋数据的准确性、互兼容性、准确性和可操作性。进行海洋复杂动态过程的建模、了解其状况、识别现象或模式以及预测其变化都依赖于高质量的数据和分析技术。

为了确保交互式可视化和分析,研究及时有效地管理、缩减和处理大型复杂数据的技术非常重要。基于文件和基于数据库的存储方法各有优缺点。树状结构的数据组织、数据索引和分布式数据管理模式已被证明是大数据管理的有效方法。为了减少变量数量或数据量,必须采用许多数据压缩、降维、聚合和过滤技术。然而,数据等级的适当操作应与相应的数据表示和特定的分析目的相匹配。对大型复杂多变量和时空数据进行高质量的数据处理和管理是海洋空间信息可视化分析领域的主要研究方向之一。

**2. 全尺度特征分析**

海洋空间信息中多个时空元素或结构在多个尺度上的空间、时间上高度互联。因此,海洋结构、现象的检测及其时空特征的发现在很大程度上取决于时空分析的规模。在一个尺度上检测到的模式、相关性和现象可能不适用于另一个尺度。因此,可视化和分析应与所研究现象、特征的规模相匹配,并满足用户的研究需求。然而,异构大数据对海洋元素或现象的有效探索和可视化带来了严重挑战。当前的技术通常利用降维、聚合和过滤来减少这种异构数据的分析负担。然而,这些技术可能会导致重要结构、特征的丢失,并且对于有效检测微妙的海洋结构(例如湍流)或检测某些子集的异常值来说并不可靠。此外,多种海洋环境要素产生了各种时空模式,海洋现象、结构通常在不同的尺度上以各种不同形式出现,并具有各自的特征。因此,迫切需要海洋元素或结构、现象的全尺度分析系统。

随着人工智能算法的发展,深度学习已成功应用于海洋数据挖掘和分析。大数据的自动分析(如统计、机器学习或深度学习)通常要求数据本身具有结构化、完整性、语义明确性和明确的客观问题。在一些实际应用中,上述条件很难满足。将自动分析算法与交互式 LOD 技术相结合可能是执行多分辨率海洋特征或现象分析的良好选择,如何整合这两种技术,充分发挥它们的优势,还有待进一步研究。

**3. 可伸缩交互式可视化**

海洋空间信息通常是一个具有大异质性和高维性的时空场数据集,这对视觉编码提出了挑战,尤其是在同时考虑空间和时间变化的情况下。跨多个尺度和大量数据集的多变量场的二维剖面或三维体积可视化明显不足,海洋数据在观测数据和模拟数据中存在许多不确定性,如何实现大量不确定性本身的可伸缩可视化也是一个非常重要的研究方向。同时,数据的巨大规模和复杂性使得高效的数据压缩和交互式过滤技术在海洋领域面临着巨大的挑战。海洋数据的多尺度复杂性往往使常规的数据压缩方法失去重要的结构或特征。因此,数据的正确和多分辨率表示对于交互(查询、过滤等),分析(计算、比较等)和可视化非常关键。

可伸缩可视化依赖于可伸缩的数据表示、有效的数据转换和编码技术。更高效的海洋数据表示、数据缩放和操作机制为可伸缩的可视化以及与大型复杂数据的快速查询或交互提供了基础。获得对海洋环境元素的多细节视觉探索，以快速发现特征/结构，是一个非常有意义的研究方向。

**4. 多学科合作**

海洋空间信息可视化的研究涉及多个学科，需要与不同领域的学科合作和互动，以完成一项大型的具体分析任务，设计适当的视觉分析系统，实施系统评估和改进。如何将这些技术进行适当的融合，以满足研究人员的需求，并为更好的视觉传达提供令人信服的可视化效果，是另一个值得研究的领域。

**5. 沉浸式和移动式视觉分析**

虚拟现实技术提供了更自然的数据交互方式和更生动的虚拟场景动态显示，它可以帮助用户更好地感知海洋元素或结构的动态时空变化。海洋模型包含许多需要探索的复杂时空过程，特别适合这种沉浸式 3D 演示和交互。随着虚拟现实技术、电子技术和计算机技术的发展，将新的交互和显示方法融入海洋空间信息可视化分析中是一个很有前途的研究方向。

# 参 考 文 献

[1] 楼锡淳,朱鉴秋.海图学概论[M].北京:测绘出版社,1993.

[2] 田震,郑义东,李树军.海图学[M]大连:海军大连舰艇学院,2005.

[3] 郑义东,田震等.海图编制[M].大连:海军大连舰艇学院,1998.

[4] 杜景海.海图编辑设计[M].北京:测绘出版社,1996.

[5] 王家耀,陈毓芬.理论地图学[M].北京:解放军出版社,2000.

[6] 祝国瑞.地图学[M].武汉:武汉大学出版社,2004.

[7] 廖克.现代地图学[M].北京:科学出版社,2003.

[8] 袁勘省.现代地图学教程(第二版)[M].北京:科学出版社,2014.

[9] 王家耀,孙群,王光霞等.地图学原理与方法(第二版)[M].北京:科学出版社,2012.

[10] 郑义东,彭认灿,李树军等.海图设计学[M].天津:中国航海图书出版社,2009.

[11] 喻沧,廖克.中国地图学史[M].北京:测绘出版社,2010.

[12] 宫崎正胜著,朱悦玮译.航海图的世界史[M].北京:中信出版社,2014.

[13] 郭禹,张吉平,戴冉.航海学[M].大连:大连海事大学出版社,2014.

[14] 国家质量技术监督局.GB 12320—1998 中国航海图编绘规范[S].北京:中国标准出版社,1999.

[15] 田震,陈京京,杜景海等.海洋军事专题制图研究技术报告[M].大连:海军大连舰艇学院,2002.

[16] 翟京生.现代海图学的变革[J].海洋测绘,2008,28(5):73-76.

[17] J. B. Harley, David Woodward. The History of Cartography, Volume 1 Cartography in Prehistoric, Ancient and Medieval Europe and the Mediterranean [M]. CHICAGO & LONDON: THE UNIVERSITY OF CHICAGO PRESS, 1987.

[18] J. B. Harley, David Woodward. The History of Cartography, Volume 2, Book 1 Cartography in the Traditional Islamic and South Asian Societies [M]. CHICAGO & LONDON: THE UNIVERSITY OF CHICAGO PRESS, 1992.

[19] J. B. Harley, David Woodward. The History of Cartography, Volume 2, Book 2 Cartography in the Traditional East and Southeast Asian Societies [M]. CHICAGO & LONDON: THE UNIVERSITY OF CHICAGO PRESS, 1994.

[20] J. B. Harley, David Woodward. The History of Cartography. Volume 3. Book 2. Cartography in the European Renaissance [M]. CHICAGO & LONDON: THE

UNIVERSITY OF CHICAGO PRESS, 2007.

[21] 《中国测绘史》编辑委员会. 中国测绘史 [M]. 北京：测绘出版社, 2002.

[22] 杰里米·哈伍德. 改变世界的100幅地图 [M]. 北京：生活. 读书. 新知三联书店, 2010.

[23] 茅元仪. 郑和航海图 [M]. 南京：南京出版社, 2019.

[24] 梁二平. 世界名画中的大航海 [M]. 北京：生活. 读书. 新知三联书店, 2019.

[25] 梁二平. 海图上的中国 [M]. 上海：上海交通大学出版社, 2018.

[26] 田震. 海图学 [M]. 大连：海军大连舰艇学院, 2009.

[27] 梁二平. 谁在地球的另一边 [M]. 北京：生活. 读书. 新知三联书店, 2017.

[28] 奥利维耶·勒·卡雷尔. 纸上海洋：航海地图中的世界史 [M]. 武汉：华中科技大学出版社, 2019.

[29] 葛志远, 张桂枝. 地图投影 [M]. 大连：海军大连舰艇学院, 1991.

[30] 马耀峰等. 地图学原理 [M]. 北京：科学出版社, 2004.

[31] 党亚民, 成英燕, 薛树强. 大地坐标系统及其应用 [M]. 北京：测绘出版社, 2010.

[32] 孟德润, 田光耀, 刘雁春. 海洋潮汐学 [M]. 北京：海潮出版社, 1993.

[33] 张锦明, 王丽娜, 游雄. 地图学：空间数据可视化 [M]. 北京：科学出版社, 2014.

[34] 钟业勋. 数理地图学-地图学及其数学原理 [M]. 北京：测绘出版社, 2007.

[35] 孙达, 蒲英霞. 地图投影 [M]. 南京：南京大学出版社, 2013.

[36] 华棠, 丁佳波, 边少锋, 李厚朴. 地图海图投影学 [M]. 西安：西安地图出版社, 2018.

[37] 胡鹏, 游涟, 胡海. 地图代数概论 [M]. 北京：测绘出版社, 2008.

[38] 李树军, 肖京国. 海图识图常识 [M]. 天津：中国航海图书出版社, 2009.

[39] 王光霞, 游雄, 於建峰等. 地图设计与编绘（第二版）[M]. 北京：测绘出版社, 2014.

[40] 国家质量技术监督局. GB12319—1998 中国海图图式 [S] 北京：中国标准出版社, 1999.

[41] 李对军. 海图符号的基本概念、发展过程及趋势 [J]. 海洋测绘, 1998 (3)：48-50.

[42] 朱鉴秋. 海底地形图上海底地貌的表示 [J]. 海洋测绘, 1998 (2)：40-43.

[43] 吴方星. 关于我国海图改革的问题 [J]. 海洋测绘, 1981 (1)：39-41.

[44] 张立华. 对海底地形可视化技术的探讨 [J]. 海洋测绘, 1998 (2)：22-24.

[45] 郭立新, 翟京生, 陆毅. 海图语言学的历史与演变 [J]. 海洋测绘, 2009, 29 (3)：78-81.

[46] Calder, Nigel. How to Read a Navigational Chart: A Complete Guide to the Symbols, Abbreviations, and Data Displayed on Nautical Charts [M]. International Marine/Ragged Mountain Press, 2002.

［47］ Chart No.1 Nautical Chart Symbols Abbreviations and Terms［R］. Washington, D.C.: National Oceanic and Atmospheric Administration（USA）.

［48］ 陈惠荣. 海图设计自动化关键技术研究［D］. 大连海事大学, 2011.

［49］ 王厚祥, 李进杰. 海图制图综合［M］. 北京：测绘出版社, 1999.

［50］ 张立华, 李改肖, 田震, 郑义东. 海图制图综合［M］. 大连：海军大连舰艇学院, 2004.

［51］ 何海山, 冯锦棠. 海图综合原理［M］. 大连：海军第一水面舰艇学校, 1980.

［52］ 王家耀等. 普通地图制图综合原理［M］. 北京：测绘出版社, 1993.

［53］ 田德森. 现代地图学理论［M］. 北京：测绘出版社, 2001.

［54］ 武芳. 空间数据的多尺度表达与自动综合［M］. 北京：解放军出版社, 2003.

［55］ 郭庆胜. 地图自动综合理论与方法［M］. 北京：测绘出版社, 2002.

［56］ 王家耀, 李志林, 武芳. 数字地图综合进展［M］. 北京：科学出版社, 2011.

［57］ SMITH S. The Navigation Surface: a Multipurpose Bathymetric Database［D］. Durham, New Hampshire: University of New Hampshire, 2003.

［58］ Baqué A and Spoelstra G. Improvement of spot sounding selection for nautical charts and ENCs［C］. 6th International Conference on High-Resolution Survey in Shallow Water, Wellington, New Zealand, Feb 21-Feb 26, 2012.

［59］ 王昭, 张辉. 海图自动综合研究进展［J］. 海洋测绘, 2017, 32（1）：51-54.

［60］ Teledyne CARIS 公司, CARIS 操作手册.

［61］ 李忠新等. 直属海事系统业务培训系列教材. 交通运输部海事局, 2010.

［62］ dKart 操作手册.

［63］ 潘卫平等. 直属海事系统业务培训系列教材. 交通运输部海事局, 2010.

［64］ 天津海事测绘中心. 质量体系文件. 交通运输部北海航海保障中心天津海事测绘中心, 2010.

［65］ 高晓蓉. 兼顾实体规则和制图规范的海图质量检测方法研究［D］. 武汉：武汉大学, 2010.

［66］ 陈为. 大数据丛书：数据可视化［M］. 电子工业出版社, 2013.

［67］ HY/T 075-2005, 海洋信息分类与代码［S］.

［68］ Xie C, Li M, Wang H, et al. A survey on visual analysis of ocean data［J］. 可视信息学（英文）.

［69］ 黄杰. 海洋环境综合数据时空建模与可视化研究［D］. 浙江大学, 2009.

［70］ 程鹏飞, 文汉江, 成英燕, 等. 2000 国家大地坐标系的椭球参数及其与 GRS80 和 WGS84 的比较［J］. 测绘学报, 2009, 38（3）：189-194.